国家教育行政学院
国学教育研究中心   推荐

师 者 论 语

从春侠　王宁宁　主编

济南出版社　汉唐书局

图书在版编目（CIP）数据

师者论语 / 从春侠，王宁宁主编 . -- 济南：济南出版社，2022.4

ISBN 978-7-5488-5092-2

Ⅰ.①师…　Ⅱ.①从…②王…　Ⅲ.①儒家②《论语》—研究　Ⅳ.① B222.25

中国版本图书馆 CIP 数据核字（2022）第 050658 号

出 版 人	崔　刚
丛书策划	冀瑞雪　邵　阳
责任编辑	冀春雨　李家成
专家审读	宋立林
装帧设计	高子宸
出版发行	济南出版社
地　　址	山东省济南市二环南路1号（250002）
编辑热线	0531-86131747　82926535（编辑室）
发行热线	82709072　86131701　86131729　82924885（发行部）
印　　刷	山东彩峰印刷股份有限公司
版　　次	2022 年 4 月第 1 版
印　　次	2022 年 4 月第 1 次印刷
成品尺寸	170 mm × 240 mm　16开
印　　张	24.25
字　　数	380 千
印　　数	1—10000 册
定　　价	98.00 元

（济南版图书，如有印装错误，请与出版社联系调换。联系电话：0531-86131736）

编委会

顾　问　朱永新　牟钟鉴

主　编　从春侠　王宁宁

编　委（按姓氏笔画顺序排列）

　　　　　于　超　王宁宁　王成龙　从春侠　田岚洁

　　　　　庄建华　刘禹希　刘培树　许可峰　孙秀侠

　　　　　肖　鹏　张婷婷　郑陶凌　赵志峰　党红梅

　　　　　潘彩霞

序一　像孔子一样做老师

朱永新

有没有一位老师，曾经在他的一生面临重重困境却依然如此信任世界，如此信任生命？

有没有一位老师，曾经在他的一生中孜孜不倦地学习，不知老之将至，生命将息？

我们知道，至少有一个人曾经那样，自觉地把一生视为修炼的过程，努力地让自己的生命与"天""道"或"真理"融为一体。他就是我们的先师——孔子。

孔子的一生，是一位伟大老师的一生。在《为政篇》中，他这样描述：

"吾十有五而志于学，三十而立，四十而不惑，五十而知天命，六十而耳顺，七十而从心所欲，不逾矩。"

"吾十有五而志于学"。这是孔子少年的志向。这种学习，是终身学习，是"吾日三省吾身"的学习，是"朝闻道，夕死可矣"的学习，是朝向真理、朝向生活的永恒探索和终生修炼，更是"学而时习之"、学以致用、知行合一的实践之学。

"三十而立"。"立"，即生命独立于天地之间，成为一个充沛的个体。子曰："不学礼，无以立。"在孔子那里，"立"首先体现为"礼"，遵守社会规范，维持社会正常秩序。而其实质，则是对"仁"的选择与笃信。"为仁由己"，一个人，只有内心信仰坚定，拥有正确的价值观、人生观与世界观，才能够笃定自立，拥有真正自由的生命。

"四十而不惑"。"惑"，既有外界的种种诱惑，又有内心的种种困惑。不惑，即是明，心明眼亮，不受诱惑，亦不再迷惑。内心更加坚定而有力量。让一片土地不生荒草的办法是种上庄稼，而人生不惑的办法，是获得信念，是培植对生命、对世界、对人类历史的根本信任。

"五十而知天命"。"知天命"是指孔子历经上下求索的漫长历程，最后获得了对自己使命的清晰认识。一代人有一代人的使命，真理与大道，在每个时代，在每个独特的生命里，总会呈现不同的实现方式。这一独特的实现，就是天命。孔子的天命就是"弘道"，"人能弘道，非道弘人"，虽身处礼坏乐崩的乱世，也要"知其不可而为之"，因为这是他的"天命"。

"六十而耳顺"。既然承领了天命，就"素其位而行"，安之若素。外在的评价、意见和建议，有则改之，无则加勉，不再萦绕于心，扰乱心境了。此时的孔子，一方面，能够倾听各种不同的意见，能够理解不同意见背后的逻辑；另一方面，又能够做到始终坚持自己的原则，不受外界影响和左右。

"七十而从心所欲，不逾矩"。这是人生之最高境界，生命之圆满状态，也就是自由之境。对此境界，也许我们终身不能企及，但是，它的存在，让我们的生命以及职业，也有了一份共通的高贵与神圣。

在这里，孔子用短短38个字，概括了自己的一生。他的一生，不是官阶不断上升的一生，不是财富不断积累的一生，不是声誉不断增添的一生，而是个体生命体悟逐渐深入的一生，是自我生命境界不断提升的一生。之所以如此，在于他一生都在"学而时习之""学而不厌，诲人不倦""发愤忘食，乐以忘忧，不知老之将至"，是终生学习的一生；一生都在"不愤不启，不悱不发"教书育人，是三千弟子、七十二贤人"斐然成章"的一生，是"笃信好学，守死善道""见贤思齐""仁为己任""死而后已"追求大道和真理的一生，也是"求仁而得仁""从心所欲，不逾矩""不亦说乎""不亦乐乎""不亦君子乎"自在、自由、幸福圆满的一生。

孔子是中国历史上第一位老师。他的一生是一位真正伟大老师的一生，是当之无愧的"万世师表"。孔子用自己的一生，告诉我们"道不远人"，"人能弘道，非道弘人"，教师的天职中蕴含着生命内在超越之路。它告诉我们，在平凡的教书育人工作中，一个生命就可能悟得最深的真理，获得最高的成就。作为中国第一圣人，他的平生之志，居然就是"老者安之，朋友信之，少者怀之"。让长者、尊者对我们安心，愿意把事务交托；让朋友、同事对我们信任，愿意与我们共事、共同创造与承担；让年轻的生命在我们离开之后，会对我们共同经历的岁月念念不忘，并从中受益终身……这看似朴素的人生志向，不正是一位老师的最高梦想吗？

有关孔子的一切，均在《论语》中。老师们，请走进《论语》吧，孔子就在那里，一直在等待着我们这些后辈。他亲切、睿智、通达、仁爱，犹如家里的爷爷，娓娓道来，向你揭示教育的真谛，人生的奥秘。

朱永新：全国政协常委、副秘书长，民进中央副主席，中国陶行知研究会会长，中国教育与社会发展研究院副院长，苏州大学教授。先后曾任苏州市副市长、十一届全国人大常委会委员、叶圣陶研究会副会长、中国教育学会副会长等。

其著作被译为英、法、日、韩、俄、蒙、阿拉伯语等27种文字。由他发起的"新教育实验"在全国推广。至今，在全国各地有5600多所实验学校、600多万名教师和学生参与实验之中，以行动悄然改变着中国教育。2020年，荣获国际儿童读物联盟首届IBBY—iRead爱阅人物奖。

序二　师者君子

牟钟鉴

孔子是中华民族的精神导师，他在创建仁礼之学的过程中，提出了"君子"这一理想的人格范式，把中华美德凝结在人的主体生命当中，使如何"做人"成为中华思想的主题，使"修己以安人"成为儒学精髓所在，影响了中国两千多年。

在孔子及其弟子留下的《论语》中，"君子"共出现107次，是诸用语之首。孔子对君子的品性、行事、戒惧以及在不同场合的作为，都有全面的、立体化的表述，背后也都有历史故事作为例证，其用心良苦，以此为弟子和后人确立了做人的目标。

多年来我一直致力于推动君子人格的养成，对"君子"内涵进行了长期而系统的思考和研究，提出了君子"六有"理论框架，即有仁义，立人之基；有涵养，美人之性；有操守，挺人之脊；有容量，扩人之胸；有坦诚，存人之真；有担当，尽人之责，并出版了《君子人格六讲》。书中用讲历史故事的方式，展现了古今三十多位堪称君子的典型人物，希望能够以此给学校德育以借鉴，给老师以示范，对改变德育课"说教"面孔和"灌输"方式发挥一些作用，并进一步在社会各行各业推动君子群体的形成。

我在中央民族大学教书三十余年，看到一批一批的各民族青年学子健康成长，毕业后在各地各领域发挥主力军作用，深感国家前途光明，人民教师职业光荣。

我深知，在培育君子人格事业中，教育起着关键的作用。十年树木，百年树人。一个民族是否有希望，要看是否重视教育，要看青少年一代能否健康成长、是否具有健全的人格。而对于青少年的培养，主要责任在教师。在各行各业中，我们应当和必须要求大中小学的老师率先成为君子，君子之德就是师德，是当一名教师的基本资质，然后才是专业能力和教学方法。有大批君子教师在岗，才会有大量的君子学生出现。子曰："志于道，据于德，依于仁，游于艺。""子以四教：文、行、忠、信。"荀子说："学莫便乎近其人，学之经莫速乎好其人。"韩愈说："古之学者必有师，师者，所以传道、授业、解惑也。"可见，在我国悠久的教育传承中，教师始终把立德树人放在教育第一位，教师也始终遵循着修德进业、以身示范的教育传统。

近年来，从春侠在宣传和推广优秀传统文化方面做了一些公益工作，取得了很好的效果。她组织教育系统团队编写《师者论语》，就是身体力行在倡导和带动广大教师像孔子一样做教师、做君子。这是一件非常重要而又迫切的事情。

她已经汇聚了一批教育工作者，并达成了广泛的共识，即《论语》应成为老师必读书。希望该书的出版，能够引发和带动更多老师走进《论语》，涵养君子人格，落实立德树人的根本任务。习近平总书记曾经指出，一个人遇到好老师是人生的幸运，一个学校拥有好老师是学校的光荣，一个民族源源不断地涌现一批又一批好老师则是民族的希望。当广大教师普遍捧读《论语》，当讲君子、学君子、行君子成为学校普遍风气时，社会道德建设也会随之出现新的面貌。一大批师者君子的出现，不仅是新时代教育之大幸，也是民族之幸，也应该是中华民族伟大复兴的基础和象征。我越来越坚信，这一天在全体教育人的共同努力下，必将能够实现。

牟钟鉴：中央民族大学哲学与宗教学学院荣誉资深教授、博士生导师。兼任国际儒学联合会荣誉顾问、中国宗教学会顾问、中国孔子研究院学术委员会主任等。2012年，荣获第四届"孔子文化奖"。先生学术成果宏富，主要学术著作有：《儒道佛三教关系简明通史》《新仁学构想》《儒学价值的新探索》《涵泳儒学》《宗教·文艺·民俗》《当代中国特色宗教学十二论》《中国宗教与文化》《老子新说》《〈吕氏春秋〉与〈淮南子〉思想研究》《中国道教》《道家和道教论稿》《中国文化的当下精神》《走近中国精神》《君子人格六讲》等；主编《中华文明史·宗教卷》《民族宗教学导论》《道教通论》等。

前言 《论语》应成为老师必读书

从春侠

《论语》是儒家经典，记录了孔子及其弟子的言行。孔子可谓尽人皆知，他是中国历史上私学的开创者，被称为第一位老师，也是把教育事业做得最伟大、最辉煌的教育家、思想家、哲学家，被尊称为"大成至圣先师"，是公认的"万世师表"。

从文化意义上来说，我们每个人都是孔子的后裔。因为在漫长的历史传承中，孔子创立的儒学成为中华文化的重要组成部分，我们世世代代浸润其中，形成了"中国人"独有的精神气质和文化品格。这是作为思想家和哲学家的孔子为我们民族做出的伟大贡献，为人类文明做出的重大贡献。所以，孔子受到世人敬仰，经久不衰。

而作为教育工作者，作为老师，我们对先师孔子本人、对他的教育思想和实践以及《论语》，都缺乏足够的了解和认知。接受师范教育的大学生，有很大一部分没有系统读过《论语》；已经走上讲台的老师，也没有多少人系统研读过《论语》；很多从事教育行政管理的各级各类干部，对《论语》也是知之甚少。在给老师、学生推荐的教育类图书中，很少能够看到《论语》的身影。这种情况非常普遍，也急需改善。

在当前大力弘扬中华优秀传统文化、树立文化自信、扎根中国大地办教育的时代主题下，如果继续漠视《论语》的存在，就会显得与时代精神格格不入。《论语》作为经典，其精神、哲理对人类永远有启迪启示的作用；而作为教育经典，其蕴含的丰富教育智慧永远是教育工作者取之不尽、用之不竭的宝库。这种认知，来源于对《论语》的深入研读。

2017年起，我基于自身在优秀传统文化学习过程中汲取了力量与智慧的体证，开始创建和发起"清源学院"公益微信学习群，系统开展了经典捧读活动。由于我本身从事教育干部培训工作，因此，参加"清源学院"学习的人也多为教育工作者，涵盖了各级各类、不同岗位的教育工作者。迄今，"清源学院"已经先后组织了十期学习，每次学习时间持续百天左右，先后捧读的经典包括《论语》《大学》《孟子》《中庸》《道德经》《传习录》等，先后有近千人获益。其中，《论语》捧读活动陆续开展了两期，每期均持续了21周（《论语》共计20篇，基本上按照每周一篇的节奏推进），先后共计200人参与。在学习过程中，大家普遍感觉如同进入了一座充满人生智慧和教育智慧的宝库，普遍有相见恨晚的感觉，彼此形成的学习心得与体悟更是发挥了启迪激荡教育情怀、启发教育智慧、增强教育信念的重大作用。

有感于此，我们形成一个强烈共识，即《论语》应该成为老师必读书。实际上，早在20世纪60年代初，钱穆先生就明确指出：《论语》应该是一部中国人人人必读书，将来此书，应成为一部世界人类的人人必读书。[①]并且指出："今天的中国读书人，应负有两大任务，一是自己读《论语》，一是劝人读《论语》。"为此，他专门编写《劝读论语和论语读法》，引导人们走进《论语》。

《论语》要成为人人必读书，首先应成为教师必读书。为响应钱穆先生的号召，在捧读《论语》过程中也切实体证到其恒久的教育价值，也出于继承和弘扬中华优秀传统文化，亲近经典从教师做起，切实贯彻习近平总书记提出的教育者先受教育的理念，在两次系统捧读《论语》的基础上，我们专门组建了一个团队，再次原汁原味研读经典，逐篇逐章记录心得，并期待能够及时与广大教师及教育工作者分享。团队成员中，有小学校长和一线教师，也有高校教师、教育科研机构管理者，有教育培训机构教师，也有教育出版机构专业研究人员，等等。大家共同点在于：其一，

[①] 钱穆：《劝读论语和论语读法》，商务印书馆，2014年12月第1版。

均是教育工作者；其二，均是中华优秀传统文化的学习者、践行者和传播者，特别是对《论语》丰富的教育智慧有深刻的认知和丰富的实践；其三，迫切渴望借由自身的感悟和体会，搭一座桥，让更多的老师走进《论语》，汲取先师的教育智慧，致用于当下的教育，惠及新时代一代新人的培养和健康成长；其四，均高度认可《论语》应成为所有教师的必读书，乃至成为世界师范教育权威教科书。

基于此，有了这本书。

本书编写体例依循《论语》厚典，分为二十篇，每篇包括原文、注释、大意和心得四部分。"原文""注释""大意"重点参考了钱逊老师编著的《中华传统文化经典教师读本·论语》（济南出版社·汉唐书局，2015年版）；"心得"由团队成员独立撰写。另外，师者的荣耀，在于立德树人、桃李满园。孔子弟子三千，七十二贤人。在《论语》一书中，孔子与弟子的教学情景随处可见，让人尤其感动。为此，本书还特设"孔门弟子小传"，按照其弟子在《论语》篇章出现的先后顺序，作为附录一，一方面可以帮助读者加深对相关人物的认识和理解；另一方面，也能够进一步彰显孔子的教育功绩，让人不自觉产生无限向往。

特别需要指出的是，本书是一群教育人捧读《论语》的心得体悟，不是《论语》讲稿；是为广大教师能够尽快走进《论语》，亲近经典而搭建的一座桥，而非一座碑；呈现的多是作者捧读《论语》即时的、灵动的思绪，不是定论。经典是常读常新的，不同的年龄、不同的境遇、不同的心情，往往有不同的体会与感悟；而无论何人何时何地，只要本着诚意捧读《论语》，都会被触动，有启发与感动。这本书呈现的是不同生命与《论语》的链接，因触动而引发的心得是如此不同，风格各异，又是如此积极昂扬，向上向善，这就是经典的魅力，《论语》的价值。

子曰："述而不作，信而好古，窃比于我老彭。"请记住，本书为所有老师而述，只想成为一座桥，搭载您走进《论语》智慧的大门，去亲自领略教育的无限风光与无穷魅力！

目录

学而篇第一 / 1

为政篇第二 / 15

八佾篇第三 / 32

里仁篇第四 / 51

公冶长篇第五 / 67

雍也篇第六 / 86

述而篇第七 / 102

泰伯篇第八 / 124

子罕篇第九 / 137

乡党篇第十 / 155

先进篇第十一 / 169

颜渊篇第十二 / 189

子路篇第十三 / 209

宪问篇第十四 / 233

卫灵公篇第十五 / 259

季氏篇第十六 / 280

阳货篇第十七 / 293

微子篇第十八 / 313

子张篇第十九 / 321

尧曰篇第二十 / 341

附录一　孔门弟子小传 / 346

附录二　孔颜之乐即师生幸福之道 / 352

附录三　与命与仁　天人合一
　　　　——从《论语》捧读谈起 / 361

附录四　参考文献 / 368

后记 / 369

学而篇第一

《学而篇》共16章。本篇重点突出"务本"二字。儒家学说紧紧围绕"人如何成为人"这一中心议题展开。如何成人？在儒家看来，人要成为人，不仅是自然成长的过程，而且是终身学习的过程。这个过程，始于孝悌，赖于反省，在人伦中尽己责，不断改过、勤学、实践，始终向上向善，终身修为。这就是本篇要义。

基于此，本篇历来受到高度重视。宋代理学家朱熹认为，本篇"所记多务本之意，乃入道之门，积德之基，学者之先务也"。

新时代，我国教育方针明确提出："把立德树人作为教育根本任务。"怎么理解立德树人？立德树人与本篇的务本之论有何关系？如何在教育教学实践过程中，贯彻落实立德树人这一根本任务？我们不妨带着这几个问题，开启本篇的阅读、学习和研究。

1.1　子曰："学而时习①之，不亦说②乎？有朋自远方来，不亦乐乎？人不知而不愠③，不亦君子④乎？"

【注释】①〔习〕《说文解字》解释为"数（shuò）飞也，从羽从白"。本意是鸟儿飞翔，引申为练习、实习、实践。②〔说〕通"悦"，意思是喜悦、快乐。③〔愠（yùn）〕恼怒。④〔君子〕《论语》里，君子是孔子理想中具有高尚人格的人，有时也指在位的人。这里是指前者。

【大意】孔子说："学了又时时温习和练习，不是很愉快吗？有志同道合的朋友从远方来了，不是很快乐吗？别人不了解自己却不恼怒，不也是一个有德的君子吗？"

【心得】本章大家耳熟能详。但若把这三句话联系在一起细品，就涉及儒学教育的主要内容，以及与这种内容相适应的教育教学方法。儒学教育不像今天的科学文化教育，它主要教人做人，即立德树人，具有很强的实践性，因此需要"学而时习之"，不实践就没有价值和意义。在当时礼坏乐崩的社会里，孔子及其弟子坚守道德准则，是不易被人理解的。这种情况下，能够有志同道合的朋友远道而来，就如同在无人（道德意义上的人）的荒岛上遇见了人。那种快乐，也许只有孔门师徒才能体会得最为深刻！

今天的我们，也有着近似的体验：有的人追求物质，斤斤计较，而有的人默默奉献，无怨无悔；有的人奉行个人主义，而有的人始终坚持言传身教、无我付出……"道不同，不相为谋"，志向、兴趣不同，特别是世界观、人生观、价值观不一致的人，相处起来很难有共鸣。而志同道合的人，彼此欣赏勉励，互相砥砺夹持，是一种很高境界的精神快乐。

成人的学问，是一门实践的艺术，需要"学而时习"，需要与远朋近友相互交流和学习，也常常要面对误解、嘲笑甚至反对。《论语》开篇就谈学而时习之"乐"，论学取友之乐，不求人知但求内心无愧于道的慎独之乐。这种乐观的精神是儒学留给中华民族的宝贵精神财富，也是孔子留给后世师者的宝贵精神财富。

1.2 有子①曰："其为人也孝弟②，而好犯上者，鲜矣；不好犯上而好作乱者，未之有也。君子务本③，本立而道生。孝弟也者，其为仁之本与！"

【注释】①〔有子〕孔子晚年的弟子，名若。《论语》里对孔子的学生一般都称其字，只有有若、曾参、冉求、闵子骞四人被称"子"。②〔弟〕通"悌"，儒家伦理中规定的弟弟对兄长的道德规范，即尊敬自己的兄长。③〔本〕本义是树根。《说文解字》："木下曰本。"从字形上看这个字是由"木"和下面的横组成，横代表土地，"本"就是树木隐藏在地下的部分。在儒学思想中，"务本"的"本"即根本的意思。

【大意】有子说："一个人如果孝顺父母和尊敬兄长，在社会上却常常不服从自己的上级，这种情况是很少的；一个人能服从自己的上级，却违法乱纪，那更是没有的事情。君子为人处世，关键是要务本。把握了事物的根本，做事自然就符合规律了。孝敬父母和尊敬兄长，就是行'仁'的根本啊！"

【心得】有子这段话提出了儒学教育的根本内容以及原则。

儒学的根本内容是"仁"，而行"仁"的立足点是"孝悌"。儒学强调"务本"，例如《礼记·大学》："其本乱而末治者，否矣。其所厚者薄，而其所薄者厚，未之有也。此谓知本，此谓知之至也。""大畏民志，此谓知本。此谓知之至也。"《礼记·中庸》："中也者，天下之大本也；和也者，天下之达道也。"《孟子·离娄上》："孟子曰：人有恒言，皆曰'天下国家'。天下之本在国，国之本在家，家之本在身。"儒家"务本"，要旨是以人为本，从心出发，由近及远。当代教育也需要"务本"。爱祖国、爱人类、保护地球，这些听起来神圣而伟大，抽象而又遥远的话，需要从爱父母、爱老师、爱同学、爱班级、爱劳动、讲卫生等身边小事做起。

1.3 子曰："巧言令①色②，鲜③矣仁！"

【注释】①〔令〕美好。②〔色〕表情、神态。③〔鲜〕很少。

【大意】孔子说：那些花言巧语、满脸堆笑的家伙，是很少有仁德的人！

【心得】孔子这句话，应该是在某一个特定语境下，针对某个特定的人和事，有感而发。但是一旦把它从具体语境中抽离出来作为本篇的第三章，就具有了原则性意义。儒家强调人与人之间关系和谐，但出发点是人内心的"仁者爱人"，而不是表面的"巧言令色"。这不是说语言和表情不重要，而是仍然在强调有子提出的"务本"思想：与"和言""悦色"相比，内心的爱才是仁之根本。"和言"与"悦色"是内心之爱的真诚流露。就当代教育而言，我们经常强调情商，就是善于处理人际关系的能力。但这种能力的根本是"仁"，是站在他人立场、角度上考虑问题，只有在这个基础上，探讨语言交流的技巧和表情管理的技巧，才有意义。

孔子这段话放在第三章位置，成为有子"务本"说的重要依据。可见，尽管孔子本人没有明确提出"务本"论，但是他的思想包含着"务本"论，即"仁为言本"。

1.4 曾子①曰："吾日三省②吾身：为人谋而不忠乎？与朋友交而不信乎？传不习乎？"

【注释】①〔曾子〕孔子晚年的弟子，名参。②〔省〕反思。

【大意】曾子说："我每天都要从三个方面反思自身：给别人（国家）做事，做到忠于职守了吗？和朋友交往，做到守信了吗？老师教给我的那些做人的道理，我践行了吗？"

【心得】曾子的话放在第四章，自然与他在孔门中的地位有关，但更重要的是，他这段话提出了儒学教育的根本方法——"三省法"，即反思。反思是当代教师专业发展的最重要途径。儒家讲"不怨天，不尤人""行有不得，反求诸己"，这是儒家做人的基本原则，也是促进自我发展的最重要方法。当我们不能改变环境时，就要学会改变自己，这就是儒家的精神。从个体做起，从当下做起，从这一代做起，最终实现社会目标、民族目标。教育，就是这样一个世代接力的伟大过程。

前面四章，已经提出了儒家教育基本精神境界（乐学乐教）、基本内容（仁）、基本原则（务本）和基本方法（省身）。

1.5 子曰："道①千乘之国②，敬事而信，节用而爱人，使民以时③。"

【注释】①〔道〕通"导"，治理，管理。②〔千乘之国〕有一千辆兵车的国家，指当时的诸侯国。乘，古时一车四马为一乘，这里指兵车。③〔使民以时〕在农闲时征用民力。时，农时。

【大意】孔子说："治理一个大国，要做到勤于政事，珍惜国家信用，节省财政开支以爱民养民，使用民力建设国家工程时，注意不影响农业生产的关键时节。"

【心得】本篇第三次辑录孔子的话。前面是讲个体如何做人，这里则扩大到社会，讲一个国家的统治者如何做到"仁"。"敬事而信，节用而爱人，使民以时"，这些都是"为政之本"，仍然体现的是"务本"的思想。其中"使民以时"还隐含着中国古代"以农为本"的思想。

就教育而言，为师、为长、为君的基本道理是一样的，正如《礼记·学记》中所说的那样，"能为师者能为长，能为长者能为君"。本章所讲的"为君"之道，对于校长、班主任以及任课教师，亦复如是。敬业乐教、守信节用、爱师爱生，努力减轻教师和学生的负担，这是校长、教师之仁德仁心的具体体现。

1.6

子曰："弟子①入则孝，出则弟，谨②而信，泛③爱众，而亲仁。行有余力④，则以学文。"

【注释】①〔弟子〕指年纪较小，为人弟和为人子的人。②〔谨〕谨慎，认真。③〔泛〕广泛。④〔行有余力〕指有闲暇时间。

【大意】孔子说："作为子女，在父母跟前做到孝，在兄长那里做到悌，在社会上做事谨慎认真、诚实守信，从内心里广泛地爱所有的人，在行为上亲近和学习那些有仁德的君子。如果做到了这些，还有精力和闲暇的话，可以学习文献知识。"

【心得】教育的根本任务就是立德树人，学习的根本目标就是学做人。文化知识从根本而言也是教人做人。所以在"学文"与学"做人"二者之间，"做人"是本，"学文"是末，不能本末倒置。我们可以概括为"行为学本"。

在孔子时代，教育不能普及，所以"学文"是少数人的专利。如今，义务教育普及化和高等教育大众化，让人人有了"余力"而"学文"，但不能因此忘记教育的根本。文凭不等于人品，德才兼备才能算人才。我们应该把孝敬之心、爱众之心、敬贤（亲仁）之心、敬业之心、守纪之心、守信之心这些内在品质的培养，贯穿于国民教育全过程。

"泛爱众，而亲仁"是儒家重要的道德原则，其中"泛爱众"是目的，"亲仁"是手段。儒家之爱是爱一切人，最终目的是让一切人具有仁爱之心，实现社会的和谐。每个人都应该主动亲近有仁德之人，见贤思齐，不断修养自己的品德。

1.7 子夏①曰："贤贤②易色③；事父母，能竭其力；事君，能致其身④；与朋友交，言而有信。虽曰未学，吾必谓之学矣。"

【注释】①〔子夏〕孔子学生，姓卜，名商，字子夏。②〔贤贤〕尊敬贤人。其中第一个"贤"是动词，第二个"贤"是名词。③〔易色〕不以貌取人。易，轻视。④〔致其身〕把生命奉献出来。致，尽的意思。

【大意】子夏说："尊敬德才兼备的人而非以貌取人；孝敬父母，能做到尽其所能；服务君王和国家，能做到勇于献身；和朋友交往，能做到言而有信。这样的人，即使他说自己没有学习文化知识，我也一定说他已经学习了。"

【心得】这一章提到的"贤贤"与上一章的"亲仁"既有联系也有区别。"仁人"主要是从道德方面而言，而"贤人"还包括才能方面。由于嫉妒之心是人性普遍的弱点，因此"贤贤"比"亲仁"更难做到。这一章记录子夏的观点，与上一章孔子的话意思差不多，但是在孝敬父母和对待国事方面，分别提出了"尽力"与"致身"两个明确的要求，今天仍有借鉴意义。

1.8 子曰："君子不重①则不威。学则不固②。主忠信。无③友不如己者。过则勿惮改。"

【注释】①〔重〕持重、庄重。②〔学则不固〕"学则不固"自成一句，学了就不固陋。固，作固陋解，见闻浅少的意思。③〔无〕通"毋"，不要。

【大意】孔子说："君子如果不持重就没有威信。通过学习，就可以不粗鄙浅陋；君子要以忠信为主；不要与自己不同道的人交朋友；有了过失不要怕改正。"

【心得】这一章表面看起来几句话互不搭界，因此历来争议很大，也有人认为其中一些句子，如"主忠信"可能是错简，即其他篇章的内容，错放到这一章。其实仔细品味，联系儒家思想的整个体系，会发现这几句话的逻辑性和系统性很强，主要强调的是如何学习，包括"持重""忠信""取友"和"改过"几个方面。"持重"是内在的精神状态由内而外体现的是仪容仪态，反对浮躁与轻佻。这种内在精神状态用之于学习和做人，就能够远离粗鄙浅陋；用之于国事，就是敬业，就是一种责任感和担当精神；用之于交往，就是守信，就是把他人放在心上。交友是儒家道德学习的重要途径。一个人即使没有什么学问，如前所述，只要他做到孝悌，做到忠信，就是有德之人，就可以"见贤思齐"。把忠信作为学习目标，把交友作为学习手段，同时与朋友一起切磋学习，发现自己的不足和过失，就及时改正。这一章的主题可以概括为"忠信为本"。

这一章讲"不重则不威，学则不固"，对于教师和学生都很有启发。"不重则不威"不是让教师一定要一本正经、古板严肃、不苟言笑，而是收放自如、张弛有度，在与学生交往过程中既不过于严肃，也不过于轻佻，在处理教学和班级事务时谨慎小心、不乱作为，这样才能在学生中树立起威信。从学生的角度而言，学习是终身大事，也是国家大事、社会大事，要认真对待，知之为知之，不知为不知。严肃认真地对待学习，持之以恒，不断钻研，才能够不断深入、全面，避免粗鄙浅陋。

1.9 曾子曰："慎终①追远②，民德归厚矣。"

【注释】①〔慎终〕谨慎对待父母的丧事。郑玄注："老死曰终。"②〔追远〕追念逝去的先祖。

【大意】曾子说："谨慎对待父母的丧礼，通过家祭等形式怀念逝去的先祖。这些礼仪，可以让民众道德变得淳厚。"

【心得】儒家不迷信鬼神，他们看重的不是来世，而是今生。生为本，死为末，这是儒家文化非常鲜明的一个特点。《先进篇》记载："季路问事鬼神。子曰：'未能事人，焉能事鬼？''敢问死。'曰：'未知生，焉知死？'"但是儒家又很重视祭祀祖先。这看起来是矛盾的。实际上，孔子看重的不是葬礼和祭祀对于祖先的意义，而是文化内涵、教化价值，即对历史文化的传承，对活着的人、对儿童的教育意义。这种思想进一步发展，就是"孝为国本"。在当代社会，虽然科学技术不断发展，物质资源极大丰富，但是很多优秀的传统文化依然具有宝贵的教育价值，依然需要我们传承。

1.10 子禽①问于子贡②曰："夫子③至于是邦也，必闻其政，求之与？抑与之与？"子贡曰："夫子温、良、恭、俭、让以得之。夫子之求之也，其诸异乎人之求之与？"

【注释】①〔子禽〕孔子弟子，姓陈，名亢，字子禽。②〔子贡〕孔子弟子，姓端木，名赐，字子贡。③〔夫子〕古代对男子的敬称。《论语》中，孔子的学生称孔子为夫子。

【大意】子禽问子贡："夫子到一个邦国，总是能了解到这个国家的政事，这是请教得来的，还是人家主动告诉他的呢？"子贡说："夫子为人，温和、善良、恭敬、节俭、谦逊，所以他能了解到这些。即使夫子主动去求，或许也与别人的求法不同吧。"

【心得】在《公冶长篇》中，孔子赞扬孔文子"不耻下问"。"不耻下问"是非常可贵的品质。我们有些人喜欢不懂装懂，而羞于向别人请教。从本章子禽与子贡的对话来看，孔子的时代，请教别人不仅让自己感觉羞耻，还会遭到别人的耻笑。在子禽看来，已经名扬天下的孔子，到处去打听了解所到之处的政事，不管是自己"求"还是别人"与"，都与他身份不符。子贡的回答柔中带刚，突出了孔子"温、良、恭、俭、让"的美德。这里还是一个"务本"的问题。在子贡看来，怎么"得"是末，"得"什么才是本。孔子通过了解各国制度，推行仁政，这才是最重要的事情，而别人如何看待他，不重要。

"温、良、恭、俭、让"是孔子提倡的"礼"的精神在一个人的言行举止上的外显。我们可以把这一章的主题概括为"礼为问本"。

1.11 子曰:"父在,观其志①;父没,观其行②;三年无改于父之道③,可谓孝矣。"

【注释】①〔志〕志向。②〔行〕行为。③〔道〕道义,这里是指父亲做的合理部分。

【大意】孔子说:"父亲在世的时候,我们观察他的志向与父亲是否一致;父亲去世之后,我们观察他的行为是否继承父亲的志向。如果三年之内没有更改父亲合理的做法,就算是尽了孝道了。"

【心得】孔子所处的时代,贵族的事业以家庭为单位,儿子没有自己独立的事业。所以父亲在世的时候,他们不能独立做出决定,这时候只需要按照父亲的要求去做就行了。父亲去世后,他可以独立做出决定,如果能够比较长期地坚持父亲合理的做法,就是孝道的表现。为什么是"三年"而不是永远"无改于父之道"呢?因为世事变化,很多做法需要与时俱进。从这里可以看出孔子对待继承与创新关系的看法。孔子对传统始终是充满温情的,坚持"述而不作",但实际上,他并非像有些人所说的那样僵化和保守,他只是不赞成轻言"改革"的激进做法,是想在"温故"与"知新"之间保持一种张力和平衡。这种态度对教育改革来说非常重要,因为教育关乎人的发展,关乎国家和民族的未来,一定要慎而又慎。

年轻的教师走向讲台,首先要做的不是改革创新,而是学习、模仿与借鉴。在实践一个阶段后,熟悉了传统教学方式方法,也充分了解其中的优缺点之后,当然可以尝试改革,在深思熟虑的基础上探索教育教学的新路。

1.12 有子曰:"礼之用,和为贵。先王之道,斯①为美。小大由之。有所不行。知和而和,不以礼节②之,亦不可行也。"

【注释】①〔斯〕这。②〔节〕节制。

【大意】有子说:"礼仪的作用,在于以和谐为宝贵。古代的圣明帝王治理国家的方法,也是以和为美,事情无论大小,都是这样,以和为贵,以和为美。当然,这条原则也不是放之四海而皆准。只知道一味求和谐,违背了礼仪等基本原则,那也是行不通的。"

【心得】"和为礼本","和"是中国文化的精髓。《中庸》说:"喜、怒、哀、乐之未发,谓之中。发而皆中节,谓之和。中也者,天下之大本也。和也者,天下之达道也。致中和,天地位焉,万物育焉。""以和为贵"的思想现在已经家喻户晓,成为我们处理人际关系以及国际关系的基本准则。但是有子已经意识到,这一原则也有它的边界和底线,这个边界和底线就是"礼",也就是国家制度和社会风俗所规定的基本原则。如果违背这些原则,一味求和,在国际关系中就是"投降派",在人际关系上就是"和事佬"。这一点在当代德育中我们需要让学生弄清楚。

"和"也是古代教育所倡导的最佳状态。《礼记·学记》中说,"道而弗牵则和","和易以思,可谓善喻矣",即不要逼着学生学,而要善于引导他们,激发他们的积极性和主动性。学生心情愉悦、充满信心,就会积极思考,学习的效果就好。当然,"和易以思"的教育教学原则的运用,同样需要"以礼节之"。老师也要用纪律约束学生,在学生犯一些严重错误的时候,不排除适当进行合理的惩戒。

1.13

有子曰:"信近于义,言可复①也。恭近于礼,远耻辱也。因②不失其亲③,亦可宗④也。"

【注释】①〔复〕实践、兑现。②〔因〕依靠。③〔亲〕亲人。也有人认为可以联系"泛爱众,而亲仁",把这里的"亲"理解为"亲仁",也能讲通。④〔宗〕尊崇。

【大意】有子说:"信用只有符合道义,才可能被兑现;恭敬只有符合礼仪,才能远离耻辱;所依靠的人不排斥自己的亲人或有仁德的人,也是有所尊崇的。"

【心得】诚信教育非常重要。在儒家看来，言出必行是有前提的。《礼记·学记》中就讲："大道不器，大信不约。"如果原来承诺了，但是后来发现践行这个承诺不符合道义的原则，那就不要死守这个承诺。这看起来是不讲诚信，实际上是对道义讲诚信。诚信是道义的一个组成部分，当然需要服从于道义这个更大的原则。有这样一则故事：一个小孩和一群小朋友玩捉迷藏，他藏起来以后，寻找他的小朋友被别的事物所吸引，忘记了他正在躲藏这件事，后来这些小朋友干脆回家了。结果这个藏起来的小孩一直在那里藏着，直到半夜。这样的"诚信"没有意义。

礼仪教育也非常重要。礼仪教育强调进退有度，出于对人的恭敬而做到礼貌待人，言行举止、待人接物要符合双方的身份和地位。学生只有把握这个原则，将来走向社会，才知道如何与不同的人打交道，从而获得社会的尊重。在用人问题上，一直存在一个敏感问题，即能不能重用自己的亲朋好友，重用自己认为的贤人？这样做会不会被人认为是任人唯亲、拉帮结派？有子的回答是，只要有所尊崇（即规章制度和道义原则），就没有什么不可以。如果不能使用亲人或者"亲仁"的贤人，那对这些人而言也是一种不公平，并且不利于工作的开展和事业的发展。

这一章体现了多方面的"务本"思想：义为信本，礼为恭本，亲为因本。

1.14 子曰："君子食无①求饱，居无求安，敏于事而慎于言，就②有道而正③焉，可谓好学也已。"

【注释】①〔无〕毋，不要。②〔就〕亲近。③〔正〕正己，提高自己。

【大意】孔子说："君子吃饭不求过饱，居住不求过于安逸，做事勤劳敏捷，说话言辞谨慎，亲近仁者贤者来不断提高自己的道德水平和能力，这样的人可以说是好学的了。"

【心得】这段话是孔子对"好学"的标准。《论语·雍也》篇中，孔子说自己门下只有颜回可以做到好学，其他的人都达不到这个标准。由此可见，这个标准很高。

当今社会，物质条件相对比较优越，学生之间容易出现盲目攀比的现象。这种攀比，乐观地说，也可以看作是上进心使然。教师要善于利用学生这种心理需要，"食无求饱，居无求安"，引导他们比学习进步、比见贤思齐、比德行修养等。

"敏于事而慎于言"启发教师要敏于探索实践，不要轻易下断语、下结论。教育之道，关乎人的发展，很难有一定之规。

1.15 子贡曰："贫而无谄，富而无骄，何如？"子曰："可也。未若贫而乐，富而好礼者也。"子贡曰："《诗》云：'如切如磋，如琢如磨'①，其斯之谓与？"子曰："赐也，始可与言《诗》已矣，告诸往而知来者②。"

【注释】①〔如切如磋，如琢如磨〕指加工象牙和骨，切了还要磋，加工玉石，琢了还要磨，有精益求精的意思。②〔告诸往而知来者〕诸，这里同"之"。往，过去的事，这里指已经告诉他的话。来，未来的事，这里指还没有说出的话。

【大意】子贡说："贫穷之人不谄媚，富贵之人不骄横。这怎么样啊？"孔子说："挺好的。还比不上虽然贫穷但能安贫乐道，虽然富贵但能谦逊好礼。"子贡说："《诗经》里说，'就像加工牙骨那样，切了还要磋，就像加工玉石那样，琢了还要磨'。说的是不是这个意思？"孔子说："子贡啊，以后我可以和你一起讨论《诗经》了！你能从我已经告诉你的话中领会到我还没有说到的意思。"

【心得】这一章是孔子"因材施教""举一反三"和《礼记·学记》中"教学相长"等教育思想的生动例证。

子贡善于经商，一度达到富可敌国的程度，所以他生活中的道德困扰，一方面是面对没钱的人谄媚他，另一方面是自己作为有钱人怎么对待别人。从个体道德实践出发，他的心得便是"贫而无谄，富而无骄"。这是一种可贵的个体经验，但还没有上升到理论高度，没有与孔子的儒学思想体系融为一体。所以孔子就给他点拨和启发："未若贫而乐，富而好礼者也。""乐道"与"好礼"是孔子儒学话语体系的概念，学生的日常经验上升到理论高度，具有了更高的抽象性和普适性，而且道德境界进一步提升。

师生的对话继续进行，子贡突然问了一句，如同神来之笔："您说的是不是就像《诗经》里的'如切如磋，如琢如磨'呀？""贫而无谄，富而无骄"是去谄去骄，就像玉匠把附着在玉石上的劣石切割掉。"贫而乐，富而好礼"则更进一步，在去除劣石杂质之后把真正的玉石琢磨成器。前者是外在功夫，后者一个"乐"字，一个"好"字，强调的是学习者主体的主观意志。

个人的道德修养首先需要改过，改过之后还需要进一步提升，这就离不开"乐"与"好"，这也是为什么《学而篇》一开始就要谈"时习之乐"。孔子了解子贡，在学生取得初步的道德经验后恰当点化，教育的艺术炉火纯青；子贡聪明善悟，老师一讲马上联系到了《诗经》的理解，而且触及了道德教育的两层境界，这就是"举一反三"。师生一番简短对话，对《诗经》的解读，对德育阶段的认识，都有了新的收获，这就是"教学相长"。如果道德教育的落脚点在"乐"和"好"上，这是抓住了德育的根本，可谓"乐为德本"。

1.16 子曰："不患①人之不己知②，患不知人也。"

【注释】①〔患〕担心、害怕。②〔不己知〕不了解自己。

【大意】孔子说："不要担心别人不了解自己，要担心的是自己不了解别人。"

【心得】本篇最后一章，照应篇首"人不知而不愠"，再次强调"反求诸己"的道理。人生价值的实现在于为他人、为社会做出贡献，这些离不开自己对他人的了解、理解，做到换位思考，这是能够通过自己努力学习达到的目标。但是，别人是否了解、理解自己，这种事情不在己而在人，是自己把控不了的事情。所以，就不必在意他人对自己的了解、理解。这就是儒家反求诸己的原则，也可以概括为"以己为本"，反过来看就是"以人为本"，学会换位思考。对于教师而言，想成为名师，追求专业发展，当然需要外在的认可和肯定。但是如何让别人了解自己？归根结底还在于了解别人，特别是了解学生。《礼记·学记》中说："君子知至学之难易，而知其美恶，然后能博喻；能博喻然后能为师；能为师然后能为长；能为长然后能为君。"这里面点出了优秀教师的三个条件：一是"知至学"，在专业知识上充分掌握；二是"知难易"，也就是了解教学的原理和方法，知道如何教学更为容易；三是"知美恶"，也就是要了解学生的学习心理，善于启发和引导他们。能够这样做的老师，自然容易"善喻"，也就是善于让学生明白深奥的道理。而善喻的老师能"为长""为君"，成为管理型人才、领军型人才。官师一体的古代是这样的，对于今天的教师而言，善喻之师，也必将成为教育领域的出类拔萃者。

为政篇第二

《为政篇》共24章。这一篇的题目是"为政",主题聚焦在"德政"与"德教"。在儒家看来,教育与政治密不可分,教育是促进政治发展的最重要手段。政治应以道德为基础,这就是"德政";教育应以道德为主要内容,这就是"德教"。

中国古代政治文明是建立在"人性善"这一假设基础上,成为一种与众不同的文明形态。世界上没有任何一个国家,对政治家的道德期待超过了中国。世界上也没有任何一个国家,对德育的期待超越了中国。

新时代以来,我们讲文化自信和中华优秀传统文化传承发展,毫无疑问,文化自信必然包括对中华优秀传统文化的自信。中华优秀传统文化的传承发展,必然呼唤尊师重教文化的复兴。正是在这个意义上,我们重新走近孔子,重读《论语》,寻找中华民族的文化初心,寻找中华民族的教育初心。

2.1 子曰:"为政以德,譬如北辰①,居其所而众星共②之。"

【注释】①〔北辰〕北斗星。②〔共〕通"拱",环绕、拱卫。

【大意】孔子说:"政治的基础是道德。就像北斗星,居于自己的位置上,其他的星辰都围绕着它。"

【心得】德政的关键在人，在为政者率先垂范；德教的关键也在人，在为教者以身作则。为政者与为教者的率先垂范，是德政与德教的基本手段，也是德政与德教存在的前提和基础。

2.2 子曰："《诗》三百①，一言以蔽之，曰'思无邪'。"

【注释】①〔《诗》三百〕《诗经》全文为三百零五篇，这里"三百"是概数。

【大意】孔子说："《诗经》有三百多篇，用一句话概括，就是'思想纯正，没有邪念'。"

【心得】"思无邪"是德育要追求的最高境界。欲望是人之本性，但要居于正道，这就是"思无邪"。《诗经》是当时民间和庙堂文学的集萃，孔子说《诗经》的精髓是"思无邪"，奠定了儒家知识分子的文化追求。

第二章"思无邪"是对第一章"德政"思想的进一步阐发。"德政"是孔子的政治理想，"思无邪"则是孔子的人格理想。为政者思无邪，百姓也就思无邪，便是德教，便是德政。

2.3 子曰："道①之以政，齐之以刑，民免而无耻。道之以德，齐之以礼，有耻且格②。"

【注释】①〔道〕通"导"，引导。②〔格〕这个字的解释历来争议很大，有人训为"来"，有人训为"至"，有人训为"恪"，等等。笔者认为这里的"格"与"格杀勿论"的"格"同义，意思是格斗，引申为拒斥、与之斗争。

【大意】孔子说："用制度引导群众，用刑罚约束群众，群众能够规避做违法的事情，但是并不以做违法的事情为耻。用道德引导群众，用礼俗约束群众，群众就会以违背道德和礼俗而深感耻辱，并且与违背道德和礼俗的行为自觉进行斗争。"

【心得】第三章继续讲德政、德教，它比法制和刑罚更有利于统治。因为刑罚只是诉诸人的生理与安全需要，让人不敢为，有恐惧之心，是"行无邪"，而不是"思无邪"，内心还是邪门歪道，不以为耻，反以为荣。而德政、德教则不同，它直接诉之于人的自尊与尊重需要，让人不愿为，发自内心以"无邪"为荣，"有邪"为耻。这样人们就不仅能做到"行无邪"，而且能做到"思无邪"。

只依靠刑罚统治，百姓会与统治者成为对立面；而依靠德教来行德政，百姓会与统治者站在一个战壕里。"道之以德"，就是"以德导之"，就是德教；"齐之以礼"，就是"以礼齐之"，就是"礼教"。

学校管理也可以由此得到很多启发和借鉴。用制度管人，用纪律管人，就是"道之以政"；对违反制度和纪律者予以惩处，就是"齐之以刑"。师生只为追求好处而做一些事，同样也会因为害怕惩罚而不去违反制度、违反纪律，但这不能保证好的教风和学风；只有立足道德境界提升，而不是纪律管束来进行学校治理，达成全校范围道德建设共识，好的班级文化，师生彼此砥砺，教学相长才会蔚然成风。因此，一个学校的制度建设固然重要，但文化建设，包括校风、教风、学风、班风建设，更为根本。

2.4 子曰："吾十有五而志于学，三十而立，四十而不惑，五十而知天命，六十而耳顺①，七十而从心所欲不逾矩。"

【注释】①〔耳顺〕可以与"人不知，而不愠"联系起来理解。就是听到各种不同的意见，即使是错误的和对自己不利的意见，也能正确对待，不感到违逆不顺。

【大意】孔子说："我十五岁立志学习，三十岁能够立足于世，四十岁开始不再迷惑、困惑，五十岁开始认识到天命，六十岁对不同意见不再觉得逆耳，七十岁开始，从心所欲而不逾越礼法和道义的边界。"

【心得】这是孔子的心路历程，告诉人们"德教"首先是教己，是让自己做到"思无邪"，然后才是教人，让别人跟着自己"思无邪"。而且"思无邪"可不是一件容易的事，是一个终身为之奋斗的过程。孔子终其一生，才逐渐做到了这一点。

《史记·老子韩非列传》载，孔子到周都问礼于老子，老子说："吾闻之，良贾深藏若虚，君子盛德，容貌若愚。去子之骄气与多欲，态色与淫志，是皆无益于子之身。吾所以告子，若是而已。"这个时间一般认为是公元前518年。孔子生于公元前551年，也就是说老子对孔子说这几句话，大概是在孔子三十三岁那一年。"三十而立"，彼时孔子已经小有名气，有很多门人弟子跟着他学仁习礼，老子还批评他有"骄气与多欲，态色与淫志"。这也从侧面反映出"思无邪"有多么不容易。

2.5 孟懿子①问孝，子曰："无②违③。"樊迟④御，子告之曰："孟孙问孝于我，我对曰'无违'。"樊迟曰："何谓也？"子曰："生，事之以礼；死，葬之以礼，祭之以礼。"

【注释】①〔孟懿子〕鲁国大夫，姓仲孙，名何忌，谥号"懿"。孟懿子的父亲孟僖子晚年跟随鲁昭公出使，担任副相，却因为不了解外交礼仪而出了很多洋相，回来郁郁而终，临终前嘱咐孟懿子向孔子学习。那个时候孔子还不怎么出名。因为大贵族孟懿子一家几代人（孟懿子、孟武伯、南宫敬叔）都师事孔子，孔子得以名声大噪。作为贵族的他们学习孔子的德政德教思想，当然也要"务本"，要从学习"孝"做起。②〔无〕通"毋"，不要。③〔违〕违背。④〔樊迟〕孔子学生，名须，字子迟。

【大意】孟懿子向孔子请教如何尽孝道，孔子说："不要违背礼节。"后来樊迟为孔子驾车，孔子告诉他说："孟懿子向我请教孝道的问题，我告诉他说：'不要违背礼节。'"樊迟问："怎么理解呢？"孔子说："父母在世的时候，按照礼节侍奉他们；他们去世的时候，按照礼节埋葬和祭祀他们。"

【心得】"对话式教学"是孔子教学的一个突出特点。他把与另一个人的对话，告诉其弟子，让这种针对个别人的对话，成为教育资源。这种教学方式非常值得借鉴和推广。比如修改作文，如果教师花了十分钟的修改结果，只有一个学生看到，那么这十分钟的修改就只能对一个人产生教育作用。但是如果老师发现这次作文修改具有普遍的指导意义，把写有修改细节的作文张贴在教室，或者发布在网络上，让更多的人看到，这十分钟修改的教育意义，就会增加几十倍。我作为高校教师，有时候修改研究生论文，会采取QQ群课堂直播的形式，让自己所带的其他研究生也进到课堂，看我修改，听我讲解，效果很不错。如果能花些功夫把一些最经典的教学片段做成教学案例，在更广泛的范围内传播，教师教育生命的价值，就是成千上万倍地增加了。

从某种意义上说，《论语》一书就是孔子的弟子编辑的一本孔门教学案例选编，个别化指导由此超越了个体的生命实践，而具有了跨越时空的永恒的生命意义。任何一个教师的生命长度都是有限的，终其一生能够教育的学生数量也是有限的。但是如果善于总结并利用各种媒介，让更多的人从自己的教育教学中受益，也就超越了时空与生命的有限性。

2.6_ 孟武伯①问孝。子曰："父母唯②其③疾之忧。"

【注释】①〔孟武伯〕鲁国大夫，姓仲孙，名彘（zhì），谥"武"，他是前一章中孟懿子的儿子。②〔唯〕只。③〔其〕代词。历来对此处的"其"指代的究竟是子女还是父母，有不同看法，都可以讲得通。本文采用后一说。

【大意】孟武伯向孔子请教孝道的问题。孔子说："做子女的，除了父母可能担心自己的身体健康之外，不应该再有其他的事情让父母担心。"

【心得】究竟"其"是指父母还是子女，需要联系具体的语境。对于未成年的子女来说，他们的父母正年富力强，一般而言自然不需要为父母的健康担心，但是因为自己年少无知，也可能做出让父母担心的事情，所以将"其"理解为子女，全句理解为不要让父母为自己担心健康之外的事情，就讲得通；但是对于中年子女，父母已经年迈，那么担心父母的健康，就非常合乎情理了。

不过对于当代教育而言，这句话值得老师用它来经常告诫那些调皮好动的学生，不要让父母为自己过分担心。就像《弟子规》所说的那样："身有伤，贻亲忧；德有伤，贻亲羞。"

2.7 子游①问孝。子曰："今之孝者，是谓能养。至于犬马，皆能有养；不敬，何以别②乎？"

【注释】①〔子游〕姓言，名偃，字子游。他是孔子弟子中唯一出生在南方（吴地）的。②〔别〕区别。

【大意】子游向孔子请教孝道，孔子说："现在所谓的孝敬父母，只不过是能养活父母罢了！可是人们养狗养马，不也是能养活它们吗？如果不尊敬父母，与养狗养马有什么区别？"

【心得】这句话特别有现实意义。

在今天物质比较丰富的背景下，我们更应倡导孝道文化。一方面，重建孝道文化，让父母在养育子女方面有情感上的"获得感"和"幸福感"。另一方面，谁都有变老的一天。古人担心老了无人养，今天人们更担心晚年情感上的孤独。孝道文化的重建与弘扬，有利于密切家庭关系，促进家庭和睦和社会文明。

2.8 子夏问孝。子曰："色①难。有事，弟子服其劳；有酒食，先生②馔，曾③是以为孝乎？"

【注释】①〔色〕表情、脸色。②〔先生〕先出生的人，这里是指父母。③〔曾〕难道。

【大意】子夏请教孝道问题。孔子说："在父母面前和颜悦色，让父母心情高兴，形之于色，是最难的。父母有事要做，子女能服侍代劳；吃饭的时候，让父母先吃。难道说做到了这些，就算是尽到了孝道了吗？"

【心得】父母与子女朝夕相处，难免会产生大大小小的矛盾，子女能否在任何情况下都做到和颜悦色？正如孔子所说，这是很难的。受西方家庭伦理文化的影响，当代中国很多子女认为他们与父母是完全平等的关系。

但实际上，人与人的关系，要放在具体的文化背景下来理解。中国父母对子女的付出，可能是终身的，并且更看重从子女那里获得精神上的回报，这与西方家庭伦理文化是不同的。第五至八章，讲的是孔子与弟子谈论如何才能做到孝。表面看来，这思维跳跃太大了，怎么从德教转移到孝道上去了。其实如前所述，儒家以孝悌为本，孝悌是治国之本，也是修身之本。

2.9

子曰："吾与回①言终日，不违②，如愚。退而省其私，亦足以发③，回也不愚。"

【注释】①〔回〕孔子弟子颜回。②〔违〕违背，这里是指质疑、反驳。③〔发〕领悟，与"不愤不启，不悱不发"的"发"同义。

【大意】孔子说："我和颜回交谈一整天，他也不会有一句质疑，不反对我的观点，看起来好像不够聪明。实际上他回去后会自己反思我们的对话和他自己的观点，这样他就会有很多的收获。他可一点也不笨啊！"

【心得】颜回听孔子讲学，唯唯诺诺，似乎没有一句不听的，"无违"，显得很愚笨。如果换成子路，当面就会反驳老师。但颜回能"退而省其私"，听完老师的话，回去后自己慢慢琢磨。如果老师讲的和自己想的不一样，轻易相信老师固然不好，轻率反驳老师也属无礼。但若只是简单记下老师所讲的东西，不能灵活运用到自己生活的方方面面，也是不好。所以"退而省其私，亦足以发"。这个"发"，就是举一反三。一般的弟子能够举一反三，颜回能够闻一知十。所以这个人不仅不愚，而且是冰雪聪明。

聪明的学生如何处理好与老师的关系？这一章用颜回的案例给出了参考答案，即"退而省其私，亦足以发"，有自己的发现、发明、发展。颜回这个例子，对于教育学生如何处理与父母、老师的关系也很重要。

青少年时期是世界观、人生观、价值观形成的重要时期。学生到了青春期阶段，思维活跃，喜欢标新立异，有时难免会开始质疑父母的主张、老师的观点，这意味着他们的人生在走向成熟，但这个过程要经过无数次历练，才能真正成熟起来。这个时候，作为教师，首先要按照礼的要求适时引导他们，处理好亲子关系、师生关系。其次要教育他们学会反省自己的思想，"退而省其私"，学会举一反三，闻一知十。

2.10 子曰："视其所以①，观其所由②，察其所安③，人焉廋④哉？人焉廋哉？"

【注释】①〔以〕依据，根据。②〔由〕理由，动机。③〔安〕心安。④〔廋（sōu）〕隐藏，藏匿。

【大意】孔子说："看一个人做事的依据是什么，了解他的动机是什么，考察他的道德境界是什么，一个人还怎么可能藏得住呢？一个人还怎么可能藏得住呢？"

【心得】"所以"即做事的依据，是外在于人的。每个人做事，都可能讲出一番道理。有的时候，这些道理听起来冠冕堂皇、头头是道，但是有的人心口不一，他嘴上这么说的，心里是怎么想的我们并不知道。所以如果只是"视其所以"，我们就可能会被表面的说辞所欺骗。

"所由"即做事的内在动机。一个人的动机是由他的内在需要决定的，动机可能高尚，也可能不那么高尚。一个人做事不能完全凭借内在动机随心所欲，还需要符合外在的制度（礼）和内化了的道德情感（仁）的约束。

"所安"即做事后能够心安。一个人做事后能够于心感到"安"，就说明这件事符合他对道德的认知和情感，于心能忍，问心无愧。道德规范是外在的，只有内化为一个人内在的道德情感，才能真正影响人的行为。所以观察一个人，看他对做什么事能够心安理得，我们就能了解他真实的道德水平。

"所以""所由""所安"是孔子分析道德素养的理论框架。"所以"是外在的，"所由"是内在的，而"所安"则是外在的"所以"与内在的"所由"相互作用的结果，是"所以"的内化和"所由"的外显。这一道德理论对于当代德育的重大意义，有待我们进一步挖掘和借鉴。

2.11 子曰:"温故①而知新②,可以为师矣。"

【注释】①〔温故〕了解传统的、旧的知识。②〔知新〕了解或创造新的知识。

【大意】孔子说:"了解已有的传统的知识,并且对于面临的新问题,能够创造出新的知识,这样的人就可以做老师。"

【心得】"温故而知新,可以为师矣",这是对颜回"退而省其私,亦足以发"的进一步阐述。向经典学习,向老师学习,都是在学习已知,是"温故"。然而社会生活不断发展变化,情况复杂多样,只靠学是不行的,所以要"发",发现、发明、发展,这样就能知新。知新了就可以教人,就是为师。比如,孔子论孝,他是把经典上写的孝的定义教给学生吗?不是,他是结合实践,举一反三,温故知新,而且常温常新。

对"温故知新"的理解要和"举一反三"结合起来。"温故"就是学习老师或前人的"举一","知新"就是"反三"。所以四个弟子问孝,孔子就有了四种不同的回答。由此可见,在孔子那里,知识是高度情境化、生命化的,是不断生长的,教学也是高度情境化、生命化的,也是不断生长的,这与苏格拉底所开启的追求高度抽象化、普遍化的知识传统和教育传统有很大的区别。这背后所蕴含的人类学、教育学意蕴非常丰富,对于理解中华民族文化,包括中国传统教育文化,具有重要价值,有待进一步挖掘。

2.12 子曰:"君子不器①。"

【注释】①〔器〕器皿,用具。

【大意】孔子说:"君子不要像器具一样,局限于只有某一方面的才能。"

【心得】关于"君子不器",历来有各种解释。今天我们从上下文的联系来看,就能得到新的体会。温故知新,"退省而发",才是真君子。如果只是把老师教的记下来,依葫芦画瓢,那就像一个盛东西的器皿而已。君子不是盛了一堆知识的器皿,而是能举一反三、灵活应变、解决现实问题的人才。我们之所以这样理解，是因为孔子所说的君子是"学而优则仕"的传统社会精英，要肩负起治国理政的重任，自然需要成为"通才"。

《易经·系辞》中说："形而上者谓之道，形而下者谓之器，化而裁之谓之变；推而行之谓之通，举而措之天下之民，谓之事业。"从具体事物出发，加以抽象概括所获得的知识，就叫作"道"，而从具体事物出发进一步加以创造利用，就叫作"器"。"形而上"与"形而下"都是思维和创新的路径，"道"与"器"是思维与创新的两种成果。无论是"为道"还是"为器"，都是对民众有益的事业。而孔子强调的君子，主要的事业是"为道"，自然不是"为器"，但也并不意味着"器"不重要。

《学记》中说："玉不琢，不成器；人不学，不知道。"通过自外而内的"琢"，玉可以成"器"；通过自内而外的"学"，人才可以知"道"。"器"有局限性，"道"则变化无穷。琢以成"器"，是他教；学以知"道"，是自觉。因此"君子不器"的前提，是自主性学习，而非一味接受教师的灌输。

2.13　子贡问君子。子曰："先行其言而后从①之。"

【注释】①〔从〕跟从。

【大意】子贡向孔子请教君子方面的问题。孔子说："君子要先按照自己说的去做，别人自然会效法和跟从。"

【心得】这一章继续讲君子，照应了第一章的"为政以德"，说的是君子自己先做，别人就会效仿。儒家政治文化与管理文化的基础是性善论，相信人人具有善性，因此通过教育引导人按照善的原则行事。怎么引导和教育呢？很重要的路径就是在上位的人以身作则，即为政、为教的官员和教师率先垂范。这一群体先做出示范，然后再告诉百姓和学生如何做，这才是君子。

当代中国既强调法治，通过法律的制定，引导人的行为，保证社会的公平；同时又强调德治，通过社会的舆论宣传和学校的教育，提倡社会道德，把人的精神引向更高的境界。在这方面，官员和教师都要说到做到，自己提倡的要带头做到。

2.14 子曰："君子周①而不比，小人比②而不周。"

【注释】①〔周〕圆周，这里是说以道义团结人。②〔比〕比附，这里是指以私利结交人。

【大意】孔子说："君子以道义团结人而不以私利结交人，小人以私利结交人而不以道义团结人。"

【心得】《里仁》说："君子喻于义，小人喻于利。"君子以义喻（教育）人，被教育者也是基于义而团结在他的周围，这样君子自然会拥有一批支持他的仁人志士，一起来推进有利于社会的共同事业；而小人以利喻（劝诱）人，被劝诱者出于利害考虑而围绕在他的周围，所以看起来小人似乎也拥有不少的"群众"基础。在企业管理中，公司用利益提高员工的积极性，自然无可厚非。但在政府管理中，官员用利益培养自己的"心腹"，就会破坏群众对政府的信任。而在教育管理中，无论是领导用利益培养亲信，还是教师用利益来发展学生干部，都是对学校育人空气的污染，教育者切莫行之。

2.15 子曰："学而不思则罔①，思而不学则殆②。"

【注释】①〔罔〕同"惘"，迷惑而无所得。②〔殆〕通"怠"，精神疲倦而无所得。

【大意】孔子说："只学习而不思考，就会迷惑而无所得；只思考而不学习，就会精神疲倦而无所得。"

【心得】这一章讲学与思的关系，也是谈君子的自我修养之路。"学"包括学经典，问老师，这些都是"温故"。借助于"温故"，很容易了解许多前人的智慧，少走很多弯路。但只知学而不知思，也会越学越迷糊。因为你遇到的基本上都是新的问题，而古人的智慧解决的是旧的问题，你不能照搬照用。你要解决新的问题，就要知新，只有将"温故"与"思"结合起来，才能有新的发现、发明、发展，才能做到知识的迁移，做到举一反

三、闻一知十。所以只学不思的人，学到的是死板的知识，不能解决新的问题。但是仅仅靠自己摸索、思考，而不知道去学习他人的经验，也会在别人已经弄清楚的地方，白白耗费了很多精力和心血。

有的老师很喜欢读书，买了各种各样关于教育教学的著作来读，但是他们的教育教学实践却创新不够。归根结底，他们没有从自己教育教学的真实问题出发，去书中寻找智慧，属于"学而不思"；有的教师很喜欢教研，经常琢磨怎么进行教育教学的改革，但是花了大力气摸索出来的东西，却不是新思想、新事物。这种情况就属于"思而不学"。

2.16 子曰："攻乎异端①，斯②害也已！"

【注释】①〔异端〕极端的、不正确的思想。②〔斯〕这个。

【大意】孔子说："要批判那些极端的观点，它们的危害太大了！"

【心得】对这一章的理解，学术界历来争议很大。比如，有人认为孔子主张攻击那些异端思想，于是给孔子扣上"思想专政"的帽子。我认为，这句话还是要放到全篇的结构中、放到上下文中来理解。"攻乎异端"与孔子的"扣两端"思维方法，与儒家的中庸思想有关。孔子要攻的异端，首先不是在别人心里，而是在每个人自己的心里，是要攻击自己内心那些极端的邪门歪道，这样才能"思无邪"。当然社会上的极端思想，也要坚决批判。

2.17 子曰："由①，诲②女③知之乎！知之为知之，不知为不知，是知也。"

【注释】①〔由〕子路。②〔诲〕教诲。③〔女〕同"汝"，你。

【大意】孔子说："子路啊，我教导你的，你知道了吗？知道就是知道，不知道就是不知道，这就是智慧啊！"

【心得】藏在一个人内心的异端思想，比藏在别人内心的异端思想更加可怕。在这种情况下，有人自认为知道什么是对什么是错，其实却走在了"邪"路上，不是真知真见。所以孔子要语气严厉地对子路说："知道就是知道，不知道就是不知道。知道自己不知道，这是最大的智慧啊！"在这里，东方圣哲对人类应该"知之为知之，不知为不知"的告诫，与古希腊圣哲苏格拉底的"知其无知"的誓言，共同昭示我们，人类最大的敌人，是自己似是而非的所谓"真理"！儿童在年龄较小的时候，容易接受父母和老师的教诲，随着年龄的增长，渐渐进入叛逆期，经常觉得父母和老师保守、不合时宜。这种现象在当代尤其突出。一方面，青少年的这种叛逆是他们走向成熟的表现，说明他们不再盲从上一辈人的观点，有了自己独立思考的能力；另一方面，这种叛逆如果放任自流，就容易使他们养成自以为是、固执己见的性格，不利于他们的健康成长。正确做法是，教育和引导儿童尽可能客观、理性地分析问题，尤其是面对不同观点，特别是师长的观点，不急于反驳，不盲目拒斥，而是像颜回那样，"退而省其私"，不断思考和判断何为正确、何为错误。

2.18 子张学干①禄②。子曰："多闻阙③疑，慎言其余，则寡尤④；多见阙殆，慎行其余，则寡悔。言寡尤，行寡悔，禄在其中矣。"

【注释】①〔干〕求。②〔禄〕俸禄。③〔阙〕缺失。④〔尤〕过失。

【大意】子张向孔子请教如何做官。孔子说："疑虑不定的地方，要多听听、多了解，比较了解的情况也要谨慎发表自己的看法，这样才能减少过失；对于一些做法，要多看看，多了解，谨慎推出自己的措施，这样才能避免做让自己后悔的事情。说话过失少，行动后悔少，俸禄就在这里啊。"

【心得】上一章讲"知"，这一章讲"言"和"行"，对这两章的理解需要联系起来。一个人的知，可能是一知半解，也可能是似知非知，要努力弄清楚自己的所知是否全面、是否正确。因为我们的"知"，最终会影响我们的言和行。所知不全面，所知不正确，就会导致所言和所行不全面、不正确。所言不正确，就可能误导他人，影响别人的知；所行不正确，就可能给自己、他人和社会造成伤害。所以知、言、行需要非常谨慎。孔子谨言慎行的教诲，与西方当代教育鼓励学生轻率发表自己的看法，形成鲜明的对比。改革开放以来很多教育学者受西方教育文化影响，把课堂上学生发言的积极性看作是评教评学的重要指标。但是受传统教育文化的影响，我国学生在课堂上大多数不喜欢轻率发表自己的看法，这并非完全是坏事。教育教学中要注意给学生足够的时间和信息资源获取渠道，让他们在广泛阅读、深思熟虑的基础上形成自己的观点和看法。

2.19 哀公问曰："何为则民服？"孔子对曰："举直①错②诸枉，则民服；举枉错诸直，则民不服。"

【注释】①〔直〕正直。②〔错〕通"措"，放置。

【大意】鲁哀公问孔子："怎么做民众才会服从？"孔子说："提拔正直的人，来管理那些不正直的人，民众就会服从；重用不正直的人，来管理那些正直的人，民众就不会服从。"

【心得】从个体而言，《为政篇》强调内外的统一，即内在"思无邪"。从社会而言，又做到了上下的统一，即"为政者"与"民"的统一。为政者自己要为民表率，为政者交友和用人，也同样会对民众起到表率作用。为政者"周而不比"，是在交友方面为民表率，为政者"举直错诸枉"，是在用人上为民表率。承担管理任务的人是正直的，老百姓就会相信道德，相信以德治国；如果这些人是奸邪的，那么老百姓就不会再相信为政者关于"德政"的各种宣传教育，社会道德就容易败坏，"德政""德教"就会落空。

2.20 季康子①问："使民敬忠以劝②，如之何？"子曰："临之以庄，则敬；孝慈，则忠；举善而教不能，则劝。"

【注释】①〔季康子〕鲁哀公时的正卿。②〔以劝〕用劝说的方式。

【大意】季康问："用劝导的方式，来促使民众做到对上尊敬和忠诚，该怎样去做呢？"孔子说："（为政者）庄重地对待民众，民众对待为政者就会尊敬；（为政者）对父母做到孝，对子女和下级做到慈，民众对为政者就能忠诚；选拔、任用优秀的人为官为师去教育民众，民众就会听从劝导。"

【心得】教育（"劝"）很重要，教育的内容（"敬""忠"）很重要，但是谁来教育、如何教育，也很重要。只有君子才能教育和培养出君子。"临之以庄"不是说师长要在学生、民众面前端着架子，而是要从内心到言行，都要尊重、重视学生和民众。换句话说，"敬"是相互的。我们今天经常说"尊师重教"，要注意"尊师重教"不只是社会要尊师重教，学生要尊师重教，教师自己首先要尊师重教，即自己重视教育，以师的标准严格要求自己，这就是"临之以庄"；"孝慈"是指师、长自己如何对上、如何对下，这是以身作则，而"举善教不能"，是在自身之外树立其他人为表率，是另外一种意义上的以身作则。

为什么孔子如此重视德育中的表率作用？因为儒家的德育以"人性善"为基础，人性善本身是一种信仰。信仰要"信"才能发挥作用，所谓"信则灵，不信则不灵"。那么如何让人民相信人性的"善"？当然是为政者、为师者自身由内而外具备和表现出善的人性。

2.21 或谓孔子曰："子奚①不为政？"子曰："《书》云：'孝乎惟孝，友于兄弟，施②于有政。'是亦为政，奚其为为政？"

【注释】①〔奚〕何。②〔施〕施加影响。

【大意】有人问孔子："你为什么不从政（出来做官）啊？"孔子说："《尚书》中说：'孝啊，最重要的只有孝，把它推及到兄弟之间的亲情和政治上去。'这也是为政啊，你认为只有做官才是为政吗？"

【心得】在孔子心目中，为政的目的是实现社会的道德化，而社会的道德化，本质上是"孝"这一人伦核心价值观的社会化、普遍化。如果一个普通人在日常生活中做到了孝，并且把这种道德应用到为人处世的方方面面，那么就对其他人起到了表率作用、推动作用。老师教书育人的工作使得他们对社会的影响比普通人更多一些。所以在德育方面，每个人都是"众星拱之"的北极星。换句话，德育是多中心的，是相信道德和追求道德的人之间的相互影响、相互作用。

2.22 子曰："人而无信，不知其可也。大车无輗①，小车无軏②，其何以行之哉？"

【注释】①〔輗（ní）〕大车上车辕和车辕前横木相接的关键。②〔軏（yuè）〕小车上车辕和车辕前横木相接的关键。

【大意】孔子说："人要是没有信用，是万万不行的。信用就像大车和小车车辕和车辕前横木相接的关键，离开了它，车还怎么能前进呢？"

【心得】儒家的社会理想是建立人人有德的社会，建立这一社会的途径是德治和德教，即以德治人、以德教人，同时有德者治人、有德者教人。由此建立的政治理论和政治制度，需要一个根本的力量源泉，即文化上对人性本善的信仰。一旦这一信仰被破坏，那么德治就会成为一句空话。所以，德治本质上是一套社会道德信用体系，这种信用体系，是社会最宝贵的精神财富，它与社会的物质财富一样，是由每一个普通人共同创造出来的，也需要社会上每个人分外珍惜，用心呵护。

就像银行资金被严重透支就会引发金融海啸一样，社会道德信用被严重透支，会引发社会道德的"礼坏乐崩"。这就是孔子所生活的时代——春秋时期的社会背景。而孔子毫不气馁，努力恢复社会的道德体系、精神信用体系，因为他内心对人性本善充满坚定的信仰！

2.23 子张问："十世可知也？"子曰："殷①因②于夏礼，所损益，可知也；周因于殷礼，所损益，可知也。其或继周者，虽百世，可知也。"

【注释】①〔殷〕商朝。②〔因〕因袭，继承。

【大意】子张问："十个世代以后的制度，我们现在可以了解吗？"孔子说："商朝继承了夏朝的制度，所增加或减少的是可知的；周朝又继承了商朝的制度，所增加或减少的也是可知的。今后也许有朝代会继承周朝，即使百世，也是可以了解的。"

【心得】上一章讲信用，为何这一章讲夏商周三个朝代制度之间的关系？这一安排不是随意的。尽管殷（商）革夏命，周革殷命，但是夏商周之间在制度上有一脉相承的地方，在"同"的基础上有所"损益"，这体现了中华民族在文化上的传承性，这种传承性是基于文化认同，因而拥有了比具体制度更为根本的力量。所以不仅一个人要讲信用，一个国家要讲信用，一个民族也要有自己的信用，这种信用通过对核心价值体系的文化认同体现出来。朝代可以更替，制度有所变迁，但文化会流传下来。正是这些刻在骨子里的基本信仰使一个民族无论经历多少风雨，依然屹立不倒，支撑着人们为实现民族的共同理想而不断奋斗，接续前行。

2.24 子曰："非其鬼①而祭之，谄②也；见义不为，无勇也。"

【注释】①〔其鬼〕自己的祖先。②〔谄〕谄媚。

【大意】孔子说："不是自己的祖先却去祭祀，是谄媚；看见符合道义的事情却不去做，这是不够勇敢"。

【心得】不是自己的祖先不要祭祀，这是强调人与人之间在信仰上的"异"；只要是符合道义的事情就要勇敢去做，这是强调人与人之间在信仰上的"同"。儒家用家家互异的祖先认同与人人共享的道义认同，共同组成华夏民族的精神体系。世界上很多民族都努力追求宗教上的同一性，甚至不惜为此而发生惨烈的战争，中国人则包容各种宗教信仰，但是在价值观上追求同一性，即道义原则上的同一性。

八佾篇第三

《八佾篇》共26章。本篇重点探讨了"礼之本"这一核心问题，提出"人而不仁，如礼何？人而不仁，如乐何？"明确指出"仁"与"礼"的关系，即"绘事后素"。"仁"是人的内在本质，也是修养的核心道德范畴，"礼"是"仁"的外化表现。如此，儒家的礼，以仁为基础和前提，突破了礼的一般功用，依礼而行，非礼勿动，不仅是社会正常秩序的维护，更是一个人内心修养的体现。人要在社会上立足，言行必须遵守"礼"，不能不受礼的制约。

《孝经》说："礼者，敬而已矣。""礼"的本意是手捧器皿高高举起，以虔诚之心举行祭神祈福的仪式，其实质是人内心品质的表达。礼的精神重在恭敬，人要心存敬畏，心存善念，心中有他人，心中有大局。"礼"正是通过一些仪式、行为、动作，对内心情感进行表达和强化。而"礼"与"乐"的关系可以说是互补的，"礼"侧重的是有序，"乐"关注的是和谐。

儒家"礼"的思想对今天的教育有重大启发价值和意义。教育是完成人的社会化的基本途径。作为社会生活中的合格公民，首先要做到遵纪守法，举止文明，彬彬有礼。如何把学生培养成为合格公民，培养成为社会主义事业的建设者和接班人，是新时代每一位教育工作者都必须深入思考的重大课题。结合本篇的学习，我们会有深刻的感悟与启发。

3.1_ 孔子谓季氏："八佾①舞于庭，是可忍也，孰不可忍②也？"

【注释】①〔八佾（yì）〕古代人演奏歌舞纵横排列的方队，八个人一行叫一佾，八佾就是由六十四人组成的方阵。按照周礼的规定，只有天子才能享用八佾的规格来演奏歌舞，诸侯用六佾，卿大夫用四佾，士用二佾。②〔忍〕有两种解释，一作容忍讲，一作忍心讲。

【大意】孔子评论季氏说："（季氏）用周天子（才可使用）规格的八人方队在自己的庭院演奏歌舞，这件事如果可以容忍的话，还有什么事情是不可以容忍的呢？"

【心得】季氏是卿大夫，只能用四佾的规格。从孔子对季氏的评价可以看出，孔子对季氏破坏周礼的僭越行为非常不满。同时孔子对季氏胆大妄为、铺张浪费的行为有着高度的警醒意识。

在生活中我们也会有这样的感受和体会。当我们看到一个人有违反公序良俗的"失敬失礼"的言行时，会与孔子一样产生愤懑之情。试想，一个不讲道德的人会在生活中彬彬有礼吗？孔子所维护的礼，克己复礼，不是对尊卑或等级的固化与庇护，而是强调对个人行为的规范和检省。在当下，我们倡导尊师重道、长幼有序、孝亲爱友，这是对中华民族传统美德的传承。任何事物有序才会和谐，反之必会混乱。社会的进步、教育质量的提升以及人的成长亦如此，符合规律，稳中求进，才会有持续的发展。

3.2_ 三家者①以《雍》彻②。子曰："'相维辟公，天子穆穆。'奚取于三家之堂？"

【注释】①〔三家者〕是指春秋时期鲁国卿大夫之家孟孙氏、叔孙氏和季孙氏，均出自鲁桓公，并称"三桓"，在鲁国公族中势力最强，他们在与其他公族的斗争中不断侵占公田，逐渐占有优势，壮大了实力。②〔以《雍》彻〕《雍》是《诗经·周颂》的一篇，是天子祭祀祖先时唱的诗。彻，同"撤"。古时祭祀完毕撤出祭品要奏乐，《雍》是周天子举行祭礼撤祭品时唱的诗。孟孙、叔孙、季孙三家这样做，显然是僭越了礼仪。

【大意】鲁国的孟孙、叔孙、季孙三家唱着《雍》诗撤出祭品。孔子说："'诸侯帮助天子祭祀，天子庄严肃穆。'这句话怎么用在这三家的庙堂之中呢？"

【心得】春秋时期，重要祭祀仪式或外交活动中的赋颂诗篇是非常讲究的，赋诗必须符合活动的场合、情境、内容、人物身份以及礼仪规范等。鲁国当政的三卿公开僭越礼制，在家祭中唱着《雍》诗撤出祭品。这三家不是不懂这些礼仪的要求，而是自大、越礼的表现。孔子引用《雍》的诗句"相维辟公，天子穆穆"，对"三家者"不守规矩、恃强妄为的僭礼行为提出了批评。这一章与前一章都是通过具体的事例，反映孔子对于鲁国当政者违礼行为的愤慨态度。春秋时期的权贵们肆意越礼，是造成社会风气败坏、天下无序的重要原因。

孔子主张重建社会秩序，强调用周礼来治理社会，强调自上而下以礼来规范行为和引导民众。《史记·礼书》说："故礼，上事天，下事地，尊先祖而隆君师，是礼之三本也。"对于社会和集体而言，"礼"作为人与人交往的方式，关键要看人的言行是否得体，是否恰到好处。做事要符合身份，说话要注意场合，只有大家各尽其责、各守其礼，才能和谐相处。

3.3 子曰："人而不仁，如礼何①？人而不仁，如乐何②？"

【注释】①②〔如礼何、如乐何〕如何对待礼乐的意思。

【大意】孔子说："一个人不仁德，他怎么推行礼呢？一个人不仁德，他怎么运用乐呢？"

【心得】"仁"与"礼""乐"都是在《论语》中经常出现的关键词，它们之间是什么关系？本章表明，"仁"是内核，而"礼"与"乐"是"仁"的外在表现形式。在古代，"乐"是"礼"的一部分，用来表达人们的思想情感。孔子很注重内容与形式的统一，把礼、乐与仁紧密联系起来，认为没有仁德的人，空讲礼、乐，是没有意义的。

作为教师，看问题应该看本质，特别是关乎学生的成长问题。教育应倡导表里如一，言行一致。当遇到内在本质与外在形式不能兼顾的情况，应更注重内容和本质。没有"仁"的内涵，"礼"与"乐"就失去了内在精神。我们倡导的"礼"是依"仁"而行，我们倡导的"乐"应该是人内心"仁"的表达。

3.4 林放问礼之本。子曰："大哉问！礼，与其奢也，宁俭；丧，与其易①也，宁戚。"

【注释】①〔易〕有两种解释，一说谦和，平易；一说治办周到。

【大意】林放问什么是礼的根本。孔子回答说："这是个大问题啊！就礼仪而言，与其奢侈，宁可节俭；就丧事而言，与其追求周备的仪式，不如内心真正哀伤。"

【心得】礼的根本确实是一个大问题，林放问得好。作为教师的孔子，总是善于深入浅出地说明问题，他以礼仪规范和丧葬仪式来举例说明礼的根本所在和内在价值。徒有虚名、华而不实、只重形式、奢侈浪费的礼仪没有意义，节俭而有内涵的礼仪才值得倡导。我们不能只看到礼仪的外在形式，更应关注礼仪的内在精神，这才是根本。

孔子说："不学礼，无以立。"礼是为人处世的道德规范，中国自古以来就是礼仪之邦。礼仪是人类活动的外部表现形式，是社会文明程度的标志。讲礼重仪的目的是让人与人的交往更有序、更文明。礼仪的实质是对他人的尊敬，对自然的敬畏，对人类社会实践劳动的尊重。我们说一个人知书达礼，是说一个人具有良好的教养，懂得礼仪，知晓事理。

教师的职业道德可以通过其言行表现出来，凡是符合道德的行为都是合乎礼仪的行为，凡是违反道德的行为都是非礼的行为。教师需要自省自悟，像孔子那样透过现象看本质，能够举一反三去深刻理解礼的根本精神，并通过教学实践，把这种精神传承下去，弘扬起来。

3.5 子曰："夷狄①之有君，不如诸夏②之亡也。"

【注释】①〔夷狄〕古代对于周边少数民族的贬称。②〔诸夏〕古代汉族自称诸夏，或华夏。

【大意】孔子说："夷狄之邦有国君，也不如中原没有国君呢。"

【心得】康有为对人类历史的进程提出了"大同三世说"的基本概念，社会文明程度低的是"据乱世"，多君世，尚无文明；文明程度稍高的是"升平世"，一君世，小康之道，行礼运，削臣权；文明程度最高的是"大同世"，民主世，大同之道，行仁运，削君权。建立这样的"大同世"社会，是人类社会的理想追求。可见，一个地方文明程度的高低不仅是看有无贤君，或者领导者、管理者是否优秀、出色，而且要看那里的人民是否普遍具有道德感，知荣辱，懂孝悌。

这句话启发我们，具体到一个组织、一个学校，要靠制度管理人，不能靠权威来管理人；身为教师，要自觉以礼仪道德来约束自己的言语和行为，并言传身教给学生，谨记三尺讲台是传承，也是责任。

3.6 季氏旅①于泰山。子谓冉有曰："汝弗能救与？"对曰："不能。"子曰："呜呼！曾谓泰山不如林放乎？"

【注释】①〔旅〕祭名。旅于泰山，就是祭祀泰山。

【大意】季氏要去祭祀泰山。孔子对冉有说："这件事你不能阻止吗？"冉有回答："不能。"孔子说："唉！难道泰山之神还不如林放知礼吗？"

【心得】孔子认为季氏去祭祀泰山，是和"八佾舞于庭"同样的越礼行为，让冉有及时阻止季氏。但冉有没有勇气，这显然让孔子很不满意。

泰山封禅属于国家大典，是最高规格的祭祀仪式，唯有天子才能够开展这样的祭祀活动，这属于大原则、大是非。孔子提醒学生冉有去阻止违礼的季氏，并发出告诫。所谓"举头三尺有神明，不畏人知畏己知"。孔子是坚守原则的，是爱憎分明的，时时处处注重对学生价值导向的教育。

作为教师，教书育人是首要职责，在大是大非问题方面，必须坚持原则，旗帜鲜明，坚守底线，尽己之力扬善去恶。教师只有严以律己，不做僭越规范之事，更不做违背民意、违法之事，才能更好地投身教育事业，贯彻立德树人根本任务，以学生为本，做好各项工作。教师的工作是良心活儿，即使做了亏心事之后没被别人看到，内心也会受到自我谴责，这是正能量的召唤，也是来自内心的自检自省意识，这比"神明"和外人看到更具有自我修正的价值。

3.7 子曰："君子无所争，必也射①乎！揖②让而升，下而饮。其争也君子。"

【注释】①〔射〕指古代的射礼。②〔揖（yī）〕拱手行礼。

【大意】孔子说："君子没有什么可争的事情，（如果有争夺的）一定是射箭比赛了！相互礼让进入赛场，从赛场上下来后，便（相互祝贺）开怀畅饮。这样的争才是君子之争啊。"

【心得】"君子无所争，必也射乎！"这句话看似矛盾，实则并不矛盾。"君子无所争""君子矜而不争"是儒家倡导的君子人格修养的崇高境界。君子不以各种蛮力互相争斗攘夺权利和财富，不会违背道德而争名逐利，不会不择手段争强好胜，不会僭越礼制争宠自傲，同时，君子也会在仁与不仁、善恶之际、是非之间据理力争、循礼而争。

《中庸》里说："射有似乎君子，失诸正鹄，反求诸其身。"是说射箭的方法很像君子做人的道理。射不中靶心，要首先找出内因，严格要求自己，检视自己有没有做好准备，功夫够不够，而不是找客观理由说靶子歪了或说箭有问题。

做老师，首先要有君子无所争的心境，其次也不要惧怕各种竞争。教师之间会有各种比赛，教学基本功比赛、教育教学成果评比、教研科研评审等。以赛促教、以赛促学、以赛促改、以赛促建，是提升教学质量的手段。教师之间的竞争应该如射箭比赛一样，如果成绩不够好，应多从自身找原因，苦练基本功，赛后心悦诚服地向优秀教师学习。

君子之争，是在进德修业上竞争，是在切磋琢磨上竞争，既互相尊敬礼让，又互相切磋共同进步。教师之间有良性的积极竞争才会有事业的不断进步与发展；教师个人只有不断学习切磋、不断提升进步，才能拥有君子般高尚的境界。

3.8 子夏问曰:"'巧笑倩兮,美目盼兮,素以为绚兮。'① 何谓也?"子曰:"绘事后素。"曰:"礼后乎?"子曰:"起予者商也,始可与言《诗》已矣。"

【注释】①〔巧笑倩兮,美目盼兮,素以为绚兮〕倩,笑容美好。兮,语气词,相当于"啊"。盼,眼睛黑白分明。绚,有文采。

【大意】子夏问:"'动人的微笑多么美,漂亮的眼睛秋波荡漾,洁白的质地色彩艳丽。'是什么意思啊?"孔子说:"先有洁白的底子然后才可以画画。"子夏说:"那就是说礼在仁之后吧?"孔子说:"启发我的是子夏啊,从今以后我就可以和你讨论《诗经》了。"

【心得】读此段最有感触的是对于《诗经》句子的活学活用。子夏与孔子之间的一问一答,可看到这师生二人之间教学相长的学习过程。孔子一直坚持倡导诗教与礼教,所谓"绘事后素",也是在借用绘画之事讨论礼之本的问题。先有仁德之本,才有礼乐的有序和谐。有了无违天道和仁德的良好质地,礼乐才能锦上添花。

对于教师的修养而言,外在的仪表礼仪很重要,但是更重要的是内在的品德。就好比一位笑容灿烂、举止端庄的教师,更重要的是其举手投足之间传达出来的仁爱之情、内在学识和人格魅力。教师的修养一定是仁先礼后,内在是仁,外在是礼,所谓文质彬彬,是外在文采与内在品格的和谐统一。

3.9 子曰:"夏礼,吾能言之,杞不足徵也;殷礼,吾能言之,宋不足徵也;文献①不足故也。足,则吾能徵之矣。"

【注释】①〔文献〕文指历史典籍,献指贤人。与现在文献只指典籍不同。

【大意】孔子说:"夏朝的礼仪,我能讲述,但(它的后代)杞国没有足以证明的资料;殷朝的礼仪,我能说一说,但(它的后代)宋国不足以提供证据。这是历史文献和贤人不充足的缘故,如果有足够的文献资料和人证，我就可以拿来作为证明了。"

【心得】本章让我们了解到孔子对历史文献材料研究的高度重视，他因文献不足而难以对夏礼、殷礼进行深入研究而倍感遗憾。孔子终生都在研读和整理古籍，直至晚年七十多岁才把《易经》学通并为之作《十翼》。

教师应自觉主动担负起传承文化的历史责任，像孔子那样重视和深入研究本民族文化，这也是教师实施人才培养目标和关注祖国未来发展的必由之路。教师只有对已有历史文化资料进行充分的研读和深入的了解，才能更好地树立起文化自信，才能把个体生命与国家命运密切关联起来，才能更好地学习古人智慧、更好地思考现实和展望未来，将传统文化的根本精神传承和弘扬下去。

3.10 子曰："禘①自既灌②而往者，吾不欲观之矣。"

【注释】①〔禘（dì）〕周朝时天子和诸侯祭祖的大祭。②〔灌〕禘礼中第一次献酒。

【大意】孔子说："禘祭的礼仪，从第一次献酒之后，我就不想再看了。"

【心得】禘，是最高级别的大祭之礼，在百姓心目中具有崇高的地位。但是当时的祭祀之人大多已无诚敬之心，以酒洒地的形式也已走形，这反映出当时礼坏乐崩的状况。

当代社会，我们也会在清明节期间组织祭祀祖先、祭奠英烈的活动，以表达我们的诚敬之心。如果只是走形式或形式严重走样，失去应有的隆重与庄严，那么这样的活动就彻底失去了意义。

慎终追远，是中华优秀传统文化的重要组成部分，是中华民族自古以来的优良传统。教师在清明节和家人一起扫墓祭祀、缅怀祖先，利于感恩先贤、礼敬继志，能够引导下一代从中感悟生命的价值和领悟生活的意义。教师组织学生参加缅怀革命先烈活动，通过追忆历史、致敬英雄，利于弘扬民族精神和爱国主义精神，深度感悟家国情怀。习近平总书记说："先烈不容亵渎，英雄不能忘却。每一位英烈都在中华民族奋斗史上永恒，他们承载着历史记忆和思想感情，标注着民族精神的高地。"

3.11 或问禘之说①。子曰："不知也。知其说者之于天下也，其如示诸斯乎？"指其掌。

【注释】①〔说〕一说理论，一说道理。

【大意】有人问禘祭之礼的学问。孔子说："不知道啊。知道这个学说的人，明了天下大事就像看自己的手掌一样容易？"他一边说着，一边指着自己的手掌。

【心得】如前一章所说，禘礼是古代祭祀天地祖先的隆重仪式，是一个国家最高规格的祭典。有人问禘祭之礼的学问，孔子回答"不知道"符合其当时的身份，作为老师很难一句话说清楚其中的深奥道理。不过孔子深知禘礼对于治国者的重要性，作为教师的孔子总是循循善诱，以反问的形式启发提问学生：如果胸怀天下，有志于治理国家大事，必定要成为知其说者，只有韬光养晦、厚积薄发，才能对国之大事胸有成竹、运筹帷幄、尽在掌控之中。

这里孔子使用了反问句，加重了语气，引发了思考，亦如孔子针对学生"敢问死"，直接回答"不知生焉知死"。不知道活着的道理，怎么能知道死呢？人要先活出个样儿，才有资格和能力去讨论"死"这样终极思考的问题。同样，作为学生，还没有储备足够的知识和积累雄厚的力量，何问国家祭祀大事？何谈报效国家呢？

3.12 祭如在，祭神如神在。子曰："吾不与①祭，如不祭。"

【注释】①〔与（yù）〕参与。

【大意】祭祀祖先时，就像祖先在面前；祭祀神灵时，就像神灵在面前。孔子说："我如果不能真诚地祭祀，就如同没有祭祀一样。"

【心得】孔子主张"敬鬼神而远之"。"敬"是基本的态度和第一准则，祭祀之事，"逝者为尊"。《孝经·感应章第十六》有言："孝悌之至，通于神明，光于四海，无所不通。"儒家倡导言行一致，只有心怀诚敬之心，才能在行为上表现出恭敬之状；反之，心有杂念或疑惑，会消减和淡化"诚敬"之意，影响到行为方面就是心不在焉、敷衍了事。

无论祭祀先贤，还是缅怀英烈，我们都需要心诚意敬，表里如一，只在敬心，不图虚名。这也是我们做人的基本原则，无论人前人后、明里暗里，都要保持统一的言行、由衷一贯。

教师的基本修养就是，对待工作要持有"祭神如神在"的诚敬态度，始终保有真诚之意、恭敬之心。

3.13 王孙贾问曰："'与其媚于奥，宁媚于灶。'[①]何谓也？"子曰："不然。获罪于天，无所祷也。"

【注释】①〔与其媚于奥，宁媚于灶〕"奥"是指室内西南隅的位尊闲静之神，"灶"是指户外位卑用事之神。此处"奥"比喻在朝廷内位尊的近臣，"灶"比喻卑贱而有权势的执政者。孔子所言"天"喻指正义、民心。

【大意】王孙贾问道："'与其逢迎奥神，不如逢迎灶神。'这是什么意思呢？"孔子回答说："不是这样，如果得罪了天，到哪里祈祷都没有用。"

【心得】王孙贾所问，也许是在建议孔子在卫国的自处之道，他向孔子暗示，自己在卫国掌有实权，讨好国君还不如讨好他。孔子的回答斩钉截铁：不然。对于每一个人来说，重要的不是奉承近臣，也不是献媚权臣，而是他的所作所为要合乎正义、顺应民意。"天道无亲，常与善人。"假如逆天而行，怎么祈祷都无济于事。

教师作为教育工作者，要坚持堂堂正正地做人、做事，不要巧言令色、阿谀奉承，这才是为人之本。工作中，我们无须刻意讨好哪个人，只需要专注做好应做之事。教师需要引导学生做任何事情都不要背离正道，没有付出努力的学习行动，就不会取得优异的成绩。学生的德智体美劳、公务员的德能勤绩廉，"德"排序第一，说明德行高于一切。我们为人处世，应当心怀善念，知行合一。

3.14 子曰："周监[①]于二代，郁郁乎文哉！吾从周。"

【注释】①〔监〕通"鉴"。

【大意】孔子说:"周朝的社会制度是借鉴了夏商两代制定出来的,多么丰富多彩呀!我赞成周朝的制度。"

【心得】周礼是在夏商两代礼仪的基础上发展而来,孔子通过梳理夏商周文献,发现从周礼中获益更多,这与本篇第九章是相呼应的。夏商的史料不足,孔子从周礼中获得了更多丰富、鲜活并可应用于实践的智慧。"吾从周"不是一时的感性冲动,或者一味盲从,而是通过系统研究的理性选择。

《论语》全书共有75处"礼"字,多数都是谈论广义的"礼",专门讨论"周礼"并不多。本章所谈"周礼"可以和《为政》结合起来读,"殷因于夏礼,所损益,可知也。周因于殷礼,所损益,可知也。其或继周者,虽百世,可知也"。孔子对待周礼的基本态度是"损益",对周代的典章制度、礼仪规范等有继承、沿袭,也有改革、变通和发展。孔子并不墨守成规,也不固执保守。

从《八佾》的前几章我们看到,孔子始终反对把"礼"当作一种假大空的形式,而是主张以"仁"的内涵外化为"礼"的形式。孔子主张把"仁"的道德精神注入"礼治"的外在形式之中,这无疑推动了"周礼"的发展和弘扬。

作为教师,应像孔子那样透过"郁郁乎文哉"的史料去思考和发现其朴实无华的"质",掌握"绘事后素"的原则,即把握好"文"与"质"、"仁"与"礼"的关系,仁是本质,礼是文饰。学习传统文化,要采用损益的态度,继承和借鉴其中优秀的历史经验和文化成果。

3.15 子入太庙,每事问。或曰:"孰谓鄹人之子[①]知礼乎?入太庙,每事问。"子闻之,曰:"是礼也。"

【注释】①〔鄹(zōu)人之子〕指孔子。鄹,地名,在今山东曲阜东南,孔子在这里出生。

【大意】孔子到太庙,每件事情都要问一问。有人就说:"谁说鄹大夫的儿子懂得礼仪呢?到太庙,他每件事都问。"孔子听到了说:"这就是礼呀!"

【心得】孔子"每事问","是礼也"。一解是"知之为知之,不知为不知",表现孔子凡事认真学习的态度和实事求是的作风。一解是孔子对太庙僭越之礼的种种行为不断提问，提醒大家关注"礼"的本质和内涵。

　　孔子长于用反问句表达自己的真实想法，有的人也许故意发问"谁说孔子知礼"，孔子也明知故问，"有违民意的礼是我们所倡导的真正的礼吗"？不管孔子是虚心求教提问还是不断批评尽责发问，其对于国家大事、太庙之礼的虔诚态度和每事问的精神都值得今人学习。

　　作为教师，要坚持以学生为中心，以"每事问"的精神，俯下身子，放下架子，勤学好问，在追寻真知中教学相长，不断提升和完善自我；在发现学生问题时，能够诲人不倦，以强烈的责任心，尽职提醒，防微杜渐，绝不敷衍应付，真正做到教书育人。

3.16　子曰："射不主皮，为力不同科①，古之道也。"

【注释】①〔科〕等级。

【大意】孔子说："射箭比赛不以是否射穿靶子为标准，因为每个人的力量不一样，这是古人比赛遵循的规则。"

【心得】孔子用射箭说明尚德不尚力的主张，礼射的精神在中正之德，而不在力量的大小。本章是借用六艺中的射箭来说明做人的道理。做人做事以德为本，不违背仁德的所作所为让人心悦诚服；反之，以外在的武力、蛮力和暴力为主要手段，就会难以服众，结果往往事与愿违。评价一个人，首先看道德品性，其次是工作能力。

　　"射不主皮"，也是说做人做事要把握恰如其分的原则。言多语失，说话表达就像射箭一样要有分寸，射中为主，不要射破，言语用力过猛，就会形成语言的暴力，给人造成伤害。"为力不同科"，也是为教之道，教师需要因材施教，不以一时的分数和排名评价学生，而是从更加长远的人才培养目标去贯彻立德树人的教育理念，鼓励每一位学生努力学习、积极进取，每天进步一点点。

3.17　子贡欲去告朔之饩①羊。子曰："赐也！尔爱其羊，我爱其礼。"

【注释】①〔饩（xì）〕古代祭祀或馈赠用的活牲畜。

【大意】子贡提出去掉每月初一告祭祖庙用的活羊。孔子说："赐呀，你爱惜那只羊，我却爱惜那种礼。"

【心得】子贡有慈悲之心，怜爱祭祀用的活羊。孔子明白弟子的心情，但是"羊"和"礼"两相比较，孔子认为：应重视礼的内在价值与维系意义。每月初一的祭祀活动，不仅是为了使人通过祭祀而知晓礼的仪式，更重要的是让人体悟礼的本质。在当时那个特定的历史背景下，"礼"的精神高于"饩羊"之命。孔子追求的是超越现实的理想和高于物质的精神。他希望通过保留礼乐的形式以维护礼乐的精神。

作为教师，需要通过"饩羊之礼"思考礼的精神和礼之本的问题，需要思考文与质二者在两相比较之时孰轻孰重。孔子眼里的饩羊之礼不仅是一种形式，更是一种精神寄托，这一仪式的保留是对礼乐制度的保留，也是后人遵守规范秩序的传承，在一定程度上具有教化作用。就像国家的祭祀之礼、清明节的家族扫墓，人们通过对英烈的悼念和对逝去亲人的祭祀，思考生者与死者之间的关系，感悟生命的价值，憧憬美好的未来，适应变化的时代。虽然形式不同，但正是通过维系这些仪式，才有家国情怀的绵延。

3.18 子曰："事君尽礼，人以为谄①也。"

【注释】①〔谄〕谄媚。

【大意】孔子说："完全按照礼的要求侍奉君主，世人反而认为那是谄媚。"

【心得】孔子说这句话时，天下礼坏乐崩，三家（季孙氏、孟孙氏、叔孙氏）强而鲁国公室弱，其他人多依附三家，只有孔子坚持尽礼做事，别人却以为他谄媚鲁君。

我们应学习孔子不随波逐流的处事态度，凭良心做事，依据仁德为人，不惧怕别人的误解。"尽礼"一词体现了孔子做事的原则，所有的事情都是依据礼的规范和德的准则，进德修业，不人云亦云，不惧毁誉得失。

教师职业是需要"尽礼"而为的职业，不能被外部环境而左右，坚守理想信念，保持职业操守，不谄媚于哪一个人，也不屈服于哪一种势力，勇于追求真理，心地正直，不畏人言，尊道守礼，做到问心无愧。

3.19 定公①问："君使臣，臣事君，如之何？"孔子对曰："君使臣以礼，臣事君以忠。"

【注释】①〔定公〕鲁国国君。

【大意】鲁定公问："君主使唤臣，臣侍奉君主，该怎么做？"孔子回答说："君主要按照礼的要求去做，臣要竭尽忠诚侍奉君主。"

【心得】孔子认为君臣之间的关系是互相影响和相互作用的双向关系。臣对君的"愚忠"以及君对臣的"君让臣死，臣不得不死"都不是儒家倡导的"忠"和"礼"的精神。

今天，我们倡导人人平等的理念。虽然社会分工不同，管理者与员工之间应互相尊重、以礼相待，忠于职守、各尽其责。

联想到教育事业中，教师与学生的关系应该遵循哪些原则呢？首先，师生关系应该是平等的关系，是相互尊敬的；其次，是教学相长的关系，在教学过程中彼此影响，共同成长；再次，教师关爱学生，而学生对教师回报以尊敬。老师的"爱"不同于家庭之爱、亲情之爱，是教师对祖国未来发展的忠诚，转化为促进学生身心的健康发展的使命和责任。学生的尊敬可转化为认真学习、天天向上的动力。总之，教师的"忠"，是忠于祖国，忠于教育事业；教师的"礼"，是坚持立德树人，传承以礼育人。

3.20 子曰："《关雎》①，乐而不淫，哀而不伤。"

【注释】①〔《关雎》〕《诗经·国风》第一篇。

【大意】孔子说："《关雎》这首诗，表达了欢乐但不过度，表达了哀婉但不忧伤。"

【心得】孔子说：不学诗无以言，不学礼无以立。孔子梳理《诗经》的过程也是深化形成儒家学说的过程，可以说，《诗经》是儒家"中和"美学思想的来源。"乐而不淫，哀而不伤"是孔子赏析《关雎》之后的审美感受，也是孔子中庸思想在诗歌作品中找到的依据和美学表现。

孔子说："诗三百，一言以蔽之，曰思无邪。"他认为诗歌可以培养人的性情并使之保持平和中正。《关雎》作为《诗经》首篇，其"乐而不淫，哀而不伤"的中和美学思想契合了孔子"温柔敦厚"的礼乐精神。喜怒哀乐是人们的正常情感,但不能随心所欲,"不淫""不伤"是"发乎情,止乎礼义"。

教师的个人修养可以参照"兴于诗,立于礼,成于乐"的君子人格培养路径,弘扬中和的礼乐文化和中庸的道德精神,引导学生多读诗歌,学习礼仪,激励他们奋发向上的意志,掌握为人处世的本领。

3.21 哀公问社①于宰我。宰我对曰:"夏后氏以松,殷人以柏,周人以栗,曰:使民战栗②。"子闻之,曰:"成事不说,遂事不谏,既往不咎。"

【注释】①〔社〕土地神,祭祀土神的庙也称社。②〔战栗〕恐惧,发抖。

【大意】鲁哀公问宰我用什么树木制造土地神的牌位。宰我回答说:"夏朝的君主用松木,商代的人用柏木,周朝的人用栗木,意思是要让老百姓恐惧战栗。"孔子听到后,说:"已成的事情不要再去评说,已做的事情不要再劝谏,过去的事情不要去追究责备了。"

【心得】关于栗木的使用,一说为周朝的土地适宜种栗树,以此作为社神之位,是顺应天时地利,不存在政治喻意。一说为选用栗木确是周武王为了威慑百姓、使民畏惧强权,亦有说是提醒执政者要战战兢兢。宰我回答鲁哀公:"夏朝种松,商朝种柏,周朝种栗。"这个说法是客观的,但是他将栗木引为"战栗",人为解释"周朝种栗树,是为了使百姓恐惧战栗"不免偏颇。孔子不认同弟子的说法,但他没有立即严厉批评指责,而是告诫弟子不要再提此事以免误导鲁哀公,也是提醒弟子不要附庸迎合、擅自解释。

从某种意义而言,"成事不说"是桃李不言、默默助力学生成事的教师品格;"遂事不谏"是对学生独立思考、完成学业的信任态度,教师不过多干预、因势利导;"既往不咎"是对学生知错就改、知耻后勇的包容精神。所谓做人赢在和气,输在傲气,成在大气。

作为教师,我们可以借鉴孔子处理问题的方法,特别是在与学生意见相左之时,既要说明自己的观点,给予正确的价值引导;也要宽以待人,给予恰当的教诲和劝诫，让学生更加客观辩证地看待事物。同时，还要学习孔子对待学生犯了错误、只要能够及时醒悟纠错就"既往不咎"的宽厚态度和仁爱大度的为人处世作风。

3.22 子曰："管仲之器小哉！"或曰："管仲俭乎？"曰："管氏有三归，官事不摄，焉得俭？""然则管仲知礼乎？"曰："邦君树塞门，管氏亦树塞门。邦君为两君之好，有反坫①，管氏亦有反坫。管氏而知礼，孰不知礼？"

【注释】①〔反坫（diàn）〕古代国君与别国国君友好会面，互相酬酢时放置空酒杯的土台。

【大意】孔子说："管仲的器量真小啊！"有人问道："管仲节俭吗？"孔子说："管仲有三处府第，手下的人都是专职，从不兼职，哪里谈得上节俭呢？""那么，管仲知礼吗？"孔子说："国君门前有塞门，管仲在门前也建有塞门。国君为了两国国君的友好，筑有放酒杯的台子，管仲也筑有这样的台子。如果说管仲知礼，那么谁还不知道礼呢？"

【心得】通过此章可以看出，孔子对于管仲气量狭小、生活奢侈、僭越不知礼等方面持批评态度。但在《论语·宪问》，我们也可以看到，孔子对于管仲辅佐齐桓公施行"仁政""一匡天下"治国理政方面持肯定态度。

孔子是崇尚道德的理想主义者，而历史上很难有道义完美、内圣外王式的理想人物。如果用理想化的道德和近乎完美的"礼"的标准来审视管仲，管仲身上确实有很多瑕疵。此章孔子主要从维护礼教的立场，对管仲越礼、破坏礼制的个人行为提出严厉谴责。孔子也是务实的现实主义者，身处乱世而忧患国运民生。在礼坏乐崩的时代，管仲不能自我完善、修德进业而克己复礼，但他也曾"尊王攘夷"，为国建功立业。

作为教师，应向孔子学习，既坚守道义又明达时世，辨析历史人物功过，既不盲目崇拜，也不求全责备。教师对待学生应持有辩证发展的眼光，既能发掘其潜能而张扬优势，也能够及时发现其不足而弥补弱项，注意知识学习与道德教育合二为一，重视人才培养长远目标与短期目标的有机结合。

3.23　子语①鲁大师②乐，曰："乐，其可知也。始作，翕③如也；从④之，纯如也，皦如也，绎如也，以成。"

【注释】①〔语〕告诉。②〔大师〕即太师，乐官名。③〔翕〕一说合，聚。一说盛。④〔从〕同"纵"，展开。

【大意】孔子与鲁国乐师谈论奏乐之道，说："音乐的规律是可以知道的。开始演奏的时候，表现为收合紧缩；展开之时，音律和谐悦耳，节奏明晰，连绵不断，最后告成。"

【心得】孔子不仅是教育家，也是音乐家，他对音乐之道有其独到的体会。音乐是有规律可循的，其完美的演奏过程中体现着"仁爱"的精神。听孔子言说美妙音乐的演奏过程是一种艺术的享受，满满的都是正能量，音乐之始的振奋精神、凝聚人心、起伏中的纯净和谐、柔美清晰，结束时的深沉幽远、意味隽永；孔子也是在阐释音乐的"教化"作用，音乐可以使人的情感在欣赏音乐的愉悦过程中自然而然地升华。"礼乐为教"是一种潜移默化的教育手段，是人们喜闻乐见的形式，可以起到舒缓情绪、净化心灵、完善人格的积极作用。

西周开国之初，周公制礼作乐，形成了"礼乐"文化。西周后期礼坏乐崩，诸侯并立，社会秩序混乱，最突出的表现就是违反"礼乐"规范，本篇首章"八佾舞于庭"就是典型的实例。诸侯违反"礼乐"规定、僭越"八佾"秩序，是"失德"的表现，也违背了孔子倡导的"礼乐"精神。

学校的素质教育可把礼乐作为重要的教育内容。教师们需要注意在礼乐教化中培养学生的"仁爱"精神，可以通过"礼乐"活动进行德育，使学生在"礼乐"活动中陶冶情操，不断完善自我。教师自身而言，特别需要加强人格修养，日常学习教育外，多关注学生的心灵成长，促进学生德智体美劳的全面发展与进步。

3.24　仪封人①请见，曰："君子之至于斯也，吾未尝不得见也。"从者见之。出曰："二三子何患于丧②乎？天下之无道也久矣，天将以夫子为木铎③。"

【注释】①〔仪封人〕仪，地名。封人，镇守边疆的官。②〔丧〕失掉官位。③〔木铎〕木舌的铜铃，一种响器，古代天子发布政教命令（宣教布政）时摇木铎来召集百姓。后借以转喻思想和观念的传播者、启蒙者、引领者。

【大意】卫国仪地管理疆界的官员请求会见孔子，说："凡是来这里的君子，我没有不能见到的。"孔子的弟子就带他见了孔子。出来后说："你们这些人何必担心失去官位呢？天下无道已经很长时间了，天下将以孔夫子为号令天下的木铎向大家传道啊！"

【心得】仪封人将孔子喻为"天下之木铎"，赞颂了孔子在教化社会人心方面的积极贡献，孔子无负此誉。他虽然一生坎坷多舛，但矢志不渝。孔子胸怀兼济天下的使命感与责任感，拥有思想启蒙者的智慧和时代引领者的良知，为后世的教师树立了杰出的榜样。"千秋木铎"的形象，象征着孔子守正创新，在构建时代伟大精神方面做出了突出贡献。

在北京师范大学的校园里，"木铎"已成为教师和大学的象征物之一，具有学为人师、行为世范、涤荡世风、匡扶正道、振兴国家等丰富内涵。新时代的教师应像孔子那样，不忘初心，矢志不渝，担负教书育人的历史使命，争做有理想信念、有道德情操、有扎实学识、有仁爱之心的"四有"好老师。

3.25 子谓《韶》①："尽美矣，又尽善也。"谓《武》②："尽美矣，未尽善也。"

【注释】①〔《韶》〕相传是舜时的乐舞，韶的本义即为美好。②〔《武》〕相传是周武王时的乐曲名，武的本义是武力和军事。

【大意】孔子评论《韶》乐说："曲调优美，（内容）也好到了极点。"评论《武》乐说："曲调优美，但内容还没有达到最好的境界。"

【心得】从孔子对这两首乐曲的评价，可看出其"尚德不尚力"的政治思想和"道艺合一"的艺术思想。尽美是艺术的形式，尽善是艺术的精神，二者和谐统一才是上品佳作。从人格修养的角度来说，孔子主张善与美的结合，也就是言行合一，孔子的"尽善尽美"观是建立在道德基础之上的，强调内在和外在的统一，即"文质彬彬"。

不过，人很难做到尽善尽美。孔子首次提出美与善的矛盾性，美不等于善。外在美与内在美相统一，外在美符合"仁"的要求，具有善的内涵，才是真美。"尽美""尽善"，是期待美与善完满统一，鼓励向美向善。这一思想对文与道、华与实等问题都产生了深远的影响。

作为教师既要认识到"善"和"美"各自的独特性质和价值，也要通过具有审美意味的礼乐规范和实践活动引领学生传承和弘扬向美、向善的礼乐文化精神，努力追求美善兼备、文质彬彬的君子人格和崇高境界。

3.26 子曰："居上不宽，为礼不敬，临丧不哀，吾何以观之哉？"

【大意】 孔子说："身居上位却不能宽以待人，行礼却不庄敬，参加丧事却不悲哀，这种情况我怎么看得下去呢？"

【心得】 孔子主张实行"德治""礼治"，对居于高位的执政者提出了比较高的道德要求。因为在孔子看来，"君子之德风，小人之德草。草上之风必偃"。执政者的一言一行、一举一动，都对老百姓有示范意义和教育价值。然而，一部分执政者虽然身居高位，但对下不大度，行礼不恭敬，面对不利处境的百姓也毫无悲悯之情。面对这样的执政者，孔子无法认可。

这段话，实际上也是孔子在明确告诫诸侯：应该"为政以德"，以礼治国，待人以宽、为礼以敬、临丧以哀。简言之，就是希望执政者要以上率下，以身作则，克己复礼，做出榜样。

作为教师，在生活中应注意宽以待人，严以律己；在工作中应以礼服人，以德育人；与学生相处中，多站在学生的角度看问题，多换位思考，将心比心。总之，教书育人应注意因材施教，使用方法应注意宽猛相济，弦韦适中。

里仁篇第四

《里仁篇》共26章。本篇集中阐述了孔子的核心思想"仁"。

上篇《八佾篇》集中谈"礼",本篇集中论"仁"。仁为礼本,"礼必随时而变,仁则古今通道"[1]。一方面,孔子认为"仁"代表全德,涵盖各种德目,孔子不轻易许人以"仁"。另一方面,"仁"也并不遥不可及。孔子曾经说过"吾欲仁,斯仁至矣""为仁由己,而由人乎哉",强调了人对仁的主动性、能动性和选择性。

本篇立足"里仁""处仁""安仁""利仁",结合日常生活体验,告诉我们在处理美丑、善恶、富贵贫贱、顺境逆境、人际交往、父母关系等各方面时,如何体现"仁",如何做到主动选择"里仁""处仁""安仁""利仁",而非"害仁",如何做一个智者,而非愚者。

"仁"是道德的基础,是道德的起点,也是道德的完成。在教育事业中,师者以德立身,以身示范。身为教育工作者,要始终保有一颗仁爱之心,全身心地爱学生;要热爱教育事业,在三尺讲台上不懈耕耘,矢志不渝;要主动、坚定地把"立德树人"作为教育的根本任务,在学生的心灵深处播撒"仁"道,播撒大爱良种,让学生成长为国家的栋梁之材。学习本篇,我们要善于从孔子对"仁"的不同论述中,体会孔子思想的精髓,也要深入思考如何在教育教学实践过程中践行"仁",如何让一代又一代中华儿女继承这无比珍贵的精神瑰宝,让"仁"的精神永流传,做到"里仁为美"。

---

[1]钱穆:《论语新解》,生活·读书·新知三联书店,2012年7月,第76页。

4.1 子曰："里仁①为美。择不处仁②，焉得知③？"

【注释】①〔里仁〕里，有两解：一是乡里、居住的地方；二是作动词用，即居，住在某处。仁，也有两解：一指仁道；二指仁者。里仁，一说居住在有仁者（或有仁厚的道德风尚）的地方；一说居于仁道，即以仁道为立身的根本。本书认为第一种解释较为准确。②〔择不处仁〕择，选择。处，居住。择不处仁，一说选择有仁者（或有仁厚的道德风尚）的地方居住，一说选择仁道而处。③〔知〕同"智"。

【大意】孔子说："居住的地方要有仁者（或有仁厚的道德风尚）才好。选择住处不选在有仁者（或有仁厚的道德风尚）的地方，哪能算是明智呢？"

【心得】所谓"近朱者赤，近墨者黑"，社会环境、人文环境等外部因素都会深刻影响一个人的成长和发展。因此，选择住处非常重要。孔子告诉我们"里仁为美""处仁为知"，这是人生的大抉择、大智慧。因此人要顺应不同的外部因素，"择其善者而从之，其不善者而改之"。无可选择时当独善其身，但有可选择时必择仁而居，做到由知则仁、里仁好美。

那么如何"择仁"呢？"知仁"方能"择仁"，"择仁"进而"里仁"。人不"知仁"，自然不能分清美恶，误入"择不处仁"的歧途，难以说是智慧。外部环境是君子安身立命之所在，故明辨何者为"仁"是首要之急。《里仁》多次讨论了"仁"的本质及特征，以使"知仁"。

家庭、学校和社会等环境深刻影响着人的成长。因此，营造积极向上的班级文化和校园文化非常重要。家庭教育和社会教育也是构成教育的必要环节。从根本上说，帮助学生像孔孟一样掌握"于何处安居立身"的长久之技是治本之策。作为老师，既要让学生懂得何以"择仁而居"，更要让他们懂得何以为"仁"。

4.2 子曰："不仁者不可以久处约①，不可以长处乐。仁者安仁，知者利仁②。"

【注释】①〔约〕穷困。②〔安仁、利仁〕安仁，安于仁道。利仁，认为仁有利于自己才去行仁，"有利则行，无利则止"。

【大意】孔子说："不仁的人不能长久地处于贫困之中，也不能长久地处于安乐之中。仁者是安于仁道，智者则是知道仁对自己有利而去行仁。"

【心得】为了明辨何为"仁"，孔子将"不仁者""仁者"和"知者"三类人做了对比。不仁者不利于仁道，更不安于仁道，其久于困顿则乱，长于安逸则淫，终致萧墙祸起。仁者安于仁，以仁为乐，不为处逆境所动，超然于顺逆之外。所以，只有仁者才能"久处约""长处乐"。智者知道仁之利，主动以仁行约束自己。

本章以"心""行"区分三种人生境界，能启迪知者、共鸣仁者、触动不仁者。这里也借"知者"侧面体现了仁之功用。教师立德树人，要教学生不做"不仁者"，见"不仁者"则必感之、改之，使其不入歧途；要让学生学习"仁者"和"知者"，在"利仁"的基础上求取"安仁"的人生境界。

4.3 子曰："唯仁者能好①人，能恶②人。"

【注释】①〔好〕喜爱。②〔恶〕憎恨，讨厌。

【大意】孔子说："只有仁人才能爱应当爱的人，恨应当恨的人。"

【心得】上一章通过对比说明孰为仁者，本章则对"何为仁者"直接阐释。孔子认为，只有仁者能够做到敢爱敢恨、真爱真恨，爱恨皆当其所。可以设想，心有所系而不能克己的人，必然不是仁者：其或恣意喜好厌恶而没有尺度，或就于私利算计而蒙昧其心。

正因君子"无适也，无莫也，义之与比"，故唯之"能好人，能恶人"。仁心不移，好恶之情不变。唯有仁者以仁义观好恶、明是非，无有私心，矢志不移。可见，有了"仁"，便有了"知"，由仁发心必然是杜绝了虚伪的真情实意。

教师如果没有正确的行为准则，随性情喜好肆意而为，那么，既不能做好学生的表率，也会使学生从内心疏远并感到困惑。在教育教学过程中，教师应当注意保护孩童憎恶分明的纯真本性，同时，要讲究方法策略，循循善诱，帮助他们确立好恶的尺度，使其拥有正确的价值观和一颗好则好之、恶则恶之的仁者之心，这才是正确的教育。

4.4 子曰："苟志于仁矣，无恶①也。"

【注释】①〔恶〕有两种解释：一指善恶的"恶"，与上章"恶"字不同；二指好恶的"恶"，与上章"恶"字同义。本书取第二种解释。

【大意】孔子说："如果立志于仁，就不会做坏事了。"

【心得】接上一章，既然只有仁人"能好人，能恶人"，那么"志于仁"的人首先就应当恶己之不仁，继而真正去恶存善，无有私心，实现所思所行真洁无恶。反之，一个有恶意或行恶举的人，必然志不在仁，更不能说是一个仁人。

为人师者要立志弘仁，帮助学生萌发善心。对于学生所犯的错误，尤其是主观恶意的错误，老师要从根源上去解决，使其立安仁之志。人人求仁，天下无恶。老师的仁德教育就是在为社会的和谐发展做出贡献。

4.5 子曰："富与贵，是人之所欲也，不以其道得之，不处也；贫与贱，是人之所恶也，不以其道得之，不去也。君子去仁，恶乎①成名？君子无终食之间违仁，造次②必于是，颠沛③必于是。"

【注释】①〔恶（wū）乎〕何，怎么。②〔造次〕急遽，仓促。③〔颠沛〕跌倒，用以形容人事困顿，社会动乱。

【大意】孔子说："富贵是人人都想要的，但不是依道的要求而得到的富贵，就不去接受它；贫贱是人人都厌恶的，但不是依道的要求而得以摆脱的贫贱，就不去摆脱它。君子如果丢失了仁德，又怎能叫作君子呢？君子没有一顿饭的时间背离仁德，就是在仓促匆忙的时候也一定按仁德去做，就是在人事困顿、社会动乱的时候也一定按仁德去做。"

【心得】孔子肯定人之大欲，认为君子非欲贫贱，也求富贵。但是仁者安仁，无论富贵贫贱，都要处之淡然。身处贫贱，"君子固穷，小人穷斯滥矣"；求取富贵，"君子将说富贵，必勉于仁也"①。君子的这种安仁乐道的生命追求和取之有道的生活态度，不随人生境遇而改变。甚至，仁义之道之于君子，有如阳光、空气，是生命中不可或缺的一部分，一刻也不会背离。

"君子爱财，取之以道。"摒弃思富慕贵的物质追求并不是道德教育的初衷。面对学生表现出来的物质欲望，老师的责任是引导他们走向正道，让学生树立起高尚的精神追求，用正确的世界观、价值观、人生观做人生的底色，如此，才能使之"处富贵而不沉物欲，去贫贱而不离仁义"。

4.6 子曰："我未见好仁者，恶不仁者。好仁者，无以尚①之；恶不仁者，其为仁矣，不使不仁者加乎其身。有能一日用其力于仁矣乎？我未见力不足者。盖有之矣，我未之见也②。"

【注释】①〔尚〕通"上"，用作动词，超过的意思。②〔盖有之矣，我未之见也〕盖，疑问词，大概。对"有之"二字有两种解释：一、"有之"是指有肯用力而力不足者，是联系上句"未见力不足者"来理解；二、"有之"是指有肯一日用力于仁者，是联系上句"有能一日用其力于仁矣乎"来理解。

【大意】孔子说："我没有见到过爱好仁德的人厌恶不仁的人。爱好仁德的人，是不能再好的了；厌恶不仁的人，他行仁德，不让不仁的东西加到自己身上。有人能把他一天的力量都用在仁上吗？我没有见过力量不够的。大概力量不足的人是有的，我没有见过罢了。"

【心得】每个人都有能力行仁，其关键在于真正的知行合一。在孔子看来，真正的"好仁者"知行合一，能够达到没有一日不仁的境界。而"恶不仁者"，如果是真恶不仁，又怎么可能让不仁的行为发生在自己的身上呢？可见，无论"好仁者"还是"恶不仁者"，都是道德修炼比较高的境界，非

---

①《大戴礼记·曾子制言中第五十五》。

一日之功，需要终生的修行。

"学为人师，行为世范。"老师要时刻自觉地对自己的行为精觉明察，把工作作为一种修行，给学生树立师者的典范，引导学生知行合一，切实在人格养成方面不断完善，以真正的"好仁者""恶不仁者"要求自己，持之不懈，日复一日。

4.7_ 子曰："人之过也，各于其党。观过，斯知仁矣①。"

【注释】①〔观过，斯知仁矣〕有三种情况让人们行仁：一是仁者，实行仁道心安；二是智者，实行仁道有利；三是畏惧者，实行仁道避免惩罚。可见，以上三种人虽然行为差不多，而在思想本质上却有着很大的差异。因此，只看一个人的行为，不能判断他是否有仁心。而过错是人人力求避免的，从一个人的错误最能看出他的内心真情，所以说"观过，斯知仁矣"。也有的书上引用这一章时写作"斯知人矣"，也通。

【大意】孔子说："人们的错误，总是与和他同类人相似。所以，考察一个人所犯的错误，就可以知道这个人的仁与不仁了。"

【心得】这一章孔子提出了一种知人方法，即通过一个人的缺点和短处知人。每个人都会犯错，但是不同境界、不同性格的人所犯的过错是不一样的。观察人的过失，分析其代表性问题，明晰过错的来龙去脉，就可以做出正确的判断，并可以对症施策，起到事半功倍的教育效果。

"观过知仁"是一个很好的教育视角。老师对于学生所犯的过错要尤为重视，要区分所犯过失的性质，因事制宜，因材施教。学生犯错并不可怕，作为老师，要在分析错误的基础上，注重引导，使其改进。

4.8_ 子曰："朝闻道，夕死可矣。"

【大意】孔子说："早晨得知了道，即便当天晚上就死去，也可以无悔了。"

【心得】在孔子心中，道义的价值超越生死，超越生命。这让我们想起裴多菲著名的诗《自由与爱情》："生命诚可贵，爱情价更高。若为自由故，两者皆可抛。"年轻的诗人热爱生命，浪漫多情，但是面对民族解放，国家独立，他义无反顾，抛头颅、洒热血，虽九死而无悔。人类对真理、道义的追求是永恒的，不分国别，跨越种族，超越生死。儒家文化的真精神和其历久弥新的永恒魅力，就在于孔子所倡导的仁道、大义，在于他所孜孜以求的"闻道"精神，乃至于为此可以舍生取义、杀身成仁。

教育事业崇高而伟大，老师把教育事业当作自己的价值选择和精神归宿，就能找寻到心灵的寄托，就能用生命去践行师道，就能用生命去感染生命。那么，即便道阻且长，也会知其不可为而为之；最终回首往昔，定能无愧亦无憾。

4.9 子曰："士①志于道，而耻恶衣恶食者，未足与议也。"

【注释】①〔士〕古时称"士、农、工、商"为四民。士是四民中读书习武的人，其地位在农、工、商之上。

【大意】孔子说："一个士有志于道，而又以自己吃得不好穿得不好为耻辱，这种人，是不值得与他讨论道的。"

【心得】叶嘉莹先生讲过一个故事。在"七七事变"爆发后，她父亲随着国民政府去到后方，不久便没有了音讯，母亲也去世了。那时她已经大学毕业，作为大姐，她带着两个弟弟生活，当时大弟才刚上初中。那时生活非常艰苦，她做老师，去教书时都是骑脚踏车。那时中国妇女都是穿长袍，行动很不方便。她的袍裙被磨破了一块，她自己动手找相同颜色的布缝补好，继续穿着去给学生上课。她说："当时我没有觉得有什么不好意思，反而非常坦然，这是因为我小时候读《论语》，里面有一句说：'士志于道，而耻恶衣恶食者，未足与议也。'"

叶先生讲的这个故事，告诉了我们如何学《论语》、读《论语》。学《论语》重在能够反身实践，真正把《论语》中的教诲应用到自己的生活中，作为自己人生的指南和立身行事的底气。

4.10 子曰："君子之于天下也，无适也，无莫也①，义之与比②。"

【注释】①〔适（dí）、莫〕这两个字的意思是对应的，有几种不同的解释：一、厚薄亲疏，"无适""无莫"就是不分亲疏厚薄；二、敌对和爱慕，"无适""无莫"就是没有敌对，也没有爱慕；三、无适，一定要如何做，无莫，一定不能如何做。"无适""无莫"就是无可无不可的意思。本书取第三种解释。②〔比〕有两种解释：一、亲近，相近；二、从，听从，依照。本书取第二种解释。

【大意】孔子说："君子对天下的事，没有非这样做不可的，也没有一定不能这样做的，只是按照义去做。"

【心得】君子在社会中如何安身立命？孔子告诉我们，君子在社会上行事，既不固执己见，也不随波逐流，而是"无可无不可"，其依据就是"义"。一言以蔽之，君子能守经达权。

教学有法，教无定法，贵在得法。教师行教不能墨守成规，要根据具体的人和事选择恰当的方法；在选择教育理念和模式时，要遵循教育规律，达到教育学生成才的目的。教师不抱守成见，但要坚持己见。己见的准绳就是要合乎道义。

4.11 子曰："君子怀①德，小人怀土②；君子怀刑③，小人怀惠。"

【注释】①〔怀〕有两种解释：一、思念；二、安于。②〔土〕乡土。③〔刑〕法制。

【大意】孔子说："君子总是想着道德，小人总想着乡土；君子总想着法制，小人总想着恩惠。"

【心得】君子更注重精神，小人则更注重物质，两者的关注点大相径庭。君子里仁，故能不怀土；小人怀土，故难以里仁。君子约束内心，故能不为利所惑；小人心系利欲，故会放纵行事。

孔子常采用对比述理的方式教导弟子门生，一方面描写正面的君子之行，一方面描写反面的小人之举；一方面要求人注重内在发展，一方面告诫人不要唯利是图。作为老师，我们在教育教学过程中，可以借鉴这种方法，在告知学生如何做的同时，还要明确不该做什么，如此，更能使学生深入理解。

4.12 子曰："放①于利而行，多怨。"

【注释】①〔放〕有两种解释：一、放纵；二、依据。本书取第二种解释。

【大意】孔子说："事事都依据个人利益而行动，会招致很多怨恨。"

【心得】"小人怀惠"的后果是什么呢？孔子告诫我们，小人"放于利而行"，就会"不以其道得之"，表现为"不可以久处约，不可以长处乐"，导致智者去、仁者恶、不仁者肖。只顾自己利益，不择手段，必然引起很多人怨恨；只顾自己利益，一旦不能遂意，反而怨怼他人。被人怨而又怨人，这种人非常可悲。

求仁得仁，求利未必得利。在教育教学过程中，老师需要有激励和惩戒，同时也要让学生清楚，激励与惩戒不是所谓的"利害得失"，而是促使学生进步的手段，过于计较得失就少了仁义。要想学生摒弃在学业上、在生活中的功利主义，老师要做好表率，做到行有力则行，而非行有利则行。

4.13 子曰："能以礼让为国乎？何有①？不能以礼让为国，如礼何②？"

【注释】①〔何有〕何难之有，不难的意思。②〔如礼何〕把礼怎么办？意思是说纵然有礼的形式，不以礼让治国，这礼也是没有用的。

【大意】孔子说："能够用礼让来治理国家吗？（如果以礼让来治理国家）那样还会有什么困难呢？如果不能，那对于礼又怎么办呢？"

【心得】"让"是"礼"的重要内涵。不"让"，何以"礼"？在"礼"的约束下，利害相关的各方在规矩和原则内活动以达到不争的效果，实现各方互谦互让。锱铢必争的人，必然会损仁弃义，怨怼横生。因此，孔子主张要以礼让治国。受之启发，我们也要以礼让治校理学。

一个好的组织文化，首先要讲纪律和秩序，积极处理好礼让与竞争之间的关系。依循礼让处事能够减少争执，实现良性竞争，既让人人各得其位，也让人人心安其所。想要营造出这种组织氛围，老师首先要做出表率，按规矩办事，依原则处事。如此，组织中的个体才能导之以正，立足人格完善，人际和谐。

4.14 子曰："不患无位，患所以立①；不患莫己知，求为可知也。"

【注释】①〔所以立〕指足以立身的才学，或足以立于其位的才学。

【大意】孔子说："不愁没有职位，只愁自己没有能够任职的才学本领；不愁没有人知道自己，只求自己有真才实学值得为人们所知道。"

【心得】这句话说明了君子入世必备的素质要求和必需的处世态度。孔子"三十而立"，虽"累累若丧家之犬"，但能以道义"之于天下"，拥有了受用一生的入世立身之学。继而，孔子指出，不要以声名作为人生的追求，君子之于天下，安于仁德，志在弘道，但求天下归仁。

"不以物喜，不以己悲"是历代先贤的处世态度。教育者不应对功名利禄患得患失，而应对安身立命的术业孜孜以求，做到有志于道和德位相应。有准备的人并非都有机会，但机会只给有准备的人。优秀的教师"怀德"而"喻于义"，让自己成就事业；而非"怀惠"而"放于利"，让事业成就自己。

4.15 子曰："参乎，吾道一以贯①之。"曾子曰："唯。"子出，门人问曰："何谓也？"曾子曰："夫子之道，忠恕②而已矣。"

【注释】①〔贯〕贯穿，贯通，统贯，如以绳穿物。②〔忠恕〕据朱熹注，尽心待人谓之忠，推己及人谓之恕。

【大意】孔子说："参呀，我讲的道是由一个基本的思想贯通起来的。"曾子说："是。"孔子出去之后，同学问曾子："这是什么意思？"曾子说：

"先生的道，就是尽心待人，推己及人。"

【心得】本段从学生的角度阐释夫子之道。夫子之道，仁、义、礼、信、孝等不一而足，如何概括呢？曾子认为，"忠恕"是其共性。忠也者，心之诚也，能发乎真心；恕也者，行之仁矣，能推己及人。由忠到恕，可谓知行合一。

孔子的思想博大精深，曾子帮助我们掌握领会其思想的窍门。牢记忠恕之道，进而努力做到知行合一，是老师应当掌握的道德修养。这也启发我们，在教书育人时，要善于对复杂问题进行归纳总结，不断提高教学水平。

4.16 子曰："君子喻①于义，小人喻于利。"

【注释】①〔喻〕懂得。

【大意】孔子说："君子懂得的是义，小人懂得的是利。"

【心得】君子与小人重要的区别在义利观。在"君子之于天下也"一章，孔子说"义与比"，强调君子注重义，小人心中只有利。那么，君子不求利吗？非也，但是君子见利而思义，以义取利，故"不以其道得之不处"；小人则唯利是图，贪得无厌，凡事"放于利而行"。

富与贵皆为人之所欲，但是我们要懂得以道义约束自己，再求取利益。教师更要注重义利之辨，遵守职业操守，依循师道，"利"亦在其中。

4.17 子曰："见贤思齐焉，见不贤而内自省也。"

【大意】孔子说："见到贤人，就努力向他看齐；见到不贤的人，就反省自己有没有类似的毛病。"

【心得】这句话告诉我们，如何善于向别人学习。在《述而》中，孔子进一步阐述向别人学习的重要性和必要性，他说："三人行，必有我师焉。择其善者而从之，其不善者而改之。"君子"里仁为美"，无论在什么情况下，都应该掌握自己人生的方向盘。选择的权利，向善向上的主动性始终掌握在自己手里。《道德经》二十七章云："故善人者，不善人之师；不善人者，善人之资。"同样也阐明了这个道理。有时人犯了错误，习惯性寻找外在的因素和原因，殊不知，"为仁由己"，为恶自取。

如果说"忠恕之道"阐释了由己及人的"心"与"行"的关系，那么"见贤思齐"可以说在讲由人及己的"知"与"心"的关系。孔子通过正面说明和对比解释等方式，使我们知仁、知道、知君子。知而不欲求，终无所至；反之，知而不欲改，终为所困。

知否、愿否和能否是不同的。老师懂得很多知识和道理，但是知道后又能否反诸己身呢？老师教书育人，不仅要达到使学生见而知之的教育目的，而且要使学生更主动地知而受用，这才能让学生真正的学有所获。

4.18 子曰："事父母几①谏，见志不从，又敬不违，劳②而不怨。"

【注释】①〔几〕轻微，婉转。②〔劳〕忧愁。

【大意】孔子说："侍奉父母，如果父母有不对的地方，就要很委婉地劝止。自己的意见表达了，父母不听从，还是要恭恭敬敬，不要违抗父母的意志。虽然忧愁，但不要怨恨。"

【心得】本句讲"事父母"，呼应下文"知父母"。事父母，即行孝。行孝时首要的态度"敬"。《为政篇》记载："子游问孝。子曰：'今之孝者，是谓能养。至于犬马，皆能有养；不敬，何以别乎？'"即强调孝子之心"敬"。因"敬"，故会在劝谏父母时是"几谏"，故在父母不听从时能"不违"，故能在因父母而忧愁时"不怨"。

父母给予子女生命，是天伦，更是恩情。仁者爱人，如果都不能侍奉父母，何谈为仁？但如何处理好与父母的关系，是当前很多人的烦恼和困惑。孝敬父母，重在"敬"，也难在"敬"。孔子通过劝谏父母这样的一个事例，帮助我们更好地理解如何做好"敬"，即：与父母相处，忤逆不从肯定不是"敬"，百依百顺也不是"敬"，于行"不违"，于心"不怨"，才是真"敬"。

4.19 子曰:"父母在,不远游①,游必有方②。"

【注释】①〔游〕指游学、游宦,到外地去求学、做官。②〔方〕一定的地方。

【大意】孔子说:"父母在世,不出远门,如果不得已要出远门,也必须有一定的去处。"

【心得】本句讲"父母在",与《学而篇》"父没"一句及下句相呼应。父母在世,就应当侍奉。"不远游"方能"事父母",继而才能行孝道。不远游并非"不游",否则何以"见贤"与"见不贤",又何以择仁而处?孔子提出"游必有方"。如此,父母思念或需要依仗时能随时回到父母身边,不留遗憾。当前社会,"天堑变通途",交通便利,可日行千里,但是父母对子女的牵挂和思念从未改变。

教导学生多多体谅父母之忧,是感恩教育,也是人伦大道。

4.20 子曰:"三年无改于父之道,可谓孝矣。"

【大意】见《学而篇》第十一章。

【心得】"子欲养而亲不待",这是人生的悲凉。所以,趁父母双亲健在,侍奉左右。"敬而不违",是人生的幸福,也是行孝的基本方式。而父没,如何行孝?孔子提出,"三年无改于父之道",这也是孝,而且是更深层次的孝道。由此,儒家提出了大孝、中孝、小孝的观点,认为"小孝养亲身,中孝养亲心,大孝养亲志"。在父母百年之后,还能够一直按照父母的教诲为人处事,遵从父母的心愿,努力完成父母未竟的事业,这就是孝的表现,也是更深层次的孝的表达。

4.21 子曰:"父母之年,不可不知①也。一则以喜,一则以惧。"

【注释】①〔知〕这里是常记在心的意思。

【大意】孔子说:"父母的年龄不能不时时记在心里。一方面为他们的长寿而高兴，一方面又为他们的衰老而恐惧。"

【心得】孔子指出，为人儿女，陪伴父母的时间总是有限的，因此"父母之年，不可不知也"。心中时刻挂念父母，就要把父母的年龄记在心上，珍惜与父母相伴的平凡日子。钱穆先生说："喜着，喜其寿，惧着，惧其来日之无多。"寥寥几个字，把孝子复杂的心境淋漓尽致地表达出来，也唯有孝子的"仁爱"之心，才有如此传神的表达。

现在，学生之间的庆生活动非常频繁，互送礼物，举办生日宴、聚餐，热闹非凡。有些子女却记不住父母的生日，有些人甚至对自己父母的年龄也稀里糊涂，这从一个侧面反映了孝道教育的缺失。孝道教育，不妨从记住父母生日和年龄开始，教养学生心中有他人，滋养仁爱之心。

4.22 子曰："古者言之不出，耻躬之不逮①也。"

【注释】①〔逮（dài）〕及，到。

【大意】孔子说："古人不轻易发表言论，是以自己的行为跟不上为耻呀！"

【心得】本句讨论言与行的关系，这里强调君子言与行的一致性，即"信"。"君子一言，驷马难追。"孔子崇尚先人言信行果的遗风，鄙弃言过其行、言行不一之举。孔子借古警今，也意在说明，做人要有自知之明，虚心但不懈怠。

老师教书育人，培养学生的能力不是夸夸其谈的嘴上功夫，而是实事求是的真才实学。这也提醒我们，身为人师，立于三尺，听于众耳，一定要谨慎发言，给学生做出言行一致的良好示范。

4.23 子曰："以约①失之者鲜矣。"

【注释】①〔约〕约束。

【大意】孔子说："因为约束自己而犯错误是很少见的。"

【心得】前文中，孔子讲了很多君子处世的方法，如"里仁为美""观过，斯知仁矣""义之与比"等，但是只要做到"约"，即懂得节制收敛、自律克己，人就能少犯错。结合上一句"古者言之不出，耻躬之不逮也"，我们感悟到，人要善于约束己言，言而无信，行而无果，也是"失"的一种表现。

在教育教学过程中，如果发现学生犯了过错，老师施行教育的重点不是定规矩、严要求的外力管制，而是思索如何让学生掌握自制力，做到慎独和自律。作为老师，要让学生养成良好的自律习惯，并内化为一种秉性和人生态度，这样，犯错误的可能性就自然减少了。

4.24_ 子曰："君子欲讷①于言而敏②于行。"

【注释】①〔讷〕迟钝。②〔敏〕敏捷。

【大意】孔子说："君子总想言语要迟钝，而做事要敏捷。"

【心得】"讷"，言于内也，内心思索而不求言辩。"讷于言"是君子约束自己的外在表现，并不是真的迟钝，故说"刚毅木讷，近仁"。"敏于行"是君子行为操守的外在表现，侧面反映了君子虽少于言语，但其能知行一致，思敏行健。君子"讷于言"说明其自律克己，正是前章所说的"耻躬之不逮也"；君子不言则已，一言既出，便"敏于行"，果断地付诸行动。

孔子慎言敏行的思想启发教育工作者，要重视自身言行对学生产生的影响。一方面，老师要以谨言慎行匡扶师道尊严；另一方面，行动是最好的语言，老师要以行为示范做好学生表率。

4.25_ 子曰："德不孤，必有邻。"

【大意】孔子说："有德的人不会孤独，一定会有与他亲近的人。"

【心得】君子以"里仁为美"，择善而从，择仁而居，故有德之人有君子适之。同时，孔子这句话也启发我们，可以选择时当择仁而居，但无可选择时怎么办呢？慎独其身就会有人亲近，也能实现"里仁"的目的。故人之于外部不是被动的，不仅可以选择外部环境，还可以营造外部环境。一个"必"字，彰显了孔子对道德的信仰和对自己的信心，故其说"不患莫己知，求为可知也"。

这启发我们在教育学生交友处世时，要重视其内省和修身。为什么不能交到知心朋友呢？先让学生想想自己的德行，从自身上寻找原因。继而给予其适当鼓励，让学生坚定志同必有道合的信心，勇敢地融入校园生活乃至社会生活中。

4.26 子游曰："事君数①，斯辱矣；朋友数，斯疏矣。"

【注释】①〔数〕屡次，多次。引申为烦琐的意思。

【大意】子游说："侍奉君主太烦琐，就会受辱了；对待朋友太烦琐，就会被疏远了。"

【心得】孔子说"德不孤，必有邻"，是对自己信心的宣示，也是对弟子门生的开导和鼓励。然而在那个时代，推广仁者之道常不为君、友所接受。子游便说出了仁者行仁时的困难处境与无奈心境：仁者"求为可知也"。侍奉君主时规劝多了，反而自取其辱；结交友人时指摘多了，反而听者藐藐。这是为何呢？批评是必要的，但一定要有度，批评仅是对当事人的善意提醒，供其决策参考，而非代其决策。子游的总结启发我们，做事尤其是与人相处，要讲究方法，这也是君子的处世之道。

老师对待学生也要注意方法和限度，与之相处要言简意赅而非事无巨细。老师对学生教导过多、要求过多，甚至照顾过多，往往过犹不及。老师在尽到职责、践行师道、保有仁心的基础上，既要追求教育目的的实现，又要追求教育过程的和谐。

公冶长篇第五

《公冶长篇》共28章。本篇主要记载了孔子对弟子德行以及古今人物贤愚得失的评论。因首章所论人物为公冶长,故名"公冶长篇"。

本篇接《里仁篇》。《里仁篇》强调人要"里仁为美",要践行仁德,"无终食之间违仁"。本篇承此而来,仁德最终要落实在一个个生命当中,"知人物之贤否,行为之得失,即所学之实证[①]"。孔子的教育思想核心是"学以成人",而重要的路径就是"见贤思齐,见不贤而内自省也"。因此,孔子通过对古今人物的评价,不仅直接反映了他关于做人的思想,而且引导并启发弟子以及后人关于如何做人、做什么样的人的思考和实践。

5.1 子谓公冶长[①]:"可妻也,虽在缧绁[②]之中,非其罪也!"以其子[③]妻之。

【注释】①〔公冶长〕孔子的学生。②〔缧绁(léi xiè)〕古时捆绑罪犯的绳子,引申为牢狱。③〔子〕古代儿子、女儿通称子,这里专指女儿。

【大意】孔子评论公冶长说:"可以把女儿嫁给这样的人。虽然他被关在狱中,但不是他的罪过呀。"就把自己的女儿嫁给了他。

【心得】孔子对自己的学生是了解和信任的。公冶长虽有牢狱之灾,但

[①] 钱穆:《论语新解》,生活·读书·新知三联书店,2002年9月,第100页。

"非其罪也"，孔子把女儿嫁给了他。在女儿的终身大事上，孔子考虑的不是对方是否有钱有势、名声如何，而是从内在品质上来衡量对方是不是一位有责任感、有担当、有追求的君子。果然，公冶长终生治学不仕禄，继承孔子遗志，教书育人，成了著名的文士。

同样道理，我们对待自己的学生，也不能因为某些学生犯过错而另眼相看。作为师者，除了反思自己教育的疏漏，更重要的是帮助他们树立正确的人生观和价值观，让他们重新回到正常的生活轨迹上，做一个诚实、正直、坦荡的人。

5.2 子谓南容①："邦有道，不废；邦无道，免于刑戮。"以其兄之子妻之。

【注释】①〔南容〕孔子的学生南宫适（kuò），字子容，通称南容。

【大意】孔子评论南容说："国家有道时，他不会被废弃不用；国家无道时，他也可免于刑戮。"于是把侄女嫁给了他。

【心得】《先进篇》第六章也讲到："南容三复白圭，孔子以其兄之子妻之。"可见，南宫适这个人言行非常谨慎，做事稳重。这样的人是值得托付的，所以孔子把侄女嫁给他。孔子的择婿之道，其实就是择人之道。

孔子对南容适的赞许，涉及做人和做事两方面。首先，以他做人的谨慎和品行的端正，能够受到任用或重用；其次，以他做事的"圆融"和"通达"而能避免灾祸。正所谓"外圆内方"，原则的底线丝毫不能马虎，而处事的方法和技巧则可以灵活多样。这是一种大智慧，需要学习和修炼。特别是青年教师，无论是在什么样的工作环境中，如何做到圆融通达，仍然是一个要深入思考的大课题，也是教育的一个大问题。

5.3 子谓子贱①："君子哉若人！鲁无君子者，斯焉取斯②？"

【注释】①〔子贱〕孔子的学生，姓宓（fú），名不齐，字子贱。

②〔斯焉取斯〕前"斯"字指子贱,后"斯"字指子贱之品德。

【大意】孔子评论子贱:"这个人真是君子呀!假如鲁国没有君子,他从哪里取得这样的好品德呢?"

【心得】这一章孔子赞扬宓子贱是个君子,同时也称赞鲁国多君子,具备培养君子的师资条件。这表明了品德高尚的君子,是培养和教育出来的。一代代师者言传身教,学子耳濡目染,师生薪火相传,使整个社会形成了良好的道德风尚。

以君子培养君子,以君子教育君子。所谓"为人师表",师者首先自己要成为一个君子。教师群体要以成为君子为目标,以当君子为使命,才能在"教书育人"的事业中君子辈出、人才辈出。

5.4_ 子贡问曰:"赐也何如?"子曰:"女,器也。"曰:"何器也?"曰:"瑚琏①也。"

【注释】①〔瑚琏(hú liǎn)〕古代宗庙中祭祀用的盛粮食的器皿,竹制,上面用玉装饰,是一种贵重而华美的祭器。

【大意】子贡问孔子:"我这个人怎么样呢?"孔子说:"你是一件有用的器皿。"子贡又问:"是什么器皿呢?"孔子说:"是那宗庙里盛粮食的瑚琏。"

【心得】孔子把子贡比作"瑚琏",肯定了子贡有大才。因为瑚琏不是普通物品,而是古代皇室祭祀中贵重而华美的祭器,用来供于庙堂之上,是非常洁净庄严的。但瑚琏无论多么贵重,始终还是个器物,离孔子对"君子不器"的要求还有距离。子贡是个高水平的"专才",但在成为君子的道路上,还得继续前行。孔子此言,既肯定了子贡的才能,又包含了对弟子更高的期望,由此可见孔子的教育智慧。

5.5_ 或曰:"雍①也仁而不佞②。"子曰:"焉用佞?御人以口给③,屡憎于人。不知其仁④,焉用佞?"

【注释】①〔雍〕孔子的学生,姓冉,名雍,字仲弓。②〔佞(nìng)〕

能言善辩，有口才。③〔口给〕口才敏捷。④〔不知其仁〕有两种解释：一指佞人，佞人遭人憎恨，因而不知其（佞人）有仁道；二指冉雍，不知冉雍是否仁者。本书取前者。

【大意】有人说："冉雍这个人有仁德但没有口才。"孔子说："何必要口才呢？靠伶牙俐齿和人辩驳，常常招人讨厌。这样的人我不知道他有什么仁德，何必要口才呢？"

【心得】冉雍，字仲弓，与冉耕、冉求皆在孔门十哲之列，世称"一门三贤"。这里孔子充分肯定冉雍的仁德，两次强调"焉用佞"，态度鲜明地表达了如果真的达到了"仁"的高度，又何须口才善巧呢？

在口才显得愈来愈重要的今天，可能有人要质疑"焉用佞"。其实，孔子并不是否定口才的重要，而是否定缺乏"仁"而徒有善巧的"巧言令色"。正如"桃李不言，下自成蹊"，专注在德行上的追求，必然会自带光芒。即使具备伶牙俐齿，也不应成为自己争夺名利的砝码，而是要以言行一致、知行合一、"言必行，行必果"的君子操行取信于人，取信于社会。

5.6_ 子使漆雕开①仕，对曰："吾斯之未能信。"子说。

【注释】①〔漆雕开〕孔子的学生，姓漆雕，名开，字子开。

【大意】孔子叫漆雕开去做官，漆雕开回答说："我对这事还没有自信呀。"孔子听了很高兴。

【心得】漆雕开，在孔门中以德行著称。他志向远大，不愿做官，孔子对他很满意。后来，他为了不让孔子挨饿，独自一人到鸿隙湖里采藕，不幸落水遇难。

漆雕开对做官没有信心，是站在"治世济民"的高度，他认为自己的学问还不够精深，达不到"优则仕"的标准，还要继续学习；如果是站在做官求权得势的角度，漆雕开有此机会必然欢欣雀跃。孔子正是看到了这一点才心生喜悦。漆雕开的回答，也见证了教育的成果。

5.7_ 子曰："道不行，乘桴①浮于海，从我者其由与！"子

路闻之喜，子曰："由也好勇过我，无所取材②。"

【注释】①〔桴（fú）〕用来在水面浮行的木排或竹排，大的叫筏，小的叫桴。②〔无所取材〕"材"有三种解释：一、编桴用的材料。孔子并不真想乘桴浮海，见子路没有听懂他的意思，所以这样说。二、同"裁"，指子路不知裁度事理。三、同"哉"，说子路以为孔子只要与他同行，所以孔子说"难道就不取别人吗？"本书取第一种解释。

【大意】孔子说："我的道如果行不通，就乘上小木排到海外去，跟随我的怕只有仲由吧！"子路听了非常高兴。孔子说："仲由的好勇超过了我，可是没处去弄到编木排的材料呀！"

【心得】仲由，是"孔门十哲"之一、"孔门七十二贤"之一。比孔子小九岁，也是弟子中侍奉孔子最久者。

"从我者其由与！"是孔子对子路有情有义的品德的肯定，"由也好勇过我，无所取材"是对子路过于"好勇"的"匹夫之勇"的批评：这一褒一贬，表现了孔子作为教育家，对"因材施教"理念的高超运用，让子路在得到老师肯定而喜之不禁的同时，也反思自己的问题。

5.8　孟武伯问："子路仁乎？"子曰："不知也。"又问。子曰："由也，千乘之国，可使治其赋①也，不知其仁也。""求也何如？"子曰："求也，千室之邑②、百乘之家③，可使为之宰④也，不知其仁也。""赤⑤也何如？"子曰："赤也，束带立于朝，可使与宾客言也，不知其仁也。"

【注释】①〔赋〕兵赋。②〔千室之邑〕有一千户人家的大邑，指当时卿大夫的领地。③〔百乘之家〕指卿大夫的采地。当时大夫有车百乘，称"百乘之家"。④〔宰〕家臣。⑤〔赤〕孔子的学生公西华，名赤。

【大意】孟武伯问孔子："子路做到仁了吗？"孔子说："不知道。"孟武伯又问。孔子说："仲由嘛，在拥有一千辆兵车的大国，可以让他管理军事。但我不知道他是不是做到了仁。"孟武伯问:"冉求怎么样呢?"孔子说:"冉求嘛,在有千户人家的封邑或有百辆兵车大夫的采地,可以让他当总管,但我不知道他是不是做到仁。"孟武伯又问:"公西赤怎样呢?"孔子说:"公西赤嘛,可以让他穿着礼服,站在朝廷上接待宾客,但我不知道他是不是做到了仁。"

【心得】仁是人生的全德,是孔子提出的做人修养的最高标准。所以也不轻易肯定某人为仁。孔子对每个学生的长处都是非常了解的,能够随时说出他们的专长。学生们可能有政治、外交、军事或其他方面的专才,但对学生是否达到了"仁"的标准,孔子要求却是很严格的。在孔子心中,"仁"和"才"是有区别的。孔子认为,三个弟子虽然各有所长,但是要达到"仁"的境界,却还有漫长的修己之路。

5.9 子谓子贡曰:"女与回也孰愈?"对曰:"赐也何敢望回?回也闻一以知十①,赐也闻一以知二②。"子曰:"弗如也,吾与女弗如也③!"

【注释】①〔闻一以知十〕十指数的全体。旧注:一,数之始;十,数之终。②〔闻一以知二〕指可以由此及彼。③〔吾与女弗如也〕有两种解释:一、孔子认为自己与子贡都不如颜回;二、朱熹《论语集注》:"与,许也。"赞许之意,孔子赞许子贡自认不如颜回。本书取第一种解释。

【大意】孔子对子贡说:"你与颜回谁强一些?"子贡回答说:"我哪里敢和颜回比?颜回他能'闻一知十',推知全体;我却只能'闻一知二',由此及彼。"孔子说:"是不如他呀,我和你都不如他呀。"

【心得】这一段讲孔子与弟子子贡讨论学习能力。颜回是"学霸",是一个标杆;子贡自知不如,也知道孔子非常欣赏颜回,便谦逊地以颜回"闻一以知十",而自己"闻一以知二"来表明自己远不如颜回,突出了颜回的优点。孔子肯定了子贡的自我评价,也对子贡的谦逊给予了肯定。可贵的是,孔子接着说"吾与女弗如也",这是很了不起的。我们很多老师往往会不由自主地摆出居高临下的姿态,其实学生在某些方面比我们高明是很正常的事情。"教学相长"就包含了教师能从学生身上获得启发和知识。我们能不能如孔子那样正视自己呢？孔子有这样大的学问，这样高的学术地位，尚且能够坦然承认自己学习能力不如学生强；我们这样普通的师者，又怎能认定自己一定比学生高明呢？况且，"青出于蓝，而胜于蓝"又何尝不是师者的幸福呢？

5.10
宰予昼寝，子曰："朽木不可雕也，粪土之墙不可杇①也，于予与何诛②？"子曰："始吾于人也，听其言而信其行；今吾于人也，听其言而观其行。于予与改是。"

【注释】①〔杇（wū）〕抹墙用的抹子。粉刷墙壁也叫杇。②〔诛〕责备。对宰予还怎么责备呢？有对他不知如何教诲的意思。

【大意】宰予白天睡觉，孔子说："烂木头是没法雕刻的，腐土筑的墙是没法粉刷的。对宰予还怎么责备他呢？"孔子说："以前我对人，是听了他讲的就相信他的行为；现在我对人，听了他讲的还要观察一下他的行为。宰予这件事使我有了这个改变。"

【心得】宰予能言善辩，是孔子学生中"言语"方面的高才生。但宰予有点懒，因白天上课睡大觉而被老师批评。不过，孔子批评过后又谆谆告诫，喜爱如常。

宰予"昼寝"遭到孔子的批评，千百年来不断让后人警醒而不敢怠惰。对此可以从三个层面来理解：第一，孔学一直主张进德修业，而宰予如此怠惰，孔子当然不喜；第二，昼夜颠倒，本身就是不符合自然规律的；第三，宰予名列"孔门十哲"中的言语科，能言善辩，却在大白天睡觉，故孔子从"言行不一"的角度对他严加批评，所谓"爱之深，责之切"。此外，孔子在这里还提出判断一个人的正确方法，即听其言而观其行。不能只相信对方的言论，更要看对方所作所为及平常的表现，行为比言语更重要。

孔子的这番话告诉了我们三个道理：一要珍惜光阴，二要言行一致，三要识其人观其行。师者应教导学生从小就做个惜时、守信、敏行的人。

当然，良好品行的养成不是一蹴而就的，而是在日常生活中潜移默化形成的。这就要求教师要成为学生学习的榜样，言传身教影响学生。

5.11 子曰："吾未见刚者。"或对曰："申枨①。"子曰："枨也欲，焉得刚？"

【注释】①〔申枨（chéng）〕孔子弟子，姓申，名枨，字周。

【大意】孔子说："我没有见过刚强的人。"有人回答说："申枨是刚强的。"孔子说："枨这个人欲望太多，哪里能够刚强呢？"

【心得】"枨也欲，焉得刚？"孔子用一个反问句，强调了私欲与刚毅的对立。"无欲则刚"，不会克制私欲的人，就不能做到刚毅。

人皆有欲，财色名食睡，称为"五欲"。如果刚与欲不相容，刚必不欲，欲必不刚，又如何成为真正的刚毅之士呢？"刚"是原则，"欲"是动力，两者是对立又统一的整体，相互依存、相互促进。"欲"，无论是对个人还是对他人、对集体，都需要"刚"来坚守、来引领。

孟子曰："富贵不能淫，贫贱不能移，威武不能屈。"林则徐说："海纳百川，有容乃大；壁立千仞，无欲则刚。"要想成为刚强不阿的奋斗者，实现我们内心超越世俗的崇高理想，我们就要从做减法开始，学会克制自己的欲望，让自己内心慢慢强大起来。

5.12 子贡曰："我不欲人之加诸我也，吾亦欲无加诸人。"子曰："赐也，非尔所及①也。"

【注释】①〔非尔所及〕有两种解释：一、非尔所及指前半句，即不能阻止别人把不义加于自己；二、非尔所及指后半句，欲无加诸人不同于勿施于人，勿施于人有告诫禁止之意，欲无加诸人则是自然而然地做到，是子贡所做不到的。

【大意】子贡说："我不愿别人强加于我的，我也不想强加于别人。"孔子说："赐啊，这不是你所能做到的啊！"

【心得】子贡这句话实际上表达了"己所不欲,勿施于人"的思想,但前提是给别人也提出了要求。由此,孔子指出"非尔所及也"。

"君子求诸己,小人求诸人。"君子修己安人,始终是通过自己的修为来让世界变得越来越好,而不是以对别人提出期望和要求为前提。孔子在这里提醒弟子,与其外求于人,不如内求于己,不断提高自己的修养。

5.13_ 子贡曰:"夫子之文章①,可得而闻也;夫子之言性②与天道③,不可得而闻也。"

【注释】①〔文章〕指孔子讲授的《诗》《书》《礼》《乐》等等。②〔性〕指人性。《论语》中谈到人性的只有17·2章"性相近也,习相远也"一句。③〔天道〕古人讲道有天道和人道。《论语》中孔子多处讲到天和命,但不见有关于天道的言论。

【大意】子贡说:"老师关于《诗》《书》《礼》《乐》等方面的讲授,能够听得到;老师关于人性与天道的言论,是无法听得到的。"

【心得】具体的知识、文献,是能够通过讲授传递给学生的,但是涉及人性、天道等比较深奥玄妙的道理,就很难通过言语讲授传递出来。我国教育方针明确提出"把立德树人作为教育的根本任务"。那么,如何立德树人,就难以通过单纯地讲授大道理来实现,而是要综合利用多种教育方式与教育载体来实现:如为师者的以身作则;如利用音乐、舞蹈、绘画等艺术形式给学生们以感染和熏陶;如采用研讨、辩论的方式展开不同观点的碰撞与交锋;再比如引入案例教学法,通过不同文化、不同事例的比较来深化对人性与天道的认知。

5.14_ 子路有闻,未之能行,唯恐有闻①。

【注释】①〔唯恐有闻〕只怕再有所闻。

【大意】子路在听到一个道理但还没有能亲自实行的时候,唯恐再听到新的道理。

【心得】 子路真是个直性子，每听到一个道理，就要马上去做；如果还没有做，就很着急，生怕听到新的道理。可见，子路有超强的执行力，还有一种时不我待、只争朝夕的使命感和紧迫感。我们可以学习子路的这种精神——认定的道理，不折不扣，立即执行，可能我们的生命也会由此更加充实而有价值。因为生命宝贵而有限，有那么多美好的事情等待我们去实践，真的没有多少时间可以虚度和浪费。

5.15 子贡问曰："孔文子①何以谓之'文'也？"子曰："敏而好学，不耻下问，是以谓之'文'也。"

【注释】 ①〔孔文子〕卫国的大夫，名圉（yǔ），文是他的谥号。

【大意】 子贡问道："孔文子为什么谥号为'文'呢？"孔子说："他勤勉好学，不以向地位卑下的人请教为耻，所以给他谥号叫'文'。"

【心得】 卫国大夫孔圉，天资很高，能做事，又喜欢研究学问。像这样的人，往往自视甚高，看不起他人。但是孔圉不是这样，他肯向身份、地位不如他的人请教，不会因此觉得没有面子，十分难得。所以他去世以后，追谥为"文"，可以说当之无愧。

我们往往通过努力能够做到"敏而好学"，但"不耻下问"却因其难而愈显出其可贵。韩愈也叹息过："呜呼！师道之不复可知矣。"耻于下问、耻于相师的结果，必然"其为惑也，终不解矣"。孔文子"敏而好学，不耻下问"的精神，无论是对于师者还是学子，都需要努力做到。

5.16 子谓子产①："有君子之道四焉：其行己也恭，其事上也敬，其养民也惠，其使民也义。"

【注释】 ①〔子产〕春秋时郑国的大夫，姓公孙，名侨。子产年长于孔子，是孔子所敬重的人。

【大意】 孔子评价子产说："他具备了四项君子之道：自己行为谦逊，事奉君上恭敬，养护百姓有恩惠，役使人民有法度。"

【心得】子产是春秋时郑国的贤相，他仁厚慈爱，轻利重德，爱民重民。在执政期间，子产进行了自上而下的改革，在他的推动下，郑国呈现出中兴局面。孔子高度评论子产"有君子之道四焉"，即"恭、敬、惠、义"。

师者也应该具备"恭、敬、惠、义"的德性，并落实在日常的教育教学当中。"恭"是对自己的态度，即"行己也恭"，管理自己非常恭敬。做到这一点很不容易，因为人的通病就是把错误推到别人身上或归咎于客观原因，而为自己开脱。我们经常教导学生"严以律己，宽以待人"就是避免犯"通病"，努力做到"行己也恭"。"敬"是对上级的态度，即"事上也敬"，是对上级的尊重，并不是言听计从，仍要有自己的主见。执行任务，尽心尽力不敷衍；有不同意见，据理力争不盲从。"惠"是惠爱，是仁爱，是以博大的教育情怀，站在学生健康成长的角度，来规划和设计适合学生发展的教育目标。"义"，宜也，应当、应然，各尽其宜。老师应当认真教书育人，学生应该努力学习，师生之间互敬互爱，努力增长才干，报效社会。

5.17_ 子曰："晏平仲①善与人交，久而敬之②。"

【注释】①〔晏平仲〕春秋时齐国大夫，名婴，字仲。"平"是他的谥号。②〔久而敬之〕"之"字有两解：一指晏平仲自己，即说相交久了，人们对他越发恭敬；二指晏平仲所交的人，即说晏平仲与人相交虽久，仍能对人恭敬不改。本书取第二种解释。

【大意】孔子说："晏平仲善于和别人交朋友，相交很久还能对人恭敬不改。"

【心得】人际交往是一门学问，既需要真诚友善的态度，也要具备沟通能力，包括说话得体、懂得倾听、善解人意等。学会倾听比夸夸其谈要得人心，善解人意比自我炫耀更获信任。在人际交往中，什么话该说、什么时候说都要把握好分寸，这样，才能够形成亲密的关系，获得他人的友好和信任，这些都要在与人交往过程中不断领悟和学习。如果说"善与人交"是一门学问，那么"久而敬之"就是一种修为。只有温、良、恭、俭、让的君子，才能真正获得人们的尊重。

5.18 子曰:"臧文仲①居蔡②,山节藻棁③,何如其知也?"

【注释】①〔臧(zāng)文仲〕春秋时鲁国的大夫,姓臧孙,名辰,文是谥号。当时的人认为他很有智慧。②〔居蔡〕居,作动词用,藏的意思。蔡,国君用以占卜的大龟。蔡这个地方产龟,因此把大龟叫"蔡"。指臧文仲藏了一只大龟。③〔山节藻棁(zhuō)〕把斗拱雕成山形,在棁上绘上水草花纹。古时是装饰天子宗庙的做法。节,柱上的斗拱。棁,房梁上的短柱。

【大意】孔子说:"臧文仲藏了一只大乌龟,藏龟的屋子斗拱雕刻成山的形状,短柱上画上水草花纹,他的智慧究竟怎么样呀?"

【心得】臧文仲从政近五十年,他的生平事迹在《国语》《左传》中都有记载,孔子比他晚近百年。从史料记载来看,臧文仲具有较高的政治、军事才干,在内政、外交方面都有建树,时人皆称他为智,孔子却持反对意见。为什么?孔子举了一个具体的事例,即"臧文仲居蔡,山节藻棁"。臧文仲偷偷养一只大乌龟来占卜,以为占卜能够为他指点迷津,妄求灵物的保佑,可见其愚蠢,焉得智?而且为这个大乌龟特制了一个龟室,并进行雕梁画栋的装饰,以此谄媚大龟,可见其贪欲,焉得智?孔子在春秋时期就高扬人文主义大旗,尽人事,听天命,"子不语怪、力、乱、神",并把人文精神、理性主义作为人类智慧的重要表现形式,对占卜、迷信活动历来都持反对意见。

5.19 子张问曰:"令尹子文①三仕为令尹,无喜色;三已之,无愠色。旧令尹之政必以告新令尹,何如?"子曰:"忠矣。"曰:"仁矣乎?"曰:"未知,焉得仁?""崔子②弑齐君③,陈文子④有马十乘,弃而违之。至于他邦,则曰:'犹吾大夫崔子也。'违之。之一邦,则又曰:'犹吾大夫崔子也。'违之,何如?"子曰:"清矣。"曰:"仁矣乎？"曰："未知，焉得仁？"

【注释】①〔令尹（yǐn）子文〕令尹，楚国的官名，相当于宰相。②〔崔子〕齐国大夫崔杼。③〔弑齐君〕弑，指古代在下位的人杀了在上位的人。齐君，指齐庄公，姓姜名光。④〔陈文子〕齐国的大夫，姓陈，名须无。在崔杼杀死齐庄公时出国，两年后又返回齐国。

【大意】子张问道："令尹子文三次当令尹，没有显出高兴的样子；三次被免职，没有显出怨恨的样子。他自己当令尹时的政事，一定都告诉来接任的新令尹。这个人怎么样？"孔子说："可算得上忠了。"子张说："可算是仁了吗？"孔子说："不知道。怎么算得上仁呢？"子张又问："崔杼杀了齐君，陈文子有四十匹马，都抛弃不要了，离开了齐国。到了另一国家，他说：'这里的执政者也和我们齐国的大夫崔子差不多。'就离开了。又到一个国家，又说：'这里的执政者也和我们齐国的大夫崔子差不多。'就又离开了。这个人怎么样？"孔子说："可算是清。"子张说："可说是仁了吗？"孔子说："不知道。怎么算得上仁呢？"

【心得】对于子张的提问，孔子分别以"忠矣"和"清矣"来称赞令尹子文和陈文子的行为，但并不能由此得到"仁矣"的赞许，反而说"未知，焉得仁"。可见，在孔子看来，"忠"和"清"是很好的品质，但还不能算作"仁"。"仁"的内涵更为丰富。在孔子那里，"仁"是全德，并非某一方面做得好就可以，而是要在各方面都做得好。更重要的是，仁者有一颗慈悲之心，有一颗大我之心；以这样的一颗心去做人做事，素其位而行，会呈现出一种人生的大境界、大格局、大气魄，这才是仁者应有的气象。

5.20 季文子①三思而后行，子闻之，曰："再，斯可矣。"

【注释】①〔季文子〕鲁国大夫季孙行父，"文"是谥号。

【大意】季文子遇事都要考虑三次才行动。孔子听到了，说："考虑两次就可以了。"

【心得】"三思而后行"如今作为褒义词，是决策行事稳重的表现。此处，孔子批评季文子的"三思而后行"，是根据当时的情形，季文子优柔寡断，多思而难行；而孔子主张思而后行，反对多思而难行，所以说"再，斯可矣"。过犹不及，恰到好处才是中庸之道。我们教育学生要做到学思结合、思而后行、行中改进，也要告诫学生不能思而难行或思而不行，有了充分的准备和十足的把握就要果断行动，这样才有希望获得成功。

5.21 子曰："宁武子①，邦有道则知，邦无道则愚②。其知可及也，其愚不可及也。"

【注释】①〔宁武子〕卫国大夫宁俞，武是谥号。②〔愚〕这里讲的愚，并不是真愚，而是隐藏自己的智慧装成愚笨的样子，以保全自己，完成大业。

【大意】孔子说："宁武子在国家有道时就聪明，在国家无道时就像是很愚笨。他的聪明是别人可以做得到的，他的愚笨却是别人做不到的。"

【心得】我们常听到的"愚不可及"，往往是在责骂人；而在此，孔子评价甯武子"其愚不可及也"却是在称赞他。此处"愚"是"佯愚"，是"难得糊涂"，是人生的大智慧。国家有道之时，处处需要人才，君子当积极为民谋幸福；相反，国家无道之时，就要懂得隐藏而以待时机，否则就会成为无道政权的牺牲品。适当的明哲保身，不仅是一种智慧，也是一种权利，这正是道家的"大巧若拙""大智若愚"，也是儒家倡导的"穷则独善其身"。另一方面，这里的"佯愚"并非指一味的怯懦和圆滑；无道则"佯愚"，乃权宜之计，合乎道义，无可厚非。

5.22 子在陈，曰："归与！归与！吾党之小子①狂简②，斐然成章，不知所以裁③之。"

【注释】①〔吾党之小子〕指孔子在鲁国的学生。党，乡党。②〔狂简〕狂，志大。简，有两种解释：一、疏略；二、大。狂简依前一解是志大才疏，依后一解是进取有大志。③〔裁〕裁剪，节制。"不知所以裁之"有两种解释：一指学生不知自己裁制自己，二指孔子不知如何裁制学生。

【大意】孔子在陈国说:"回去吧!回去吧!家乡的学生有进取心,有大志,文采也斐然可观,但还不知道怎样节制自己。"

【心得】孔子在陈国受困之时,知道"行其道于天下"已无可能,于是希望回到家乡"传道于来世"的复杂心情。

"吾党之小子狂简","狂"指志气冲天;"简"指阅历太少,缺乏历练和调教。最值得注意的是一个"裁",其中包含了丰富内涵。学生不懂得如何裁度事理,如何审时度势,需要老师引领,修剪裁度,把他造就成人才。教师也要摆正心态,不是每一个学生都能成为栋梁之材。即使平凡人也有其可贵之处,扬长避短、因材施教就是对学生最合适的引导。

5.23 子曰:"伯夷、叔齐①不念旧恶②,怨是用希③。"

【注释】①〔伯夷、叔齐〕殷末孤竹国君的两个儿子。国君遗命传位于叔齐。叔齐以礼制规定长子继承,要让位于伯夷;伯夷为遵父命,亦不接受君位。二人双双弃国出走,逃到周的领地。周武王起兵伐纣,他们以为这是以臣弑君的不义行为,拦在马前劝阻。周灭商,他们以在周朝做官为耻,逃进山中以野草充饥,饿死在首阳山。②〔旧恶(è)〕有两种解释:一、过去的恶事,只要能改,就不念旧恶;二、恶即怨,旧恶即宿怨。③〔怨是用希〕希,同"稀",少。"怨是用希"有两种解释:一指别人对伯夷、叔齐的怨恨很少;二指伯夷、叔齐自己很少怨恨别人。

【大意】孔子说:"伯夷、叔齐不记人家过去的恶行,因此别人对他们的怨恨也就很少。"

【心得】不念旧恶的人,是内心宽厚仁慈的人,伯夷、叔齐做到了,孔子说他们"怨是用希"。他们人格高尚,心中无怨,正是"求仁得仁,又何怨"。其实,念旧恶的人属于"狭心症",内心是很苦的。事事计较,睚眦必报,整天在小事情上纠结不清,被恩怨摆布,不放过别人,也就是不放过自己,这种负面情绪对自身杀伤力极大。

我们有时可以听到夫妻之间的抱怨、同事之间的纷争、朋友之间的恩怨……诉说者紧锁眉头,愤愤不平,处于痛苦和纠结之中不能自拔。其实，退一步海阔天空，做到"不怨天，不尤人"，内心便会一片光明，又何必在怨尤里面受尽苦刑呢？

我们可以嫉恶如仇，但要宽恕改恶从善的人。化解旧仇，宽待新人，才能拥有坦荡荡的人生。

5.24 子曰："孰谓微生高①直？或乞醯②焉，乞诸其邻而与之。"

【注释】①〔微生高〕鲁国人，姓微生，名高。当时人认为他是直人。②〔醯（xī）〕醋。

【大意】孔子说："谁说微生高这人直率？有人向他借醋，他（不直说没有）却向邻人讨来转给人家。"

【心得】我们常说助人为乐，但是，帮助别人也是需要真实、真诚，力所能及的。"直"是一个人很重要的秉性，所以孔子要批评微生高，认为他不是耿直的人。微生高应该直言自己没有醋，也可以帮助朋友去借醋，但不能"乞邻以贷"来掩盖无醋的事实。所以他表面上是助人为乐，但实质上却有以博赞誉满足虚荣心或曲意讨好之嫌，是虚伪之实。孔子以"借醋"一事，表明对"直"与"不直"的态度。直，是真实、真诚、正直；反之，是虚荣、虚假、虚伪。

如果我们贪图与能力不符的虚名，内心不直率，却要承担直率的假名，活得就很累。尤其是年轻人，更应量力而行，不要贪图与自己能力不符合的虚名，否则只会缚住自己，陷入困境。

5.25 子曰："巧言、令色、足恭①，左丘明耻之，丘亦耻之。匿怨而友其人，左丘明②耻之，丘亦耻之。"

【注释】①〔巧言、令色、足恭〕巧言、令色是从言语和脸色上讨好别人，足恭是两脚做出逢迎恭敬的姿态来讨好人。②〔左丘明〕鲁国人，姓左丘，名明。

【大意】孔子说："花言巧语，装出好看的脸色，摆出逢迎的姿势来讨好人，左丘明认为可耻，我也认为可耻。把怨恨藏在心里，表面上却表示友好，左丘明认为可耻，我也认为可耻。"

【心得】《学而篇》中，子曰："巧言令色，鲜矣仁。"孔子对口是心非、表里不一的行为"亦耻之"。言、色、恭是与人交往的基本方式，但变成巧言、令色、足恭，就是造作和虚假，是一种"过"与"伪"。在我们的周围也有这类人，他们巧舌如簧、点头哈腰，对上级前呼后拥，奉承的话语十分露骨。这类人一旦得势，就是媚上欺下的"变色龙"。

教育的本质在于育人，培育真诚而不虚伪、正直而不浮夸、仁爱而不冷漠的君子。

5.26　颜渊、季路侍①，子曰："盍各言尔志？"子路曰："愿车马、衣轻裘与朋友共，敝之而无憾。"颜渊曰："愿无伐善②，无施劳③。"子路曰："愿闻子之志。"子曰："老者安之，朋友信之，少者怀之④。"

【注释】①〔侍〕位卑的人在位尊的人身旁叫侍。单用"侍"字，是站立两旁；坐着叫侍坐。②〔伐善〕夸耀自己的好处。③〔施劳〕有两种解释：一、夸耀自己的功劳，二、把劳苦的事加给别人。④〔老者安之，朋友信之，少者怀之〕有两种解释：一、对老者养之以安，对朋友交之以信，对少者怀之以恩；二、使老者安于我的奉养，朋友信我，少者怀我。两种解释强调的角度不同，但有相通之处。只有养之以安，老者才能安我；只有交之以信，朋友才能信我；只有怀之以恩，少者才能怀我。

【大意】颜渊和子路侍立在孔子身边，孔子说："何不各人说说自己的志向呢？"子路说："我愿意把车马衣服拿来与朋友共用，坏了也不抱怨。"颜渊说："我愿意不夸耀自己的好处，不宣扬自己的功劳。"子路说："希望听听老师的志向。"孔子说："使老者安心，使朋友信任我，使年轻人怀念我。"

【心得】在这一章里，师生三人的志向体现出不同的层次。子路很讲江湖道义，爱交朋友，为人大气，好东西愿意与朋友共享，他重在物质布施，看重朋友情义超过物质。颜渊的志向是愿意行善，劳心劳力地帮助别人，但绝不夸耀自己的善行，也不夸大自己付出的辛苦。二人都非常看重个人修养，探求仁道，积极向上。孔子的志向则是"老者安之，朋友信之，少者怀之"，这是一个和谐社会的理想，通过无止境地追求个人修养的提高，最终达到仁道通行天下，成己成物，天下为仁的理想境界。

5.27 子曰："已矣乎！吾未见能见其过而内自讼①者也。"

【注释】①〔内自讼〕能够看到自己的错误而自我责备。讼，争辩是非曲直。

【大意】孔子说："完了啊！我没有看见一个能够看到自己的错误而又能在内心自我责备的人呀。"

【心得】"已矣乎"是孔子的一声感叹，表达了对当时社会风气和为人品行的失望。多数人不修德行，一天到晚只盯着别人的过错，挑别人的毛病，很少能做到在自己犯错时做出深刻反省，这是个严重的问题。

孔子每天跟学生接触，经常在思考、观察这些问题，就是没有发现能看到自己过错而常做自我批评的人。"吾未见"三个字透露出孔子的失望。

"人非圣贤，孰能无过"，每个人都有可能犯错误。如果师者自己犯错，应深刻反省，做出改变；当自己的学生犯错时，要积极引导，循循善诱。因此我们应该做到的是：对己之过自察、自责、自知，深怀不安、无地自容之心，痛改前非之意；对他人之失，应大度一笑，宽容为怀，劝其改之，既往不咎。

5.28 子曰："十室之邑①，必有忠信如丘者焉，不如丘之好学也。"

【注释】①〔十室之邑〕十户人家的小地方。古代四井为邑，三家一井，共十二家。

【大意】孔子说："只有十户人家的小邑，必定有像我这样具有忠信品质的人，只是不如我这样好学罢了。"

【心得】从这一章可以看出，孔子是一个十分坦率直爽的人，他不仅能够客观评价别人，也能够客观评价自己。正所谓："学以成人。"绝大多数人都是通过学习获得成长的，即使天赋再高，如果没有后天主动积极地学习，终会止步不前，甚至受天赋的拖累，造成一生的悔恨和遗憾，这样的事例举不胜举。

孔子的这句话告诉我们两个简单的道理：一、德行和才能都可以通过后天努力学习而获得，也就是说，每一个人都有机会成为德才兼备的人，关键在于你是否肯用心、努力去争取；二、要做一个坦率的人，简单、务实，不沉溺幻想，不好高骛远，不庸人自扰。一个坦率的人总是深知自己的不足，不嫉贤妒能，不妄自尊大，同时也从不妄自菲薄。

师者好学，才能教出好学的学生。师者的一言一行都会在与学生的朝夕相处中潜移默化，因此更要严格要求自己，让自己成为一位良师。同时也要培养学生良好的学习习惯，做到"授之以渔"，让学生学会自主学习。

雍也篇第六

《雍也篇》共30章。本篇首章是孔子对其弟子雍也的评价，因此而命名。本篇通过一系列论述，集中阐述了中庸思想。无论是对人的评价（如仲弓对子桑伯子的评价），还是对事的评价（如冉子为子华母请粟)，都集中体现了孔子对中庸思想的倡导和弘扬。

中庸思想的核心是不偏不倚，合于中道。把中庸智慧贯彻到自己生活、工作的方方面面，那就是中庸至德，需要一生的修炼。孔子在本篇赞扬颜回"其心三月不违仁，其余则日月至焉而已矣"，就是强调中庸智慧的修炼需要一颗仁心，需要持之以恒。

在本篇最后，子曰："中庸之为德也，其至矣乎！民鲜久矣！"指出了中庸至大至广之意，看似遥不可及，所以"民鲜久矣"！但是接着又说："夫仁者，己欲立而立人，己欲达而达人。能近取譬，可谓仁之方也已。"原来，看似遥不可及的中庸至德，就是人己一体，就是能近取譬。路一步步走，日子一天天过，每一步都走得正直坦荡，每一天都过得踏实无愧。助人助己，成人成己，中庸不远矣。

希望老师通过本篇的学习与思考，能够窥见中庸至德的一抹光，走近中庸智慧的大门。

6.1 子曰:"雍也可使南面①。"

【注释】①〔南面〕面向南。古时天子、诸侯听政都是南面而坐,"可使南面"就是可以让他治理国家。

【大意】孔子说:"冉雍这个人,可以让他去治理国家。"

【心得】师者,应善于发现学生的潜能,并给予积极的引导。

6.2 仲弓问子桑伯子①。子曰:"可也,简。"仲弓曰:"居敬而行简②,以临其民,不亦可乎?居简而行简,无乃③大④简乎?"子曰:"雍之言然。"

【注释】①〔子桑伯子〕人名。②〔简〕不烦琐。行简是指推行政事简而不繁。③〔无乃〕岂不是。④〔大〕同"太"。

【大意】仲弓问到子桑伯子这个人。孔子说:"这人可以,他行事简要而不烦琐。"仲弓说:"居心恭敬严肃而行事简要,这样来治理百姓,不是也可以吗?但居心简行事也简,岂不太简单了吗?"孔子说:"你说得对。"

【心得】孔子主张为官要慎重,办理政务要力求简约而不扰民。但也要做到中庸。如果在办事时,一味追求简要而马马虎虎,就有些不够妥当了。所以,孔子听完仲弓的话以后,认为仲弓说得很有道理。做官不仅有治理之才,还要有好的思想品德,真正做到德才兼备,而且把德放在首位,这是古今一致的要求。

6.3 哀公问:"弟子孰为好学?"孔子对曰:"有颜回者好学,不迁怒①,不贰过②。不幸短命死矣③!今也则亡④,未闻好学者也。"

【注释】①〔迁怒〕把对甲的怒气发泄到乙身上。迁,转移。②〔贰过〕重复犯错误。贰,重复。③〔短命死矣〕颜回死时年仅三十一岁。

④〔亡〕同"无"。

【大意】鲁哀公问孔子:"您的学生中哪个好学?"孔子回答说:"颜回好学,他从不迁怒于别人,不犯相同的错误,可惜短命死了。现在没有了,没有听说有谁是好学的。"

【心得】颜回是孔子的学生,孔子对他的评价非常高。孔子将这种喜欢溢于言表,丝毫不加掩饰。《论语》中多处记载了孔子对颜回的赞扬、喜爱,以及颜回去世之后孔子悲痛欲绝的心情。

在那么多的弟子中,孔子为什么这么喜欢颜回呢?主要是因为颜回具有"好学"的优秀品质。颜回非常聪慧,能够虚心学习,领悟老师深层次的思想,并且能够身体力行。可见,"好学"不仅是知道,更要践行。

颜回"不迁怒,不贰过"的品质也得到了孔子的高度认可,颜回不会把愤怒发泄在别人身上,也不会犯同样的错误。日常生活中,当有些人心中充满怒火时,总习惯于将自己受的气发泄到别人身上,让身边的人遭受无名的怒火,反而会让事情越来越糟糕。尤其是作为教师,身兼多重角色,在我们心情不愉快、受委屈的时候,不经意间就会把这种不良情绪带到学校、家庭和社会中,以至牵连同事、学生、家人或社会中的其他人员。这时,我们就要学习颜回"不迁怒"的优秀品质,适时调整,管理好自我情绪,以最佳的状态投入到工作、生活中。

"不贰过"这一品质对我们的教育教学工作也颇有启发。教师和家长都喜欢品学兼优的孩子,这是人之常情,无可厚非。但是我们每个人在学习新知识、新事物时,都是在不断地试错中习得新知。所谓"人非圣贤,孰能无过。"作为教师,我们允许学生犯错,也要引导学生从挫折和错误中站起来,吸取教训、总结经验,避免在同一个地方跌倒。

6.4　子华①使于齐,冉子②为其母请粟③。子曰:"与之釜④。"请益。曰:"与之庾。"冉子与之粟五秉。子曰:"赤之适齐也,乘肥马,衣轻裘。吾闻之也,君子周⑤急不继⑥富。"

【注释】①〔子华〕孔子的学生，姓公西，名赤，字子华。②〔冉子〕即冉有。③〔粟〕古文"粟""米"对用时，粟指带壳的谷粒，去壳以后叫作米。"粟"字单用时，就是指米。④〔釜〕釜、庾（yǔ）、秉，古代量名。六斗四升为一釜；十六斗为一庾；十斗为一斛；十六斛为一秉，一秉合一百六十斗。⑤〔周〕周济，救济。⑥〔继〕接济。

【大意】公子华出使到齐国，冉求代他的母亲向孔子请求补助一些粮食。孔子说："给她六斗四升吧！"冉求请求再加一些。孔子说："给他十六斗！"冉有却给了他八十石。孔子说："公西赤这次去齐国，乘坐肥马架着的车子，身上穿着轻裘。我听说过，君子是只周济急需救济的穷人，不接济富人。"

【心得】济人可一时不可一世。教师可以帮助学生，但不可使学生对老师的帮助产生依赖。师者应引导学生学会感恩，感恩父母、感恩学校、感恩社会。

6.5 原思①为之宰②，与之粟九百③，辞。子曰："毋，以与尔邻里乡党④乎！"

【注释】①〔原思〕孔子的学生原宪，字子思。②〔为之宰〕之指孔子，做孔子的家宰。③〔九百〕没有指明量名，有说九百斗，有说九百斛，不知是斗是斛。④〔邻里乡党〕古代以五家为邻，二十五家为里，万二千五百家为乡，五百家为党。这里指家乡周围的百姓。

【大意】原思当了孔子家的管家，孔子给他俸米九百斛。原思推辞不要。孔子说："不要推辞，就给你的邻里乡党吧！"

【心得】这里体现了孔子"周急不继富"的思想。孔子提出的这一重要观点，具有时代的进步意义。他曾说"均无贫，和无寡，安无倾"，社会才能安定。他主张首先应该周济贫困的人，要雪中送炭；反对周济富人，使其富上加富会加大社会贫富差距。孔子的这种观点在今天也有一定的借鉴意义。

6.6 子谓仲弓，曰："犁牛①之子骍且角②，虽欲勿用③，山川④其舍诸⑤？"

【注释】①〔犁牛〕耕牛。古时耕牛不做祭祀用。②〔骍且角〕骍，赤色。周朝以赤色为贵，祭祀用的牛也选用赤色的。角，意思是角长得周正。③〔用〕用于祭祀。④〔山川〕山川之神。⑤〔其舍诸〕其，意义同岂。诸，"之""乎"二字的合音。

【大意】孔子评论仲弓说："一头耕牛，生了一头通身赤色而又两角整齐端正的小牛，即使人们不想用它来做祭祀品，但山川之神难道会舍弃它吗？"

【心得】孔子通过上述事例告诉世人"英雄不问出处"。作为老师，对待自己的学生应做到有教无类。"王侯将相宁有种乎？"人虽受制于先天条件或者外部环境，但通过自身的努力和内心的觉醒一样可以取得成功。

6.7　子曰："回也，其心三月①不违仁；其余则日月②至焉而已矣。"

【注释】①〔三月〕说其长久。②〔日月〕说其短暂。

【大意】孔子说："颜回的心可以做到长久不违背仁德，其他的人却只能做到偶尔一时不违背仁德。"

【心得】颜回作为孔子最喜欢的弟子，具备好学的品质，能做到知行合一，能够理论结合实践，其韧性与恒心很多人也难以企及。本章对我们的启发是：我们做人、做事都要有持之以恒的精神，不能"三天打鱼，两天晒网"。为人师者，更要如此，也要把这种精神传递给学生，培养其坚韧的精神品质。

6.8　季康子问："仲由可使从政也与？"子曰："由也果①，于从政乎何有？"曰："赐也可使从政也与？"曰："赐也达②，于从政乎何有？"曰："求也可使从政也与？"曰："求也艺③，于从政乎何有？"

【注释】①〔果〕有决断。②〔达〕通达事理。③〔艺〕多才能。

【大意】季康子问道："仲由这个人，可以让他管理政事吗？"孔子说：

"仲由办事果断，对于管理政事有什么不可以呢？"季康子又问："端木赐可以让他管理政事吗？"孔子回答说："端木赐通达事理，对于管理政事有什么不可以呢？"又问："冉求可以让他管理政事吗？"孔子说："冉求多才多艺，对于管理政事有什么困难呢？"

【心得】孔子各用一词点出仲由、端木赐、冉求三位弟子的特长，足见其对弟子了解之深，做到了知人善任。作为教师，我们要充分了解学生，要善于发现学生的优点与不足，才能够有的放矢，保障教育教学效果。

6.9　季氏使闵子骞①为费②宰。闵子骞曰："善为我辞焉！如有复我③者，则吾必在汶上④矣。"

【注释】①〔闵子骞〕孔子的学生，名损，子子骞。②〔费（bì）〕季氏的封邑。③〔复我〕再来召我。④〔汶〕水名，在齐南鲁北境上。必在汶上，是说要离鲁去齐国。

【大意】季氏要闵子骞做费邑的长官。闵子骞说："请你好好为我推辞吧！倘若再来召我的话，我一定要逃到汶水北边去了。"

【心得】季孙氏为鲁国大夫，却专权跋扈，不臣于鲁，其邑宰也屡叛季孙氏，可见混乱。面对道义与富贵，闵子骞最终选择了道义，身体力行老师孔子所提倡的仁德思想，不为官位引诱而与之合流，而且态度坚决。

人生的每一阶段，都会面对很多选择与诱惑。如果不顾仁义，取舍不当，不当进而进，我们的人生可能就会走入错误的方向、轨道。误入歧途，悔之晚矣！所以，如何进退取舍，需要我们认真对待、理性思考、审慎为之。

6.10　伯牛①有疾，子问之，自牖②执其手，曰："亡之③，命矣夫！斯人也而有斯疾也！斯人也而有斯疾也！"

【注释】①〔伯牛〕孔子的学生，姓冉，名耕，字伯牛。②〔牖（yǒu）〕窗户。③〔亡之〕有两种解释：一作"丧失"讲；一作"死亡"

讲，意思相近。本书取前者。

【大意】伯牛生病了，孔子去看望他，从窗户外握着他的手说："恐怕治不了了，这是命啊！这样的人竟得这样的病！这样的人竟得这样的病！"

【心得】以德行见长的冉伯牛，此时患的是一种传染性疾病，别人不敢靠近，唯有孔子从窗户中"执其手"，与爱徒诀别。可以看出，孔子对于弟子的健康和生命是极其看重的。孔子叹息连连，情真意切，让我们感受到他对学生慈父般的爱，以及师生之间深厚的感情。这种深厚的师生情谊始于孔子，传承于后代，一直是我国教育文化的重要特征。还有毛泽东与恩师徐特立等故事，都是家喻户晓的师生佳话。在新时代，如何进一步继承和弘扬这种教育文化，进一步密切师生关系，需要我们深入思考，并用心实践。

6.11 子曰："贤哉，回也！一箪①食，一瓢饮，在陋巷②，人不堪其忧，回也不改其乐③。贤哉，回也！"

【注释】①〔箪（dān）〕古代盛饭的竹器。②〔巷〕古时巷有两个含义：一指里中之道，二指人的住处。这里的陋巷是陋室之意。③〔回也不改其乐〕颜回所乐的是什么？有的说是乐于道；有的说是乐于学，即不改好学之乐。

【大意】孔子说："真正贤德的人，是颜回啊！一箪饭，一瓢水，居住在简陋的小屋里，一般的人都无法忍受这种贫困，颜回却不因此改变自己的乐趣。颜回真是贤德啊！"

【心得】孔子反复赞叹"贤哉，回也"，深表对颜回的赞美之情。这里"苦"与"乐"形成强烈对比：生活极度艰苦，别人难以忍受，颜回却乐在其中。正是进德修业的远大志向，才能支撑颜回在艰苦的条件下不改初衷，安贫乐道。

刘禹锡在《陋室铭》中写道："斯是陋室，惟吾德馨。苔痕上阶绿，草色入帘青。谈笑有鸿儒，往来无白丁。可以调素琴，阅金经。无丝竹之乱耳，无案牍之劳形。南阳诸葛庐，西蜀子云亭。孔子云：何陋之有？"这正是对处境不利者如何奋发图强、勤勉向上的真实写照。

"寒门是否能出贵子"是最近几年媒体、学术界讨论的热点。处于社会底层的广大农村子弟,如何通过教育走出大山,改变命运。在这里,我们或许能找到一些答案。孟子有云:"故天将降大任于斯人也,必先苦其心志,劳其筋骨,饿其体肤,空乏其身,行拂乱其所为,所以动心忍性,增益其所不能。"在教育教学过程中,我们要寻找合适的时机,辩证地讲解"苦"与"乐"的关系,帮助那些身处困境的学生树立崇高远大的理想,磨练坚韧不拔的意志,以读书学习谋求人生发展之光明道路。

6.12 冉求曰:"非不说子之道,力不足也。"子曰:"力不足者,中道而废。今女画①。"

【注释】①〔女画〕自己划定界限,不想前进。女,同"汝";画,同"划"。

【大意】冉求说:"我不是不喜欢老师的道,只是自己力量不足呀!"孔子说:"力量不足是到半路才停下来,现在你是自己为自己划下界限,不想再向前呀!"

【心得】本章是孔子在勉励学生上进。孔子非常重视学习,认为学习是有方法、有途径的,尤其是要有努力、认真为学的态度。而冉求认为自己学业不精,是自己才能不足的原因。故此,孔子批驳冉求"力不足"的观点,批评他不是力量不足,而是故步自封、止步不前,失去了求学的动力。这一章告诫我们:做任何事情都要付出实践,态度真诚;犯了错误,重在内省,而非找理由为自己开脱;只要立定志向,决心向仁,百折不回,就一定能获得成功。

6.13 子谓子夏曰:"女为君子儒,无为小人儒。"

【大意】孔子对子夏说:"你要做君子儒,不要做小人儒。"

【心得】品学兼优,是我们对每一位学生的美好期待。孔子提醒子夏,做一名儒者,学问切忌只成一专业,要有以天下为己任的远大理想和抱负。

这也反映了孔子的学生观，他在施教过程中总是对学生高度负责，注重培育学生的道德人品。作为教师，我们身兼为国育才的重任，应该以德才兼备、品学兼优、德智体美劳全面发展为教书育人之宗旨，不能偏废一方。

6.14 子游为武城①宰。子曰："女得人焉尔乎②？"曰："有澹台灭明③者，行不由径④，非公事，未尝至于偃之室也。"

【注释】①〔武城〕鲁国地名。②〔女得人焉尔乎〕焉尔乎都是语助词。③〔澹台灭明〕人名，姓澹台，名灭明，字子羽。④〔径〕小路，捷径。

【大意】子游做了武城的地方官。孔子说："你在那里求得了人才吗？"子游说："有一个叫澹台明灭的人，他从不走小道，没有公事从来不来找我。"

【心得】本章是赞扬澹台灭明的高贵品质。孔子非常注重人才的选拔。他来到子游所辖的武城，首先关心的是子游是否有人才辅佐，这是治理好地方的关键所在。澹台灭明有两个优点：一是"行不由径"，行为正直，不走歪门邪道；二是"非公事，未尝至于偃之室也"。这说明澹台灭明为人正直，光明磊落，不阿谀奉承。

澹台灭明为人处事的风格对我们有很大启发。我们要始终保持价值中立的立场，恪守教师职业道德，在学校中处理好与同事、领导、家长、学生的关系，做一位"学为人师，行为世范"的好老师。

6.15 子曰："孟之反①不伐，奔②而殿，将入门，策其马，曰：'非敢后也，马不进也！'"

【注释】①〔孟之反〕鲁国大夫，名侧。②〔奔〕败走。

【大意】孔子说："孟之反是一个不自夸的人。打仗败退时，他在最后。快进城门的时候，他鞭打着他的马说：'不是我勇于殿后，是马不能跑到前边呀。'"

【心得】孔子表彰孟之反顾全大局、有功不居的精神。他作为统帅之一，在军队撤退时，不顾个人安危，勇于殿后拒敌，掩护全军，功勋卓著。然而他不争军功，处处为人着想，竟以"马不进"来掩藏功绩，彰显出他宏大的胸襟。

不居功自傲既是一个人的品德修养，也是一种可贵的处世艺术。在现代社会中人们越来越强调彰显自我、展现自我，但"木秀于林，风必摧之"，过于关注自我，处处锋芒毕露，容易遭受挫折和失败。掌握好内敛与彰显自我的度，不过度张扬，也不过分谦虚，方能显示出自己的品位和修养。

6.16 子曰："不有祝鮀①之佞，而有宋朝②之美，难乎免于今之世矣。"

【注释】①〔祝鮀（tuó）〕卫国大夫，字子鱼，有口才。②〔宋朝〕宋国公子，有美貌。

【大意】孔子说："如果没有祝鮀那样的口才，而只有宋朝那样的美貌，在今天这个世道，恐怕很难幸免于难。"

【心得】祝鮀在卫国掌管宗庙，以口才著称；宋朝因美貌得到卫灵公及其夫人南子的宠幸。孔子曾经明确指出："巧言令色，鲜矣仁。"仁道是人内心的修养，过多关注口才或者外表，容易造成对内心关注不足，修养功夫不到位，因此"鲜矣仁"。在现实社会中，人们有时难以看透一个人的口才和外貌背后的内在德行，好谀悦色是有些人的常态。作为教育者，要对此警醒：一方面要下功夫提高自己的心灵品质，而不是单纯在语言口才上下功夫；另一方面也要教育学生，做一个品德高尚的人，而不要总在外貌上、衣着上花太多的时间和精力。

6.17 子曰："谁能出不由户？何莫由斯道也？"

【大意】孔子说："谁能不从房门走出屋去呢？为什么就没有人按着正道去走呢？"

【心得】孔子用出屋必经门户作比喻，指出人生大道，简单易行。老子也曾经感叹"大道甚夷，而民好径""吾言甚易知，甚易行；天下莫能知，莫能行"。由此可见，大道至简，真理朴素而简单，但是人往往囿于习见、私欲或者流俗，舍大道而取小径。在立德树人过程中，我们应该帮助学生树立正确的人生观、价值观、世界观，让学生明白：人生最平坦的路是"里仁为美"的道义之路，而非歪门邪道。

6.18 子曰："质①胜文②则野③，文胜质则史④。文质彬彬⑤，然后君子。"

【注释】①〔质〕朴实。②〔文〕文采。③〔野〕古时郊外称野。乡村农夫称野人。这里引申为粗鲁、鄙野。④〔史〕掌管法典和记事的官。⑤〔彬彬〕指文采和品质配合得很恰当。《论语集注》：物则杂而适均之貌。

【大意】孔子说："质朴多于文采，就不免流于粗俗；文采多于质朴，就会虚浮不实。只有质朴和文采配合恰当，才是一君子。"

【心得】"培养什么人"是教育首先要明确的重大课题。我国教育方针明确提出"培养德智体美劳全面发展的社会主义建设者和接班人"。这是对孔子所言"文质彬彬"、内外兼修的时代诠释与发展。

6.19 子曰："人之生也直，罔①之生也幸而免。"

【注释】①〔罔〕诬罔不直的人。

【大意】孔子说："人的生存是因为真实正直，不正直的人能够生存，是他侥幸地避免了灾祸。"

【心得】深受中华优秀传统文化影响的日本企业家、被称为经营之父的稻盛和夫，经常问自己一个问题，即"作为人，何为正确？"他自称，自己经营之所以能够不断取得成功，一个重要的秘诀就是始终贯彻做人的正确准则。在人生道路上，始终坚持做正直的人，做正确的事，这是人生成功的基本原则；而不正直的人能够生存，只是一种侥幸罢了。

6.20 子曰："知之者不如好之者，好之者不如乐之者。"

【大意】孔子说:"知道它不如喜爱它,喜爱它不如从心里以它为乐。"

【心得】了解、喜好、以之为乐,是学习的三种不同境界。对学习者而言,要自觉地将学习的态度上升到喜好并以之为乐的层次,这样的学习才会充满动力,也会充满快乐。古往今来,凡是在某一领域有巨大成就者,都是自觉提升学习境界,并以此为乐。

作为教师,我们要从学生感兴趣的角度出发,通过不断创新教学方法,培养及调动学生对学习的兴趣,变"学海无涯苦作舟"为"学海无限乐作桨"。

6.21 子曰:"中人以上,可以语上也;中人以下,不可以语上也。"

【大意】孔子说:"中等资质以上的人,可以和他讲高深的学问;中等资质以下的人,就不可以和他谈论高深的学问了。"

【心得】孔子是发现人的身心发展水平存在差异比较早的教育家。儿童发展心理学认为,人的身心发展水平具有顺序性、阶段性、稳定性、可变性、不均衡性、个别差异性和互补性。本章提醒我们应该承认人的智力存在差异这一客观事实,要根据学生的身心发展水平,循序渐进、因材施教。

6.22 樊迟问知。子曰:"务民之义①,敬鬼神而远之,可谓知矣。"问仁。曰:"仁者先难而后获,可谓仁矣。"

【注释】①〔务民之义〕《论语集注》:专用力于人道之所宜。务,致力。

【大意】樊迟问如何是智。孔子说:"全力办好百姓的事情,对鬼神敬而远之,可以说是智了。"樊迟又问什么是仁。孔子说:"艰难困苦的事抢先去做,获得利益的事让给别人,可算是仁了。"

【心得】智与仁,是孔子与弟子间不断探讨的关键词,而对于不同弟子的提问,孔子往往给出不同的答案。在孔子不同的答案中,我们一方面可以不断拓展对智与仁的理解和认知,另一方面也可以深刻体会到孔子因材施教的教育智慧，以及以学生为中心的教学艺术。针对樊迟的提问，孔子强调要尽全力做好社会的工作，服务老百姓的日常生活，引导人们明晓道义人伦；而对于鬼神等神秘的事物，我们要敬而远之，这是一种人生智慧。孔子的回答应该是针对樊迟的具体情况，进行具体的指导。从孔子的回答中，我们可以清晰看到，儒家已经树立起人文主义的旗帜，形成了以人为本的思想。

6.23 子曰："知者乐水，仁者乐山①。知者动，仁者静；知者乐，仁者寿。"

【注释】①〔知者乐水，仁者乐山〕《论语集解》引包注：知者乐运其才知以治世，如水流而不知已；仁者乐如山之安固，自然不动而万物生焉。乐，古音yào，喜爱；今读lè。

【大意】孔子说："智者喜爱水，仁者喜爱山。智者灵动，仁者安静。智者快乐，仁者长寿。"

【心得】本章用对比的方式，对智者与仁者进行了阐述。三句话，可以理解为三个层次：第一层是说性情，第二层是说表现，第三层是说效果。孔子用山水比喻智者、仁者，既形象，又深邃。古人一般把智者、仁者理解为两种人，或者是修养高深者的两种美德。仁者如山，厚重、稳定、长久；智者似水，灵动、快速、变化。仁者和智者，各有所长。我们学习仁者的心安理得，仿效智者的通达灵动，既快乐又长寿。

6.24 子曰："齐一变①，至于鲁；鲁一变，至于道。"

【注释】①〔变〕变革，改变。

【大意】孔子说："齐国一改变，可以达到鲁国的样子；鲁国一改变，可以达到先王之道。"

【心得】有人喜欢给孔子贴标签，说孔子是复古主义者，是保守派。但是如果通读《论语》，就会对这种说法有一个正确的研判。严谨地说，孔子不是主张复古，而是始终如一地倡导复道，复古正是为了复道。社会的变革从趋势来看，应该是不断趋于"大道之行也"。

6.25_ 子曰："觚①不觚，觚哉！觚哉！"

【注释】①〔觚（gū）〕古代酒器，上圆下方，有棱，容量二升。觚不觚，有两种解释：一、觚做成圆形，没有了棱角，孔子慨叹名实不符，讽喻政事；二、觚有少的意思，觚容量小，劝人少饮酒。当时人们沉湎于酒，虽然用觚饮酒，但不节制酒量，因此孔子慨叹。

【大意】孔子说："觚不像个觚，这还叫觚吗！这还叫觚吗！"

【心得】觚是一种礼器，作为礼器就有一定的规制，如果失去了这种规制，觚也就不成其觚了。孔子以此为喻，强调治国理政必须遵循一定的准则。

6.26_ 宰我问曰："仁者，虽告之曰井有仁焉①，其从之也？"子曰："何为其然也？君子可逝②也，不可陷③也；可欺也，不可罔也。"

【注释】①〔井有仁焉〕一说仁字当作"人"，又一说是在井中有救人的机会。②〔逝〕去救的意思。③〔陷〕陷害。

【大意】宰我问孔子说："一个仁者，别人告诉他有人掉井里了，他会跟着下去吗？"孔子说："为什么要这样呢？君子可以到井边去救，但不会把自己也陷入井中；他可能受骗，但不会被迷惑。"

【心得】在孔子弟子当中，宰我以言语著称，非常善辩。他在此提问，分明是给孔子出了一个难题。我们在教育教学过程中，也经常会遇到天资聪明、能言善辩的学生，在教育他们时，需要老师的耐心，也需要老师有真水平、真本事，在学术上有所造诣。

6.27_ 子曰："君子博学于文，约①之以礼，亦可以弗畔②矣夫！"

【注释】①〔约〕有两种解释：一、约束；二、简要，使博学的文献知识归于简要。②〔畔〕同"叛"。

【大意】孔子说："君子广泛地学习各种文献知识，用礼来规范自己的行为，也就不至于离经叛道了。"

【心得】现实中，我们经常用"博学于文"鼓励大家广泛地学习，提升能力。但是，任何事物都有两面性。知识渊博且能力强的人容易骄傲自大、狂妄不羁、目中无人甚至离经叛道。因此，从人才培养的角度，"博学于文"一定要结合"约之以礼"，而且要以"约之以礼"作为出发点和落足点，这样培养的人才符合社会发展的要求。

6.28 子见南子①，子路不说。夫子矢②之曰："予所否③者，天厌之！天厌之！"

【注释】①〔南子〕卫灵公夫人，有淫乱的行为。②〔矢〕通"誓"。③〔否〕不对，指做了不正当的事。

【大意】孔子去见了南子，子路不高兴。孔子发誓说："如果我做了不正当的事，让老天厌弃我吧！让老天厌弃我吧！"

【心得】在本章中，子路对孔子的行为表达了明显的不满。他认为孔子见了不该见的人，做了不该做的事。孔子一时无法说服子路，只好发誓以证清白。

在此，我们可以感受到孔子与弟子间平等、亲密的师生关系。中国传统文化一直倡导师道尊严，尊师的前提是尊道。在子路看来，即使是老师，做了他认为不符合道义的事情，也要明确表态，加以反对。这正是孔子教导他的。

6.29 子曰："中庸①之为德也，其至矣乎！民鲜久矣！"

【注释】①〔中庸〕孔子提出的道德准则。《论语集解》邢昺疏：中谓中和，庸，常也。《论语集注》："中者，无过无不及之名也。庸，平常也。"

【大意】孔子说："中庸这种道德，已经到了最高的境界了！人们缺乏这一道德已经很久了啊。"

【心得】中庸思想对于我们开展教育教学工作，有多方面的启发意义。如教学内容、教学方式、教学节奏、班级管理等，都需要借鉴中庸思想，避免过犹不及。在教学内容方面，要考虑学生的接受程度、认知规律，不是教得越多越好；教学方式要多样化，要服务于教学内容、教学目标，符合学生的特点，否则容易使学生无所适从；在教学节奏方面，一定要让孩子劳逸结合，给孩子一些自主支配的时间，这样才利于他们主动成长；在班级管理方面，要处理好尊重学生与严格管理的关系，把握好度，择乎中庸，才可能事半功倍。

6.30 子贡曰："如有博施于民而能济众，何如？可谓仁乎？"子曰："何事于仁，必也圣乎！尧舜①其犹病诸！夫仁者，己欲立而立人，己欲达而达人。能近取譬②，可谓仁之方也已。"

【注释】①〔尧舜〕传说上古时代的两位天子，是孔子推崇的圣人。②〔譬〕比喻。

【大意】子贡说："如果有人能对百姓广施恩惠，周济大众，怎么样呢？能说是做到仁了吗？"孔子说："这哪里是仁呢？一定是圣人了！就连尧和舜都难以做到呢！至于仁，就是自己想在社会上立足，就帮助别人立足；自己想要通达，就帮助别人通达。能就近以自己的心作比而推及别人，可以说就是为仁的方法了。"

【心得】"仁者爱人"。"仁"根植于人的内心，在处理人己关系过程中得以体现、扩大和弘扬。"博施于民而能济众"的圣人功业，也是在一点一滴的"能近取譬"中逐步实现。从自己身边事、身边人做起，这就是为仁之方。

我们在教育教学过程中，要帮助学生树立远大的理想，让学生与国家、民族建立起紧密的联系，但是也要让他们明白，远大的理想和抱负都是靠脚踏实地、一步一个脚印去实现的。在仰望星空、追逐远大梦想的过程中，要牢牢扎根祖国大地，为中华民族伟大复兴的中国梦而努力学习，不懈奋斗。

述而篇第七

《述而篇》共37章。本篇第1章孔子自述为学的态度为"述而不作,信而好古",所以名曰《述而篇》。孔子在中国历史上开创私学,成为第一位老师,被后世尊为"至圣先师",成为"万世师表"。本篇反映的多是孔子的教学心得,是孔子教育思想的集中体现,也可以看作是一堂教我们如何为师的"观摩课"。通过捧读本篇,我们不仅可以进一步亲近孔子,深入了解他的教育教学思想和实践,还会在很大程度上受其感染和激励,深入思考如何在新时代像孔子那样做老师,如何成为新时代"四有"好老师。

7.1　子曰:"述而不作,信而好古,窃比于我老彭①。"

【注释】①〔老彭〕人名,关于老彭是谁并无定论。有学者认为是老子和彭祖两人,有的学者认为是殷商时代的贤大夫,也有的学者从"我老彭"三字出发,主张这个人一定与孔子相当亲密,是当时人,不必是古人。无论何种观点,"老彭"都是指是信古而做传述的学者。

【大意】孔子说:"我这个人只做了经典的传述而没有自己的创作,喜欢并且信服古人所言,我就相当于是'老彭'这样的人。"

【心得】孔子"述而不作"的对象是古圣先贤所传承下来的为人处世之道。知识、方法、技术可以不断革新,而做人的基本道德准则不可轻易改变。我们细心体会孔子的"述而不作",可以从中感受到:其一,切忌师心自用。创新是人的本能,是社会进步的需要。但是,教师在感悟与传授为人处世的根本道理时，必须先潜心领会与实践既有的圣贤智慧与社会主义核心价值观。其二，道德愈盛，姿态越低。孔子精通六艺，制礼作乐对于他来说，并非难事，而他却始终坚持以继承与弘扬古代优秀人文精神为己任。如此的低姿态，成就了至圣先师。

7.2　子曰："默而识①之，学而不厌，诲人不倦，何有于我哉？"

【注释】①〔识（zhì）〕记住。

【大意】孔子说："我就是把所见所闻的善言和懿行，都默默地记在心里。努力学习而不厌烦，教导别人不知疲倦，这对我来说有什么困难吗？

【心得】这是孔子的自谦之词，也是对自己的严格要求。关于这段话，据《孟子·公孙丑上》记载，子贡也曾有所说明："昔者子贡问于孔子曰：'夫子圣矣乎？'孔子曰：'圣则吾不能，我学不厌而教不倦也。'子贡曰：'学不厌，智也；教不倦，仁也；仁且智，夫子既圣矣！'"

"学而不厌，诲人不倦"，不但是孔子成为圣者的标志，更使孔子成为"万世师表"典范。"学"和"教"是我们每个老师的职责，教师的"学"本身就是教，教师的"教"也是其学习的过程，所以才有"教学相长"。教师的天分各有不同，但是只要在教与学中做到"不厌""不倦"，尽职尽责，那么每一位教师都可以成为教师中的圣贤。从"不厌不倦"四个字中我们可以体会到的是孔子对教育工作的真诚热爱与勤奋不息，这是孔子对自己从教的基本要求，也是每个教师应做到的。

7.3　子曰："德之不修，学之不讲，闻义不能徙①，不善不能改，是吾忧也。"

【注释】①〔徙〕迁移，改变，改善。

【大意】孔子说："道德没有修好，学业没有讲好，听到大义的事不能以身赴之，对自己的缺点或过失不能立即改正，所有这些都是我经常思考和担心的问题。"

【心得】这一章讲述圣人之忧，也让我们从中感知到了圣人的日常：修德，讲学，闻义而徙，知错就改。这几点也是一位教师应做到的。德不可一日不修。"修德"是成为教师的基本前提；"讲学"是教师的本职，不讲学的人不能以"教师"自居；"闻义而徙""知错就改"是做人的本分，也是教师必须以身为教、躬行践履的事情。

7.4 子之燕居①，申申②如也，夭夭③如也。

【注释】①〔燕居〕在家中闲居。燕，通"宴"。②〔申申〕严肃整敕的样子。③〔夭夭〕悠闲愉悦的样子。

【大意】孔子闲居在家里的时候，仪态温和庄重，神情悠闲自在。

【心得】孔子即使闲居在家的时候，也穿戴舒展齐整，专注治学，学而不已；与家人或学生交谈交往态度温和、举止斯文。"此谓诚于中，形于外，故君子必慎其独也。"（《大学》）这正是儒家倡导的慎独思想，注重个人修养，讲究品行操守，人前和人后都是一样的修行境界。内心真诚会外化于言表，品德高尚的君子即使独处也会注意内外统一的修为。

这一章寥寥数字让人感受到了孔子的"气象"，这种"气象"是中和之德的一种表现。教师的气度，生活的状态，在无形之中会感染着学生。孔子生活从容，中正平和，时时发挥着"身教"的作用。

7.5 子曰："甚矣吾衰也！久矣吾不复梦见周公①。"

【注释】①〔周公〕姓姬，名旦，周文王姬昌的第四个儿子，周武王的弟弟，周成王的叔父。采邑在周，所以称周公。封于曲阜，留朝执政，长子伯禽就封。武王去世以后，成王年幼，周公摄政，为周朝制礼、作乐，并辅佐成王成长为贤君，奠定了"成康之治"的基础。

【大意】孔子说："我已经严重衰老了，所以很久没有再梦见周公了！"

【心得】周公是孔子的榜样，成为像周公一样的人是孔子的梦想。然而，孔子有周公之德与才，但是鲜有治国安民的机会，他毕生的抱负未能充分实现。所以，孔子在年盛的时候，时常在梦中与周公交游，时时怀揣

"在天下复行周公之道"的宏愿。随着年事日高，孔子虽有心但已渐渐无力，所以不再梦见周公。修德虽然没有老少之别，但是行道必须仰赖基本的身体素质。教学也是一样，良好的身体素质是从事好教育教学工作的前提。教育工作者一方面要注意保持好身体健康；另一方面要不负韶华，勿留遗憾。

7.6 子曰："志于道，据于德，依于仁，游于艺①。"

【注释】①〔艺〕这里是指礼、乐、射、御、书、数"六艺"。

【大意】孔子说："要立志于追求高尚的理想目标，要以形于外的道德准则为行为根据，要依从于发自内在的仁爱恻隐之心，要游息于礼、乐、射、御、书、数等各种技艺活动之中。"

【心得】朱熹《四书集注》对此处注曰："此章言人之为学，当如是也。盖学莫先于立志，志道，则心存于正而不他。据德，则道得于心而不失。依仁，则德性常用而物欲不行。游艺，则小物不遗，而动息有养。学者于此，有以不失其先后之序，轻重之伦焉，则本末兼该，内外交养，日用之间，无少间隙，而涵泳从容，忽不明知其入于圣贤之域矣。"

这一章孔子所讲的为学之道、为师之道，让我们自然想到了习近平总书记提出的"四有"好老师的标准，即"有理想信念、有道德情操、有扎实学识、有仁爱之心"，这四条标准是对经典的传承和创新，是我们教育工作者的行动指南。

"志于道"。为学首先要立志，"君子谋道不谋食"（《卫灵公》），所以"不戚戚于贫贱，不汲汲于富贵"（《五柳先生传》）。道是人们日用平常中所应当遵行的准则。立志做一个恪守做人准则、尽人本分的人。尽人本分的人在工作之中自然也就会尽职尽责。"食"与"富贵"如果是伴随行道而来，那孔子自然乐意接受。但是如果为了"食"与"富贵"，需要背离道，就应该视之如浮云。

"据于德"。"德者，得也，得其道"，德就是人所获得的道。所谓的"获得"是指不仅能够明确的认同而且能够真诚地实践，做到知行合一才是真正的"得"与"德"。德与道相比，德的范畴包括在道内。人的进德修业追求的就是道，即志于道。一个人得道越多其德的范畴就愈大，愈接近于道，修德的最高境界就是德与道合一。人不断求道的根基在于德，所以德是人的根据地，人只有执守好已有的德才可能不断拓展德的范围，即不断求道自新。

"依于仁"。依就是依靠，时时刻刻不离。仁爱是做任何事情的常道，不可背离，所以要依于仁。儒家讲常道也讲究通权达变，但是仁是不可以被权变的，仁是通权达变的根据。所以，无论常道还是权变都要依于仁。

"游于艺"。游于艺是为了涵养性情。"六艺"当中都有道，在习演"六艺"的过程中悟道行道，是一种学习的方式，也是一种知行合一的方式。学生对道的真切感悟不仅来自书本，还来自身体力行的活动，来自实践。"六艺"当中包含着当时君子的实践与劳动，所以孔子重视游于艺。今天，我们已经认识到教育与实践相结合，与生产劳动相结合的重大意义，就应该在教育活动中重视实践，重视劳动。

7.7 子曰："自行束脩①以上，吾未尝无诲焉。"

【注释】①〔束脩〕十条干肉。以束脩求教，是指以礼来求教。束，每条干肉为一脡，十脡为一束。脩，干肉。

【大意】孔子说："只要是以束脩的求教礼来求学的人，我从没有不教诲的。"

【心得】儒家与墨家不同，墨家重视主动施教，主张"强说强教"，他人不想跟着学，也要去向他宣讲自己的理论以吸引其跟着自己学。儒家则奉行"不扣不鸣"，对于不可教的人去施教，儒家认为是"失言"。孔子作为一个教师是诲人不倦的，对待学生是有教无类、不问出身的。但是，孔子对于没有向他学习之心、也不能够对其以弟子礼相待的人是不教的，这是其基本的施教原则。

7.8 子曰："不愤不启，不悱不发①。举一隅不以三隅反②，

则不复也。"

【注释】①〔不愤不启，不悱不发〕据朱熹注："愤者，心求通而未得之意；悱者，口欲言而未能之貌。"启，谓开其意；发，谓达其辞。②〔举一隅不以三隅反〕凡物具有四方的如果举出一隅，对其他几个方面还不见知的。

【大意】孔子说："对学生在进行教育时，还未出现心求通而未得时不去开其意，不到口欲言而未能之时，不去达其辞。如果学生在给他讲明一物的一方，还不能想出其他关联的几个方面，我也就不再对他重复讲解。"

【心得】孔子施教的时候非常善于把握教育时机。如果只是泛泛而谈，学生未必会留下深刻的印象。当学生苦苦想不通的时候，孔子给予学生以启发，这样引领学生恍然大悟，势必会给学生带来更深刻的体悟。在学生如同茶壶煮饺子，怎么也表达不清的时候，孔子就会在言辞上加以引导。孔子喜欢引导学生自主探索学习，也善于在学生遇到瓶颈的时候给予关键性点拨。孔子的"启发教学法"和"举一反三"都是教学中的重要原则和方法，其基础是以学生为中心，要善于观察学生、研究学生。

7.9 子食于有丧者之侧，未尝饱也。子于是日①哭，则不歌。

【注释】①〔是日〕此日，这一天。

【大意】孔子在家有丧事的人旁边，从未吃饱过。孔子在某一天中因哀恸哭泣过，就不再唱歌了。

【心得】孔子既能切身体会他人的情感，也能忠实于自己的情感。有丧事的人情感哀戚，孔子在其侧，也会感同身受。孔子精通音乐，喜欢唱歌，但是在悲伤哭泣之后，当天便无法再歌。从这章可见，孔子不仅情感真挚，而且具有强烈的恻隐之心可以感通他人。朱熹注引"谢氏曰：学者于此二者，可见圣人性情之正也。能识圣人之性情，然后可以学道"。

7.10 子谓颜渊曰："用之则行，舍之则藏①，惟我与尔有是夫！"子路曰："子行三军，则谁与？"子曰："暴虎②冯河③，死而无悔者，吾不与也。必也临事而惧，好谋而成者也。"

【注释】①〔藏〕隐居起来。②〔暴虎〕赤手空拳同老虎搏斗。③〔冯（píng）河〕不测河水深浅就去赤足渡河。暴虎、冯河，都是有勇无谋、鲁莽冒险的表现。

【大意】孔子对颜回讲："当国家用我们的时候，我们就出来承担工作；不用我们的时候，我们就隐居起来。只有我和你能够做到这点。"子路接着就提问说："您若是统帅军队，找谁共事呢？"孔子答道："不顾老虎凶猛就去赤手空拳同老虎搏斗，不知河水深浅就去赤足渡河还死而不后悔的人，我是不和他共事的。我要共事的人一定是处事小心谨慎，会深思熟虑，并讲求方法，最终能够把事情做成的人。"

【心得】无论际遇，安于所遇。"用之则行，舍之则藏"是孔子的写照，"藏"不是简单的隐居而是"知止"。孔子在鲁国被重用时就行王道治国，被疏离以后就辞官周游，修业讲学。孔子被当权者重用也并不贪图高位，被弃用也能知其所止，尽其所能。孔子不强求于际遇，在不同的际遇下都能做到尽职尽责。

在这段话中，孔子针对子路好勇少谋的缺点，列举出两种人，即"暴虎冯河，死而无悔者"和"临事而惧，好谋而成者"。孔子告诉子路，他选择共事的一定是后一种人，而非前者，如此启发子路要不2断改正自己的缺点，做一个能成大事的人。在孔子对子路的这段谈话中，不仅体现出因材施教的教学原则，而且饱含着孔子对弟子深切的关怀。

7.11 子曰："富而可求也，虽执鞭之士①，吾亦为之。如不可求，从吾所好。"

【注释】①〔执鞭之士〕据《周礼》记载，执鞭之士有两种人：一是古代天子及诸侯的侍卫。天子与诸侯出巡，有两位侍从拿着皮鞭开道。二是市场的守人，手执皮鞭以维持秩序。总之，是执行侍从或守卫任务的小卒。

【大意】孔子说："如果富贵可以求得，即使让我去做一个执鞭侍卫的小卒，我也愿意去做；但是如果不可求取的话，我就按照我的志趣去做。"

【心得】君子爱财，取之有道。古代人对劳动的认识有时代局限性，认为劳动分贵贱等级。在这种认识下，"执鞭"被看作比较卑贱的劳动。孔子是真诚而坦率的人，他坦言，自己也爱富贵，但是坚持取之有道。他小时候家庭贫贱，为谋生，十几岁就开始自力更生，做过很多工作，如做过仓库保管员、为贵族养过牛马牲畜等，都做得很好，也一时解决了自己的生计问题。但是依靠这样的工作是不可能实现富贵的，何况孔子的志向本不是自身的富贵，而是"老者安之，朋友信之，少者怀之"，是一种理想社会的建设。

孔子对待富贵的态度显示出一种人生大智慧。当下有些人为了功名利益，不惜做个精致的利己主义者，当求之不得时，要么抱怨，要么郁郁寡欢。扪心自问，那真的是自己心之所向的吗？

7.12 子之所慎：齐①，战，疾。

【注释】①〔齐（zhāi）〕同"斋"，指斋戒。古代人在祭祀之前，为了持敬，一定要进行沐浴和静养，对身心做一番整洁工作，称作"斋戒"。

【大意】孔子所谨慎对待的有三件事：斋戒、战争、疾病。

【心得】人应该有敬畏之心。孔子"三慎"，体现了孔子对不可知的神明、影响重大的战争以及可能随时剥夺生命的疾病，所持的谨慎而敬畏的态度。斋戒的目的是为了使人心境清明，这样，人在祭祀的时候可以更好地与祖先进行精神的感通，传承他们的圣德，以此来修养自我、教化他人，是要慎重的头等大事。战争关系民众的生死与国家的存亡，所以必须慎重。疾病关系人的健康生死，君子敬身安体，所以对于疾病需要慎重。这三件事在任何时代都关乎重大。

7.13 子在齐闻《韶》①，三月②不知肉味。曰："不图③为乐之至于斯也！"

【注释】①〔《韶》〕是中国的一种传统宫廷音乐，为上古舜帝之乐，是一种集诗、乐、舞为一体的综合古典艺术。孔子也曾说《韶》在各乐章中是尽善尽美的。②〔三月〕概指时间很长。③〔不图〕没有想到。图，计划，图谋。

【大意】孔子在齐国，听到演奏《韶》乐，就在很长的时间内，即使是吃美食肉餐，也不知其美味。孔子还感叹说："没有想到，音乐的感人可以达到这种境地。"

【心得】孔子主张"兴于诗，立于礼，成于乐"。乐教在整个教育和人的修养过程中具有重要作用。《韶》乐尽善尽美，所以孔子听后心旷神怡。孔子当时对于"乐"的界定与当今不同。当时所说的"音"大致相当于我们现在所说的音乐，只有"德音"才能称之为"乐"。所以不合乎道德的靡靡之音只能称作是"音"，而不能称作"乐"。就如同人有文有质，文质彬彬才是君子。音乐有情有文，情文俱佳才是好的音乐。所以，只有圣人才能制礼作乐，圣人的道德高尚，所作的乐才能在"情"上高尚。高尚的乐情寓于华美的乐文之中，这样的乐才能尽善尽美。欣赏这样的音乐就如同与圣人在华美的乐文之中进行精神的感通，美不胜收，所以不知肉味。

7.14 冉有曰："夫子为①卫君②乎？"子贡曰："诺。吾将问之。"入，曰："伯夷、叔齐何人也？"曰："古之贤人也。"曰："怨乎？"曰："求仁而得仁，又何怨？"出，曰："夫子不为也。"

【注释】①〔为〕指赞助或出任为官。②〔卫君〕指当时的卫国国君出公辄。出公辄是卫灵公的孙子，太子蒯聩的儿子。太子蒯聩因得罪卫灵公的夫人南子，逃往晋国避难。灵公死，立蒯聩之子、灵公之孙为君。晋国的赵简子又把蒯聩送回卫国，藉以入侵卫国，卫国抵御晋兵，自然也拒绝蒯聩回国，演出了父子争夺国君之位的丑事。子贡以伯夷、叔齐让国之事问孔子，从孔子赞扬伯夷、叔齐的言谈中，看出了孔子是不赞成卫国演出的这场父子争夺国君的事，并以此证明孔子绝对不会出仕卫国。

【大意】冉有对子贡说："夫子会不会出仕卫君？"子贡说："好吧，我就去问问这件事。"子贡便到了孔子那里，问："伯夷、叔齐两位是什么样的人？"孔子答曰："是两位古代的大贤人。"子贡又问："他们两人相让都不当国君，最终竟至饿死于首阳山，他们有无后悔和怨气？"孔子回答说："他们就是想要成为仁人而且他们做到了，又有什么怨气呢？"子贡出来对冉有讲："夫子是不会为卫君做事的。"

【心得】伯夷、叔齐将天伦道义看得比富有天下甚至比生命更重要。他们不惜舍弃财富名位而出走，为了维护心中的道义不惜饿死。伯夷、叔齐互相让国，这与后世为了争夺权力而父子反目、手足相残者形成了鲜明的对比。伯夷、叔齐宁死不食周粟，与其相似，朱自清在"抗议美国扶日政策并拒绝领美援面粉"的宣言书上签字，宁可饥贫而死也不领美援面粉。追求人间正道，最终也实现了自己的追求，所以无怨无悔。这就是孔子所讲的"求仁得仁"。

7.15 子曰："饭疏食①饮水，曲肱而枕之②，乐亦在其中矣。不义而富且贵，于我如浮云。"

【注释】①〔疏食〕吃的粗粮和不好的饭食。②〔曲肱而枕之〕弯起手臂作枕头。肱，手臂。枕，作动词用。

【大意】孔子说："贤者吃着粗饭，喝着白水，困倦时就弯起手臂当枕头，而不失其乐，乐在道义。因而对于不义的富与贵，则视之如浮云一般，又何足取？"

【心得】这一章孔子表达自己的乐处，同他所说的"其为人也，发愤忘食，乐以忘忧，不知老之将至"和他所称道的"贤哉回也！一箪食，一瓢饮，在陋巷，人不堪其忧，回也不改其乐"体现出同样的人生境界。儒家学者概括为"孔颜乐处"。对于孔子与颜回来说，他们不是拒绝富贵，也并非喜欢清贫，而是素其位而行。《中庸》里说过："素富贵，行乎富贵。素贫贱，行乎贫贱。君子无入而不自得。"就是说，处在富贵的地位，就做富贵人应该做的事；处在贫贱的地位，就做贫贱时应该做的事。"疏食饮水，曲肱而眠"，这种清贫已到了无以复加的地步了，可仍然不会让自己的生活丧失乐趣。可见，他们乐处并不在清贫，也不是富贵，而是内心深处的一种精神力量。这种精神力量才是人生快乐的源泉，可以让人"贫贱不移"，安贫乐道；也可以让人"富贵不淫"，富而好礼；更可以让人"威武不屈""虽千万人，吾往矣"。真正精神就是儒家的"仁道""道义"。与道同行，与道一体，才是人生真正的快乐源泉。

7.16 子曰："加我数年，五十以学《易》①，可以无大过矣。"

【注释】①〔《易》〕《易》为诸经之首。《易》的"卦辞"和"爻辞"，本来是作为占卜之用，但其中包含有丰富的朴素唯物论和辩证法的思想精华。孔子读《易》，韦编三绝，并对《易》进行了注释和释义。

【大意】孔子说："如果能给我几年的时间，我在五十岁以后，继续对《易》这部经典进行学习，我应该就可以避免出现大的过失了。"

【心得】《易》是中华传统经典，其中蕴含着丰厚的中国智慧，孔子对其极为重视，不仅认真地进行了学习，而且为其进行了注释和阐发，为我们留下了一部最古老的经典。到汉代设五经博士，将《易》列为诸经之首，以后即改称《易经》。《易经》在中国思想史上曾经产生过重要影响。《易》重视"简易"，大道至简，不烦琐不抽象。《易》既讲"不易"又讲"变易"。符合人类共性共识的常道是不变的，所以要讲"不易"。事物在不断地运动变化，需因时因地制宜，所以要讲"变易"。孔子深谙《易》的精髓与意义，所以着重强调要学《易》，而且以自己为例告诫学生学《易》要潜心研读，切莫师心自用。

7.17 子所雅言①，《诗》《书》、执礼，皆雅言也。

【注释】①〔雅言〕雅是高雅、典雅之意；雅言是一些有根据，可遵循的高尚言词。在现有的注释中，有学者解释为"当时中国通行的语言"，也有学者解释为"普通话"。

【大意】孔子所讲的话，都是一些儒雅高尚的言词，孔子讲的《诗》《书》和如何执行礼仪，都是一些高尚典雅的言论。

【心得】孔子主张"非礼勿言""言必称尧舜"。因而孔子的话多是经典的、高尚的言词。孔子所说的"诗"主要是类似于《诗经》中的诗歌，"书"指的是《尚书》，但是"礼"并非指的是《礼记》。"诗"可以合理疏导与表达人的性情，《书》所讲的是政事，礼能节制修饰人的言行举止，这三者贯穿于君子的日用平常当中。关于礼，这里用的是"执礼"，强调礼不是用来诵读的而是用来执守操作的，所以礼并不是指的某种文本。如果说《易》是在讲道理，那么《诗》、《书》、礼就是具体讲日用平常中的说话做事，与《易》相辅相成。

7.18　叶公①问孔子于子路，子路不对。子曰："女奚不曰，其为人也，发愤忘食，乐以忘忧，不知老之将至云尔②。"

【注释】①〔叶公〕叶地的县令。叶，地名，今河南叶县南有古叶城，当时属楚地。古时，楚君称王，县令称公。②〔云尔〕如此而已。尔，同"耳"。

【大意】叶地的县令向子路了解孔子的为人，子路一时难以应对，就没有回答。孔子得知此事以后就对子路说："你怎么不讲呢？你就说，他这个人学习起来可以发愤忘食，沉浸学习之中就高兴得可以忘却一切忧愁，虽然年事已高但从不知老之所至，他的为人，如此而已。"

【心得】这段话是孔子六十多岁时，在列国奔波时的一段记录。"发愤忘食，乐以忘忧，不知老之将至"，勾画出一位师者、学者、贤者"老有所为，老有所乐"的生动形象，至今仍然令我们心生敬佩。今天一些人往往到了五十岁就暮气沉沉，心生倦怠，开始盘算如何打发退休后的日子。孔子却不是这样的形象，他是永远年轻的，永远朝气蓬勃、乐此不疲地从事自己喜爱的教育事业。孟子把孔子立为自己终生学习的榜样、追求的典范，他说"乃所愿，则学孔子"，并把"得天下英才而教育之"作为人生最快乐的事情之一。我们何其幸运，在这个伟大的时代继承着孔孟的事业，怎敢不发愤学习，诲人不倦，承担这个时代立德树人的伟大使命？

7.19 子曰："我非生而知之者，好古，敏①以求之者也。"

【注释】①〔敏〕此处不是聪明的意思，而是指勤勉好学。

【大意】孔子说："我不是生而知之的人，而是喜好古圣先贤之道，勤勉学习的人。"

【心得】孔子少而好学，成为当时最为博学之人。《史记·孔子世家》中记载了很多孔子无所不知、无所不晓的故事。别人对此不明就里，经常有人评论孔子是生而知之，天生聪明。孔子在这里仍然体现出他的坦诚与率直，他说："我非生而知之者，好古，敏以求之者也。"作为老师，孔子时刻不忘记自己的天职，劝人向学，而非在弟子面前炫耀自己的学问。

7.20 子不语怪、力、乱、神①。

【注释】①〔怪、力、乱、神〕怪，怪异；力，暴力；乱，祸乱；神，鬼神。

【大意】孔子不讲怪异、暴力、战乱和鬼神的事。

【心得】孔子为什么不讲这些？朱熹曾经解释说："怪异、勇力、悖乱之事，非理之正，固圣人所不语。鬼神、造化之迹，虽非不正，然非穷理之至，有未易明者，故亦不轻易语人也。"简单说来，即怪力、乱神无益于教化，所以孔子不讲。孔子在讲授过程中，坚持讲"常"（常理）不讲"怪"，讲"德"不讲"力"，讲"治"不讲"乱"，讲"人"不讲"神"。

在今天的讲台上，老师也应该注意什么该讲，什么不该讲。课堂是立德树人的主要载体，不是教师抒发个人情绪、倾诉个人兴趣的舞台。研究无禁区，讲课有纪律。从遵守师德师风规范，到以学生为中心，都应该注意掌握授课的分寸、讲授的尺度。

7.21 子曰："三人①行，必有我师焉。择其善者而从之，其不善者而改之。"

【注释】①〔三人〕几个人，"三"与"九"同样，有时并非确数，泛指数人或多人。

【大意】孔子说："几个人在一起，其他人身上一定会有值得我们学习的地方。选学其中好的行为，对于不良的行为则要引以为戒。"

【心得】孔子非常善于向他人学习。如同老子所说的："善人者，不善人之师；不善人者，善人之资。"任何人都是不完美的，有优点也有不足。孔子善于向他人学习其优点，也善于以他人为鉴，反思自己可能存在的问题。这样不管遇到的人是贤还是愚，孔子都能以其为师，改进自我，完善自我。

"三人行，必有我师焉。"不管我们走过了几十年的人生历程，所接触过的给予启发的人自不必说。就想想从自己生命中走过的所有的孩子，他们也是我们的老师啊！我一直认同一个观点：所有教师的成长都离不开学生。

7.22 子曰："天生德于予，桓魋①其如予何？"

【注释】①〔桓魋〕宋国的司马向魋，因为是宋桓公的后代，所以又叫桓魋。据《史记·孔子世家》所载，是孔子周游列国之时，"孔子去曹，适宋，与弟子习礼大树下。宋司马桓魋欲杀孔子，拔其树。孔子去，弟子曰：'可以速矣！'孔子曰：'天生德于予，桓魋其如予何？'"

【大意】孔子说："作为有德之人，桓魋他又能把我怎样呢？"

【心得】这段话展现了孔子对桓魋的藐视和威武不屈的气概，同时，孔子也是在为弟子壮胆和安抚他们对老师安危的顾虑之情。孔子面对危险时依然泰然自若，这足见孔子的勇，但这更是缘于孔子的仁德。勇者无惧。孔子德合天地，所以行事坦荡，无忧无惧。自我的修德是人应对一切事情，包括各种危机的根基，所以儒家倡导"行有不得，反求诸己"。

7.23 子曰:"二三子①以我为隐②乎?吾无隐乎尔。吾无行而不与二三子者,是丘也。"

【注释】①〔二三子〕指有的弟子。②〔隐〕隐瞒,是指有的问题未向学生公开,或没有教给学生。

【大意】孔子说:"你们有人认为我有的问题并未向你们公开讲授,某些问题还未教给你们吗?我的所行所言没有不向学生公开的。我孔丘对任何学生都没有隐瞒。"

【心得】弟子跟着老师学习却不能达到老师的高度,于是有人心生疑虑:是不是老师有隐匿的内容不肯教给学生呢?孔子最高深的学问就是最日用平常的学问,最好的教育就是以身为教。孔子天天与学生相处,所言所行即是其学问的精髓体系,也是最好的教育方式,无私无隐。

7.24 子以四教:文、行①、忠、信②。

【注释】①〔文、行〕文是知识,行是实践。②〔忠、信〕尽己之谓忠,诚实待人之谓信。

【大意】孔子教育学生是从四个方面给:学习文献、重在实践、尽性修己、以诚待人。

【心得】这一章记载孔子首先教育弟子所要做好的四个方面。文是古圣先贤的遗文,行是切实践履的善行,忠是尽己所能,信是不欺人。这四个方面有表有里,有文有质,构成教育内容完备体系。

我国教育方针也是立足于学生的德智体美劳全面发展,教育内容与体系也是完备的。但是在实践中,受应试教育影响,往往是重视书本教育,忽视实践教育;重视智育,忽视德育;重视成才教学,忽视育人养成。捧读《论语》,让我们再次反思教育教学实践,老师的眼中应该始终有学生,把学生作为一个全面发展的人来培养,特别是要把立德树人作为教育教学的根本任务,培养的学生一定是先成人,具备良好的道德情操,讲诚信、担责任,加强学生实践能力的培养,而非单纯地灌输知识。

7.25 子曰："圣人，吾不得而见之矣；得见君子者，斯可矣。"子曰："善人，吾不得而见之矣；得见有恒者①，斯可矣。亡②而为有，虚而为盈，约而为泰③，难乎有恒矣。"

【注释】①〔有恒者〕能够做到得善而坚守的人。②〔亡（wú）〕同"无"，与"有"相对应。③〔约而为泰〕很少却要表现为很博大。约为少有，泰为博大。

【大意】孔子说："圣人我是见不到了，能够见到有德的君子就不错了。"又说："善人我是见不到了，只要能见得到坚守奉行的人也就可以了。那种以无为有、以空为满、以少为大的人，很难成为有操守的人啊。"

【心得】"圣人"与"善人"也是一步步修炼而来的，修炼的关键就是"有恒"。做任何事情，恒心是最重要的，也是最难得的。比如，做善事，每个人都会做，也多多少少做过一些，但是坚持一辈子做善事就很难得。孔子在这段话中，强调了选择，要做君子，做一个有修养的、高尚的、纯粹的人；强调了坚持，日拱一卒，日行一善，循序渐进，终究能够成为人们敬仰的人。与君子相对的是伪君子，"亡而为有，虚而为盈，约而为泰"就是伪君子的典型形象。不踏踏实实修为、老老实实做人，却还要做出浮夸的样子，装模作样，只会令人鄙弃。

7.26 子钓而不纲①，弋②不射宿③。

【注释】①〔纲〕大绳，这里作动词用。在水面上拉一根大绳，在大绳上系许多鱼钩来钓鱼，叫纲。②〔弋（yì）〕指用带着绳子的箭射鸟。③〔宿〕指回巢归宿的鸟。

【大意】孔子不用拉纲的办法去取鱼，不去射已经回巢归宿的鸟。

【心得】孔子自称"其少也贱，故多能鄙事"，所以捕鱼射鸟都会。孔子捕猎，取用有度。无论食用动物还是植物，都是人的自然需求。动物与植物都有生命，捕食动物与采摘植物为食本身没有善恶的区别。取用有度既利己也利苍生，这便是善。孔子捕猎，心存仁爱。孔子不过多捕猎，以减少不必要的杀生；孔子也不在夜晚射鸟，这样就不会惊扰众多正在栖息的鸟，给鸟带来不必要的恐慌与伤害。孔子待物如此，其仁爱之心跃然可见。

7.27 子曰："盖有不知而作之者，我无是也。多闻，择其善者而从之，多见而识①之，知之次②也。"

【注释】①〔识（zhì）〕记住。②〔次〕指差一等，或低一等。

【大意】孔子说："大概有一种自己不明常道却求创新的人，我不是这样的人。我这个人，只能是多听，从中择其合理的部分加以接受；多见，把有益东西记在心里。我是'学而知之'的人，是次一等的。"

【心得】当时孔子已经是大家公认非常博学的人。很多人认为他是天生聪明，有很高的天赋，但是孔子明确告诉人们，自己的学问不是天生的，而是通过多闻、多见，择善而从，刻苦努力得来的。如果有"生而知之者"，他肯定不是，他只是一个后天努力学习的人，是"知之次也"。这才是正确的学习态度。孔子讲自己的经历实际上就是在以身为范，教育人们不要不懂装懂、自命不凡、自我吹嘘，任何成功、成长都是后天努力的结果。孔子引导人们在成长的道路上必须多听多见，选择他人的长处跟着学，牢记在心，在实践中掌握第一手资料，追根究底，务求其实。只有多学、好学，不懈努力，才能获得博大精深的学问，人的道德修养亦是如此。

7.28 互乡①难与言，童子见，门人惑②。子曰："与其进也，不与其退也，唯何甚③！人洁己以进，与其洁也，不保④其往也。"

【注释】①〔互乡〕指一个乡村的名称，现在何处，不详。估计就在鲁地。②〔惑〕困惑不解。③〔唯何甚〕是指为什么这样的要求？即为什么要做过分的要求呢？④〔保〕本意保守，在这里是死扣其过去的问题不放。

【大意】互乡这个地方的人，文化极端落后并且很粗野，难于交谈。一次有一位来自互乡的少年想见孔子，孔子接见了他，孔子的弟子对此非常不解，认为没有必要。孔子为此做了如下的解释："人家既然要求进步，为什么要死盯着人家过去的不良表现呢？人家既然洁身而来，为什么死盯着人家过去的缺点不放呢？"

【心得】凡是虚心向孔子求学问道的，孔子都认真地接待。无论其过往或是将来是什么样子，只要当下谦虚求教，老师就应该施教。这正是孔子所说的"自行束脩以上，吾未尝无诲也"。《孟子·尽心下》记载孟子："夫子之设科也，往者不进，来者不拒，苟以是心至，斯受之而已矣。""有教无类""奖掖后进"自古就是中华优秀教育传统，当代教育人需要进一步继承与发扬。

7.29 子曰："仁远乎哉？我欲仁，斯仁至矣。"

【大意】孔子说："仁的品德是否离我们很远，是难以企及的吗？不是的，只要我们自己想去实现它，仁就能够实现。"

【心得】在孔子看来，仁道本于人心，因此为仁全靠自己，不假外力。只要自己心里愿意，并努力坚持，就可以做到。儒家倡导的自省修养方法，也是在这一思想基础上提出来的。"我欲仁，斯仁至矣"，这句话强调了人进行道德修养的自觉能动性。一方面指出道德修养必须依靠自觉，不能依靠外力，另一方面也指出人只要自觉努力，人人都可以成为道德高尚的仁人。既给人以鞭策，也给人以信心。

7.30 陈司败①问昭公②知礼乎？孔子曰："知礼。"孔子退，揖巫马期③而进之，曰："吾闻君子不党④，君子亦党乎？君取于吴，为同姓，谓之吴孟子⑤。君而知礼，孰不知礼？"巫马期以告。子曰："丘也幸，苟有过，人必知之。"

【注释】①〔陈司败〕陈国主管司法的官，姓名不详。也有人认为是齐国大夫，姓陈名司败。②〔昭公〕是指鲁昭公，姓姬，名裯，鲁襄公之子。春秋时期鲁国第二十四位国君，前542年至前510年在位。③〔巫马期〕孔子弟子，姓巫马，名施，字子期。④〔党〕在当时来说，是指由少数人结合起来的集团，不属于正当的社会组织，所以有"结党营私""党同伐异"的贬词。因而才有所谓"君子不党"之说。⑤〔君取于吴，为同姓，谓之吴孟子〕这段话是记述了鲁昭公娶妻于吴。吴君为太伯之后，鲁君为周公之后，吴君与鲁君都是周室后裔，都姓姬。按周礼规定，同姓不能同婚，反之即违礼，于是改姓名为"吴孟子"，以掩盖其违礼之事。

【大意】陈司败问孔子，"鲁昭公是否知礼"？孔子为尊者讳，回答他说："知礼。"孔子走后，陈司败就向在场的孔子弟子巫马期作了一个揖，并走近问道："我曾听说过君子是不结党的，怎么君子也结起党来了？你们的鲁君娶吴国国君之女为后，为了掩盖同姓结婚的事实，改名为吴孟子，以掩耳目。如果说鲁君是知礼的，那还有谁是不知礼呢？"巫马期将这件事告诉了孔子，孔子说："我是很幸运的，如果有了错误，就会有人知道并指出。"

【心得】这段记录，其内涵和意义何在呢？如果单纯出于为尊者讳，完全可以不记录这件事情。这里的孔子以及陈司败，又给我们留下什么印象呢？开始，陈司败对孔子发问，孔子本着为尊者讳、为长者讳的初衷，简单回答"知礼"。因为昭公是一国之君，本身也没有什么大的过错，而且一言一行都是社会的表率，对于这些表率性的人物，我们应该宣扬其美德以起到教化生民的作用，而非揪住一点瑕疵大肆渲染。然后，陈司败却避开孔子，向孔子的一个弟子发难，并给孔子扣了一顶"君子亦党"的大帽子。陈司败的所作所为，是典型的挖坑行为，而且落井下石，为君子所不耻。而孔子知道后又是什么反映呢？他说："丘也幸，苟有过，人必知之。"何等的光明磊落！何等的坦荡平和！这才是真正的圣者气象。反思一下，如果我们碰到类似的事情，又会作何反映呢？见贤思齐，向孔子学习，永无止境。

7.31 子与人歌而善，必使反之，而后和之。

【大意】孔子和其他人一起进行歌咏，达到美善的境界时，一定要使歌者再重唱一遍，而后他就跟着一起唱和。

【心得】孔子极其喜爱既美且善的音乐，也十分注重乐教。《史记·孔子世家》讲《诗》："三百五篇，孔子皆弦歌之，以求合《韶》《武》

《雅》《颂》之音。"好的音乐既能陶冶自身的情操，修身养性，也能够教化生民，陶淑百姓。所以，孔子每每听到好的音乐都会喜不自禁，反复研习。孔子不仅努力掌握好音乐的技术，认真领会其中的善与美，而且能够亲身演奏或歌唱好的音乐，做到形神兼备。

7.32 子曰："文，莫①吾犹人也。躬行君子，则吾未之有得②。"

【注释】①〔莫〕有不确定的意思，大约，或者。②〔得〕达到，做到。

【大意】孔子说："对于文化典籍的了解，我可以同别人相当。但是在作为君子的践行方面，我不敢说已经达到了所有的要求。"

【心得】这段话是孔子的自谦之词。孔子通过自谦传递出几个道理：第一，为文容易躬行难；第二，圣人之言犹如常人，胜在躬行；第三，修身重在躬行。

7.33 子曰："若圣与仁，则吾岂敢？抑为之不厌，诲人不倦，则可谓云尔①已矣。"公西华曰："正唯弟子不能学也。"

【注释】①〔可谓云尔〕还可以这样称道，有勉强之意在内。

【大意】孔子说："称道我是圣者或是仁者，我是不敢接受的。我只不过是称得上学而不厌、诲人不倦而已。"公西华回答说："正是这一点是我们弟子所学不到的。"

【心得】孔子从来不以圣人自居。有人称赞孔子仁且圣，孔子当然不敢自居。但是圣与仁毕竟是孔子内心的希望与追求，他一直在向着这个目标而努力。"为之不厌，诲人不倦"是孔子的日常生活，是孔子每天诚心从容做的事情。孔子介绍自己的日常，为后学提供一个可借鉴的模板。但是，后学与圣人相比，差距恰恰就在平常，而真正难以做到的，也恰恰是日常中对圣贤道德的躬行不辍。

7.34 子疾病①，子路请祷。子曰："有诸？"子路对曰："有之。诔②曰：'祷尔于上下神祇③。'"子曰："丘之祷久矣。"

【注释】①〔疾病〕在今天"疾病"二字，有时即作为一个名词来用，指患了病。在这里将疾与病连用，是指患了重病。②〔诔〕祭文，这里是指祈祷文。③〔上下神祇〕是指天地神灵。祇，古代称地神为祇。

【大意】孔子得了重病，子路要为他进行祈祷。孔子说："需要这样做吗？"子路说："有用，需要，而且我已经写好了祈祷天地上下神灵的祷文。"孔子说："我已经做了很久的祷告了。"

【心得】"丘之祷久矣"，孔子通过什么来祈祷呢？是他生活中的点点滴滴，奋发有为，一言一行，坦坦荡荡。孔子从来不迷信，他的信仰就是仁道，就是人文精神，就是修己安人，修己俟命。所谓神明的旨意、上天的安排，其实质就在于自己的修为。

7.35 子曰："奢则不孙①，俭则固②。与其不孙也，宁固。"

【注释】①〔不孙（xùn）〕傲慢，骄傲。孙，同"逊"。②〔固〕在这里是指固陋，寒酸。

【大意】孔子说："一个人奢侈豪华，就会走向傲慢；过分俭约，也会表现出寒酸。但是，与其因奢侈而出现傲慢，宁愿因过分俭约而表现得寒酸。"

【心得】"奢"是指仪式过于讲排场，容易导致傲慢心态的增长；"俭"则相反，是指仪式过于简陋，起不到应有的作用。这两种做法属于过与不及，都不符合中道。但是，两害相权取其轻。孔子针对当时贵族普遍越礼，很多仪式大多铺张浪费、大耗民力的现象，他意在针砭时弊，强调"奢"的危害之大，鲜明提出"宁固"。

7.36 子曰："君子坦荡荡，小人长①戚戚。"

【注释】①〔长〕在这里也可以作为"常"字解。

【大意】孔子说:"君子出于公心,光明磊落、心胸坦荡;小人出于私念,经常忧心忡忡、局促不安。"

【心得】人,只要有远大的理想,活得有价值、有意义,能够始终行走在大道上,就会内心坦坦荡荡,光明磊落,俯仰无愧,怡然自得;而如果只追求外物,贪图一己私利,总是对个人的得失斤斤计较,就会患得患失,忧戚恐惧常伴。所以,我们经常说,好人有好报,因为好人内心的光明坦荡就是生命给予的最佳回报。

7.37 子温而厉①,威而不猛②,恭而安。

【注释】①〔厉〕严肃、严厉。②〔猛〕凶猛,不易接近。

【大意】孔子的表现是温和又显得严肃,有威严但不使人感到难以接近,很庄重而又很安详。

【心得】好老师到底应该是什么样子?好老师应该是"温而厉,威而不猛,恭而安"。"温而厉",是说对待他人态度要温和,但又不能失了规矩,没了原则。在教育教学过程中,我们要给予学生充分的尊重和信任,构建良好的师生关系,因为"亲其师"才会"信其道"。但绝不是放纵学生,而是要建立起规矩意识,在原则问题上绝不能迁就。"威而不猛",孔子之所以赢得弟子尊重爱戴,是源于他渊博的学识和高尚的人格品德,所以有威严但不使人难以接近。老师具有威信,学生才会尊重信服,这种"威"是老师内在修养散发出来的气质,让学生敬重信服的品行,而不是靠装腔作势、权谋手段让学生内心充满压力,被迫服从。"恭而安",就是对他人和做事情都很恭敬,不马虎,不侥幸,守慎独,所以内心安定,气定神闲,平和稳当。孔子日常行事,时时处处合乎中道,所以被誉为"圣之时者"。"温"显不足,所以用"厉"来补;"威"则容易过,所以以"不猛"为限度。"恭"与"安"相济,所以协同共进。这都是孔子日常行事体貌始终中正平和的表现。希望我们每一位教育工作者都能够活成好老师的样子,这才是一位老师幸福的样子。

泰伯篇第八

　　《泰伯篇》共21章。本篇开篇以"民无德而称"赞扬泰伯的德性达到"至德"的高度，结尾几段又高度礼赞古代圣君尧、舜、禹以及周之圣德，赞扬他们"有天下也而不与焉""民无能而名焉""吾无间然焉"，均达到了"至德"的境界。

　　本篇要义突出"让德"与"谦德"、"隐德"与"至德"。德者，"得"也。德性是一个人内心深处的修养，外化于行，举手投足，行为处事，在与人交往过程中赢得外界的认可与尊重。这是可见的德性。还有一种不可见的德性，是化育天下、坦荡无私的。如泰伯的"三以天下让"，把本来应该属于自己的君位，采用远走他乡、自毁形象、自污其名的方式出让，这些均鲜为人知；如尧、舜，坐拥天下，却不谋求一丝一毫的私利；如大禹，贵为君主，吃穿住行却极为简朴，全心全意为百姓谋福利。这些人的德行，同天地之德，是一种大公无我、一心为公的伟大品格。

　　修养无止境，德行在心中。在当今崇尚竞争的社会大背景下，我们如何看待本篇所倡导的"至德"？在立德树人的教育实践中，我们如何进一步继承和发扬"让德"和"谦德"？深入学习本篇后，相信你会从字里行间寻出答案，古圣先贤的德行光辉也许会在你的心里扎根发芽。

8.1_ 子曰："泰伯①其可谓至德也已矣。三以天下让，民无得而称焉②。"

【注释】①〔泰伯〕周朝始祖古公亶父的长子。古公亶父有三子，长子泰伯，次子仲雍，三子季历。传说古公亶父知道三子季历的儿子姬昌（周文王）有圣德，想传位给季历，泰伯知道后便与二弟仲雍一起避居到吴地。古公亶父死，泰伯不回来奔丧，后来又依吴地习俗断发文身，表示终身不返。季历最终继承了君位，后传给姬昌，即周文王。到文王之子武王时，便灭了殷商，统一了天下。②〔民无得而称焉〕有两种解释：一是泰伯让君事迹不明白，"无迹可见"，因此百姓找不到什么事实来称赞他；二是百姓找不出合适的词句来称赞他。

【大意】孔子说："泰伯可以说是道德最高尚的了。他三次礼让天下，百姓却找不到什么事迹来赞扬他。"

【心得】"至德"的本质是一种无我利他、大公无私的境界，一般人无法企及。在利益面前将心比心，互相谦让，自古以来就是中华民族的优秀传统美德。例如，"六尺巷"的故事现在已经家喻户晓，成为千古美谈，就是因为彰显了人与人交往过程中谦逊、礼让的美德。

而如今职场中的评优评先、职称晋级、职位晋升等往往都存在竞争。媒体对其不公正之事多有报道，且不论事情背后的原因，若矛盾双方都持谦恭礼让的态度，并能在生活中真正实践"让德"精神，事情可能会朝着更好的方向发展。

8.2_ 子曰："恭而无礼则劳①，慎而无礼则葸②，勇而无礼则乱，直而无礼则绞③。君子④笃⑤于亲，则民兴于仁；故旧不遗，则民不偷⑥。"

【注释】①〔劳〕劳苦。②〔葸（xǐ）〕畏惧。③〔绞〕有两种解释：一是绞刺，尖刻刺人；二是急切。④〔君子〕这里是指在上位的人。⑤〔笃〕笃厚，真诚。⑥〔偷〕淡薄。

【大意】 孔子说:"恭敬而不以礼作指导,就会劳苦;谨慎而不以礼作指导,就会畏手畏脚;勇敢而不以礼作指导,就会经常做出冒犯的事情;直爽而不以礼作指导,就会尖刻刺人。在上位的人厚待他的亲属,百姓就会兴起仁的风气;不遗弃老朋友,百姓就不会冷漠无情。"

【心得】 本章先言无礼之弊,后言有礼之效。[①] 在这段话中,孔子强调礼对诸多美好品质的重要作用。礼,是礼节,关键在于有节,中庸之道,过犹不及,恰到好处。没做到,是无礼;做过了,也是无礼。[②] 从古至今,从个人的日常生活,到社会政治体系的运转,礼在社会中都发挥着重要的作用。具体而言,可以从三方面来理解礼:

第一,礼是规则。按照荀子的观点,人人都有欲望,个人又需要生活在社会组织中,若要保证人们彼此间的有效协作及相应的利益,就需要有相应的规则来限制个人的欲望,从而保证组织的有效运转。古今中外,社会都有一套礼的规则来规范人们的行为,若打破了礼,小则产生个人矛盾,大则可能引发战争。

第二,礼是礼仪。世界各国、各民族通常具有不同的礼仪。不同的人,因为共享特定的礼仪、历史和文化,会产生集体认同感。我们到一个陌生的地方,通常要遵从当地礼俗、礼仪,以便更好地了解彼此,增进感情。在某些学校,学生通过一些特定的礼仪,在师生间形成了强烈的共同情感,加深了师生间的理解,点燃了学生的学习热情,实现教学相长。这值得人们深刻思考。

第三,礼是尺度。礼是行事的尺度,无论何种美德,若不讲究分寸,都会产生物极必反的结果。儒家强调"中""和"的概念。冯友兰先生在《中国哲学简史》中指出,"中"的意义是既不太过,又无不及,"恰到好处"即儒家所谓的"中";"和"是调和不同以达到和谐的统一。恭、慎、勇、直等规范与礼的"中和",从而达到合适的状态。讲究分寸、得体的礼就是不偏不倚地走在中庸的道路上。

[①] 刘强:《论语新识》,岳麓书社,2018年8月,第218页。
[②] 华杉:《华杉讲透论语》,江苏凤凰文艺出版社,2016年11月,第239页。

8.3　曾子有疾，召门弟子曰："启①予足，启予手。《诗》云②：'战战兢兢，如临深渊，如履薄冰。'而今而后，吾知免③夫！小子！"

【注释】①〔启〕可以理解为开启，曾子要学生掀开被子看自己的手脚。②〔《诗》云〕这三句诗见《诗经·小雅·小旻》。③〔免〕有两种解释：一指以《孝经》为依据，说身体发肤，受之父母，不敢毁伤，死时能全而归之，是孝的表现，认为免就是全而归之；二指依据《论语》称南容"邦无道，免于刑戮"，认为免是指免于刑戮。

【大意】曾子病了，把弟子们召集过来，说："看看我的脚，看看我的手，《诗经》上说：'警惕呀，小心呀，像面临着深渊，像行走在薄冰上。'从今以后，我可以免于刑戮毁伤了。"

【心得】《孝经》开篇就说："身体发肤，受之父母，不敢毁伤。"好好保全自己也是孝的体现。这其中，还反映了珍爱生命的思想。母亲历经千辛万苦孕育了我们的生命，在父母精心呵护和社会的培养下，我们慢慢长大成人。因此，锻炼身体，珍爱生命，保持健康的体魄，不仅是自己的事情，还是对家庭、对社会的责任，更是孝道的体现。教师在日常教育教学中，应关注学生思想及行为状况，加强生命教育。

8.4　曾子有疾，孟敬子①问之。曾子言曰："鸟之将死，其鸣也哀；人之将死，其言也善。君子所贵乎道者三：动容貌②，斯远暴慢③矣；正颜色④，斯近信矣；出辞气⑤，斯远鄙倍⑥矣。笾豆⑦之事，则有司⑧存。"

【注释】①〔孟敬子〕鲁国大夫仲孙捷。②〔动容貌〕把内心的感动表现于面容。这里可解释为真诚热情地待人。③〔暴慢〕粗暴，放肆。④〔正颜色〕使自己的脸色端庄严肃。⑤〔出辞气〕注意说话的言语、声气。辞，言辞；气，声气。⑥〔鄙倍〕鄙，粗野。倍，同"背"，背理。远暴慢、近信、远鄙倍三句，有两种解释：一说三者都指自己；一说三者都指别人，即别人不会以暴慢、不信和鄙倍相待。⑦〔笾豆〕祭器。笾是竹制,豆是木制。⑧〔有司〕管事的小吏。

【大意】曾子病了,孟敬子去探问他。曾子说:"鸟将死的时候,叫声是悲哀的;人将死的时候,说的话是善意的。君子所重视的道有三个方面:注意自己的容貌,就可以避免粗暴放肆;端正自己的脸色,就近于诚信;注意自己的言辞语气,就可以避免粗野和背理。至于祭祀和礼仪,自有主管这些事的官吏在负责。"

【心得】曾子在这里强调,作为管理者和领导者,日常管理中要时刻注意自己的言谈举止,至于"笾"和"豆"这些具体的礼仪流程,则安排专人负责。他还特别强调了一些人们容易忽视的行为细节,如容貌神情、脸色神态、语气口气等。这些恰恰是为人师表最需要关注的,因为教师的一举一动、一言一行乃至脸色、神情,都会对学生产生重要影响。

8.5 曾子曰:"以能问于不能,以多问于寡;有若无,实若虚;犯而不校①,昔者吾友②尝从事于斯矣。"

【注释】①〔校(jiào)〕计较。②〔吾友〕旧注一般认为是指颜渊。

【大意】曾子说:"自己有才能却仍然能够向没有才能的人请教,自己知识多却仍然能够向知识少的人请教,有学问却好像没有学问,知识很充实却好像很空虚,被人侵犯也不计较。从前我的朋友就曾这样做过了。"

【心得】三人行,必有我师。不耻下问、虚心求学是值得倡导的学风。人人身上都有值得我们学习的地方。虚心求学的关键一点是空杯心态。满杯则溢,空杯可注,不要自视甚高。爱因斯坦曾说:"随着你知识圈的不断扩大,你的未知世界也会越大。""海纳百川,有容乃大。"只有多学习,才会成长。

8.6 曾子曰:"可以托六尺之孤①,可以寄百里之命②;临大节而不可夺也。君子人与?君子人也。"

【注释】①〔托六尺之孤〕古人以七尺指成年，六尺指十五岁以下。托孤，受前君之命辅佐幼君。②〔寄百里之命〕指代理国政。百里，大国。

【大意】曾子说："可以把年幼的君主托付给他，可以委托他代理国家政事，面临生死存亡的紧急关头而不动摇屈服，这样的人是君子吗？是君子啊。"

【心得】有的人经常感叹无人赏识，没有机遇；有的人却被委以重任。其中最根本的前提是，这些堪当大任之人一定具备君子人格。怎样才能成为君子？《论语》通篇有很多阐述，曾子在这里给出的答案是，"临大节而不可夺也"。不可夺什么？是志向，是信念，是承诺。

8.7_ 曾子曰："士不可以不弘毅①，任重而道远。仁以为己任，不亦重乎？死而后已，不亦远乎？"

【注释】①〔弘毅〕弘大强毅。

【大意】曾子说："士不能不弘大而刚强有毅力，因为他责任重大，路程遥远。以实现仁作为自己的责任，不是很重大吗？为此要奋斗终生，到死才可能停止，不是很遥远吗？"

【心得】本章强调君子当弘毅，非弘不能胜其重，非毅无以致其远。①假如你所在的学校人浮于事、风气不正，你是选择随波逐流还是做好自己？师者君子，首先要独善其身，进而用自己的行动带来组织和环境的变化，哪怕微乎其微。失意时做好自己，得意时以天下为己任，那么，我们的社会就可能朝着越来越好的方向发展。2020年，突如其来的新冠肺炎疫情肆虐全球，多少英雄用实际行动勇担重任，甚至用生命来践行"仁"。意志坚韧、勇于担当，正是君子品质的体现。

8.8_ 子曰："兴①于《诗》，立于礼，成于乐。"

【注释】①〔兴〕兴起、发动。这里是开始的意思。

---

① 刘强：《论语新识》，岳麓书社，2018年8月，第224页。

【大意】孔子说："（人的修养）开始于学《诗》，自立于学礼，完成于学乐。"

【心得】对于一个人的品德养成，诗歌教育、习礼教育和音乐教育都有非常重要的作用。当前，我国教育方针强调，把立德树人作为教育的根本任务。如何落实立德树人根本任务，也应该借鉴《论语》的智慧，发挥诗歌教育和礼乐教育的重要作用。很多学校也有这方面探索，如一些语文老师尝试进行诗化教学，通过诗歌激发学生的志趣，舒解学生的情绪，涵养学生积极向上向善的情感。还有很多学校在学生习惯养成的基础上，开始注重传统的礼仪，增强日常教育教学的仪式感，让学生在浸染熏陶过程中体悟生活真谛、社会规范、人伦日常，学会在社会上立足。

8.9 子曰："民可使由之，不可使知之。"

【大意】孔子说："可以让老百姓按照道义去做，却无法让他们明白什么是道。"

【心得】有一些浅显的道理，一听就明白，但是有一些道理，特别是有关道义、生命本质、生活真谛、治理大道等形而上学的道理，往往难以说清楚。这种情况下，只需在实践和体验中慢慢感悟，时间会给你答案。

8.10 子曰："好勇疾①贫，乱也。人而不仁，疾之已甚，乱也。"

【注释】①〔疾〕憎恨。

【大意】孔子说："喜好勇力而又恨自己穷困，就会作乱。对于不仁的人痛恨太过分，也会出乱子。"

【心得】好勇、疾贫、恶不仁，可谓民之三性，皆不合中道，如不能道之以德，齐之以礼，则必生祸乱。① 这里启发我们：一是要对很多潜在

---

① 刘强：《论语新识》，岳麓书社，2018年8月，第229页。

隐患具有敏感性；二是要促进公平，贫富矛盾会对社会造成深层次的负面影响。对于教师而言，要时刻保持对于风险的敏感性，对于"灰犀牛"类的风险，要有风险防范意识和预案；对于"黑天鹅"类的事件，要有起码的敏感性，以及快速反应的能力。中国古语中有"治未病"的说法，教师在日常工作和生活中也要学会观察、判断、防范，避免校园安全事件的发生，将学校教育风险降到最低。

8.11 子曰："如有周公之才之美，使骄且吝，其余不足观也已。"

【大意】孔子说："即使有周公那样美好的才能，如果他骄傲而又吝啬，那其他方面就不值得一看了。"

【心得】这里以周公为例，再次强调谦德，强调大格局、大胸襟的重要性。骄的反面是谦，吝的反面是大气、舍得。周公是周武王的弟弟，是我国古代著名的政治家、思想家、军事家，在我国历史上被尊为"元圣"，可见地位之高。周公是孔子最崇拜的人物之一。周公到底有怎样的才华？通过史料，我们可以窥见一番。周公曾辅助武王，灭商建周，且久经沙场，立下了汗马功劳；后武王因病去世，周公继续辅佐年幼的成王，平叛动乱，建立新都；在成王成年后及时归政，呕心沥血，无私无畏，为周王朝八百年基业奠定了牢固的基础……并且，周公制礼作乐，奠定了中华民族礼乐文明的基础。

"德才兼备"这个词，"德"字在前，"才"字在后，充分体现了儒家评价人才的基本态度，同时也说明人才要德才兼备、以德为先的重要性。教育以立德树人为根本任务，任重而道远。

8.12 子曰："三年学，不至于穀①，不易得也。"

【注释】①〔穀〕一、指善。全章意思是人学习三年而不至于善的是很少的。二、指俸禄，"至"字与"志"同。全章是说学习三年而不求做官的人是难得的。

【大意】孔子说:"学了三年而不求做官的人,是难得的。"

【心得】这句话引发我们对学习目的的思考。学习的目的是什么?仅仅是为了考上大学,求得功名利禄?明代思想家王阳明在小时候曾经立下"读书学圣贤"的志向,而不是当时多数文人认为的"读书登第"。作为教师,在日常教育教学中,更应该注意"导之以正",帮助、引导学生树立远大的人生志向,而非功利性地对待学习。学习的过程是一个人终身成长的过程,也是将来能够报效祖国和民族的必要途径。周恩来总理在青少年时代就立下"为中华之崛起而读书"的鸿鹄之志,正是这个远大的志向,给予他无穷的动力。

8.13 子曰:"笃信好学,守死善道。危邦不入,乱邦不居。天下有道则见①,无道则隐。邦有道,贫且贱焉,耻也;邦无道,富且贵焉,耻也。"

【注释】①〔见〕同"现"。

【大意】孔子说:"笃定的信念,勤奋的学习,坚守善道至死不变。不进入危险的国家,不在动乱的国家居住。天下有道就出来做官,天下无道就隐居不出。国家有道,却很贫贱,是耻辱;国家无道,却能富贵,也是耻辱。"

【心得】《里仁篇》开篇就说:"里仁为美。择不处仁,焉得知?"而这里也进一步强调这种处世智慧,"危邦不入,乱邦不居"。

这里还涉及贫贱、富贵与耻辱的关系。现代人们多以贫贱为耻,富贵为荣。而在孔子看来,荣辱与贫贱富贵无关,而是关乎道义。与道义同行,为荣;背道义而行,为耻。

8.14 子曰:"不在其位,不谋其政。"

【大意】孔子说:"不在那个职位上,就不考虑那职位上的政事。"

【心得】此章言君子在位与谋政之关系。君子立身处世，当安分守己，不要"越位""越职""越权""越礼"。①这句话更强调边界意识和分寸感。"君子素其位而行，不愿乎其外"，既尊重他人的边界，不侵犯他人，也要做到自知之明，在自己的能力范围内做事，踏踏实实，不做虚妄之事。本章的另一层含义是，君臣乃契约关系，"用之则行，舍之则藏"，不必太过执着，体现了一种淡定品格与超然气度。②

8.15 子曰："师挚之始①，《关雎》之乱②，洋洋乎盈耳哉！"

【注释】①〔师挚之始〕师挚，鲁国乐师，名挚。始，乐曲的开始，一般由太师演奏，挚是太师，所以说师挚之始。②〔《关雎》之乱〕《关雎》，《诗经·国风》第一篇，也是全书第一篇。乱，乐曲的结尾。

【大意】孔子说："从太师挚演奏的序曲，到最后《关雎》的结尾，丰富而美妙的音乐充满了我的耳朵啊！"

【心得】我们在听到音乐，特别是听大型交响乐的时候，也经常有这样的体验，余音绕梁，久久不散，非常震撼。音乐的教化作用非常显著，特别是在培养人的审美情趣和高尚情感方面，有着不可替代的作用。孔子所提倡的"六艺"教学，即包括礼、乐、射、御、书、数。他在教学实践中非常重视乐教，值得当代教师在教学过程中借鉴和学习。

8.16 子曰："狂①而不直，侗②而不愿③，悾悾④而不信，吾不知之矣。"

【注释】①〔狂〕急躁、激进。②〔侗（tóng）〕幼稚无知。③〔愿〕谨慎、朴实。④〔悾悾（kōng）〕无能貌。

【大意】孔子说："激进而又不直爽，幼稚而又不朴实，无能而又不守信

---

① 刘强：《论语新识》，岳麓书社，2018年8月，第232页。
② 刘强：《论语新识》，岳麓书社，2018年8月，第233页。

用，这样的人，我真不知道他是怎么回事了。"

【心得】人的优点常与缺点相伴，但任何人和事物都具有两面性，如急躁者往往直率，幼稚者往往朴实，无能者往往可信。我们在生活中如何辨识别人，处理好这些问题都需要不断思考、警醒和反思。

8.17 子曰："学如不及，犹恐失之。"

【大意】孔子说："学习就像生怕追赶不上的样子，还怕会有所丢失。"

【心得】此章言好学不厌、乐此不疲之状。朱熹曾经警告后学弟子说："学者悠悠是大病！"所谓悠悠，就是悠悠度日、无所用心，三天打鱼，两天晒网，有一搭无一搭，这是学者大忌。①丰子恺有一次去看望已经出家的恩师弘一法师。早上去，见不着，因为弘一法师在做功课。直到日暮黄昏才见到。法师请丰子恺落座之后，看着窗外夕阳，念叨说，时间来不及了，来不及了。这种孜孜不倦的求知精神怎能不让人肃然起敬？老师的职业特点之一就是终身学习，只有学而不厌，才能诲人不倦。因此，"学如不及，犹恐失之"，师生更应共勉。

8.18 子曰："巍巍①乎，舜禹②之有天下也而不与③焉！"

【注释】①〔巍巍〕高大貌。②〔舜禹〕舜是传说中的圣君，尧禅让帝位给舜，舜又禅让帝位给禹。禹是夏朝第一个国君。③〔与〕参与。不与，不相关的意思。有三种说法：一、舜、禹有天下，选贤任能，无为而治；二、舜、禹以禅让得天下，非求而得之；三、舜、禹有天下，而处之泰然，似与己无关，不以君位为乐。

【大意】孔子说："多么崇高啊！舜、禹得到君位，不是自己去求来的。"

【心得】尧、舜禅让是古代传说。本章赞扬舜、禹通过禅让而得君主之位，重点不在禅让的制度，而在舜、禹接受禅让不是自己去追求，而是因

---

① 靳大成：《论语通读（上部）》，课程第40讲，2018年11月。

自己的德和能。《论语·学而篇》记载：孔子每到一处都能了解到当地政事，是"夫子温、良、恭、俭、让以得之"。意思与本章相近，都是说能否在位或参与政事，不是靠求，而要立足于自身的德和能。①

8.19 子曰："大哉尧之为君也！巍巍乎，唯天为大，唯尧则①之。荡荡②乎，民无能名③焉。巍巍乎其有成功也，焕④乎其有文章。"

【注释】①〔则〕有两种解释：一、效法；二、则，准也。只有尧可以与天相平。②〔荡荡〕广大的样子。③〔名〕称说、形容。④〔焕〕光辉。

【大意】孔子说："伟大啊，尧这样的君主。多么崇高啊！只有天最高大，只有尧能效法于天。多么广大啊，百姓都无法用言语来形容。他的功绩是多么崇高呀，他制定的礼仪制度是多么光辉啊！"

【心得】孔子祖述尧、舜，宪章文武。这些古圣明君之所以垂世后代，均在于德。孔子对尧、舜充满了崇敬和景仰之意，这些人是孔子的榜样，也是孔子力量的源泉。今天，我们捧读《论语》，汲取《论语》中的智慧，也是以孔子为榜样，汲取无穷的教育力量。中华优秀传统文化的基因，可以借此代代相传，绵延不绝。

8.20 舜有臣五人而天下治。武王曰："予有乱臣①十人。"孔子曰："才难，不其然乎？唐虞之际，于斯为盛②。有妇人焉③，九人而已。三分天下有其二，以服事殷。周之德，其可谓至德也已矣。"

【注释】①〔乱臣〕治国之臣。②〔唐虞之际，于斯为盛〕唐虞，尧称唐尧，舜称虞舜，唐虞即尧舜。这句话有几种解释：一、唐虞之际比周初

---

① 钱逊：《如沐春风〈论语〉读本》，中华书局，2019年10月，第161页。

更盛；二、唐虞之际不如周初；三、"于"解释为"与"，即唐虞之际与周初两个时期为盛；四、"际"解释为"边际"，唐虞之际即唐虞以后。③〔有妇人焉〕武王的"乱臣十人"中有武王的妻子邑姜。

【大意】舜有五位贤臣，就天下太平。周武王说："我有治国之臣十人。"孔子说："人才难得，不正是这样吗？尧舜之际和周初时候，人才算是最盛了。武王的贤臣中有一个妇女，只有九个男子而已。周文王得了天下的三分之二，还服事殷朝，周朝的道德可以说是最高的了。"

【心得】任何伟大的事业，都离不开团队的力量。人才虽难得，但更为难得的是"明君"。执政者只有善于发现人才、懂得利用人才，国家才能兴旺、社会才能安定。作为教育工作者，承担着为国家和民族培养合格的建设者和接班人的伟大使命，也要善于发现学生的优点并给予良好的引导，帮助学生成长成才。重任在肩，应不负使命，不负韶华。

8.21 子曰："禹，吾无间①然矣。菲②饮食而致孝乎鬼神，恶衣服而致美乎黻冕③，卑宫室而尽力乎沟洫。禹，吾无间然矣。"

【注释】①〔间〕空隙。这里指就其空隙而进行非难、批评。②〔菲〕菲薄。③〔黻冕（fú miǎn）〕黻，祭祀时穿的礼服。冕，祭祀时戴的帽子。

【大意】孔子说："对于禹，我没有什么批评的了。他自己饮食菲薄而尽心孝敬鬼神，自己衣服破旧而尽量把祭服做得华美，自己宫室很低矮而尽力修治农田水利。对于禹，我是没有什么批评的了。"

【心得】习近平总书记要求党员干部要做到"三严三实"，即严以修身、严以用权、严以律己，谋事要实、创业要实、做人要实。如果我们的干部或者老师在日常工作和生活中做到了"三严三实"，谁还会对这个人指手画脚、说三道四呢？师者应努力向大禹这样的人学习，见贤思齐；也要引导学生学会选择，学会判断，学会行动，主动靠近品格高尚、克己奉公的身边榜样，而耻于与那些损公肥私、唯利是图的人为伍。

子罕篇第九

《子罕篇》共30章。本篇名句有"三军可夺帅也,匹夫不可夺志也""岁寒,然后知松柏之后凋也""知者不惑,仁者不忧,勇者不惧"等。孔子为人处世的原则与方法,本篇多有提及。应当坚持什么,应当拒绝什么,孔子对此都有明确的主张。孔子之所以伟大,之所以具备高尚的品格,都能从其生活的细微处找到答案。

本篇总体上展示了孔子对"礼""命"等重要概念的认知。孔子的政治理想抱负,通过语录体的形式展现了出来。孔子的失意,与其坚持分不开。而孔子所坚持的,是对价值观的坚守,是对理想的致敬与追寻,也正是现在师者应该继承与发扬的。

9.1 子罕①言利,与②命与仁。

【注释】①〔罕〕少。②〔与〕赞成。

【大意】孔子很少谈及"利",赞成"命"与"仁"。

【心得】在《论语》里,可看到孔子关于"利"的评述,但较少。从一些论述里,我们可以感受到夫子对"利"的态度,如"不义而富且贵,于我如浮云""君子喻于义,小人喻于利"等。通过义、利对比,所重所轻一目了然。

学生时代是一个人价值观确立的重要时期。只有树立正确的价值观,才能不为眼前利益所迷惑,在关键时刻做出合理的取舍。孔子关于"义""利"的论述,在当下而言也不过时。

9.2 达巷^①党人曰:"大哉孔子!博学而无所成名^②。"子闻之,谓门弟子曰:"吾何执?执御^③乎?执射^④乎?吾执御矣。"

【注释】①〔巷〕指街巷。②〔博学而无所成名〕学问大,不能用某一方面来称道他。③〔御〕驾车。④〔射〕射箭。

【大意】达巷地方有人说:"孔子啊,太伟大了!博学多知,能够不局限于某一方面。"孔子听到后,对弟子说:"我要在哪方面做到专一呢?驾车,还是射箭呢?我还是驾车吧。"

【心得】这是孔子对他人评价自己的一个反馈。别人在评价孔子的时候,委婉地指称其博,但不约(专)。孔子于是有了上述言论。

博约之间确实有矛盾,关键在于掌握平衡。太强调精准、专业,导致学问流于琐碎,终沦为"饾饤(dòu dìng)之学";如果贪多但又不能深入领会,学问流于肤浅,缺乏深度。孔子说:"执御乎?执射乎?吾执御矣。"这句话很有内涵,值得我们品味。实际上,孔子在很多方面卓有建树,例如,他所编撰的《春秋》是中国第一部编年体史书;其讲学杏坛是中国教育光辉形象的象征。

孔子在"六艺"里选典型举例,但为什么选择执"御",而不选择执"射"呢?孔子说:"君子无所争,必也射乎!揖让而升,下而饮,其争也君子。"可见,"射"是有所争的。而孔子此时心态已经发生了变化,也许在"专家"与"通才"两种类型中,孔子宁愿选择成为"君子不器"的"通才"。通过"执射"和"执御"的隐喻,我们可以感受到孔子在教导学生时,所表现的在人才观上的一些价值判断。

9.3 子曰:"麻冕^①,礼也;今也纯^②,俭,吾从众。拜下^③,礼也;今拜乎上,泰^④也。虽^⑤违众,吾从下。"

【注释】①〔冕〕古代大夫以上的官戴的礼帽。②〔纯〕丝。③〔拜下〕在堂下跪拜。④〔泰〕骄纵,傲慢。⑤〔虽〕即使。

【大意】孔子说:"麻织的帽子,是符合礼的,现在改用丝了,较之以往节省了,所以我和大家一样,改用丝。在堂下跪拜,是符合礼的;而如今在堂上跪拜,是骄纵的表现。即使和大家不同,我仍然坚持在堂下跪拜。"

【心得】事不凝滞,理贵变通。孔子非常重视礼,但绝对不是僵硬执行,墨守成规,而是注重变通,与时俱进。礼乐制度体现了严格的等级观。孔子很重视礼乐。他看到了礼坏乐崩的结果,亲身经历了礼乐制度受到冲击后混乱的社会管理体系,心中的梦想是"克己复礼"。然而,是要回到繁缛的程式中去吗?那样便能接近理想了吗?显然不是。孔子认为该变通的当变通,否则凝滞不前,便无法构建或回到心中的礼乐殿堂。

没有规矩,不成方圆。孔子并非一味去求变,而是注意核心要素的保留和坚持,不当变的是绝对不可变的。当"八佾舞于庭"的现象出现时,他说道:"是可忍也,孰不可忍也。"臧文仲住宅豪华,用雕刻着山形的斗拱和绘着水草花纹的梁柱,可谓豪奢,孔子谈到他时说:"臧文仲居蔡,山节藻棁,何如其知也?"愤怒之情,批评之态,跃然纸上。因为,季孙氏、臧文仲这种消遣,本质上属于僭越礼制。孔子的伦理理想、政治道德主张是一贯的,在这一点上绝对不会让步。

本章"从众"与"从下",关乎"绘事后素"的大命题,展现了孔子的价值观判断。对于师者而言,这更类似做选择题,我们要问内心究竟需要什么,哪方面应该有所放弃,哪方面应该有所坚持。人生关键时刻的选择题,我们能做好吗?

9.4 子绝四:毋意①,毋必②,毋固③,毋我④。

【注释】①〔意〕凭空臆测。②〔必〕必然如此。③〔固〕僵化执拗。④〔我〕自以为是。

【大意】孔子没有四种毛病:不凭空臆测,不绝对肯定,不固执己见,不自以为是。

【心得】一个人要有所成就,需要戒掉一些不良习惯或心理,否则会因为偏见或自私，导致判断不准确、办事没分寸。孔子提出四戒，很有道理。

其实，孔子对此应该是深有感悟的。《吕氏春秋·慎人》提到，孔子曾在陈、蔡之间被困，"七日不尝粒"，弟子颜回便要了些米拿来做饭。孔子碰巧看到颜回攫取米饭吃，以为是在偷吃。当然，孔子并没有当面指责。后来发现，是自己误会颜回了，颜回因为担心食物沾了烟灰扔了可惜，于是自己才吃了。对这件事，孔子总结道："所信者目也，而目犹不可信；所恃者心也，而心犹不足恃。"在不知就理的情况下，通过看到的一个片段，就凭空猜测，很容易出错。还好孔子委婉地了解了事实真相，做到了"毋意，毋必，毋固，毋我"，否则就冤枉颜回了。

作为教师，想要做到以上"四戒"，也要向孔子学习，深入了解背后真相，防止错误判断、错误行事。

9.5 子畏①于匡②，曰："文王既③没④，文不在兹乎？天之将丧斯文也，后死者⑤不得⑥与⑦于斯文也；天之未丧斯文也，匡人其如予何？"

【注释】①〔畏〕拘禁。②〔匡〕地名。匡地的人曾经遭受鲁国阳货的掠夺和残害，而孔子和阳货长得像，因此匡地的人误以为孔子即阳货，把他拘禁了起来。③〔既〕已经。④〔没〕死。⑤〔后死者〕孔子自称。⑥〔不得〕客观上条件不允许。这与"不能"有区别，"不能"强调主观上达不到。⑦〔与（yù）〕此处作动词用。

【大意】孔子在匡地被拘禁起来了，说："文王已经去世，文化不是在我这里吗？上天要消灭这种文化，我就不会掌握这种文化了；如果上天不让这种文化消失，匡人能把我怎么样呢？"

【心得】有一次，桓魋（huán tuí）要害孔子，孔子说："天生德于予，桓魋其如予何？"（《述而篇》）而在本章，面对匡人的拘禁，孔子心里非常明白自身的处境。两次遭遇困境，都展现了孔子的一种自信。他认为，自己来到这个世界是负有使命的。

文化传承，总有人能像中流砥柱，使文化不委坠于地，也正是他们负重前行，才使得几千年中华文明薪火相传，到现在仍然显出独特的光芒。孔子就是这样的人，在传承文化方面，做了重要贡献，如整理、编撰"六经"，兴办教育，都显现了他的责任感。而正是这种责任感，造就了他的自信心，所以几次遇到危险时，都能那么淡定。而榜样的力量，深深地影响了后世，如北宋张载说："为天地立心，为生民立命，为往圣继绝学，为万世开太平。""继绝学"正是文化传承的回音。

这章内容也印证了孔子对"天命"的认识。上天既然赋予自己以责任，则自己总能脱离险境。作为教师，更应坚守信念，承担传承文化的使命。

9.6 　太宰①问于子贡曰："夫子圣者与？何其多能也？"子贡曰："固天纵②之将③圣，又多能也。"子闻之，曰："太宰知我乎！吾少也贱，故多能鄙事④。君子多乎哉？不多也。"牢⑤曰："子云：'吾不试⑥，故艺。'"

【注释】①〔太宰〕官名，具体是谁不详。②〔纵〕不加限量。③〔将〕大。④〔鄙事〕卑贱的技艺。⑤〔牢〕孔子的学生琴牢。⑥〔试〕被任用。

【大意】太宰问子贡："你们先生是圣人吗？为什么那么有才华呢？"子贡答："本来这是上天让他成为圣人的，而且还拥有那么多才能。"孔子听后，说："太宰了解我啊！我年少之时贫贱，所以多掌握了些卑贱的技艺。君子认为那些多吗？不多啊。"子牢说："孔子有言，我没有被任用，所以掌握了许多技艺。"

【心得】圣，繁体字"聖"，形声字，从耳、从口，"壬"声；"耳""口"提示的是意义信息，"壬"提示的是读音信息。人若既善用耳，又善用口，可谓通达。太宰问话里有个逻辑：多才多艺的，才是圣人。这在孔子身上是可以得到验证的，因为孔子善于倾听，且善于交流，其人通达，这在《论语》众多对话里显示得非常突出。

孔子承认自己有点才能，不过仍觉得不满足。事实也是如此，"子入太庙，每事问"可证。太宰懂孔子，但是未必完全懂孔子。孔子委婉地否认了因为是圣人所以很有才能这一观点，而孔子认为正好相反。"吾少也贱，故多能鄙事"。多吗？不多啊！用个人经验力证，"圣"是成长的必然结果，有才能是由平平淡淡而后显豁的人生进阶之基础。

9.7 子曰："吾有知乎哉？无知也。有鄙夫①问于我，空空如也。我叩其两端而竭②焉。"

【注释】①〔鄙夫〕庸俗浅陋的人。②〔竭〕尽。

【大意】孔子说："我有知识吗？没有知识啊。有庸俗浅陋的人问我，我对问话一无所知。我只是从问题的两端探索，以穷尽问题的全部。"

【心得】伟大的人除了以其饱学之智惠及人，以其高尚的品行感染人，还以其巧妙地解决问题的方法启迪人。本章中，孔子谦虚的品格跃然纸上。具体的知识可能重要，但品格影响他人会更重要。至少，后人会在谦虚的品质上，以孔子等为典型，鞭笞自己、提醒自己。

孔子觉得自己"空空如也"，则从方法上探索，通常这一方法是行之有效的。当遇到问题的时候，从一个角度去思索，可能久而不得其解，换个角度思考，也许答案就呼之欲出了。因此，教师从方法上启迪人思考问题，培养人的思维能力，比传授具体的知识重要多了。知识可以通过学习获得，而方法需要点拨，有了方法便可进行拓展，从而获得更多的知识。"授之以渔"，正是这个道理。

9.8 子曰："凤①鸟不至，河②不出图，吾已矣夫！"

【注释】①〔凤〕古代传说中的一种神鸟，为百鸟之王，是祥瑞的象征。凤凰出现代表天下太平。《尚书》："箫韶九成，凤凰来仪。"相传舜施行教化，后作《韶》乐，凤凰飞来。②〔河〕黄河。传说圣人受命，黄河就出现八卦图。

【大意】孔子说："凤凰不来了，黄河也不出现八卦图了，我这一生也就完了吧！"

【心得】美好的愿景是"选贤与能，讲信修睦"的大同社会，但身处乱世的孔子，注定看不到了，于是失望地说出了最后一句。孔子所处的时代特点是：土地和人口是重要资源，为了争夺这些资源，攻伐侵掠、战争不断。在这一时代背景下，一心发展生产，以仁德化民，几乎不可能。

孔子的愿景虽然没有实现，但他所描绘的大同社会、小康社会的蓝图，成了后世的追求，在不同的历史时期、历史阶段，启发了后来者。实践也证明，儒家文化深深植根在中华民族的血液中，对治理国家起到了重要作用。

实际上，孔子虽遇逆境，但他并不气馁。后升为鲁国大司寇，摄相位。不久，迫不得已又离开鲁国，开始了周游列国的生涯。政治的失败让孔子有时间思考自己究竟该做什么才更有现实意义。于是孔子专心从事教育，找到了这一方向，奠定了其万世师表的地位。

适当放下，不执着，是圣人的气魄；善于选择，不气馁，是圣人的智慧。

9.9 子见齐衰①者、冕衣②裳③者与瞽④者，见之，虽少，必作⑤；过之，必趋⑥。

【注释】①〔齐衰（zī cuī）〕古代丧服，用熟麻布做的，下边缝齐。②〔衣〕上衣。③〔裳〕下衣。④〔瞽〕目盲。⑤〔作〕站起来。⑥〔趋〕疾行。

【大意】孔子见穿丧服的、穿戴礼帽礼服的以及盲人，见到的时候，即使对方年纪小，也一定站起来；经过的时候，一定是快步走。

【心得】本章反映了孔子在细节处对人尊重、依礼行事的风格。遇到不同的人、处于不同的情形下，通过细小的动作可以看出一个人的修养。无论是起身还是快步走，都是生活中极平常的动作，但在特定的场合，能显示出对人的态度，能显示出一个人的修为如何。

9.10 颜渊喟然①叹曰："仰之弥②高，钻之弥坚。瞻之在前，忽焉在后。夫子循循③然善诱之，博我以文，约我以礼，欲罢不能。既竭吾才，如有所立卓尔④。虽欲从之，末由⑤也矣。"

【注释】①〔喟然〕感叹的样子。②〔弥〕更加。③〔循循〕有顺序的样子。④〔卓尔〕形容超群出众。⑤〔由〕路径。

【大意】颜回感叹道："抬头看的时候，觉得更加高了；钻研的时候，觉得更加不可穷尽。看的时候似乎在前，忽而又到了后面。老师步步引导我，丰富我的知识面，又用礼来约束我，我想停下来都不可能。已经竭尽我的才能了，但仍然觉得前面有东西在矗立着。即使想跟随他，却发现没道路可行。"

【心得】本章是孔子弟子颜回对老师高深学问的赞叹，描述了孔子在教学上循循善诱、学问广博且深的境界；从一个侧面可以看出颜回好学的特点。寥寥数句，显示了颜回对老师孔子教育艺术的由衷敬佩，对孔子学识为人的由衷叹服。

师者在教学中能够循循善诱，进行启发式教育，是件不容易的事。我们要努力了解学生，真正掌握教育规律。

9.11 子疾病①，子路使门人为臣。病间②。曰："久矣哉，由之行诈③也！无臣而为有臣。吾谁欺？欺天乎？且予与其死于臣之手也，无宁死于二三子④之手乎？且予纵不得大葬，予死于道路乎？"

【注释】①〔疾病〕重病。②〔间〕痊愈。③〔诈〕欺骗。④〔二三子〕诸君。

【大意】孔子病重，子路使孔子的学生做家臣。后来病转好了。孔子说："子路搞作假的事好久了吧！没有家臣而装作有家臣。我欺骗谁呢？欺骗上天吗？况且我与其在家臣伺候下死去，还不如在你们这些弟子的伺候下死去。即使不能热热闹闹地办葬礼，我也不会死在道路上吧？"

【心得】本章集中反映了孔子"礼"的主张。孔子认为，礼数是不能僭越的。子路的做法本身是表示对老师的尊重，出于好心，但违背了礼的规定，所以遭到孔子的批评。

礼数、格局总是要有的，合理的礼法是要遵守的。生死之间不忘守礼，是孔子人格魅力的一个生动体现。

9.12 子贡曰："有美玉于斯，韫①椟②而藏诸？求善贾③而沽④诸？"子曰："沽之哉！沽之哉！我待贾者也。"

【注释】①〔韫（yùn）〕收藏。②〔椟〕柜子。③〔贾（gǔ）〕商人。④〔沽〕卖。

【大意】子贡说："这有一块美玉，是把它放在柜子里呢，还是找一个识货的商人卖掉呢？"孔子说："卖了吧，卖了吧！我就是这样一个等待识我的人。"

【心得】玉有德，人如玉，可比之。孔子怀揣抱负，希望有懂得自己的人来让自己从政，施展才华，行己治国之道，但周游列国，并未得到重用。这可能与孔子坚持自己的原则有关，即从不离经叛道，这一点成就了孔子伟大的人格，同时也让孔子体会到了世态的炎凉与艰辛。

9.13 子欲居九夷①。或②曰："陋，如之何③？"子曰："君子居之，何陋④之有？"

【注释】①〔九夷〕古代称东方的少数民族。②〔或〕代词，有人。③〔如之何〕怎么样。④〔陋〕偏僻，边远。

【大意】孔子打算去九夷住。有人说："偏远啊，怎么好住呢？"孔子答："有君子居住的地方，怎么会简陋偏僻呢？"

【心得】《左传》记载，莒子说："辟陋在夷，其孰以我为虞？"夷地似乎果真"陋"，难怪莒子说，那么简陋了，还有人认为我觊觎什么吗？

《雍也篇》中记载，子曰："贤哉回也！一箪食，一瓢饮，在陋巷，人不堪其忧，回也不改其乐。贤哉回也！"孔子赞美颜回的这句话是可以和本章这句印证的。偏远只是物理距离的偏远，心若有道，也就没有那种孤寂之感了。君子能乐道，便没有那种偏僻感。"德不孤，必有邻"。君子自然可以找到心灵归宿。

所处环境不如意，不应该成为一个人懒惰的借口。耐得住寂寞，让自己慢慢成长，才有可能在该成熟的时候成熟，该绽放的时候绽放，惊艳众人。

9.14 子曰："吾自卫反鲁①，然后乐正②，《雅》《颂》③各得其所。"

【注释】①〔自卫反鲁〕孔子从卫国返回鲁国，时间是公元前484年冬。②〔乐正〕调整了乐曲的篇章。③〔《雅》《颂》〕《诗》的两大类别，另一类是《风》。

【大意】孔子说：我从卫国返回鲁国，调整了乐曲的篇章，把《诗》里《雅》《颂》类别的内容归在了适当的类别里。

【心得】首先，从"序"和"传承"的角度看。孔子在文化传承上起了重要作用。编《春秋》，正乐，使《雅》归《雅》《颂》归《颂》，是文化整理的大工程，本质上是对"序"的合理调整，又因为这些经典和"礼"有关，所以，在维护世间秩序方面起到了潜移默化的作用。

其次，从"作"和"发扬"的角度看。子曰："述而不作，信而好古，窃比于我老彭。"在文化方面孔子做得更多的是整理工作，这需要广博的知识和专业的能力。以孔子的实力是可以有创作的优秀作品传世的，但受"述而不作"理念的影响，留下了遗憾。从这个角度看，发扬的方面偏于保守。

最后，从"天"和"命"的角度看。孔子认为自己来到人世间是有责任的，是有安排的，认为自己做的工作是有价值的。如果结合其具体工作看，那就是上述整理典籍之类看似平凡但很伟大的文化工程。

对于有意义的事，值得全力投入。

9.15 子曰:"出则事①公卿,入则事父兄,丧事不敢不勉②,不为酒困,何有于我哉③?"

【注释】①〔事〕服侍。②〔勉〕尽力。③〔何有于我哉〕我做到了哪些呢?这句话是孔子自谦语。

【大意】孔子说:"外出时服侍公卿,回家服侍长者,遇到丧事不敢不尽心尽力去做,不被酒所困,我做到了哪些了呢?"

【心得】做事合于礼仪,表里如一,这是孔子的追求。孔子说:"吾道一以贯之。"曾子对这句的阐释是:"夫子之道,忠恕而已矣。"理论如此,实践也如此,严格遵循这一原则。

本章"出""入"呼应,行为、处事无论内外,都能做到尽心尽力、推己及人,是第一层;丧礼、饮酒则是从仪式感强的特殊情形和日常情形对举,意思是无论什么场合,都能做得恰到好处,是第二层。最后用一个疑问句,孔子自谦的形象跃然纸上。

曾子说:"为人谋而不忠乎?"与此应该是相合的,即遇到当尽心之事,则尽力而为。

9.16 子在川①上曰:"逝者如斯夫!不舍②昼夜。"

【注释】①〔川〕河流。②〔不舍〕不停止。

【大意】孔子在河边说:"流逝的时光和流水一样,昼夜不停,向前流去。"

【心得】时间、空间构成生活的场域。孔子用简短的几个字,把时间易逝的感叹表达了出来。在河边,某个时间点,看到奔腾不息的流水,容易引发人的思考。孔子善于观察,注意到流水和时光的相似性,即永不间断、毫不停留,于是发出感叹,为后世留下了精美的句子。这个句子鞭策人们要珍惜时间,珍惜当下拥有的一切。

对师者而言,要不断充实自己,更新知识,提高品德和修养,培养更多优秀人才,为社会多做贡献。

9.17 子曰:"吾未见好①德如好色者也。"

【注释】①〔好〕喜欢。

【大意】孔子说:"我还没见过喜欢美德胜过喜欢美貌的人。"

【心得】崇德贵仁是孔子的理念。关于德,孔子有不少名言,如"为政以德,譬如北辰,居其所而众星共之"。德是精神层面的追求,如果从政能以德化民,必然大治可期;色是物质层面的向往,陷于其中会耽误事情,甚至还有覆国的危险。这句话体现了孔子希望社会价值观是正向的。

教师要引导学生树立正确的价值观,崇尚美德,奋发图强,始终朝着品学兼优的方向而努力。

9.18 子曰:"譬如①为山,未成一篑②,止,吾止也。譬如平地,虽覆③一篑,进,吾往也。"

【注释】①〔譬如〕比如。②〔篑(kuì)〕盛土的竹筐。③〔覆〕倾出,倒出。

【大意】孔子说:"就像堆土成山一样,再加一筐就成山了,如果这时候停下来,是我自己要停的;就像平地上堆土成山,即使仅仅倒了一筐土,打算继续往前推进,我就会继续向前。"

【心得】"为山九仞,功亏一篑"出自《尚书》,比喻一件事就差最后一点努力,结果没办成。

《论语》以极其精练短小的句子,将古人的智慧记录了下来,激励人们成长,是一笔宝贵的精神财富。本章就是要让人们相信坚持的力量,做事情就要踏踏实实地干,不要畏缩不前。

9.19 子曰:"语①之而不惰者,其②回也与!"

【注释】①〔语〕告诉。②〔其〕副词,表示推测,大概、或许。

【大意】孔子说:"讲给他听,能做到不懈怠的,大概就是颜回吧!"

【心得】颜回是孔子最得意的学生,在《论语》中多次看到孔子对他的赞美。

好学，是颜回的一大特点。《雍也篇》载，哀公问："弟子孰为好学？"孔子对曰："有颜回者好学，不迁怒，不贰过。"好学不怠惰如此，能得到孔子如此高的评价，只有颜回了。

子谓子贡曰："女与回也孰愈？"对曰："赐也何敢望回？回也闻一以知十，赐也闻一以知二。"子曰："弗如也，吾与女弗如也。"这是《公冶长篇》中关于颜回好学的记载，通过对比子贡以及孔子自己，衬托出颜回好学的精神。孔子读书"韦编三绝"，在此自叹"弗如"，不免有谦虚的成分，但颜回之好学，被突显得淋漓尽致。

学无止境，人不可以不学，教师更应成为终身学习的榜样。

9.20 子谓颜渊，曰："惜乎！吾见其进也，未见其止①也。"

【注释】①〔止〕停留。

【大意】孔子谈到颜回，说："可惜啊！我看到他向学，从未见他停下来。"

【心得】本章仍然是对颜回好学品质的称赞，只是叹息斯人已逝。孔子多次对颜回赞誉有加，不仅仅是因为其好学，还因为颜回能够触类旁通，领悟透彻。能学习不是本事，善学习才是智慧。在所器重的弟子中，子贡也是其一，但仍然觉得有不及。"赐也何敢望回？回也闻一以知十，赐也闻一以知二"。这是子贡的直观感受。孔子夸赞颜回"不迁怒，不贰过"，这六个字是对人的美好品质的提炼。能够做到不再犯同样的错误，是很难的，可见颜回很善于总结，很注重效率，很注重反馈。

"不迁怒，不贰过"，作为教师，我们能否做到呢？不妨在日常生活、学习过程中以此严格要求自己，提升自己的修养和境界。

9.21 子曰："苗而不秀①者有矣夫！秀而不实②者有矣夫！"

【注释】①〔苗而不秀〕比喻资质虽好，但无成就；也比喻虚有其表。苗，庄稼出苗。秀，庄稼吐穗开花。②〔实〕结果实。

【大意】孔子说："庄稼长出来苗了，但不能吐穗的情形是有的！庄稼吐穗，但不结果实的情形也是有的！"

【心得】农民比较关注的事情包括耕种、收获等。为了赶上时节，尽管已经是"羸牛无力渐艰行"，也不得不"夜半呼儿趁晓耕"。耕种是为了收获，有个盼头，"稻花香里说丰年，听取蛙声一片"。因为只有收获了，才有可能"故人具鸡黍，邀我至田家"。但是，如果"苗而不秀"，哪来的收获？哪来的梦想？

有人认为"苗而不秀"是慨叹颜回短命，有人则认为是激励弟子，也有人认为二者兼有。我们认为，儒家是要入世，真正参与到社会中，立德、立功、立言是价值追求，博施济众、拯厄除难、薪火相传，都是要有作为的，如果"不秀""不实"，何谈济世？

师者更应多看多学，踏踏实实，充实自己，让自己有能力去发光，去照亮他人，这样的人生才更有价值。

9.22 子曰："后生可畏①，焉知来者之不如今也？四十、五十而无闻焉，斯亦不足②畏也已。"

【注释】①〔后生可畏〕年轻人是可敬畏的，形容青年人能超过前辈。②〔不足〕不值得。

【大意】孔子说："年轻人值得敬畏，哪能说后辈就一定不如现在这一代呢？到了四五十岁还默默无闻，这也就没什么可敬畏的了。"

【心得】"长江后浪推前浪""江山代有才人出"，正与孔子之说吻合，说明后来者可以居上，是值得敬畏的。如果是年轻教师，一定不要被某些思想束缚，要有自信和毅力，敢于超越，敢于在社会上施展自己的才能。社会发展历史上很多鲜活的实例证明，才能和岁数没有必然的关系。

谦虚谨慎，存敬畏之心，让自己成长为优秀的人。当敬畏者，恒敬畏之，狂妄与胆小，均要不得。

9.23 子曰:"法①语之言,能无从乎?改之为贵。巽②与之言,能无说③乎?绎④之为贵。说而不绎,从而不改,吾末如之何也已矣。"

【注释】①〔法〕指礼仪规则。②〔巽(xùn)〕顺。③〔说〕通"悦"。④〔绎〕抽出、理出头绪。

【大意】孔子说:"符合礼仪规则的话,能不听从吗?能改正才是可贵的。顺着赞美的话,能不开心吗?明白其中的真情才是可贵的。只是高兴而不弄清楚饱含的真情,只是听从但不想真心改正,我没有什么办法了啊。"

【心得】只是短短几句,已把教育中很常见的问题揭示了出来。如何教育他人?怎么做才有效?

孔子注重因材施教,不同学生特点不同,要根据对方的理解能力,采用合适的教育方式。以上两种教育方式并非二元对立,可以在不同的场合采取不同的方式,关键是对方能领略要义,改正错误。

9.24 子曰:"主忠信,毋友不如己者,过则勿惮改。"

【大意】孔子说:"君子应该亲近忠诚和讲信义的人,不要和不如自己的人交朋友,有了过错不要害怕改正。"

【心得】作为老师,就是要成为孔子口中这样的君子。同时,老师也要教导学生成为这样的君子。

9.25 子曰:"三军①可夺帅也,匹夫②不可夺志也。"

【注释】①〔三军〕指军队。②〔匹夫〕普通百姓。

【大意】孔子说:"一国军队,可以夺走他们的主帅;一个普通百姓,却不能夺去他的志气。"

【心得】军队的首领都可以拿下,一个人的志向却不能被强行改变。人生在世,志气非常重要。通常,在困难时候,志气显得尤为重要。我们都应该做有志之士，不为金钱、权贵折腰。

教育应培养什么样的人才？气质、品性、德行等这些内在修养才是最重要的吧。

9.26 子曰："衣①敝②缊③袍，与衣狐貉者立，而不耻者，其由④也与？'不忮不求，何用不臧⑤？'"子路终身诵之。子曰："是道也，何足以臧？"

【注释】①〔衣〕穿。②〔敝〕破旧的。③〔缊〕旧絮。④〔由〕仲由，字子路，孔子弟子。⑤〔不忮不求，何用不臧〕出自《诗经·邶风·雄雉》。句子的意思是：不忌恨，不求于人，有什么不好呢？忮，忌恨。臧，善。

【大意】孔子说："穿着破旧的丝绵袍，和穿着狐貉裘的人在一起，还能不感到耻辱的，大概是仲由吧？'不忌恨，无所求，哪有什么不好呢？'"子路听了，就反复背诵这两句。孔子说："仅仅如此，怎样才能好起来呢？"

【心得】子路跟随孔子求学，在求学道路上可谓刻苦，境界虽有提升，但仍有不足。孔子在教育弟子的时候，因材施教，退缩者进之，冒失者退之。有一次，子路和冉有同样问："闻斯行诸？"意思就是听了之后便去做吗？孔子对同样的问题，给了他们不同的答复。子路生性勇敢，有时不免鲁莽。于是孔子对子路说，有父兄在，就不能听了就去做，要征求一下父兄意见再说。而冉有个性优柔，做事考虑太多，束缚自己，于是孔子鼓励冉有，听了就去实践。

本章通过子路的一个侧面，非常形象地展示了他的某些特点。孔子欣赏子路乐于道，不因衣着不如他人而感到耻辱。子路能做到此却又陷于此，"终身诵之"，裹步不前，于是孔子说，仅仅做到这一点还是不够的。由此可以看出，孔子对子路的期望是比较高的。

9.27 子曰："岁寒①，然后知松柏之后凋②也。"

【注释】①〔岁寒〕一年中的寒冷季节。②〔凋〕凋零，凋落。

【大意】孔子说："天气寒冷时，才知道松柏的叶子是最后凋落的。"

【心得】恰当的修辞能将道理说得通俗易懂。本章孔子用松柏的意象作比，用来警醒世人，珍惜当下，锤炼品质，堪称经典。本章用自然界的现象突显人的品质，韵味无穷，像一种力量，促使人顽强奋进，不忘本色。

9.28　子曰："知①者不惑，仁者不忧，勇者不惧。"

【注释】①〔知〕智慧，聪明。

【大意】孔子说："智者没有困惑，仁者没有忧虑，勇者不会害怕。"

【心得】《中庸》："好学近乎知，力行近乎仁，知耻近乎勇。"意思是喜欢研究学问就接近智慧了，能够努力行善就接近仁义了，知道什么是耻辱的就接近勇敢了。

这几句话和本章孔子所言可互相参看领会。一个人知道了"知、仁、勇"就知道如何去修身了。而师者，就是要在成长的过程中，锻炼成这样的人——智者、仁者、勇者。

9.29　子曰："可与共学，未可与适①道；可与适道，未可与立；可与立②，未可与权③。"

【注释】①〔适〕往。②〔立〕坚守道。③〔权〕通权达变。

【大意】孔子说："可以一起学习，不一定可以和他一起掌握道；可以和他一起掌握道，不一定可以和他一起坚持道而不变；可以和他一起坚持道而不变，不一定可以和他一起权衡轻重、灵活处事。"

【心得】这个句子包含了四个层次，且层层递进，从修辞手法上也可看出孔子对最后一个层次"权"更为看重。

我们在人生旅途中，求学供职，这一过程也与此有相似，"共学""适道""立""权"四个层次，正是人要经历的一般顺序。因此，无论在哪个阶段，都要认真做好选择。

9.30 "唐棣①之华②，偏其反而。岂不尔思？室是远而。"子曰："未之思也，夫何远之有？"

【注释】①〔唐棣〕一种植物。②〔华〕花。

【大意】"唐棣的花，摇摆翩翩。难道我不想念你吗？只是住的远罢了。"孔子说："这是没有真的思念啊，（如果真思念的话）哪会觉得那么远呢？"

【心得】这里用了"比兴"的手法。先说花如何飘摇，然后用来说人如何思念，只是远了些。孔子则对这句话进行了解析，认为那还是思念程度不足，否则距离根本不是问题。

本章没有明确指出所影射的是什么，但这个句子本身很有启发性，可能说的是求学，也可能是求道或其他。如果想做一名优秀的人民教师，那还有什么困难能阻挡住我们努力实践的脚步呢？

乡党篇第十

《乡党篇》共18章。本篇主要讲述孔子在面对不同的境况时所表现出来的礼仪修养。在朝堂，态度恭敬而有威仪，不卑不亢，敢于讲话；在国君面前，温和恭顺，庄重严肃而又诚惶诚恐；在乡党面前，谦逊和善。正所谓，对乡邻和睦以待，对君王雍容有礼，对国家"义"字当先。平和待物，不骄躁自夸，也不卑躬屈膝。以谦恭大度的胸怀处世待人，从容温和，潇洒大方，用实际行动服务人民，奉献社会。

此篇以孔子的言谈举止、衣食住行、音容笑貌等日常生活的一些侧面为切入点，颂扬其一举一动符合礼的正人君子品格，为人们全面了解和研究孔子，提供了生动的素材。

10.1 孔子于乡党，恂恂①如也，似不能言者；其在宗庙、朝廷，便便②言，唯谨尔。

【注释】①〔恂恂〕恭顺貌。②〔便便〕辩，善于辞令。

【大意】孔子在乡里间显得很温顺，像是不会说话的样子。他在宗庙里、朝廷上却很善于言辞，只是很谨慎罢了。

【心得】孔子在乡党时跟在庙堂中的表现好像是两个人，庙堂是严肃的场合，该讲的绝对讲，不保留，但是要审慎有分寸，不乱讲；而乡党是自己生活的地方，交往的对象是自己生活圈里的父老乡亲，没必要张扬摆谱。

作为师者，则应表现为在专业学术领域，能旁征博引，"谨"而有信的"便便言"，以表现出高深的学识和才能；在课堂、校园，既要有侃侃而谈、循循善诱的"言传"，也要有身体力行、身正为范的"身教"；而在家长、同事、父老乡亲面前，只需面带真诚的微笑，伸出援助的双手。虽"恂恂"不言，但心怀仁爱。

10.2 朝，与下大夫言，侃侃如也①；与上大夫言，訚訚②如也。君在，踧踖③如也，与与④如也。

【注释】①〔侃侃〕温和快乐的样子。②〔訚（yín）訚〕正直、和颜悦色而又能直言诤辩。③〔踧踖（cù jí）〕恭敬而不安的样子。④〔与与〕威仪适中的样子。

【大意】上朝的时候，同下大夫说话，温和而快乐的样子；同上大夫说话，和颜悦色而又直言诤辩。君主在的时候，恭敬而不安，又仪态适中。

【心得】这章描写的是孔子为官上朝一天中的作风表现，是对其工作领域的描绘，地点是朝堂上。对象不同，态度表现也不同。正所谓君子上交不谄媚，下交不骄不渎。一切都不刻意而又做得恰到好处。

对于师者的言谈，也面临三种关系：师生之间，以"侃侃如也"的态度，表现师者对学生的教育和关怀，语重而心长；同事之间的"訚訚如也"，表现朋友之间的真诚和友爱，语切而情深；上下级之间"踧踖如也，与与如也"，表现对长者尊者的尊敬和恭顺，语缓而心诚。这一切不骄不渎，不刻意做作，恰到好处。修为到此，为人师者的风范尽显矣。

10.3 君召使摈①，色勃如②也，足躩③如也。揖所与立，左右手，衣前后④，襜⑤如也。趋⑥进，翼如也。宾退，必复命曰："宾不顾矣。"

【注释】①〔摈〕同"傧"，接待宾客。②〔色勃如〕脸色庄重。③〔躩（jué）〕盘旋的样子。形容古时一种回旋周转、曲折进退的礼节。

④〔衣前后〕衣服随着作揖时身体的俯仰而前后摆动。⑤〔襜（chān）〕整齐。⑥〔趋〕快步走。

【大意】国君召孔子去接待宾客，孔子总是脸色庄重，脚步盘旋。向和他一起站立迎宾的人作揖，手向左向右地拱手，衣服前后摆动，却整齐不乱。快步向前的时候，像鸟儿展开双翅一般。宾客走后，一定向国君回报说："客人已经不回头了。"

【心得】师者的外交，不是国与国、邦与邦之间的外交；师者的外交，是学校与学校之间、学者与学者之间、老师与家长之间的"外交"。虽不必像孔子时代那样谨小慎微，但同样要做到矜持庄重，即"色勃如也"，这是内在的态度和德行。正因有此"内功"，外在的一言一行、一举一动，甚至衣服的前后摆动、脚步的趋进前行，都显得那么合适得体。如果不从内在的修为着手，培养矜持庄重的气质，那就是"邯郸学步""东施效颦"。

10.4 入公门，鞠躬如①也，如不容。立不中门，行不履阈②。过位，色勃如也，足躩如也，其言似不足者。摄齐③升堂，鞠躬如也，屏气似不息者。出，降一等④，逞⑤颜色，怡怡如也。没阶⑥，趋进，翼如也。复其位，踧踖如也。

【注释】①〔鞠躬如〕"鞠躬"有两种解释：一作曲身讲，二指谨慎恭敬的样子。如解释为曲身，依语法不应加"如"字。本书取第二种解释。②〔阈（yù）〕门槛。③〔摄齐（zī）〕提起衣服的下摆。摄，提起。④〔降一等〕走下一级台阶。⑤〔逞〕舒展。⑥〔没阶〕走完台阶。

【大意】孔子进朝廷的门，谨慎而恭敬，好像没有他的容身之地。不站在门中间，走路也不踩门槛。经过国君的座位，就面色庄重，脚步盘旋，说话好像中气不足一样。提起衣服下摆上堂的时候，恭敬谨慎，憋住气像不呼吸一样。退出来，走下一级台阶，脸色便舒展了，怡然自得的样子。下完台阶快步向前的时候，像鸟儿展开翅膀一样。回到自己的位置上，是恭敬和不安的样子。

【心得】这章记录孔子上朝面君议事的经过，详细介绍了期间的各种礼仪。孔子所持的每种礼仪，都是面对各种外界环境时诚敬心态的自然反映，也是对自己所宣讲的礼的亲身实践。

为人师表者，是德行的表率，也是礼仪的楷模。内修道，外习礼。现代师者不仅要提高自身修养，也要在言谈举止、待人接物中做到合乎现代礼仪，达到内外兼修。

10.5 执圭①，鞠躬如也，如不胜。上如揖，下如授。勃如战色②，足蹜蹜如有循③。享礼④，有容色⑤。私觌⑥，愉愉如也。

【注释】①〔圭〕一种玉器。出使别国，大夫拿着圭作为代表君主的凭信。②〔战色〕战战兢兢的样子。③〔蹜（sù）蹜如有循〕脚步密而小。④〔享礼〕使臣向别国君主献礼的仪式。⑤〔有容色〕满脸和气。⑥〔私觌（dí）〕以私礼会见。觌，会见。

【大意】孔子出使别国，拿着圭，恭敬谨慎，像是举不起来的样子。举在上面时像是作揖，放在下面时像是递东西给人。面色战战兢兢，脚步细密，脚跟不离地。到献礼物的时候，满脸和气。和国君作私人会见的时候，便轻松愉快了。

【心得】国家之间的外交，既有公开场合下的"勃如战色"，以显其恭敬和庄严；也有私下会面的"愉愉如也"，以显示友好与和谐。国与国之交，礼仪、礼节显得格外重要，它体现了一个国家文明的程度，也体现了一国之形象。因此，应事先了解各国礼仪，以免会面时因礼节不周而造成不必要的麻烦。

师者的外交同样如此。该庄重恭敬、威仪坦荡时，绝不怠慢随性；该轻松愉悦、言笑晏晏时，绝不惺惺作态。

10.6 君子不以绀緅饰①，红紫不以为亵服②。当暑，袗絺绤③，必表而出之④。缁衣，羔裘⑤；素衣，麑⑥裘；黄衣，狐裘。亵裘长，短右袂⑦。必有寝衣⑧，长一身有半。狐貉之厚以居⑨。去丧，无所不佩。非帷裳⑩必杀⑪之。羔裘玄冠不以吊⑫。吉月⑬，必朝服而朝。

【注释】①〔绀緅（gàn zōu）饰〕绀緅是斋戒和祭祀时礼服用的颜色，所以不用来镶边。绀，深青色中透红的颜色。緅，黑中透红的颜色。饰，衣服的镶边。②〔红紫不以为亵（xiè）服〕亵服，平常家居穿的衣服，即便服。红紫古时认为不是正色，便服不用红紫，可见更不用于正服。③〔袗絺绤（zhěn chī xì）〕袗，单衣。絺，细葛布。绤，粗葛布。④〔表而出之〕先穿内衣，把葛衣穿在外面。⑤〔缁（zī）衣，羔裘〕缁，黑色。羔裘，羊皮衣。古代羔裘都是用黑羊皮，毛皮向外。"缁衣羔裘"及下面两句，是说罩衣的颜色要与裘皮衣服的颜色相称。⑥〔麑（ní）〕小鹿，白色。⑦〔短右袂（mèi）〕袂，袖子。右袖短一点，是为了便于做事。⑧〔寝衣〕睡衣。一说是小被。⑨〔居〕坐。⑩〔帷裳〕上朝和祭祀时穿的礼服，用整幅布制作，不加裁剪，腰间缝成褶子。⑪〔杀〕裁去。⑫〔羔裘玄冠不以吊〕古代丧事用白色，黑色用于吉服。羔裘玄冠是黑色，因此不用于丧事。⑬〔吉月〕有几种解释：一指每月初一；二应作"告月"，每月月底负责历法的官员把下月初一报告给国君；三指正月初一。

【大意】君子不用深青透红或黑中透红的布做衣服的镶边，不用红色、紫色的布做日常穿的便服。夏天穿葛布单衣，但一定套在内衣外面。黑色的罩衣配紫羔皮衣，白色的罩衣配麑裘衣，黄色的罩衣配狐裘衣。在家穿的皮衣做得长一些，右边的袖子短一些。睡觉一定要有睡衣，有一身半长。用狐貉的厚毛皮做坐垫。除了服丧期间以外，衣带上佩带各种装饰品。不是上朝和祭礼用的帷裳，一定要剪裁。紫羔衣和黑色帽子都不在吊丧时穿戴。大年初一，一定要穿着上朝的礼服去朝见君主。

【心得】服饰是一种文化，反映了一个民族的文化水平和物质文明的发展程度。在社交活动中，人们可以通过服饰来判断一个人的身份地位、涵养。得体的服饰可展示个体内心对美的追求、体现自我的审美感受，可以增进一个人的仪表气质。

衣着品味是一个人成为"谦谦君子"的外在表现。品行好、修行高，能获得他人的尊重；衣着得体、仪表堂堂，能给人美的欣赏。品质不端、行为不正，内在美缺失；不修边幅、不顾场合，外在美无存。只有"文质彬彬"，然后才能成为君子。为人师者，在衣着服饰方面亦是如此，不仅要得当得体，还要有品位、有特点。

10.7 齐①，必有明衣②，布。齐必变食③，居必迁坐④。

【注释】①〔齐〕通"斋"。古人在祭祀之前要进行斋戒。②〔明衣〕斋前沐浴后穿的浴衣。朱熹注释："齐，必沐浴，浴竟，即着明衣，所以明洁其体也，以布为之。"③〔变食〕改变平日的饮食。如不饮酒、不吃葱蒜等。④〔迁坐〕改换卧室。古时斋戒一定要迁到"外寝"，不与妻同房。

【大意】斋戒的时候，一定要备有用布做的浴衣。斋戒时一定改变平常的饮食，迁移卧室。

【心得】古代每遇重大的礼仪活动，比如祭祀，参加者必须斋戒。斋戒一般有三项内容。一是沐浴，即洗净身体。明衣即浴衣，其用途是在沐浴之后，身体不干，着浴衣待身体干燥再穿衣服。二是吃斋，就是要改变饮食，不食酒肉，连一些有刺激异味的蔬菜，如韭、蒜、葱等也不能吃。三是迁居，即迁出燕寝而到正寝住宿，不与妻子同房。这三者都是为了表示对祭礼的重视和对所祭者的尊重。

作为现代人，必然会以师者的身份参加一些比较正式庄严的活动，从盛大典礼、重要会议、学术论坛、专题讲座等，到日常的上课，也都应该做到身体清爽、衣冠整洁、举止文明。这一切形式、行为的背后，都离不开"以仁为本"，即对人或事所应该具备的"尊"和"敬"。

10.8 食不厌精，脍①不厌细。食饐而餲②，鱼馁而肉败③，不食。色恶不食，臭恶不食，失饪不食，不时④不食，割不正⑤不食，不得其酱⑥不食。肉虽多，不使胜食气⑦。唯酒无量，不及乱⑧。沽酒市脯不食。不撤姜食，不多食。祭于公，不宿肉⑨，祭肉⑩不出三日。出三日，不食之矣。食不语，寝不言。虽疏食菜羹，瓜祭⑪，必齐⑫如也。

【注释】①〔脍（kuài）〕细切的鱼、肉。②〔饐（yì）而餲（ài）〕食物经久而腐败变味。③〔馁、败〕鱼腐烂叫馁，肉腐烂叫败。④〔不时〕有两种解释：一、不合时令，指五谷不成，果实未熟之类；二、不是吃饭的时候。⑤〔割不正〕有两种解释：一、指宰杀牛羊时没有按规定的方法割截分解，二、肉切得不方正。⑥〔不得其酱〕吃不同的肉用不同的酱，用酱不适合就叫"不得其酱"。⑦〔食气〕指饭食。⑧〔乱〕指酒醉。⑨〔不宿肉〕古时大夫助国君祭祀，祭祀完毕后可以得到国君赐的祭肉。但天子、诸侯的祭礼要进行两天。这样在得到赐肉时，肉已经放了两三天，不能再过夜了。⑩〔祭肉〕这是指家中祭祀用的肉。⑪〔瓜祭〕有的版本作"必祭"。古人临吃前把席上各种食品拿出少许，放在食具之间，以祭祀最早发明饮食的人，表示不忘本。⑫〔齐〕同"斋"，严肃恭敬的样子。

【大意】粮食不嫌舂得精，鱼和肉不嫌切得细。饮食腐败变味了，鱼和肉腐烂了，都不吃。食物颜色变了不吃，气味变了不吃，烹调不当不吃，不合时令的东西不吃，没照正规方法割的肉不吃，没有适当的调味品不吃。肉虽然多，但吃的量不超过饭食。只有酒没有限量，但不喝醉。从市上买的酒和肉干不吃。吃完饭后，不撤掉姜碟，但也不多吃。参加国君祭祀得到的肉，不留到第二天。自己家里的祭肉，存放不出三天。超过三天，就不吃了。吃饭的时候不交谈，睡觉的时候不说话。即使吃的是粗米饭、菜汤，临吃时也要祭一祭，而且表情严肃恭敬。

【心得】本章是孔子谈如何对待饮食。从中可以看出孔子不仅是一位以礼餐饮的楷模，而且是位十分符合健康饮食理念的美食家。一滴水可以折射出太阳的光芒，每一个细节都会影响人性的修养。

作为师者，除了在专业领域、在教书育人上面求精深、求创新外，在饮食生活中，也应成为"师者"。首先，要了解如何安全饮食，保障合理的饮食结构，这是健康的前提；其次，追求美味，懂得享受美食，进而懂得品味人生；最后，食物是大自然赋予的，我们要心怀敬意，不能浪费和挥霍。总之，我们应该养成良好的生活习惯，培养健康的饮食行为，注重日常细节的修养，这样才能保持身心的健康和大节的从容。作为老师，不仅要自己做到，也要引导学生做到。

10.9 席①不正，不坐。

【注释】①〔席〕席子。孔子生活的时代没有椅子和凳子，都是在地面铺上席子，席地而坐。

【大意】席子放得不正，不坐。

【心得】"席不正，不坐"，是儒家对"礼"的要求。这句话的意思很简单，但意义深刻。师者要教导学生注意对礼节的遵守，比如掌握座次礼仪的要求；懂得会议主席台和嘉宾席的座位排列之别；在家庭聚餐时要懂得谦让，懂得主动导引或搀扶长者到正席入座，如果目中无人，自顾自坐到上位，只会让人觉得缺乏教养。

10.10 乡人饮酒①，杖者②出，斯出矣。乡人傩③，朝服而立于阼阶④。

【注释】①〔乡人饮酒〕指当时的乡饮酒礼。②〔杖者〕指老人。③〔傩（nuó）〕古代一种迎神以驱逐疫鬼的风俗。④〔阼（zuò）阶〕堂前东面的台阶，是主人迎送宾客时站立的地方。

【大意】行乡饮酒礼之后，等老年人出去之后，自己才出去。乡里人迎神驱鬼，就穿上朝服站在东边的台阶上。

【心得】这章同样是讲餐饮礼仪，乡人饮酒注重的是长幼之序，其目的不在饮，而在于明礼。古时的人以此为君子之德，对于现代人来讲，这种美德依然具有现实意义。

礼的运用，本质上在于尊重。让对方感觉受到尊重，从而拉近双方的距离，方便进一步的交流。尊老爱幼，入乡随俗，都是礼的应用之法。

10.11 问①人于他邦，再拜而送之②。康子馈药，拜而受之。曰："丘未达，不敢尝。"

【注释】①〔问〕问候，古代问候都致送礼物。②〔再拜而送之〕拜送使者。

【大意】派使者向别国友人问候，向使者拜两次给他送行。季康子送药给孔子，孔子拜谢之后接受了，说："我还不了解这药的药性，不敢尝试。"

【心得】本章讲的是孔子在与朋友交往时致送和收受礼物的情况，孔子一定是"拜"而送之或受之。"拜"是主要礼仪，表示自己尊重、尊敬对方。今天的人们，更多是用言语表示敬意，较少用"拜"这种肢体动作，通常用"点头"或者"握手"来代替。

为什么再拜？这是孔子时代的礼仪规定。一拜是拜受托人，感谢他接受自己的委托，将自己的问候千里迢迢带给自己身在别国的朋友；二拜是拜自己身在别国的朋友，由受托人代为接受。通过这两拜，把自己的意思和尊敬全部表达出来。

只有始终站在对方的立场，为他人着想，始终抱有一颗诚恳真挚的恭敬心，以仁为本，才能把符合"礼"的一言一行做到极致。

10.12 厩焚。子退朝，曰："伤人乎？"不问马。

【大意】马厩失火了。孔子退朝回来，说："伤人了吗？"不问马的情况。

【心得】《朱子集注》说到："非不爱马，然恐伤人之意多，故未暇问。

盖贵人贱畜，理当如此。"孔子问人不问马，不是说不爱马，而是更爱人，对人有一种仁爱心、慈悲心，是孔子"以人为本"思想的最直接体现。

以人为本，是现代社会应该遵循的一条准则，对于教育来说更是如此。不仅重视学生的生命安全，还要关注学生的身心健康，因材施教，以学生的全面发展为核心制订教学目标，使学子的身心得到最大化的发展。

10.13 君赐食，必正席先尝之。君赐腥①，必熟而荐②之。君赐生，必畜之。侍食于君，君祭，先饭③。疾，君视之，东首④，加朝服，拖绅⑤。君命召，不俟驾行矣。

【注释】①〔腥〕生肉。②〔荐〕供奉先祖。③〔先饭〕古时君主吃饭要有人先尝一尝，君主才吃。先饭就是先吃，表示自己不敢以客人自居，而是像给君主尝食一样。④〔东首〕这是说卧病在床时的情形，东首就是头朝东。⑤〔加朝服，拖绅〕在身上加盖朝服和大带。绅是束在腰间的大带。

【大意】国君赐给吃的，一定要摆正席子先尝一尝。国君赐给生肉，一定要烧熟了供奉祖先。国君赐给活物，一定要饲养起来。侍奉君主一起吃饭，在国君祭祀的时候，自己先吃饭，替君主尝一尝。孔子病了，国君来探视，他头朝东躺着，身上盖着朝服，拖着大带。国君召唤，不等驾好车就先步行走去。

【心得】从本章内容来看，国君非常尊重孔子，经常赐给孔子食物，让孔子陪着吃饭，还亲自探望生病的孔子。但是，无论国君怎么宠信，礼节是不可缺少的。孔子没有恃宠而骄、得意忘形，依然按照礼仪一心一意地侍奉国君，认真对待每一个礼节，充分显示出对国君的"敬"。其中，陪国君吃饭更能显示出孔子的忠心。那时吃饭前要先祭祀祖先和神灵，孔子在国君祭祀的时候，先尝了尝饭菜。按照现在的礼仪，这是不礼貌的。但那时在国君吃饭前，自己先尝一尝，看看饭菜有没有毒、卫生不卫生、可口不可口，是表示自己对国君的忠心。

百姓常说的"吃有吃相"，就是日常餐桌礼仪的一部分，指的是吃相要优雅，不要咀嚼出声，不要边吃边说笑等。现代的餐桌礼仪还包括了国家提倡的"光盘行动"，爱惜粮食不浪费。这样做既符合礼仪的要求，也有利于身体的健康。从吃饭的礼仪文明入手，引导孩子做一个遵礼守礼的现代文明人。

10.14_ 入太庙，每事问。

【大意】进了太庙，每件事情都询问。

【心得】本章记述的应是孔子在鲁国担任大司寇期间的事。

孔子难道不懂太庙祭祀之礼吗？非也。孔子虽然熟知各种"礼仪"，但因为第一次进入太庙参与国家重大祭祀活动，为了慎重起见，也为了尊重这种重大的国家祭礼，所以必须每件事、每个细节都询问清楚，不能有丝毫差错，这正是"知礼"的表现。正如我们初到一个地方，必须首先了解当地的风土人情、风俗习惯，以免惹出不必要的麻烦，这和做人做事一样，诚恳地向人请教，就是礼的精神。

本章对师者的启示是，不忽视每一个细节、不错失每一个机会，才不会有一点点过失。教师肩负着教书育人的使命，要认真把握每一个细节、每一个机会，见微知著。及时发现教学中的问题，及时了解学生的动态，才能有的放矢，遇到问题迎刃而解。

10.15_ 朋友死，无所归，曰："于我殡①。"朋友之馈，虽车马，非祭肉，不拜。

【注释】①〔殡〕停放灵柩和埋葬都可以叫殡。这里泛指丧葬事务。

【大意】朋友死了，没有亲属负责敛埋，孔子说："丧事由我来办吧。"朋友馈赠物品，即使送的是车马，只要不是祭肉，孔子接受的时候都不拜。

【心得】不以利益多少交朋友，不以利益有无论朋友，这是孔子对朋友的真诚。孔子有时甚至把朋友的后事接过来，自己负责丧葬。这种情的交融、爱的付出，不求任何回报，是平常人不容易做到的。

孔子虽然看重礼仪，与人交往以礼为先，但是行礼是有规则的，不是什么时候都行礼，也不是对什么人都行礼，更不是什么事情都行礼。朋友赠送的车马，不可谓不贵重，但不属于行拜礼的范围便不行拜礼；朋友赠送祭祀用的肉，谈不上贵重，但属于行拜礼的范围便要行拜礼。正所谓"礼多而不乱，礼多而不滥"。

《礼记·曲礼上》说："礼尚往来。往而不来，非礼也；来而不往，亦非礼也。"送礼物是普遍存在的社会现象，存在于人类社会的各个时期、各个地区。一件理想的礼物对赠送者和接受者来说，能表达出某种特殊的愿望，传递出某种特殊的信息。因礼物是你人品的延伸，对方从中能衡量出你的兴趣，甚至你的智慧。

10.16 寝不尸，居不容①。见齐衰②者，虽狎，必变。见冕者与瞽者，虽亵，必以貌。凶服者式③之。式负版者④。有盛馔，必变色而作。迅雷风烈，必变。

【注释】①〔居不容〕有两种解释：一、居家不必像祭祀或会见宾客时那样注重仪容；二、"容"应为"客"，居家可以不像会客或作客时一样庄敬。②〔齐衰〕丧服的一种。③〔式〕同"轼"，古代车辆前部的横木。这里作动词用，俯身，双手扶在轼上的意思，是表示敬意的礼节。④〔负版者〕有两种解释：一、背负国家图籍的人；二、"负版"应作"负贩"，即做买卖的人，虽然低贱，也要伏轼以表示敬意。

【大意】睡觉时不像死尸那样躺着，平时在家不像接待宾客或作客时那样严肃庄重。见到穿丧服的人，即使是很亲近的人，也一定改变表情，表示哀悼。见到戴礼帽的人和盲人，即使是很熟悉的，也一定有礼貌。在车上遇到穿丧服的人，便俯身，双手扶在车前横木上。遇见背负国家图籍的人，也这样做。有丰盛的菜肴，一定改变神色，站起来致谢。遇见迅雷大风，一定改变神色。

【心得】本章是说孔子平日起居的常态和日常礼仪的情况。居家坐卧，既不肆无忌惮，惰慢无形；也不庄重严肃，拘礼作色。人不处安静的一隅，就难以看清看透外部喧嚣的世界；人不处常态的自我，就难以察觉自我的异化，也就难以反思世界的变化。

在社交场合，得体的礼仪必不可少。而"礼"的内在依据是"仁"，"仁"体现出来的就是同情心、恻隐心，这是人的本心。有了这种本心，才能由己及人，才能己所不欲，勿施于人。对每个个体辛劳、伤残和死亡的敬重、同情、哀悼，以及具有感恩之心，看重滴水之恩的情怀，敬畏自然的意识，这些都作为中华优秀传统流传至今，并将继续发扬光大。

10.17 升车，必正立，执绥①。车中不内顾②，不疾言③，不亲指。

【注释】①〔绥〕拉着它上车的带子。②〔内顾〕回头看。③〔疾言〕有两种解释：一是很快地讲话，二是高声说话。本书取前解。

【大意】上车时，一定先端正地站好，拉着扶手带上车。在车里不回头看，不很快地说话，不用手指指点点。

【心得】哪怕登车这样的小事，孔子都不苟且，要求心之安与正，随时随处都用礼来培养人。他在车上是安详的，是端庄、镇定的，这种精神气质是用"不内顾，不疾言，不亲指"这些礼仪来培养出来的。一个人经过长期训练以后，他的端庄和诚敬就是从内心中透露出来的。当他达到这种境界以后，就从心所欲了。

本章也告诫人们要养成安全乘车的意识，这对现代人也有积极的借鉴意义，比如我们不能边开车边打电话，乘车不要与司机聊天、争吵等。从我做起，从每一件小事做起，习礼、知礼、行礼。

10.18 色斯举矣①，翔而后集。曰："山梁雌雉，时哉！时哉！"子路共②之，三嗅③而作。

【注释】①〔色斯举矣〕这句话是说鸟看见人颜色不善就飞起来。举，起的意思。②〔共〕同"拱"。③〔嗅〕当是"狊（jú）"字。狊，鸟张开两翅。唐代石经《论语》中作"戛"字,鸟长叫声。

【大意】雉见到人们面色不善就起身飞了,盘旋飞翔了一阵,又停了下来。孔子说:"这些山梁上的雌雉,也懂得时宜呀!懂得时宜呀!"子路听了向它们拱拱手,那雉振振翅膀飞走了。

【心得】这一章自古以来虽争议颇多,但一致认为是本篇的点睛之笔,可谓千古妙文。孔子望着山鸡感叹"时哉时哉!"是赞山鸡能审时度势。鸡看到有人来的时候,它很恐惧,看到有危险就赶快飞起来,飞到半空中观察——审时度势,能根据具体情况,来改变自己的状态。

孟子在《孟子·万章章句下》中称:"孔子,圣之时者也。"朱子也说"孔子仕、止、久、速,各当其中。"我们作为师者,在教书育人的过程中,何时言传,何时身教;何时晓之以理,何时动之以情,其关键也在于具备"审时度势"的能力。如何"审"得准确,如何"度"得分明,这也需要超常的智慧和丰富的经验。只有通过不断学习、不断积累,才能修炼到"从心所欲""游刃有余""不偏不倚"的中庸境界。

《乡党篇》展现了孔子日常生活和工作的方方面面。孔子无论在乡党还是朝廷,对内政还是外交,对君上或臣下,对朋友对弱势群体,还是日常的衣着、睡眠、饮食、行坐等能做到符合礼制,切合时宜。这正体现了孔子一以贯之的中庸之德,这种中庸之德不仅体现到日常生活之中,更使我们了解到圣人之道并不遥远,就在点点滴滴的生活中。

先进篇第十一

《先进篇》共26章。《先进》之前的10篇，一般称之为《论语》的"上论"，主要记载孔子及其弟子的思想言行；而从《先进篇》往后的10篇，则为《论语》"下论"，着重记载孔子与诸弟子以及当时政治人物的交往答问。

《先进篇》主要记录了孔子对学生的评价和师生关系问题的教育言论，其名句有"未能事人，焉能事鬼？""未知生，焉知死""过犹不及"等，从中可以看到孔子对待鬼神、生死等人生终极问题的基本态度。

今日学者主张学生评价的发展性，认为要重在鼓励，让学生树立发展的自信心，以达到促进学生发展的目的。师者在评价学生的优点和不足时，应注意全面性和客观性，可从本篇学习传承孔子的教育理念和方法。孔子评价学生，最为突出的特点就是直率，也就是"无隐"。孔子对弟子以诚相待，即使评价中有褒有贬，弟子也都知道是为了自己的发展，因此不因孔子说了自己的不足而灰心丧气，甚至心生怨气。也许这样的评价，才是"发展性评价"的真谛。

11.1_ 子曰："先进^①于礼乐，野人^②也；后进^③于礼乐，君子^④也。如用之，则吾从先进。"

【注释】①〔先进〕孔门早期弟子。②〔野人〕乡野平民或朴野粗鲁之人。③〔后进〕孔门晚期弟子。④〔君子〕熟习礼乐教养之人。

【大意】孔子说："先学习礼乐而后做官的，是原来没有爵禄的平民；先当了官再学习礼乐的，是原来就有爵禄的君子。如果要选用人才，那我主张任用先学习礼乐的人。"

【心得】在《雍也篇》中，孔子已经说过："质胜文则野，文胜质则史。文质彬彬，然后君子。"读书可以改变一个人的气质，让人更有知识和能力，让人举手投足更有教养，但最重要的还是遵从人的本性。孔子早年颠沛流离，缺乏必要的教学条件，加上学生大多出身贫贱，在礼乐学习方面与"后进"们相比存在很大不足。但是他们淳朴、有韧性，在艰难困苦中增长了才干，也磨砺了品性。孔子晚年回到鲁国后，声名更隆，追随他的学生大多出身好，学习条件优越，因此在礼乐教育上的成就也就更大。但是这些学生缺乏早年弟子那种在困难中增长才干和砥砺品行的机会，过度专注礼乐细节，也可能导致"文胜质"的弊端。

这一章对我们今天的启示：一是与学习知识相比，更重要的是守住做人这个根本；二是与从书本上学习知识相比，更重要的是从实践中增长能力。

11.2_ 子曰："从我于陈、蔡^①者，皆不及门^②也。"

【注释】①〔陈、蔡〕陈国与蔡国，都是春秋时期的诸侯国。孔子曾经在陈、蔡之间遭受困厄。这里"从我于陈、蔡者"是泛指追随孔子周游列国的"先进"弟子。②〔及门〕在门下学习。

【大意】孔子说："那些当年和我一起辗转于陈、蔡等地的弟子，现在都不在我门下学习了。"

【心得】这一章紧承本篇首章，孔子感叹当年与自己一起患难与共的"先进"学生不在身边。一是对他们质朴品格的进一步肯定；二是对他们不能与"后进"学生一起在优越环境中进一步学习深造而惋惜；三是对他们中一部分人例如颜回已经先自己而死的痛惜，字里行间流露着孔子对学生满满的师爱。

11.3 德行：颜渊、闵子骞、冉伯牛、仲弓。言语：宰我、子贡。政事：冉有、季路。文学①：子游、子夏。

【注释】①〔文学〕关于"六经"和礼乐的知识和写作能力。

【大意】德行方面最突出的弟子：颜渊、闵子骞、冉伯牛、仲弓。最擅长外交和论辩的弟子：宰我、子贡。政事方面最突出的弟子：冉有、子路。"六经"、礼乐知识和写作能力方面最突出的弟子：子游、子夏。

【心得】这章讲孔门的"四科十哲"，"四科"即才能的四个方面。孔子培养弟子采用因材施教的方法，既重视博通，也强调专约。不同的弟子造诣有所不同，其中有代表性的就是"四科十哲"。前三科的八哲都属于"先进"，后一科即文学科的子游、子夏属于年轻的"后进"。根据澳门大学杨义教授的考证，子游、子夏也是编撰《论语》一书的核心成员，这与他们长于"文学"的特点是相符的。

我们将本篇一至三章连通起来看，孔子在评价早期弟子和晚期弟子的时候，明显扬"先进"而抑"后进"，但这种做法并没有让"后进"弟子感到难堪。《述而篇》中的两章有助于我们理解孔子这种处理师生关系的艺术：一是"君子坦荡荡，小人长戚戚"，反映了孔子是个很坦率的人；二是"二三子以我为隐乎？吾无隐乎尔！吾无行而不与二三子者，是丘也"，可见他也以这种坦率的性格来处理师生之间的关系。孔子在肯定"后进"的长处的同时，也指出他们的不足，同时告诫弟子要处理好"文"与"质"的关系，真正做到"文质彬彬，然后君子"。而"后进"弟子知道老师的批评是出于对儒学之道发展的责任和对学生成长的关心，因此能够乐于接受。

11.4 子曰："回也非助我者也，于吾言无所不说①。"

【注释】①〔说〕通"悦"。

【大意】孔子说："颜回不是能对我有帮助的人，他对我所说的话没有不心悦诚服的。"

【心得】颜回是孔子最得意的门生，名列"四科十哲"之首。但是孔子往往辩证地评价学生，他也指出了颜回的不足——对老师的话总是很喜欢。这一章可以与《为政篇》中的"吾与回言终日，不违，如愚；退而省其私，亦足以发，回也不愚"联系起来理解。当颜回不理解老师讲的内容时，就回去反复地思考，直到理解为止。《论语》仅有两次记录颜回向老师提问：一次是"问仁"，另一次是"问政"。他一问，孔子一答，师生两人的对话就结束了，而不是像子贡那样在与孔子对话时经常会进一步追问。孔子与颜回这种师生交往与对话，体现了颜回对孔子的心悦诚服，但是也有问题，就是不能像子贡、子夏那样，通过师生来往反复的对话，实现相互启发、教学相长。

11.5 子曰："孝哉闵子骞！人不间①于其父母昆弟之言。"

【注释】①〔间〕非议。

【大意】孔子说："闵子骞真的很孝顺啊！他的父母兄弟都说他很孝顺，大家都很赞同。"

【心得】闵子骞是我国历史上的"二十四孝"中的人物之一，他年幼丧母。做冬衣的时候，继母给自己生的两个儿子衣服里面填的是棉花，而给闵子骞的衣服里塞的是芦苇。有一次，父亲带三个孩子出行，让闵子骞驾车。闵子骞因为寒冷，手脚麻木，不小心将车子滑入水沟里。父亲生气地鞭打他，衣服都被打破了，里面的芦苇露了出来。父亲知道真相后打算休妻，闵子骞为继母求情："母在一子寒，母去三子单。"父亲不再休妻，闵子骞与继母的关系也变得融洽。这个故事与儒家推崇的舜帝的传说很像（舜受后母虐待，后母所生的弟弟多次想谋害他，但他以德报怨，最终一家人得以和睦）。闵子骞也因其孝行而位列孔门德行科。

11.6 南容三①复白圭②,孔子以其兄之子妻之。

【注释】①〔三〕泛指多次。②〔白圭〕是指《诗经·大雅·抑》的诗句:"白圭之玷,尚可磨也;斯言之玷,不可为也。"意思是玉石上的瑕疵,还可以打磨掉;而说出的言语上的问题,则没办法补救。

【大意】南容反复诵读"白圭之玷,尚可磨也;斯言之玷,不可为也"这几句话,用来诫勉自己。孔子把自己兄长的女儿嫁给了他。

【心得】"白圭"诗句符合儒家"慎言"的主张。之所以要慎言:一是因为轻率发表不成熟的言论,可能给国家、社会和他人造成无可挽回的损害;二是乱世之中可能祸从口出,给自己和家人带来灾难。因此"慎言"是对国和家负责的表现。

我们今天的教育鼓励学生在课堂上积极发言,鼓励创新,本身也不无道理,但是古人"慎言"的教育也给予我们一定启示。积极发言不是胡乱发言,创新也不是没有原则地否定传统。

11.7 季康子问:"弟子孰为好学①?"孔子对曰:"有颜回者好学,不幸短命死矣。今也则亡。"

【注释】①〔好学〕可以理解为"乐学",也可以理解为"善学"。

【大意】季康子问:"你的弟子中谁的学问最好?"孔子回答说:"有一个叫颜回的很乐学,学问也好,可惜寿命太短死了。现在没有像他那样乐学善学的了。"

【心得】颜回是孔子最喜爱的学生,被孔子视为传承自己思想衣钵的最佳人选。这一章中孔子称赞他是最好学的学生,可以从以下几个方面理解:

其一,乐学。在《雍也篇》中,孔子赞曰:"贤哉,回也!一箪食,一瓢饮,在陋巷,人不堪其忧,回也不改其乐。贤哉,回也!"颜回安贫乐道,甘居陋巷,把全部精力投入到孔子删述"六经"的伟大事业中。

其二,善学。善学的秘诀在于善思。别人听老师讲授,浅思辄止;颜回则"退而省其私",反复琢磨,融会贯通,自然比别人理解得更深入、更全面。子贡很聪明，可以做到"举一反三"；而颜回能够反复思考，可以"闻一知十"，最得孔子思想的精髓。

其三，善于处理与同门的关系。学霸容易遭人嫉妒，颜回却在同门关系方面处理得很好，以至于孔子在《孔子家语·七十二弟子解》中说："自吾有回，门人日益亲。"颜回能处理好同门关系的关键，在于他抓住了儒学的根本——"仁"。仁者爱人，仁本来就是处理人际关系的。所以做到了仁，也就自然能够处理好人际关系。由于颜回英年早逝，《论语》一书中记录他对儒学理解阐发的章句很少，但他的言行已如春风化雨，对孔门文化产生了深远影响。

11.8 颜渊死，颜路请子之车以为之椁①。子曰："才不才，亦各言其子也。鲤②也死，有棺而无椁，吾不徒行以为之椁。以吾从大夫之后③，不可徒行也。"

【注释】①〔椁〕套于棺材之外的套棺。②〔鲤〕孔子的儿子，字伯鱼，五十岁去世，时年孔子七十岁。颜回死于第二年。③〔从大夫之后〕跟随在其他大夫的后面，这是孔子谦虚的说法，意思是自己忝列大夫之列。

【大意】颜回死了，颜回的父亲颜路请求孔子卖掉自己的车子，给颜回置办一个套棺。孔子说："不管有才能还是没才能，也总归都是自己的儿子。先前我的儿子孔鲤死了，埋葬时也是只有棺材而没有套棺。我不会为了给他做套棺，而卖掉自己的车子步行。我跟随在大夫之后，是不可以步行的，因为这不符合礼法制度。"

【心得】颜路请求孔子卖车葬颜回这件事，是《论语》所记载的一次非常罕见的师生矛盾。颜路之所以有勇气向孔子提出这样冒昧的要求，可能有两方面考虑：一是颜回为孔门七十二贤之首，生前也一直很受孔子器重，可谓赞不绝口；二是颜路和颜回父子两代师事孔子，师徒情谊非其他弟子可比，如果孔子真的卖车葬徒，也会留下一段师徒情深的历史佳话。

但是让孔子卖车葬徒，显然将师生情置于父子情之上，这明显违反儒家以家庭伦理为道德核心的原则。无论孔子多么喜爱颜回，对颜回之死多么痛心，他都不可能负起本应由颜路负担的责任，让颜回的棺材规格超过孔鲤。生养死葬，属于家庭义务；葬礼规格的高低，要符合死者的身份和家庭经济条件。颜回无论多么出众，其葬礼都是颜路的责任，规格要与颜路家庭条件相称。

这里孔子还提到家长评价子女的问题。有的家长喜欢夸赞自己的孩子，有的家长则在别人面前提到自己的孩子时比较含蓄。孔子作为老师，很少在别人面前夸赞儿子孔鲤，但这并不意味着孔鲤就很平庸。然而颜路和孔子的其他弟子并不理解孔子的这番苦心，也忽视了孔子对儿子孔鲤早逝的伤痛。颜路的请求固然是出于爱子心切，一时糊涂，但的确是在孔子的心口撒盐。

11.9 颜渊死。子曰："噫！天丧予①！天丧②予！"

【注释】①〔予〕我。②〔丧〕亡。

【大意】颜回死了，孔子说："唉！这是老天要我的命呀！这是老天要毁掉我的事业呀！"

【心得】颜回被孔子视为自己事业的接班人，颜回之死让孔子感到非常伤心。他意识到即使在自己百年之后，要实现自己的事业，也会经历一个非常艰难的过程。《礼记·学记》中说："善歌者使人继其声，善教者使人继其志。"父母与子女的关系，涉及血脉遗传的问题；老师与学生之间的关系，涉及学术生命承续的问题。在这一点上，父子关系与师生关系不完全相同，却也有类似之处。

11.10 颜渊死，子哭之恸①。从者曰："子恸矣。"曰："有恸乎？非夫人②之为恸而谁为？"

【注释】①〔恸〕悲痛。②〔夫人〕这个人。

【大意】颜回死后，孔子非常悲痛。跟随他的人劝他说："您太过于悲伤了。"孔子说:"我太悲伤了吗?像他这样的人死了,我如果都不悲伤,还会对谁的死感到悲伤啊?"

【心得】孔子的悲伤是双层的:一是悲伤颜回,痛惜他的英年早逝;二是悲伤自己的儒学大业,找不到像颜回这样既能充分理解自己的思想精髓,又能善于团结同门的人去传承,担心儒学可能走向曲解、分裂和没落。孔子去世后,"儒分为八"。如果颜回能够长寿,儒学的发展历史可能就会是另外一个样子。

11.11 颜渊死,门人欲厚葬之。子曰:"不可。"门人厚葬之。子曰:"回也视予犹①父也,予不得视犹子也。非②我也,夫二三子也!"

【注释】①〔犹〕像。②〔非〕不是。

【大意】颜回死后,孔子的门徒想厚葬他。孔子说:"不可以这样做。"门徒们还是厚葬了颜回。孔子说:"颜回一直把我看作自己的父亲,但我不能把他看作自己的儿子。厚葬颜回这件事不是我做的,不符合我的意思,是我的几个不懂礼的门徒干的!"

【心得】《颜渊篇》第一章,颜回问孔子什么是仁,孔子说是"克己复礼";颜回问具体内容,孔子说"非礼勿视,非礼勿听,非礼勿言,非礼勿动",颜回表示自己会永远践行这四点。后来有人问孔子的弟子谁能做到仁,孔子说颜回能做到三个月不违背仁的原则,而其他人就说不上了。本章就是这番话的明证。颜回是一介布衣,家境贫寒,无论身份还是家庭条件,都不应该厚葬;厚葬就是"非礼",就是"违仁"。但是前有颜路请老师卖车葬子,后有其他弟子违背师命厚葬颜回,这都是"非礼"和"违仁"之举。

实际上,几乎所有的"非礼""违仁"行为,都能找到听起来冠冕堂皇的理由;然而非礼就是非礼,违仁就是违仁,并不因为看似合情合理而变得合礼合法。要做到仁非常难,以至于只有颜回可以做到三月不违仁,就是因为总有这样那样似是而非的"情""理",才让人失去了正确的判断和选择。颜回生前最受孔子器重的地方，就在于他能在日常行为中时刻注意，坚持"四非礼"原则。谁料身后的葬礼，还是被动陷于"非礼"！

这一章还值得注意的是，孔子对师生关系和家庭关系进行了区分。虽然中国文化后来有"一日为师终身为父"的观念，但是在孔子这里，"师"与"父"尽管有相似之处，却也有着严格的礼法区别。教师的责任是代表国家、社会和父母培养学生，但是不能僭越教师角色的权利和义务。就像今天某些艺人俨然以父母自居来对待徒弟，就是对父母角色的僭越。这种师、父角色混淆的做法，本质上是师生关系的异化。值得引起进一步重视和讨论。

11.12 季路问事①鬼神。子曰："未能事人，焉能事鬼？"曰："敢问死。"曰："未知生，焉知死。"

【注释】①〔事〕侍奉。

【大意】子路请教如何处理人与鬼神的关系。孔子说："我们都没有处理好人与人的关系，何必思考处理人鬼之间的关系？"子路问："死亡之后的世界怎样？"孔子说："我们还没有弄清楚活着的问题，何必思考死后的问题？"

【心得】儒家虽然重视葬礼，但目的不是侍奉鬼神，而是教育民众孝敬健在的父母。孔子这里对鬼神的态度是存而不论，敬而远之，更看重的是现实的问题，这就为中国文化的现实主义倾向树立了发展方向。

"子路问事鬼神"这一章紧承"颜回之丧"之后，也是对孔子在颜回丧葬事上的态度的一个补充。儒家重视丧葬的主要目的是为了"慎终追远，民德归厚"（《学而篇》），通过民俗礼仪达到社会教育的目的，所以重点在于其现世的作用。"厚葬颜回"会助长违礼厚葬之风，因此孔子坚决反对。

11.13 闵子侍侧①，訚訚②如也；子路，行行③如也；冉有、子贡，侃侃④如也。子乐。"若由也，不得其死然。"

【注释】①〔侍侧〕侍立在孔子身旁。②〔訚訚〕恭敬正直的样子。③〔行行〕刚直而又冲动。④〔侃侃〕和乐的样子。

【大意】闵子骞、子路、冉有、子贡四个人侍立在孔子身旁,孔子发现他们四个人的神态气质大为不同:闵子骞显得恭敬而又端正;子路刚直而又冲动;冉有和子贡显得从容而又快乐。孔子半开玩笑地说:"就像子路这样,大概不能够善终吧!"

【心得】闵子骞以孝行著称而列于德行一科;子贡长于外交和经商,列于言语一科;冉有善于理财,又勇于作战,列于政事一科。从侍立的仪态来看,闵子骞、冉有、子贡的外在气质符合他们内在的性格,又有利于他们在各自领域的成功。子路的情况则比较特殊,他为人刚正,孔子让他负责门下的学生管理和人事安排,但是过于刚正而不能济以温和,就容易搞僵人事关系,将自己置于受众人攻击的危险处境,所以孔子半开玩笑地告诫他要注意调整。不幸的是,子路后来死于卫国孔悝之难,果"不得其死然"。

孔子教育子路,这次为何用一"乐"字?有人说担心子路不得寿终,孔子怎么还能乐得起来?实际上孔子只是睿智地认识到子路的性格缺陷可能给自己带来危险,但孔子是智者而非神仙,并非已经预测到了子路的危险。另外,子路的缺点是刚直而不知温润,孔子教育他要改正这样的缺点,如果孔子自己先严肃、严厉起来,那就是犯了与子路一样的毛病,只要觉得是为别人好、为大家好的事,就一副严肃严厉的样子去推行和实施,这也是有些老师和家长常犯的毛病。所以孔子之"乐",是用自己的言行给子路做示范,用温和的形式可以做到严肃的事情。

11.14 鲁人为长府①。闵子骞曰:"仍旧贯②,如之何?何必改作?"子曰:"夫人不言,言必有中。"

【注释】①〔长府〕鲁国的仓库之一。②〔旧贯〕旧制,惯例。

【大意】鲁国人准备修缮长府,闵子骞说:"按照以前的样式修缮就行，何必要改变呢？"孔子说："闵子骞这个人很少说话，一说话就能说到点子上。"

【心得】闵子骞的思想与道家的"无为而治"有点相似。他反对改变旧例，不要为改制而改制，这与汉初"萧规曹随"颇类似。孔子公开赞扬闵子骞，就是给其他弟子树立"慎言""善言"的榜样。这种通过评价学生树立学习典型的方法值得我们学习、借鉴。

11.15 子曰："由①之瑟，奚为于丘之门？"门人不敬子路。子曰："由也升堂②矣，未入于室③也。"

【注释】①〔由〕仲由，字子路。②〔堂〕住宅的正厅。③〔室〕内室。

【大意】孔子说："子路这样的琴瑟之声，怎么能算是出自我的门下？"于是其他学生都开始看不起子路。孔子又说："子路的学问和音乐造诣，已经进了我家的大厅，只是还没有能进入我家的内室。"

【心得】大厅为迎来送往之地，对公；内室为家人生活之地，对私。子路刚直，于公德无亏；但是不知济以温和，因此可能给自己招致麻烦甚至祸患。对比前面南容适"三复白圭"一章，可见儒家强调要把对国的责任和对家的责任统一起来，兼顾起来。子路从孔子那里学会了做事，但是没有学会处世。孔子继续发扬自己坦率的教育评价风格，但是他发现这种评价也有不足：一是教师说一个人不错，其他学生就会觉得他是个完人，比如颜回；二是教师说一个人有不足，其他学生又可能觉得他一无是处，甚至对他不敬，比如子路。所以，教师对学生的评价可以坦率，但一定要客观、全面。

11.16 子贡问："师与商①也孰贤？"子曰："师也过，商也不及。"曰："然则师愈②与？"子曰："过犹不及。"

【注释】①〔师与商〕师，子张；商，子夏。②〔愈〕更加，更好。

【大意】子贡问："子张与子夏谁更贤能？"孔子说："子张有点太过，子夏有所不及。"子贡又问："那么就是说子张更好一点？"子曰："做得太过头和做得不够是一样的。"

【心得】仁的要义在"四非礼"（"非礼勿视，非礼勿听，非礼勿言，非礼勿动"），礼的关键在"中节""时中"。子张往往做得太过，子夏又往往做得不够。这里体现了孔子对学生评价的辩证性原则。这种"过犹不及"的评价原则，也体现在对"四科十哲"的评价中。颜回、子路、宰我、子贡等人都有长处，也有短处，其实并不是说长处与短处互不相干，而是长处本身可能变成短处。比如颜回的安贫乐道和对老师的"唯唯称是"，子贡的能言善辩和善于理财。子路因为刚直而列于政事科，但这也可能是他死于非命的原因，所以孔子一有机会就提示他改正。《礼记·大学》中说："好而知其恶，恶而知其美者，天下鲜矣。"教师评价学生也一样，一定要全面、客观、辩证地看待学生的优点和缺点。

11.17 季氏富于周公[①]，而求也为之聚敛而附益之。子曰："非吾徒也，小子鸣鼓而攻之[②]可也。"

【注释】①〔周公〕周公旦次子世袭为周公。②〔鸣鼓而攻之〕大张旗鼓地声讨他。意思是虽然是同门师兄弟，其他弟子不必为此而不敢公开反对冉求。

【大意】季氏的财富比周公还多，然而冉求仍然千方百计帮季氏搜刮来增加他的财富。孔子说："冉求已经不是我的学生了！你们众弟子可以公开强烈申讨和反对他！"

【心得】教育首先是为国育才，其次是助人成才，最后才是成就教师自己的育人之乐。所以在国家大义面前，师生之情和个人得失都是次要的。冉求虽然名列政事科之首，但是他为季氏搜刮民财，在德行方面不足，所以孔子主张抨击他。

11.18 柴①也愚，参也鲁，师也辟，由也喭②。

【注释】①〔柴〕高柴，字子羔，孔子弟子。②〔喭〕刚猛。

【大意】高柴愚直，曾参迟钝，子张偏激，子路刚猛。

【心得】这一章中，孔子非常直率地指出四个学生的缺点。作为教师，我们希望性格各异、各有所长的学生能够互相学习，取长补短。

11.19 子曰："回也其庶①乎，屡空②。赐不受命③，而货殖焉，亿④则屡中。"

【注释】①〔庶〕庶几，近道。②〔空〕贫困。③〔受命〕认命。④〔亿〕通"臆"，猜测。

【大意】孔子说："颜回在道德上已经接近大道了，但很贫穷。子贡不肯认命而去做生意，猜测市场行情，每次都能猜中而获得厚利。"

【心得】颜回生活贫困，终身追求学问，子贡则选择了经商谋利的道路。后儒重义轻商。但不知道孔子说这番话时的真实意思，对子贡是褒还是贬。今天人们常说读书改变命运，但是在德育和智育、服务社会与为己谋生方面，还需要我们掌握平衡。

11.20 子张问善人①之道。子曰："不践迹②，亦不入于室。"

【注释】①〔善人〕朱熹认为是指"质美而未学者"，也就是没有接受过教育，但行事符合道德上善的标准的人。②〔践迹〕重复别人的足迹。

【大意】子张请教关于那些不学而善的人的是怎样的。孔子说："他们做事容易独辟蹊径，不循规蹈矩，但是也很难达到高深的境界。"

【心得】这一章回答了一个非常重要的教育问题，那就是"不学而善"与"学而后善"的区别。之前有许多非师范类毕业生做了老师，虽然缺乏系统的教育教学知识和师范技能训练，但凭借天赋的悟性和能力，教育教学效果也很好；有人由此认为学习教育教学理论是无用的。孔子这番话启发我们并非如此。特别是在当代社会，凭借天赋的悟性也可能会取得较好的教育教学效果，但要想提升到更高的境界，成长为教学名师、教育家，离开了系统的教育教学理论的学习是很难的。

11.21 子曰："论笃①是与②，君子者乎？色庄者乎？"

【注释】①〔笃〕笃实。②〔与〕自许。

【大意】孔子说："在评价那些自许品性笃实的人时，需要认真辨别他是真的君子呢，还是只是表面上庄重呢？"

【心得】教师对学生的评价，要与学生的自我评价相结合，也要特别注意认识其品性的真实面目。孔子和儒家都特别强调一个人要"诚于中而形于外"，而非矫揉造作，虚言粉饰。孔子对弟子的评价，也是体现了一个"诚"字。

11.22 子路问："闻斯行诸？"子曰："有父兄在，如之何其闻斯①行之？"冉有问："闻斯行诸②？"子曰："闻斯行之。"公西华曰："由也问：'闻斯行诸'，子曰'有父兄在'；求也问闻斯行诸，子曰'闻斯行之'。赤也惑，敢问。"子曰："求也退，故进之；由也兼人③，故退之。"

【注释】①〔斯〕斯，此，这里是指合于义理的事。②〔诸〕"之乎"的合音，表疑问。③〔兼人〕一人兼做二人之事，意思是勇于承担，敢于作为。

【大意】子路问："听到了该做的事就应该马上去做吗？"孔子说："有父母兄长健在，还有家庭责任需要承担，怎么能一听说就去干呢？"冉有问：

"听到了该做的事就应该马上去做吗?"孔子说:"听到了该做的事,当然就应该马上去做啊。"公西华听了孔子与子路、冉有的上述对话,不解地问:"子路问听说之后是否应该马上去做,您回答'有父兄长健在';冉有也问听说之后是否应该马上去做,您却说'听说了就应该去做'。我感到疑惑,为啥他们两个人问同一个问题,您却给予不同的回答?"孔子说:"冉有这个人做事过于谨慎,犹豫不决,所以我鼓励他下定决心去做;子路这个人勇于担当,敢于作为,但是过于轻率,所以我要约束他一下,让他慎重思考。"

【心得】这一章除了能体现孔子的"因材施教"思想外,还能体现孔子"时中"的知识观和教育观。

先说知识观。我们不妨把孔子与苏格拉底做个对比。孔子因时制宜,因地制宜,因人而异,通过对概念赋予不断变化着的界定,从不同侧面多次揭示其特征。而苏格拉底重视通过对话给概念寻找一个唯一的定义,比如讨论什么是正义,体现出"本质主义"的倾向,也就是要给任何概念寻找唯一的、永恒不变的"本质属性"。如果说孔子追求的是"时中",那么苏格拉底追求的可以说是"恒中"。孔子的知识观与苏格拉底的知识观,各有利弊。

再看教育观。孔子对于"仁""礼""为政"等,都能针对不同的人和不同的情境给予不同的回答,因为教育的目的是促进人和社会的发展,而不仅仅是传授知识。这里存在着"以知识为本"还是"以人为本"的问题。我们可以回顾一下《八佾》篇中的"哀公问社"一章。哀公向宰我请教社庙方面的问题,宰我告诉他:"夏后氏以松,殷人以柏,周人以栗,曰:使民战栗。"宰我的回答可能有一定的文献根据,所以从"历史客观"的价值取向来看,没有毛病。但是孔子则说:"成事不说,遂事不谏,既往不咎。"通过对历史的选择性建构,为人们呈现一个理想化的"三代"景象作为儒家的奋斗目标。历史教学教什么,怎么教,需要关心的不是历史,而是现实和未来。

最后说"因材施教"。因材施教建立在有效的学生评价基础之上,不了解学生,就难以做到因材施教。冉有和子路,都是政事科的"科代表",一个优柔寡断,一个刚直冲动,都有优缺点,两个人一中和,才是最佳的。

所以理解这一章，还要和本篇前面"过犹不及"联系起来。

11.23 子畏①于匡，颜渊后。子曰："吾以女为死矣。"曰："子在，回何敢死？"

【注释】①〔畏〕私斗。

【大意】孔子师徒一行在匡这个地方被人围攻，大家最终逃脱了出来，但清点人数，发现少了颜回。颜回后来追赶上大家，孔子说："我以为你已经被打死了呢！"颜回说："您还健在，我怎么敢先死呢？"

【心得】孔子的话表现出他对颜回的担心，而颜回的话则体现了他对孔子的双重感情。一是师生之情。师生之间负有道义传承的责任和义务，作为孔子最得意的门生，颜回心中明白老师对自己的厚望。二是类似的父子之情。本篇第11章孔子说"回也视予犹父也"，就是说颜回对孔子的敬爱之情，有"父子化"的倾向。父母健在，子女不敢轻死。颜回去世之后，孔子如再回想两人在匡地的这番对话，何其伤感！

11.24 季子然①问："仲由、冉求可谓大臣与？"子曰："吾以子为异之问②，曾由与求之问。所谓大臣者，以道事君，不可则止。今由与求也，可谓具臣③矣。"曰："然则从之者与？"子曰："弑父与君，亦不从也。"

【注释】①〔季子然〕季氏的子弟，因为季氏任用子路、冉有为臣，所以他问孔子这个问题。②〔异之问〕问其他问题。③〔具臣〕具备必要才能的臣子。

【大意】季子然问："子路、冉求能够成为称职的大臣吗？"孔子说："我以为你问的是别的人，原来问的是子路和冉求啊。所谓大臣，就是能以道事君，如果不能有所作为，就随时舍弃官职。现在子路与冉求，可以说是具备了做大臣的条件了！"季子然又问："那么他们是一切顺从君主的人吗？"孔子说："如果要杀父弑君，这样的事他们也是不会听从的。"

【心得】尽管子路过于刚猛，冉求失于优柔寡断，且为季氏敛财无度而被孔子指责批评，但是人无完人，他们二人是孔门政事科的"优秀校友"。季子然是代表季氏家族来考察子路和冉求。孔子的回答在肯定二人的同时，也强调了孔门弟子的政治底线——"不可则止"，类似于"道不同不相为谋"。这就是我们今天所说的"教人先教做人"，孔子对自己的学生在这方面有足够的自信。

11.25 子路使子羔为费宰。子曰："贼①夫人之子。"子路曰："有民人焉，有社稷焉，何必读书然后为学？"子曰："是故恶夫佞者②。"

【注释】①〔贼〕伤害。②〔佞者〕说话狡诈的人。

【大意】子路让子羔担任费地的长官。孔子说："你这是害别人家的孩子。"子路说："那个地方有百姓，有社庙，他可以在实践中学习，何必一定要先读书才算是学习呢？"孔子说：所以我厌恶那种用花言巧语狡辩的人。

【心得】对这一章的理解，可以和本篇第二十章结合起来。二者都涉及学习与实践的先后关系问题。在教育未能发展之前，的确有很多人未接受正规教育，而是在实践中锻炼成才的。本篇第二十章说这种人不循序渐进，很难达到精深的境界；本章则说这种人可能害人害己。无论是从事行政还是教育，面对的对象都是人，任何失败都可能造成难以挽回的损失，因此需要在正式实践之前尽可能通过教育做好准备。农村有句谚语："人误地一时，地误人一年。"而对于教育而言，教育者失误一时，耽误的可能是学生的一生。

11.26 子路、曾皙、冉有、公西华侍坐。子曰："以吾一日长乎尔，毋吾以也！居则曰：'不吾知也！'如或知尔，则何以哉？"子路率尔①而对曰："千乘之国，摄乎大国之间，加之以师旅，因之以饥馑，由也为之，比及三年，可使有勇，且知方②也。"夫子哂③之。"求，尔何如？"对曰："方六七十，如五六十④，求也为之，比及三年，可使足民。如其礼乐，以俟君子。""赤，尔何如？"对曰："非曰能之，愿学焉。宗庙之事，如会同，端章甫，愿为小相焉。""点，尔何如？"鼓瑟希⑤，铿尔，舍瑟而作⑥，对曰："异乎三子者之撰。"子曰："何伤乎？亦各言其志也。"曰："莫春者，春服既成，冠者⑦五六人，童子六七人，浴乎沂，风乎舞雩，咏而归。"夫子喟然叹曰："吾与点也！"三子者出，曾皙后。曾皙曰："夫三子者之言何如？"子曰："亦各言其志也已矣。"曰："夫子何哂由也？"曰："为国以礼。其言不让，是故哂之。""唯求则非邦也与？""安见方六七十如五六十而非邦也者？""唯赤则非邦也与？""宗庙会同，非诸侯而何？赤也为之小，孰能为之大？"

【注释】①〔率尔〕轻率的样子。②〔方〕道义。③〔哂（shěn）〕微笑，讥笑。④〔方六七十如五六十〕纵横各六七十里或者五六十里的小国家。如，或者。⑤〔希〕同"稀"，稀少。⑥〔作〕站起来。⑦〔冠者〕成年人。

【大意】子路、曾皙、冉有、公西华四人陪孔子坐着。孔子说："你们不要因为我比你们年龄大一些，而在我面前过于拘束。你们平时总是说别人不了解自己。假如现在有人想了解你，你们各自谈谈自己的情况。"子路不假思索第一个抢着说："一个有千辆战车的国家，夹在大国之间，经常受到其他国家的军事进攻，国内又经常发生饥荒，如果让我去管理，等到三年之后，我可以保证它的军队勇敢，百姓知道道义。"孔子哂地笑了一声，又对冉有说："你的志向是什么？"冉有回答说："一个方圆六七十里或者五六十里的小国，让我去管理，等到三年之后，可以使百姓富足。至于礼乐教化的事，还是要等待君子去实现。"孔子又问："公西华，你的志向呢？"公西华回答说："不敢说我已经能做到，但是我愿意去学。宗庙祭祀方面的事，或者安排诸侯会盟，我会准备礼服，做一个小小的相礼者。"孔子又问："曾晳，说说你的看法？"曾晳刚才正在弹瑟，瑟声稀落，听到老师问他，瑟声铿的一响后停下来，离开瑟恭敬地站立起来，回答说："我的想法与他们几个不同。"孔子说："有什么妨碍呢？也就是大家各自谈自己的志向嘛。"曾晳说："暮春时分，穿着新制作的衣服，约上五六个朋友，带着六七个童子，在沂水里沐浴，在舞雩台上吹风，咏唱着诗歌回来。"孔子喟然叹道："我和曾晳的志向一样啊！"子路、冉有、公西华三人走了，曾晳留在后面。他问道："您觉得他们三人的志向怎么样？"孔子说："也就是各自谈自己的志向罢了。"曾晳又问："您为何听了子路的话笑了呢？"孔子说："参与政事，管理国家，要懂得谦让。子路说话不懂得谦让，所以我笑他。""难道冉有所说的不是管理国家吗？""哪里看得出方圆六七十里或五六十里的国家就不是国家呢？""难道公西华所说的不是管理国家吗？""宗庙祭祀，会同诸侯，难道不是诸侯的大事吗？如果说公西华只能做小相，那么谁能做大相啊？"

【心得】本章历来有很多不同的解读。如果只是从师生对话的角度看，也非常有趣。

对话一开始，孔子就鼓励大家畅所欲言，不要因为老师年长而有所拘束。本来是"侍坐"（学生与老师坐在一起），气氛就要比"侍侧"（学生站在坐着的老师身旁）轻松很多，曾晳还在一边奏瑟，可见当时大家比较随意。但是学生在与老师对话时还是放不开，所以孔子才要在提问前先说一段话，让大家各言其志。由此可见受当时礼法约束，孔门师徒对话气氛总体比较拘谨。

子路率先发言，打破了沉默。孔子对子路的"大言不惭"不以为然，忍不住笑了一下。也许这个细微的表情动作被冉有、公西华察觉，他们继续以沉默面对老师的问题。孔子不得不一个个点名回答问题。时至今日的课堂，讨论发言时，仍是常常需要老师点名，学生才肯发言，这个传统竟然有两千多年了。子路简直就是直率性格的代名词，一张口就要做千乘之国的高官；须知春秋时期，千乘之国是相当大的国家了。与之形成对比的是，曾皙和公西华二人都明确表达了自己的远大志向，未让人觉得张扬和狂妄，这是中国古代从政的艺术之一。

　　曾皙的志向在山林之间，颇有"老庄"之风，对于个体生命的和谐与完整，非常重要。孔子说"吾与点"，因为孔子早年志在说服君主，成就五百年一见的圣人伟业；但是现在到了晚年，早已"知天命"，预料壮志难酬，所以让灵魂和心灵偶尔到山林之间放飞一次，也是他的真实的梦想吧。一直积极作为的孔子，偶尔表露出山林之趣，对于我们这些埋头于工作和读书的老师，也是一种警醒。一张一弛，文武之道。孔子与儒家给人的印象，总是富有对家国的责任心，总是忧国忧民，孜孜作为，而孔子对曾皙之志的赞同，为我们呈现出他自己以及儒家的另外一面。因为有了这另外一面，儒家的精神才变得更为亲切，儒家的个体生命才显得更为圆润。

颜渊篇第十二

《颜渊篇》共24章，本篇以颜渊为篇名。颜渊是孔子最得意的弟子，是孔门弟子七十二贤人中最优秀的一位。孔子把颜渊视为子、视为友、视为自己思想的理想接班人。

首章"颜渊问仁"，弟子与孔子之间一问一答，揭示出孔子思想的核心——"仁"，以及仁学的本质——践行仁。从视听言动、举手投足间"克己复礼"，修养仁心，达致"天下归仁焉"。

阅读本篇，可以深入体会和感悟孔子的仁学思想，滋养我们为师者的身心，培养教师的仁爱之心。

12.1　颜渊问仁。子曰："克己复礼①为仁。一日克己复礼，天下归仁焉②。为仁由己，而由人乎哉？"颜渊曰："请问其目③。"子曰："非礼勿视，非礼勿听，非礼勿言，非礼勿动。"颜渊曰："回虽不敏，请事④斯语矣。"

【注释】①〔克己复礼〕有不同的解释：一、克，克制、约束；复，践行。克制和约束自己来践行礼。二、克，胜；复，返回。克服自己不符合礼的言行，回归到礼的要求上来。两种解释意思相近。②〔天下归仁焉〕有几种解释：一、归是赞许的意思，一旦做到了克己复礼，便会得到天下人的赞许。二、专指君主如果能克己复礼，天下人都会归顺这位仁德之君。三、一旦做到克己复礼，天下的一切就都归于仁了。程子注："克己复礼，则事事皆仁，故曰天下归仁。"以第三种解释较合理。这里"克己复礼"的主语似不是指个人，而泛指众人。即如果大家都能做到克己复礼，天下就都归于仁了。四、《论语新解》认为，本文说"归仁焉"，焉是在这里的意思，原文的意思应是如果能一日克己复礼，即在此处，便见天下尽归入我之人心中。③〔目〕条目。④〔事〕从事，实行。

【大意】颜渊问怎样才是仁。孔子说："约束自己，一切都照着礼的要求去做，就是仁。一旦做到了这一点，天下就都归于仁了。实行仁德全在于自己，还能靠别人吗？"颜渊说："请问实行仁德的条目。"孔子说："不合于礼的不要看，不合于礼的不要听，不合于礼的不要说，不合于礼的不要做。"颜渊说："我虽然资质愚钝，但还是让我照这些话去做吧！"

【心得】克己复礼包括两个方面：一、克己是对内心道德情感的修养。二、复礼是对视听言动等外在行为的规范。孔子希望人们通过自己的道德修养来自觉遵守礼的规定。

"克己复礼为仁"，说明仁的要求体现在礼上，仁的精神要由礼的规定来体现和落实，离开礼，仁就无所依托。克己复礼，重在克己，克己是复礼的基础。儒家思想中的"克己""慎独"，都强调的是自我约束、自我规范和自我反省。

有的学生看到同学漂亮奇特的学习用品，不经同意悄悄拿走，这是没能克制住自己的贪欲；有的学生与同学相处，不顺心时张口就骂、伸手就打，这是压制不住自己的不良言行；有的学生容易生气，有时气急败坏、暴跳如雷，这是控制不住自己的不良情绪。不合理的欲望、不良的言行和情绪，就像是无形的猛兽，对人的健康成长有很大的危害。而无论是小偷小摸还是情绪失控亦或是打架骂人，以及一些不良习惯，都只是外在表现，内因是缺乏自制力。因此，我们必须培养孩子的自我约束力，让其成为坚固的牢笼，把"猛兽"关进去。

孔子教诲颜渊"非礼勿视，非礼勿听，非礼勿言，非礼勿动"，同样也可以指导我们教育学生。作为教育工作者，引导学生克制私欲、克制情绪、克制不当言行、遵守学校的各项规章制度、遵守社会规范和行为准则是我们的职责。让学生从一点一滴做起，慢慢学会自我约束、自我控制、自我提升，为他们成为遵纪守法、友善待人的公民奠定基础。

12.2 仲弓问仁。子曰："出门如见大宾，使民如承大祭①；己所不欲，勿施于人；在邦无怨，在家无怨②。"仲弓曰："雍虽不敏，请事斯语矣。"

【注释】①〔出门如见大宾，使民如承大祭〕接见贵宾和举行重大的祭祀，都要求谨慎恭敬。这句话是说出门办事和役使百姓，都要像接见贵宾和举行大祭时那样恭敬谨慎，也就是说要敬。②〔在邦无怨，在家无怨〕在邦指在诸侯国做官，在家指在卿大夫家做事。无怨有两种解释：一指仁的效果。做到了前面所说的敬和恕，别人对自己便没有怨恨。二指自己而言。前文所说敬、恕都是发自内心的要求，在任何情况下都无怨无悔，不怨天尤人。

【大意】仲弓问怎样才是仁。孔子说："出门到外面工作就要像去接见高贵的宾客一样恭敬，役使老百姓就要像承办重大的祭祀一样严肃认真。自己不喜欢的，不要强加于别人。为国家服务没有怨言，没有机会为国家做事在家里也没有怨言。"仲弓说："我虽然不聪敏，但我一定按照您的话去做。"

【心得】"己所不欲，勿施于人；在邦无怨，在家无怨。"这句话说的是自己不喜欢的，不强加给别人，在任何时候不抱怨。教师作为传道授业解惑者，应该从自己的内心出发，理解学生，给学生多一些耐心、关心和宽容。我们希望看到学生是积极向上的，那么在平时的教育教学中，教师也应该是积极向上的；教师想得到学生的尊重和喜爱，那么教师也应该尊重、关爱、公平公正地对待每个学生。例如，学生之间有矛盾时可能会产生恶语相对和冷言嘲笑的现象，这个时候我们要及时引导学生学会换位思考，学会设身处地为别人着想，学会互相尊重、互相宽容、和谐共处；在学生遇到困难时应引导他们冷静思考，想办法解决问题，而不是互相抱怨。

12.3 司马牛问仁。子曰："仁者其言也讱①。"曰："其言也讱，斯谓之仁已乎？"子曰："为之难，言之得无讱乎？"

【注释】①〔讱〕难、迟钝。《史记》记载，司马牛多言而躁。孔子的话是针对他的缺点而说的。

【大意】司马牛问孔子什么是仁。孔子说："仁厚的人，说话迟钝。"司马牛又问："说话迟钝，这就是仁厚吗？"孔子说："做起来很难，说起来能不迟钝吗？"

【心得】《论语》几处讲到"讷"是仁的要求。"讷"与这一章讲的"讱"是一个意思。这一章用"为之难"解释了"讷""讱"是仁的要求的原因，说明孔子并不是赞赏形式上的说话迟钝，而是考虑到言行一致，为了避免说了做不到，说得多做得少，才要求说话谨慎。

孔子的学生司马牛是一位多言而躁的人，这里孔子针对他的问题回答"仁者其言也讱"。"讱"就是说要谨言慎行，三思而后行。现实中有的学生性情急躁，说话随意，轻诺寡信，做事毛糙。对于多言急躁的学生，我们要因材施教，培养他们心平气和的态度、从容淡定的心态、沉稳镇定的品质和言出必行的美德。

作为教师，我们的言行举止都是学生的典范。所以在平时的教育教学中，我们应该谨言慎行，说到做到，言行一致。

12.4 司马牛①问君子。子曰："君子不忧不惧。"

曰："不忧不惧，斯谓之君子已乎？"子曰："内省不疚，夫何忧何惧？"

【注释】①〔司马牛〕旧注说这个司马牛是宋国桓魋的兄弟。桓魋和他的几个兄弟一起谋反，失败后有的死了，有的逃亡在外。只有司马牛不赞成兄弟们的谋反行动，但也流亡在外。《论语译注》认为，桓魋的弟弟司马牛和孔子的学生司马牛是两个人，不能混为一谈。

【大意】司马牛问怎样才是君子。孔子说："君子不忧愁，不畏惧。"司马牛说："不忧愁，不畏惧，这就叫作君子了吗？"孔子说："内心自省而问心无愧，还有什么忧愁和畏惧呢？"

【心得】为什么君子能不忧不惧？孔子说，是因为"内省不疚"。自己的思想行为端正，问心无愧，自然也就心地坦荡，不忧不惧。可与"君子坦荡荡""仁者不忧，知者不惑，勇者不惧"联系起来理解，要做到这些，基础就是"内省不疚"。

君子坦荡荡。作为人民教师，我们肩负着立德树人的任务，在从教的过程中要遵从自己的内心，廉洁从教，爱岗敬业，保持一颗关爱学生和热爱教育事业的心，用行动落实立德树人，这样就能在"吾日三省吾身"中不忧不惧，成为教育事业中的君子，做到真正的教书育人。同时我们要端正自己的思想行为，做到问心无愧，自然也就心地坦荡，不忧不惧。

12.5 司马牛忧曰："人皆有兄弟，我独亡①。"

子夏曰："商闻之矣：死生有命，富贵在天。君子敬而无失，与人恭而有礼，四海之内，皆兄弟也。君子何患乎无兄弟也？"

【注释】①〔人皆有兄弟，我独亡〕亡同"无"。司马牛的兄弟都参与谋反，逃亡在外，而司马牛反对谋反，与兄弟们分道扬镳，因此而有独无兄弟的感叹。

【大意】司马牛忧愁地说："别人都有兄弟，唯独我没有。"子夏说："我听说过：死生都由命决定，富贵全在天意。君子做事严肃谨慎而没有过失，对人恭敬而合乎礼，普天之下就都是兄弟。君子又何必担忧没有兄弟呢？"

【心得】严肃谨慎，对人恭敬有礼，也正是对社会主义核心价值观中"诚信、友善"的印证。教师对待知识应该严谨，对待他人要恭敬有礼，起到模范带头作用。由于每个学生具有不同的性格，教师要了解、尊重他们，真正走进他们的内心，才能更好地指导他们快乐学习和健康成长。

12.6 子张问明。子曰:"浸润之谮①,肤受之愬②,不行焉,可谓明也已矣。浸润之谮,肤受之愬,不行焉,可谓远③也已矣。"

【注释】①〔浸润之谮(zèn)〕像水浸润物件那样开始不易觉察的谗言,即暗中的中伤。谮,谗言。②〔肤受之愬(sù)〕像感受到切肤之痛那样的诬告,即直接的诽谤。愬,同"诉",控诉、诽谤、诬告。③〔远〕明之至也。明智的最高境界。

【大意】子张问怎样才是明智。孔子说:"像水的浸润那样的谗言和像有切肤之痛那样的诽谤,在他面前都行不通,那就可以说是明智了。像水的浸润那样的谗言和像有切肤之痛的诽谤,在他面前都行不通,那就可以说是很有远见了。"

【心得】"浸润之谮"像温水煮青蛙,不易察觉;"肤受之愬"则易于被激怒,难以冷静处置。如果一个人能不受影响,则可谓明智而有远见。

流言蜚语止于智者,灾祸恐惧不及吾身,明智且深谋远虑的人,不受像水润物那样暗中挑拨的坏话和像切肤之痛那样直接诽谤的影响。鲁迅先生说过:"积毁可销骨,空留纸上声。"的确,对于诽谤,可以保持缄默,让清者自清而浊者自浊,这才是明智的选择。

学生时代是人生观、价值观形成的重要时期。因受知识水平、生活经验等限制,学生情绪易受外界环境影响,辨别是非能力较弱,这需要教师进行正确的引导,引导他们成为一个独立自主、情绪稳定的人,引导他们做事情时要明辨是非,要有自己的观点,不随波逐流,不人云亦云。

12.7 子贡问政。子曰:"足食①,足兵②,民信③之矣。"子贡曰:"必不得已而去,于斯三者何先?"曰:"去兵。"子贡曰:"必不得已而去,于斯二者何先?"曰:"去食。自古皆有死,民无信不立④。"

【注释】①〔食〕本意是粮食。可以理解为国家经济建设。②〔兵〕兵甲，指武器，军备。可以理解为国防建设。③〔信〕信任，指民心。④〔民无信不立〕失去人民信任，国家就无法立足。这里的人民不单指百姓，还有军、民和基层官员。古有四民"士、农、工、商"，古代兵役制度是兵农合一制，而官员阶层大多数又来源于"士"，因此本章的"民"指百姓、士兵和官员的总称。

【大意】子贡问怎样治理政事。孔子说："要使粮食充足，军备充足，百姓信任政府。"子贡说："如果不得不去掉一项，那么在这三项中先去哪一项呢？"孔子说："去掉军备。"子贡说："如果不得不再去掉一项，那么在剩下的两项中先去哪一项呢？"孔子说："去掉粮食。自古以来人总是要死的，没有了百姓的信任，国家也就无法立足。"

【心得】孔子谈为政，提出"足食、足兵、民信"三项，而把"足食"放在第一位，反映了他对民生的重视。"足食、足兵、民信"是为政的基本要求，而民生是基础，三个方面不能兼顾的时候，先去兵、去食，是特殊情况下的特殊处置。"民无信不立"，说明孔子认为百姓的信任是政权存在的根基。这两个方面是统一的，联系起来看，才能全面把握孔子的思想。

得人心者得天下。商鞅变法"立木为信"，使得秦国一跃而变为一个"移风易俗、民以殷盛、国以富强、百姓乐用"的新秦国；而周幽王烽火戏诸侯，言而无信，终食后果。对国如此，对人亦如此。社会主义核心价值观从个人层面提出，诚信是公民的基本道德规范。诚信即诚实守信，强调诚实劳动、信守承诺、诚恳待人。诚实守信应从学生抓起，要把诚信教育放在首位，让诚信意识根植于学生心中。

首先，教师要以身作则，以信树信，要求学生做到的，教师一定要先做到；其次，要在班级中营造良好的诚实守信之风，将"信"的理念渗透于日常教学和活动中，教育学生以诚信为本，以诚信为荣，弘扬中华民族的传统美德。

12.8 棘子成①曰："君子质而已矣，何以文为？"子贡曰：

"惜乎，夫子之说君子也，驷不及舌②。文犹质也，质犹文也。虎豹之鞟③犹犬羊之鞟。"

【注释】①〔棘子成〕卫国大夫。②〔驷不及舌〕话一出口，四匹马也追不回来，即"一言既出，驷马难追"。③〔鞟（kuò）〕去掉毛的皮，即革。

【大意】棘子成说："君子本质好就可以了，还要那些表面的礼节有什么用？"子贡说："可惜呀！您这样解释君子。一言既出，驷马难追。形式如同本质一样重要，本质如同形式一样重要。如果去掉毛色花纹，虎豹的皮就和犬羊的皮一样了。"

【心得】棘子成说君子有好的品质就可以，不需要一些表面的仪式；子贡则认为君子是文和质的统一。对于学生的发展来说，必须要有质，相当于人质朴的德行；当然也要有文，相当于人的礼仪、文化和知识。教师在教育实践中，一方面要启迪学生的智慧，让他们知书而识礼；另一方面要注重学生的道德培养，让他们心有仁德。新时代更要坚持德才兼备、以德为先的教育理念。

12.9 哀公问于有若曰："年饥，用不足，如之何？"有若对曰："盍彻乎①？"曰："二②，吾犹不足，如之何其彻也？"对曰："百姓足，君孰与不足？百姓不足，君孰与足？"

【注释】①〔盍彻乎〕盍，何不。彻，西周的田税制度，从收获中抽取十分之一为田税。"什一而税谓之彻"。②〔二〕指抽取十分之二的赋税。

【大意】鲁哀公问有若："遭遇饥荒，国家用度不足，怎么办？"有若回答说："施行彻的税法怎么样？"鲁哀公说："十分抽二的税法，我还不够用，怎么能用十分抽一的税法呢？"有若回答说："百姓富足了，国君怎么会不丰足？如果百姓不丰足，用度不够，国君又怎么会丰足呢？"

【心得】此章有若在强调君民一体，启发我们，在教育中师生也是一体。

在教育教学实践中，教师应以学生为本，保护学生的权益，多聆听学生的心声和意见，调动学生的积极性，拓展学生的思维，提高学生全面自主的学习能力，引导学生从要我学转化为我要学。教师视学生如手足，则学生视教师如心腹。如果教师能够做到不计较得失，工作中多付出，真正把学生视为教学过程的主体，多给予学生指导和帮助，多去调动学生的学习兴趣，一定会取得事半功倍的效果。

12.10 子张问崇德①、辨惑，子曰："主忠信，徙义②，崇德也。爱之欲其生，恶之欲其死；既欲其生，又欲其死，是惑也。'诚不以富，亦祇以异③。'"

【注释】①〔崇德〕提高道德修养。②〔徙义〕改变自己的思想使之合于义。徙，迁移。③〔诚不以富，亦祇以异〕《诗经·小雅·我行其野》诗句。《论语译注》译作"这样的确对自己毫无好处，只是使人奇怪罢了"。

【大意】子张问怎样提高道德修养、辨别疑惑。孔子说："以忠诚信义为主，能够活用道理、见义而变，这样可以提高道德修养。爱一个人就希望他长生不死，讨厌一个人就希望他死掉。既希望让一个人活着，又想让他死，这就是疑惑。《诗》有言：'真的不是富足，只是因为不同。'"

【心得】在孔子看来，忠厚诚实是提高道德水平、获得明辨是非能力的关键。对于教师而言，忠厚诚实主要表现在树立公平的准则之中。

首先，要做到对待学生一视同仁，不能以个人的情感和好恶来做评判。教师是学生明礼知耻的导师，感情用事会很大程度上影响学生的学习效果，要做到有教无类。对于学习能力不同或不稳定的学生，要采用不同的教育方法，不要因个人好恶，使教学效果大打折扣。

其次，在教学过程中，也要保持教学质量的统一。对于擅长、不擅长，喜欢、不喜欢的科目或教学环节都要一视同仁，认真备课，忠诚于高质量的教学目标，不因个人好恶影响教学质量。

12.11 齐景公①问政于孔子。孔子对曰:"君君、臣臣、父父、子子。"公曰:"善哉! 信如君不君,臣不臣,父不父,子不子,虽有粟,吾得而食诸?"

【注释】①〔齐景公〕齐国国君,名杵臼。

【大意】齐景公向孔子问治国之道,孔子答道:"君要行君道,臣要行臣道,父要行父道,子要行子道。"齐景公说:"好极了! 如果国君不遵守国君的规矩,臣子不遵守臣子的规矩,父亲不遵守父亲的规矩,儿子不遵守儿子的规矩,即使有粮食,我能吃到吗?"

【心得】"君君、臣臣、父父、子子"的主张,是孔子针对春秋时期社会变动、君臣父子名分遭到破坏时提出的。每一个人都能遵守他应守的规范,尽他应尽的义务和责任,同时也享有他应有的权利,这是保证社会秩序稳定的必要条件。孔子所说的"君君、臣臣、父父、子子",就是体现了这个要求。

对于"君君、臣臣、父父、子子"的理解,不能囿于儒家的三纲五常等级制度,而是应该分为两个层次理解:

首先,各得其所,在其位谋其事。教师就要时刻意识到自己教书育人的身份、自己的榜样力量,在做任何事前都要考虑对学生可能产生的正面或负面影响,不能完全根据自己的意愿做出有可能对学生产生负面影响的事。

其次,教师要建立起既宽松和谐又井然有序的班级氛围,让学生在平等民主的环境中健康成长,同时又可以有效地保障纪律,保证教学质量。不以规矩,不成方圆。如果没有良好的习惯,学生的学习效果将会大打折扣。

12.12 子曰:"片言①可以折狱者,其由也与②?"子路无宿诺③。

【注释】①〔片言〕诉讼双方中一方的言辞,古时也叫"单辞"。②〔其由也与〕断案要有原告和被告双方的陈述和供辞，为什么子路可以仅凭一方的单辞断狱？有几种解释：一、子路明决，凭单辞就可作出判断；二、子路为人忠信，人们信服他，在他面前不讲假话，因此他可以只听一面之辞来断案；三、子路忠信，所说的话决无虚假，所以只听子路的一面之辞，就可断案。③〔宿诺〕有两种解释：一、宿解释为"预"，预先的许诺；二、宿解释为"留"，拖延诺言的实现。

【大意】孔子说："只听了一方的话就可以断狱的，大概只有仲由吧。"子路履行自己的诺言从不拖延。

【心得】"断狱"前应该听取双方的陈述，不可只凭一方之言。子路凭片言就可以"折狱"，说明他在审案方面具有卓越的才干。子路为人忠信果决，做事雷厉风行，所以人们信服他。

在孔子的学生中，子路性情急躁，但是也具有信守承诺、说话算数、立即践行的良好品质。这里我们应辩证地看待子路的为人处事。但作为教师，不能凭一面之辞"断案"，处理学生矛盾不能"片言折狱"。我们都知道，有人的地方就常常存在着矛盾。师者传道授业的同时，解决学生间的小冲突也是日常工作，如若只凭一面之辞就"断案"，那岂不是过于武断了。处理学生矛盾"片言折狱"不可取，教师需要兼听则明，给予学生更多耐心的指导。

12.13 子曰："听讼①，吾犹人也。必也使无讼②乎！"。

【注释】①〔听讼〕审理诉讼案件。②〔使无讼〕通过道德教化来消灭诉讼案件。

【大意】孔子说："审理诉讼案件，我同别人也是一样。重要的是一定要做到没有诉讼案件才好。"

【心得】"无讼"是孔子的理想，也是人人期盼的理想境界，在现实社会中是很难实现的。

孔子作为教育家，强调教育的重要作用。他认为有诉讼案件发生，是因为民风不够淳厚，而民风不淳厚，是因为教化不够。通过社会教育减少诉讼是社会和谐的重要途径，因此需要不断提升全民文化素养。

师者的职业素养、职业道德需紧跟时代步伐，遵纪守法，身正为范，在处理学生种种矛盾时能够公平公正，不偏颇，不断取得学生的爱戴与信服，也会慢慢走向"无讼"的境界。

12.14 子张问政。子曰："居之无倦，行之以忠。"

【大意】子张问怎样治理政事。孔子说："在职位上要永不懈怠，忠于职守。"

【心得】"居之无倦，行之以忠"既是从政的警句，也是适用于如今师者的金句。要做好教育这份工作，"居之不倦"是前提。有的人做事没有恒心，仅三分钟热度，时间久了倦怠之情就难以克制。其实从事任何一种行业，多数情况下不是"胜者为王"，而是"剩者为王"。所谓的"剩者"不是无能力者的听之任之，而是有恒心者的坚持不懈。"行之以忠"则是成功的基础，不是忠于名利，而是忠于自己从事的岗位和工作，忠于师者的良知。

12.15 子曰："博学于文，约①之以礼，亦可以弗畔②矣夫！"

【注释】①〔约〕有两种解释：一，约束；二，简要，使博学的文献知识归于简要。《子罕篇》说："夫子循循然善诱人，博我以文，约我以礼欲罢不能。"可见约之以礼的"之"字应指人，前者较合《论语》原意。②〔畔〕同"叛"。

【大意】孔子说："君子广泛地学习文献，又以礼来约束自己，也就不至于离经叛道了。"

【心得】"博学于文，约之以礼"是孔子教育的两个方面，"可以弗畔"是其目的。学文，要广泛学习文献；力行，要依礼而行，也就是要"约之以礼"。

孔子的教育思想是强调学习要"文"与"礼"并重，既要重视文化底蕴的积淀，也必须加强个人的道德修养，两者不可偏颇。当前教育教学改革中，非常重视思政课对学生的培养，就是在强调"约之以礼"，把学生引到正确的人生道路上。

作为师者，应该深刻反思，更要向孔子学习。道德是教育的起点，也是教育的最终归宿。愿每个教育工作者铭记圣人之"博学于文，约之以礼"的至理名言，并在教育中不断实践。

12.16 子曰："君子成人之美，不成人之恶①。小人反是②。"

【注释】①〔美、恶〕形容词用作名词，意思是好事、坏事。②〔是〕代词，这。

【大意】孔子说："君子成就他人的好事，不帮助别人去做坏事。小人正和这相反。"

【心得】这句话是对教师职业最好的概括。教育就是欣赏和成全，欣赏学生自身成长的特性，成全并维护学生的尊严和个性。如果将教育分为两个阶段：第一个阶段是最基本的"传道授业解惑"，第二个阶段就是"成人之美"。作为老师，我们要有成人之美的德行和助人成才的责任；要成为一个"向美、爱美"的人，做"美、善"的典范；要遵循学生爱玩、爱美，渴望被老师表扬、关注的天性，采取有针对性的方法因材施教，成全学生的天性。在这样的教育环境中，我们也能收获学生的爱戴、敬畏和职业的幸福感。

12.17 季康子问政于孔子。孔子对曰："政者，正也。子①帅②以正，孰敢不正？"

【注释】①〔子〕您。②〔帅〕率领，带领。

【大意】季康子向孔子问怎样治理国政。孔子回答说："政治，就是使之正。您自己用正道来带领大家，谁敢不依正道行事呢？"

【心得】明代张居正说："孔子斯言，不独以告鲁大夫，实治天下之要道也。汉儒董仲舒有言：'正心以正朝廷，正朝廷以正百官，正百官以正万民。'亦是此意，君天下者念之。"作为教育工作者，我们的受教对象是未成年的学生，他们正处于世界观和人生观的形成时期，是其人格社会化和道德标准形成的重要阶段。身处这样的工作环境，我们更要严于律己，以身作则，以德育人，在潜移默化中影响学生，以"润物细无声"的方式达到教育学生的目的。

在日常的教育教学工作中，我们要树立好榜样，时刻谨记"言传身教，身教为先"；要教会学生好的学习方式、生活习惯，培养学生优良的品质、积极乐观的生活态度和面对挫折迎难而上的精神。

12.18 季康子患①盗，问于孔子。孔子对曰："苟②子之不欲，虽③赏之不窃。"

【注释】①〔患〕担心、担忧。②〔苟〕假如。③〔虽〕即使。

【大意】季康子担忧盗窃，问孔子怎么办。孔子回答说："假如您自己不贪图财利，即使奖励偷窃，也没有人那样做。"

【心得】两千多年前，孔子就教导季康子用自己的德行处理政事。2014年教师节前夕，习近平总书记在北京师范大学看望教师、学生时，提出了"四有好老师"要求。其中之一就是"有道德情操"。

"德者，才之帅也。"在中华传统文化中，"德"字涵盖了人的行为标准和精神操守，是评价个人乃至群体的核心标准，正所谓"国无德不兴，人无德不立"。师德，则是教师群体共同的精神指南和行为准则。

如果说医生仁心，可以救治一个人，那么教师仁心，就能影响一群人。初入校园的学生就像是一张白纸，教师在纸上写上横画上竖，添上形涂上彩，老师的德行必将会影响这个孩子今后的世界观、人生观、价值观的形成。"捧着一颗心来，不带半根草去。"对于老师来说，重在修身，从容地做好自己，成为学生的榜样。

12.19 季康子问政于孔子曰："如杀无道，以就有道，何如?"孔子对曰:"子为政,焉用杀?子欲善而民善矣。君子之德风,人小之德草,草上之风①,必偃②。"

【注释】①〔草上之风〕指风加之于草。②〔偃〕仆,倒。

【大意】季康子问孔子如何治理政事,说:"如果杀掉无道的人,亲近有道的人,怎么样?"孔子说:"您治理政事,哪里用得着杀戮的手段呢?您只要想行善,老百姓也会跟着行善。在位者的品德好比风,在下的人的品德好比草,风吹到草上,草就必定跟着倒。"

【心得】只要为政者行善,老百姓就会跟着行善;只要为政者品德好,也一定能带动百姓的品德。对于教育者来说,正是"学高为师,身正为范",教师在教育中具有引领示范的作用。

教师活动的教育性,决定了这一职业有其自身的特殊性。教师活动的这一本质特点,决定教师的劳动必然带有强烈的示范性。教师的示范性特征,几乎表现在教学的各个环节中。在教学中,为增强学习的直观性和规范性,使学生有一个感性的认识,教师都要先做示范。特别是在事例讲解、实物演示、实验操作,以及在音、体、美的教学中,教师的示范作用就显得更为重要。

此外,学生的良好习惯、品德、情操、世界观及人生观的形成,更有赖于教师的言传身教。教师的一言一行都将会在学生心灵上产生潜移默化的影响。正如著名教育学家加里宁指出的那样:"要知道,教育者影响受教育者的不仅是所教的某些知识,而且有他的行为、生活方式以及对日常现象的态度。"教师的言传身教对学生的影响和教育效果是巨大而持久的。无声的"身教"更胜于有声的"言教",可谓"此时无声胜有声"。因此,教师必须注重"身教",为人师表,给学生做好榜样。

12.20 子张问:"士何如斯可谓之达①矣?"子曰:"何哉,尔所谓达者②?"子张对曰:"在邦必闻,在家必闻。"子曰:"是闻也,非达也③。夫达也者,质直而好义，察言而观色，虑以下人④。在邦必达，在家必达。夫闻也者，色取仁而行违⑤，居之不疑⑥。在邦必闻，在家必闻⑦。"

【注释】①〔达〕显达，通达。内有诸己而求达于外。②〔何哉，尔所谓达者〕子张务外，孔子知而反诘之，将以去其病而导之正。③〔是闻也，非达也〕闻，名誉著闻。内无求必达之于外者，仅于外窃取名闻而已。此乃虚实诚伪之辨，学者不可不审。④〔质直而好义，察言而观色，虑以下人〕质直，内主忠信，不事矫饰。察言观色，察人之言，观人之色。虑以下人，卑以自牧也。一说：虑，用心委曲。一说：虑，犹每也。虑以下人，犹言每以下人。复言曰无虑，单言曰虑，其义一。不矫饰，不苟阿，在己者求有以达于外，而柔顺谦卑，放人亦乐见其有达。或说：察言观色以下人，疑若伺颜色承意旨以求媚者。然察言观色，当与质直好义内外相成。既内守以义，又能心存谦退，故能谦撙而光，卑而不可逾，此圣人处世之道，即仁道。乡愿袭其似以乱中行，而俊儒或仅凭刚直而尚气，则亦非所谓圣人定之以中正仁义之道。⑤〔色取仁而行违〕色取，在面上装点，既无质直之姿，又无好义之心，无之己而仅求之外，斯无行而不违乎仁矣。⑥〔居之不疑〕专务伪饰外求，而又自以为是，安于虚伪，更不自疑。⑦〔在邦必闻，在家必闻〕此等人专意务外，欺世盗名，其心自以为是，无所愧怍，人亦信之，故在邦必闻，在家必闻。然虚誉虽隆，而实德则病，误己害世，有终其身为闻人而己不知羞，人不知非者，其为不仁益甚矣。此处家字，如三家之家，非指私人家庭言。

【大意】子张问："读书人怎么做才能通达？"孔子说："你说的达，是怎样的呀？"子张对道："在诸侯国做官有名望，在大夫之家做官有名望。"孔子说："那是名气，并不是通达。所谓通达的人，就是品性正直，喜好大义，察其言观其色，总是能自觉谦让于人。在国与家中都能受到敬重。所谓闻者，这种人表面上仁爱而行动上不仁厚，以仁义自居不疑。在国和家中都有名声。"

【心得】好名声是我们所追求的，但名声只是实际行动的附属品。一个人想要有所作为，想要闻达于世，必须要树立正确的价值观，付出实际行动，成为名副其实的"达者"。

作为教师，不仅仅是传道授业解惑，更重要的是培养人，那么培养什么样的人就成了我们必须思考的问题。我想"君子"是我们所追求的，君子逐名则行动佐之，君子惜名则洁身自好。

12.21 樊迟从游于舞雩之下①，曰："敢问崇德，修慝②，辨惑。"子曰："善哉问！先事后得③，非崇德与？攻其恶，无攻人之恶，非修慝与？一朝之忿，忘其身，以及其亲，非惑与？"

【注释】①〔从游于舞雩（yú）之下〕舞雩之处，有坛（土单）树木，故可游。于问答前着此一语，此于《论语》为变例。或说：春秋鲁昭公逊齐之年，书上辛大雩，季辛又雩，传曰："又雩者，非雩也，聚众以逐季氏也。"昭公欲逐季氏，终为季氏所逐，樊迟欲追究其所以败，遂于从游舞雩而发问，而言之又婉而隐，故孔子善之。今按：孔子晚年返鲁，哀公亦欲逐季氏。推樊迟之年，其问当在哀公时，不在昭公时，则寓意益深矣。然如此说之，终嫌无切证。或又曰：樊迟录夫子之教而书其地，示谨也。编者从而不削耳。②〔修慝（tè）〕修，治而去之。慝，恶之匿于心。专攻己恶，则己恶无所匿。③〔先事后得〕即先难后获义。人能先务所当为，而不计其后功，则德日积于不自知。

【大意】樊迟随从孔子在舞雩台下散步，他问："敢问如何提高德行、去除邪念、辨别是非？"孔子说："问得好啊！先做事后收获，不就是提高德行吗？检讨自己的过错，不谴责他人的错误，不就是消除邪念吗？因为一时的愤怒，忘掉自身的安危得失，以至于连累自己的父母，这不就是迷惑吗？"

【心得】孔子对樊迟之问的回答是有针对性的。他针对樊迟"勇而志于学，质朴而狭隘，意其为人，必预事而计得，恕己而严人，忿不思难"（毛奇龄《论语稽求篇》）的特性而展开解答，也体现了孔子"因材施教"的教育理念。

儒家追求"修己治人",更加强调个人修养。而教师作为学生学习的榜样,更要注重提高个人修养。而如何提高自身修养,儒家也给出了自己的思考,即崇德、修慝、辨惑。孔子认为,崇德就是"先事后得",就是先劳动后收获、先付出再收获。所谓"修慝"指的是"攻其恶,无攻人之恶",也就是我们平时所说的严于律己、宽以待人。教师要永远保持一种谦逊的心态面对世界,勤于思考学习,善于反思。最后是"辨惑",这里的"惑"有特定的含义,说的是不要意气用事,否则就容易冲动,做出不理智的事情来。教师在处理日常工作时,更要时刻保持冷静,以专业的态度解决问题。

12.22 樊迟问仁。子曰:"爱人。"问知。子曰:"知人。"樊迟未达。子曰:"举直错诸枉,能使枉者直。"樊迟退,见子夏曰:"乡①也吾见于夫子而问知,子曰'举直错诸枉,能使枉者直',何谓也?"子夏曰:"富哉言乎!舜有天下,选于众,举皋陶②,不仁者远③矣。汤有天下,选于众,举伊尹,不仁者远矣。"

【注释】①〔乡(xiàng)〕同"向",过去。②〔皋陶(gāo yáo)〕舜的臣子。③〔远〕远去。这里有能使枉者直,不仁者化而为仁的意思。

【大意】樊迟问什么是仁。孔子说:"爱人。"樊迟问什么是智,孔子说:"了解人。"樊迟没有理解。孔子说:"选拔正直的人,放到邪恶的人的地位之上,能够使邪恶的人归于正直。"樊迟退出来,见到子夏说:"我去见老师问他什么叫智,他说'选拔正直的人,使其地位居于邪恶的人的地位之上,能使邪恶的人归于正直',这是什么意思?"子夏说:"这句话的涵义多么丰富呀!舜有了天下,在众人中挑选,把皋陶选拔出来,不仁的人就远去了;汤有了天下,在众人中挑选,把伊尹选拔出来,不仁的人就远去了。"

【心得】樊迟问仁，孔子答"爱人"，是对仁的根本精神的说明。《说文解字》解释："仁，亲也。从人，从二。"仁就是从人和人的相处来看人，而人和人之间的基本关系就是爱。爱人有着丰富的内涵，要联系《论语》的全部内容来理解和把握。孔子对"知"回答"知人"，也是从人和人相处说"知"。樊迟不理解，孔子以"举直错诸枉"做说明，子夏又举历史事实作解释，进一步说明"知人"的意义。

儒家的"仁者爱人"温厚真切，"知"的精髓博大精深。今天的师者，处于大变革时代，立足自己岗位不可一味地守成，需"爱人、知人"，以"仁"为本，以"爱"管理班级、学生，做到知人善用，充分发挥榜样作用。

12.23 子贡问友。子曰："忠告而善道之，不可则止，毋自辱焉。"

【大意】子贡问交友之道。孔子说："要忠言直告又要恰当地引导，如果不听也就罢了，不要自取其辱。"

【心得】孔子回答子贡的交友之道，提示我们既要尽朋友之责，又要适可而止，需要把握好其中的度。朋友之交是相互的，真正的朋友要为对方着想，避免对方误入歧途，让对方越来越好。这种交友之道，放之师生关系亦可。

教师的最高境界就是用自己对知识的理解、追求和热爱唤起学生对知识的兴趣，引导学生走向正确的人生道路。为学生鞠躬尽瘁当然感人肺腑，但教师的作用不仅仅在于传授知识，更在于其引导学生"走出迷津"的能力和"指点迷津"的智慧。正如叶圣陶说："教是为了不教。"苏霍姆林斯基强调："只有能激发学生去进行自我教育的教育才是真正的教育。"今天的学校教育，不仅是传递人类文化的摇篮，更是承接自我教育和终身教育的中转站。为此，教师必须善教善导。

12.24 曾子曰:"君子以文会友,以友辅仁。"

【大意】曾子说:"君子靠学问来聚合朋友,靠朋友来帮助培养仁德。"

【心得】这一章是曾子谈论如何交友,以及交友对个人生命成长的好处。"文"是精神的外在表现。曾子讲,能辅仁即有助于仁德,才是朋友。交朋友,是为了精神愉悦,相互提高,否则,朋友有何用?为什么以友能辅仁?康有为《论语注》:"人情孤独则懒惰,易观摩则奋历生。置诸众正友之中,则寡失德;置诸多闻人之中,则不寡陋。故辅仁之功,取友为大。"就是说,多跟有仁德的人交朋友,以"仁"的标准来交朋友,是成仁、达仁的重要途径。

教师应有仁爱之心。如果学生是一朵含苞待放的花蕾,教师的职责就是让他们在温暖的阳光里绚丽绽放。教师的仁爱之心一方面落实到具体的教育教学实践中,另一方面也体现在师生关系中。教学相长,学生成长的路上会遇到这样那样的问题,教师要以仁爱之心帮其解答人生的困惑,助力其进步发展,而教师也能从这个过程中感受到自我心灵的成长。

子路篇第十三

《子路篇》共30章。本篇主要记录孔子论述为政、为人的道理，重点围绕政事展开，谈论为政治国的一些主张和措施。在儒家看来，为政者应该不断修养自身，达到推己及人、治理国家的目的。儒家认为"身不修不可以齐其家"，从政者要实行德政，任用贤人，充分发挥表率作用。本篇名句有"其身正，不令而行""欲速则不达""君子和而不同，小人同而不和""君子泰而不骄，小人骄而不泰"等。

学为人师，行为世范。在教育教学实践过程中，教师要加强师德修养，坚持以学生为本，发挥言传身教、教书育人的积极作用。

13.1 子路问政。子曰："先之，劳之①。"请益。曰："无倦②。"

【注释】①〔先之，劳之〕之，指百姓。先之，做在百姓之先，身先百姓。劳之，使百姓勤劳工作。《国语·鲁语》中公父文伯之母敬姜说："民劳则思，思则善心生；逸则淫，淫则忘善，忘善则恶心生。"②〔无倦〕不要倦怠。按照上面所说的去做，不要倦怠。

【大意】子路问怎样管理政事。孔子说："自己要以身作则，然后让百姓勤劳地工作。"子路请求再多讲一些。孔子说："不要倦怠。"

【心得】本篇首章是子路问政。孔子回答弟子的话具有很强的普适性，为政之道重在取信于民和以身作则，在两千多年后的今天，对于教师仍具有积极的借鉴意义。"先之""劳之""无倦"，简短的六个字，既是古人的从政原则，也是今天的教育准则。治理一个国家如此，从事教育事业同样如此。教师在以学生为本的思想指导下，做具体的工作时，要以身示范，带领学生一起努力，甚至要比学生更加努力，只有这样才能使学生达到预期的发展目标。

当教师不易，当一个成功的教育者更不易。如果能够在教育工作中践行"先之""劳之""无倦"六字标准，一定能成为一位当之无愧的好老师。首先做到"先之"。教师要率先垂范，"身教胜于言传"。其次做到"劳之"。教师要弘扬劳动精神，注重学生身心和谐，提升学生手脑并用的能力。最后做到"无倦"。教师要辛勤地工作，以身示范，推动学生养成良好的习惯和品质。

13.2

仲弓为季氏宰，问政。子曰："先有司①，赦小过，举贤才。"曰："焉知贤才而举之？"曰："举尔所知。尔所不知，人其舍诸？"

【注释】①〔先有司〕先让有司各负其责。有司，负责管理各种具体事务的官吏。

【大意】仲弓做了季氏的总管，问孔子怎样管理政事。孔子说："让官吏率先垂范，各负其责，赦免人们的小过错，选拔贤才来任职。"仲弓说："怎样才能知道谁是贤才而选拔他呢？"孔子说："选拔你所知道的。那些你所不知道的，别人难道会丢弃他们吗？"

【心得】这章讲孔子谈论选拔贤良。其中"赦小过"，是讲赦免小的过失或者是抓大放小，解决重点问题；"举贤才"，要先推举自己知道的。这样人们就知道管理者任用了贤良的人，也渐渐明白任用人的标准。

教师会想到班级管理中的班干部的选拔和任用。一个好的班集体，要有一支优秀的班干部队伍。班主任选择班干部的时候，一般要考虑三个因素：一是要有组织能力；二是要心地善良，胸怀开阔；三是要头脑聪明，思维敏捷。选出真正能发挥积极作用的、有能力的学生当班干部，这样能起到榜样与带头作用，可以激励学生养成良好的习惯，同时班主任工作也会更得心应手。

教师也要注意做到"赦小过"。"人非圣贤，孰能无过？"何况是成长中的学生。如果学生犯了非常小的错误，教师就在同学面前大声呵斥、批评他，可能会让同学们不再信任他，他自身也会产生挫败感，甚至认为不能胜任学习任务和班集体工作。教师要给学生更多锻炼的机会，要善于帮助学生成长，重视对学生能力的培养。

13.3 子路曰："卫君①待子而为政，子将奚先？"子曰："必也正名②乎！"子路曰："有是哉，子之迂③也！奚其正？"子曰："野哉由也！君子于其所不知，盖阙④如也。名不正则言不顺，言不顺则事不成，事不成则礼乐不兴，礼乐不兴则刑罚不中，刑罚不中则民无所措手足。故君子名之必可言也，言之必可行也。君子于其言，无所苟而已矣。"

【注释】①〔卫君〕指卫出公辄，卫灵公孙。其父蒯聩被卫灵公驱逐出国，卫灵公死后，蒯辄继位。蒯聩要回国争夺君位，遭到蒯辄拒绝。②〔正名〕名，事物的称号。孔子认为卫君与父亲争位，破坏了"君君、臣臣、父父、子子"的等级名分，使君、臣、父、子的名与实不相符，所以提出首先要正名。③〔迂〕迂阔，不切实情。④〔阙〕同"缺"，存疑的意思。

【大意】子路对孔子说："卫君等着您去治理政事，您打算从哪里做起？"孔子说："首先必须正名吧！"子路说："有这么做的吗？您真是有点迂腐呀！为什么要正名？"孔子说："仲由啊，你真莽撞啊！君子对于他所不知道的事，总是采取存疑的态度。如果名不正，说话就不顺。说话不顺，事情就办不成。事情办不成，礼乐制度就不能兴盛。礼乐制度不能兴建起来，刑罚就不能公正地推行。刑罚不得当，老百姓就会手足无措，不知怎样做才好。所以君子定名分，一定要有可以说得出来的实际内容，说出来一定要可以实行。君子对于自己的言论，一定要认真，不能马马虎虎。"

【心得】这章讲了关于正名的问题。子路认为孔子迂腐，没有必要正名；而孔子则详细论述了正名的道理，说明其必要性。虽然孔子提出的正名是鉴于当时混乱的社会政治现实，具有那个时代的特色，但就整个人类社会历史发展而言，任何社会发展都需要一定的规则才能够良性运转，否则便会陷入混乱当中。孔子的正名不仅在当时具有非常重要的意义，对于现代社会的秩序稳定，同样具有非常重要的意义。

究竟什么是正名？名就是名分，即我们所承担的社会角色，也就是孔子所说的"君君、臣臣、父父、子子"。人生活在社会当中，各有分工，每个人都应该明确自己的职责和本分，努力做好自己该做的工作。

学校管理工作也是如此，每个人先做好自己的本职工作，那么学校的规章制度也就很容易实行。这同样也适用于班级管理，每个学生都在班里有自己的角色，知道自己的职责，那么学生遵守班规也就很容易实现，良好班集体的建立也会水到渠成。

13.4 樊迟请学稼①。子曰："吾不如老农。"请学为圃②。曰："吾不如老圃。"樊迟出。子曰："小人哉，樊须也！上好礼，则民莫敢不敬；上好义，则民莫敢不服；上好信，则民莫敢不用情③。夫如是，则四方之民襁负其子而至矣，焉用稼？"

【注释】①〔稼〕种五谷叫稼。②〔圃〕种蔬菜的地叫圃。为圃，种菜。③〔用情〕以真心实意来对待。情，真情。

【大意】樊迟请求学种庄稼。孔子说："我不如老农。"又请求学种菜。孔子说："我不如老菜农。"樊迟退出之后，孔子说："樊迟真是小人！在上位的人重视礼，百姓就不敢不敬；在上位的人重视义，百姓就不敢不服；在上位的人重视信，百姓就不敢不用真心实意来对待你。如果做到这样，四方的百姓都会背负着自己的小孩来投奔，哪里用得着自己去种庄稼呢？"

【心得】这章讲什么问题才是当时社会的首要问题，即"为政大要"。

孔子处在一个礼坏乐崩的时代，一生都在主张复兴礼乐制度，以礼的教育为主要标准。孔子所讲的礼实际上更应该从一种维护社会良性运转的政治制度的角度去理解，不能以我们当代社会的"礼"去比较。孔子的学说和观点，当时很多人都不以为然，甚至遭到讽刺和否定。

也许樊迟向孔子请教农业的问题，是希望孔子能够着眼现实，这样对百姓更有意义；而孔子则认为当时社会问题的关键不在于此。孔子认为上位者应着眼于国家的治理，推行仁义的教化之道。如果能够做到政治清明，百姓安居乐业，农业就自然兴盛；如果政治腐败，农业也就无法良好的发展。农业的事情，应该由有经验丰富的老农来做，而不是由施政者亲自去做这件事情；孔子抓住了事情的关键。对于当时混乱的社会而言，如果没有清明的政治，农业的发展无从谈起。

对于教育者来说，本章的启示就是，做教育要抓住教育的关键问题。我们培养人才，首先要做好德育工作。学生的素质不是技术，我们无法引进，只能自己培养，这是根本。素质教育在实现国家现代化过程中，至关重要。我们的德育工作一定要做好，这是教育的关键。我们要培养愿意为社会、为国家尽自己的一份力，做出自己的贡献的高素质人才。我们相信"人民有信仰，国家有力量，民族有希望"。

13.5 子曰："诵《诗》①三百，授之以政，不达；使于四方，不能专对②。虽多，亦奚以③为？"

【注释】①〔《诗》〕指《诗经》。②〔专对〕独立对答的意思。③〔以〕用。

【大意】孔子说："熟读了《诗》三百篇，让他处理政务，却办不通；让他出使外国，又不能独立应答。即使学了很多，有什么用呢？"

【心得】这章实际上是孔子讲知识与能力之间的关系。知识如果不能转化成能力，是没有意义的。

孔子整理《诗经》三百零五篇，这里说三百，是取了一个整数。《诗经》的内容非常丰富，有些类似于当时的"百科书"，涉及社会的方方面面。

现在看来，孔子的这种观点有其局限性。对于当今社会，知识渊博的人，可以走纯粹研究学术的道路。其实在孔子以后，人们就已经意识到了这个问题。例如明清两代都设立了翰林院。能进翰林院的人通常是知识渊博之士，专门做些研究，编撰辞典等工作，虽然名望很高，但是很难外放做官，可能一辈子都待在翰林院。如果是翰林院出身，再到地方去做行政的，从历史来看，多半都是双料大员。即使不能成为顶尖的国之栋梁，至少也都非常不错。

孔子的这种观点对我们教育者有很大的启发。在教育工作中，我们要特别重视学生将知识转化成能够解决问题的能力的培养。如果我们在知识的传授过程当中能够将知识与实践紧密结合，让学生不但拥有知识还拥有能力，这样培养出来的人才一定能够为社会做出更大的贡献。

13.6 子曰："其身正①，不令而行；其身不正，虽令不从。"

【注释】①〔其身正〕《论语·颜渊》说："政者，正也。子帅以正，孰敢不正。"可见这里的"其"是指在上位的执政者。

【大意】孔子说："自己做人端正了，不用对下属发号施令，他们就会自觉跟着去做；自身不正，即使发布命令，他们也不会听从。"

【心得】在这一章中，孔子讲的是修身在治国方面的作用。

著名教育家启功先生为北京师范大学题写校训"学为人师，行为世范"，应该是孔子所提倡的儒家文化在教育行业的一个高度概括，是教育事业的优良传统，也是中国知识分子人格修养的标准和精神追求。教师要努力做好学问，有丰富的知识和品格来教导学生；要努力树立自己的形象，规范自己的行为，为世人做好典范，成为社会中的楷模。教师还需要经常反省自己是不是做到了为人师表。讲台上，我们要意气风发；讲台下，我们更要温文尔雅，为人师表。

13.7 子曰："鲁卫①之政，兄弟也。"

【注释】①〔鲁卫〕鲁指鲁国，卫指卫国。鲁国是周公旦的封地，卫国是康叔的封地，周公旦和康叔是兄弟，而当时两国政治状况也比较相似，故有"兄弟"之说。

【大意】孔子说："鲁和卫两国的政事，像兄弟一样亲近。"

【心得】这章内容只有七个字，但是有着非常丰富的内涵，表达了孔子非常复杂的情感。表面上是说鲁国和卫国的政治局势都不怎么好，就像兄弟一样有相似之处，但实际上，很容易让人误读。

鲁国和卫国都是西周初期分封的诸侯国，当时两国的实力都不弱，但是到了春秋后期，他们国力渐衰，一天不如一天，最终都走向了灭亡。孔子其实是在感叹鲁国和卫国的不进取和衰落。

不进步就是退步，落后就要挨打。近一百多年中华民族所承受的屈辱，给了中国人深刻到难以磨灭的教训。中华民族始终在为国富民强而努力，而国家富强在于教育，教育的根本在教师。当今世界各国教育的竞争如火如荼。作为教师的我们，在教育改革与发展的道路上应当不断学习，不断研究，让自己跟上教育发展的步伐，力争走在教育发展的前列，为教育的发展、国家的富强做出自己应有的贡献。

13.8 子谓卫公子荆①："善居室②。始有，曰：'苟③合④矣。'少有，曰：'苟完矣。'富有，曰：'苟美矣。'"

【注释】①〔卫公子荆〕卫国大夫。②〔善居室〕善于居家理财过日子。③〔苟〕苟且，将就。④〔合〕足。

【大意】孔子谈到卫国的公子荆说："他善于居家理财。刚开始有一点财产，他说：'差不多够了。'稍微增加一点时，就说：'差不多算是很完备了。'等到富有了以后，他说：'几乎是完美了。'"

【心得】春秋时期，诸侯的儿子除了嫡长子称为世子，其他的都称为公子。孔子之所以赞赏卫公子荆，是因为他不同于当时或贪污、或奢侈成风的卿大夫。卫公子荆是一个非常有意思的人，他不仅能够时时知足、处处知足，更重要的是他能够不断设立小的目标来自我激励。

在我们的教育教学当中，我们做的很多事情之所以半途而废，重要的原因往往是难度太大，或者是成功离我们太远。准确地说，我们不是因为失败而放弃，而是因为倦怠而失败。如果我们能够像卫公子荆一样，具备把大的目标分解成利于达到的小目标的智慧，那么在教育这条路上，将会比其他人走得更远。

13.9 子适卫，冉有仆①。子曰："庶矣哉！"冉有曰："既庶②矣，又何加焉？"曰："富之。"曰："既富矣，又何加焉？"曰："教之。"

【注释】①〔仆〕驾车。②〔庶〕众多。这里指卫国人口多。

【大意】孔子去卫国，冉有给他驾车。孔子说："人口真多呀！"冉有说："人口已经够多了，还要再做什么呢？"孔子说："使他们富起来。"冉有说："使他们富了以后，还要做些什么呢？"孔子说："对他们进行教化。"

【心得】习近平总书记指出："儒家思想和中国历史上存在的其他学说都坚持经世致用原则，注重发挥文以化人的教化功能，把对个人、社会的教化同对国家的治理结合起来，达到相辅相成、相互促进的目的。"中华文化提倡人民富裕，是从人性的自然本性出发，肯定人对富贵追求的合理性和正当性。富是人类社会基本生活需求使然，但民富绝不是终极目的。富民是前提，教民要以富民为基础，没有这个基础就不可能教化。教是富的精神提升，是让人从低级的生物人提升到社会道德人的关键一步。社会的长治久安，不仅要解决民众的温饱问题，还要形成良好的社会风气。孔子的"庶矣""富之""教之"就是这种思想的源头。

一个民族的传承离不开自身的文化独特性，而传承这一切的方式便是教育。教育乃是国之根本！一个民族的兴盛，一个国家的崛起皆离不开教育的发展。俗话说，百年大计，教育为本。教育在某种程度上决定一个国家和民族的未来，是一个民族最根本的事业。

13.10 子曰："苟①有用我者，期月②而已可③也，三年有成。"

【注释】①〔苟〕如果。②〔期（jī）月〕一周年。③〔可〕仅仅可以，还不足的意思。

【大意】孔子说："如果有人用我，不到一年就可以搞出个样子来，三年就一定会有成效。"

【心得】根据《史记·孔子世家》的记载，这是孔子居住在卫国的时候说的话。当时卫灵公年纪大了，不想再去理国政，所以就没任用孔子。孔子觉得很遗憾，他在这里感叹，说了这几句话。

孔子的思想涵盖修身、齐家、治国、平天下。在孔子之前，"平天下"已经有人做到。商朝开国之君汤王，最初国土就是七十里地，是一个小的诸侯国。七十里方圆这么一个小地方，汤王治理得井井有条，所以诸侯能够归顺他。所谓归顺，就是以他为榜样，向他学习。商末周文王姬昌在位期间，他以百里而王天下，为天下的榜样。别的国家纷纷到文王统辖的地方来观摩，发现这里的人民都非常懂礼，都能够敬让、和谐，于是其他国家就效仿。

古人讲，半部《论语》治天下。如果把《论语》学通了，把古圣先贤的道理掌握了，实现和谐社会并不难。孩子很好教，人民风尚也好教，只要懂得方法。

13.11 子曰："善人为邦百年，亦可以胜残①去杀②矣。诚哉是言也！"

【注释】①〔胜残〕使残暴的人不再作恶。②〔去杀〕废除刑罚杀戮。

【大意】孔子说:"善人治理国政一百年,也可以消除残暴、废除刑罚杀戮。这话真对呀。"

【心得】通过善人的德治,最后达到"胜残去杀"的境界,这是孔子以礼治国的理想。他认为善人为政百年就能实现这一理想目标。从为政的实际情形来说,孔子并没有完全否定刑罚的必要性。他曾经明确说过,"刑罚不中则民无所措手足"。他主张的刑罚最终也是为实现废除刑罚,达到理想治理的一个过程,一种手段。

13.12 子曰:"如有王者,必世①而后仁。"

【注释】①〔世〕古代三十年为一世。

【大意】孔子说:"如果有王者兴起,也一定要三十年才能使仁道行于天下。"

【心得】如本篇第9章中孔子提出"庶之、富之、教之",可以称之为治国三部曲。这个过程有三个阶段:第一阶段是让人民休养生息、安居乐业,这样才能使人口增加;第二阶段是在人口多了以后,实施振兴经济的政策,让人民得以共同富裕;第三阶段是在富裕的基础上,对人民施以文明教化,改善民风,实现和谐的小康社会。这个过程,大约需要三十年来完成。孔子说:"善人为邦百年,亦可以胜残去杀矣。诚哉是言也!"如此看来,下一百年的功夫才实现这样的目标,也很正常。"天下归仁"的确不是一件简单事。

教育同样是个慢功夫,需要时间的陶冶。叶圣陶说:"什么是教育?简单一句话,就是要养成习惯。""冰冻三尺,非一日之寒。"学生好习惯的养成,也非一日之功。有人说,教育是静待花开的过程。在这个过程中,需要老师的关怀、关爱、引导、信任,以及最重要的耐心。

13.13 子曰:"苟正其身矣,于从政乎何有?不能正其身,如正人何?"

【大意】孔子说:"如果能使自身行为端正了,对于治理政事还有什么困难呢?不能端正自身,怎么去端正别人呢?"

【心得】"苟正其身矣,于从政乎何有?"这是孔子"德治"思想的集中体现。"德治"是儒家的政治伦理思想,其要义是正人先正己,为君者要为臣民做出表率,以榜样的力量来引导人们的言行,用道德教化来规范人们的言行,以达到治理天下的目的。它对中国历史的发展和伦理学说的发展都产生了巨大影响。

难道教育不也是一样吗?老师和家长以身作则,自己做好榜样了,孩子怎么可能做不好?如果家长和老师自己都没有做好,反而总是要求孩子做好,孩子能做到吗?即使表面做到了,也是被迫的,一换环境肯定会变。

13.14 冉子退朝①。子曰:"何晏也?"对曰:"有政。"子曰:"其事也。如有政,虽不吾以,吾其与闻之。"

【注释】①〔朝〕朝廷。或指鲁君的朝廷,或指季氏议事的场所,解释不一。

【大意】冉求退朝回来,孔子说:"怎么这样晚呀?"冉求回答说:"有政务。"孔子说:"只是一般事务吧。如果有政务,即使不任用我了,我也该知道的。"

【心得】这一段记载很妙,体现出孔子的幽默。想来,他说此话时,一定做了一个幽默的微笑。季氏家的事情不能称之为政务,孔子在给冉有纠正错误。

对于现代教师来说,加强幽默修养有益于增进教学的情趣和魅力。教师通过幽默夸张的语言、诙谐生动的比喻,能有效感染学生,对纠正问题和塑造良好个性将起到积极作用。

联想到班级图书角,每次看完图书,低年级的小学生都是随手把图书往书架上一放,不懂得把图书的封面朝外直立摆放。看到这种情况,老师开展了"小图书哭了"的教学活动。"听,小图书都在哭呢!"这本小图书说:"谁把我的小肚皮露在外面了,好难为情啊!"那本小图书说:"哎呀,我站不稳要倒下来了！"老师还模仿小图书站立不稳快倒下的样子，学生们一见哈哈大笑起来。"看，每一本小图书都有漂亮的脸蛋（封面），它们喜欢站得直直的，瞪着大眼睛和同学们一起学习呢！它们可不喜欢把小屁股（封底）对着我们哦！图书们喜欢和同学们一样排排队呢！"通过生动形象的比喻，同学们都学会了正确有序地摆放图书，每次看完书都会仔细地把书放整齐。

教师的幽默教学源于对学生的爱。孔子善于运用自己的智慧，用幽默的方式教育学生。当代教师应学习借鉴，让师生在快乐中共同学习、思考和成长。

13.15 定公问："一言而可以兴邦，有诸？"孔子对曰："言不可以若是其几也①。人之言曰：'为君难，为臣不易。'如知为君之难也，不几乎一言而兴邦乎？"曰："一言而丧邦，有诸？"孔子对曰："言不可以若是其几也。人之言曰：'予无乐乎为君，唯其言而莫予违也。'如其善而莫之违也，不亦善乎？如不善而莫之违也，不几乎一言而丧邦乎？"

【注释】①〔言不可以若是其几也〕几有两种解释：一、期望。则整句话的意思是不能期望言语必然有这样的效果，即说话不能这样绝对。二、近。整句话断作"言不可以若是，其几也"，意思是说话不可能有这样的作用，只能是近似这样罢了。本书认为第一种解释较好。

【大意】鲁定公问："一句话可以振兴国家，有这样的事吗？"孔子说："话不可以说得这样绝对。有句话说：'做君难，做臣不易。'如果知道了做君的难，这不就几乎可以使国家兴盛吗？"定公说："一句话可以亡国，有这样的事吗？"孔子回答说："话不可以说得这样绝对。有句话说：'我对做国君不觉得有什么可快乐的，唯一感到快乐的是我说话没有人敢违抗。'

如果他说得对，而没有人违抗，不也很好吗？如果他说得不对，也没有人违抗，不就接近于一句话可以亡国吗？"

【心得】在教育工作中，教师在学生心目中的地位是崇高的。教师的威信是教师充分发挥其教育主导作用的宝贵资源，会对学生的心理和行为产生一种精神感召力，表现为四个方面的特征：一是学生坚信其传道、授业、解惑是真实可信的，愿意主动接受教师的帮助和教导。二是学生相信、爱戴和敬佩教师，能够把教师的要求转化为内在的需要，会不断增强追求学问、谋取进步的能动性。三是教师的表扬或批评能唤起学生真实的情感体验。真正有威信的教师，或表扬或批评，在学生看来都是善意之举，其情感共鸣是积极的，并努力谋求发扬优点、克服缺点的可行办法。如果教师威信不足，对学生的表扬或批评，哪怕是真诚实意，也会使学生认为这只是一种形式，对己无益，自然引不起快乐的情感体验，甚至会与老师"唱反调"。四是学生会从内心把有威信的教师当作自己的榜样。榜样的力量是无穷的，一旦教师成为学生心目中的真实榜样，学生就会时时处处接受其思想，方方面面模仿其言行。

所以，这就要求教师要严格规范自己的一言一行，树立言行一致的形象。

13.16 叶公问政。子曰："近者说①，远者来。"

【注释】①〔说〕同"悦"。

【大意】叶公问孔子怎样管理政事。孔子说："先使近处的人心悦诚服，远处的人自会来归顺。"

【心得】孔子的教育实践，正是印证了"近者悦，远者来"。他凭借一己之力，通过终身学习，开启私学教育之先河。在教育过程中，不论阶层、门第、富贵贫贱，"有教无类"，创造了古代教育的辉煌——"弟子三千，七十二贤人"。而之所以能够取得如此成就，就是源于孔子的教育理念让众多弟子心悦诚服，"近者悦"也；孔子弟子来自当时诸侯各国，他们皆是"择师"而来，"远者来"也。

如今择校热的背后，实际上是择师。身为教师，我们是否能够从孔子这句话中，看到自己。反思一下，我们是否能够做到让学生"近者悦"，成为很多青年学生向往的"人师模范"呢？

13.17 子夏为莒父①宰，问政。子曰："无欲速，无见小利。欲速则不达，见小利则大事不成。"

【注释】①〔莒（jǔ）父〕鲁国邑名。

【大意】孔子的弟子子夏在鲁国做了莒父的官，有一天回来向孔子请教如何为政。孔子对他说："做事不要图快，不要只见眼前小利，如果只图快，结果反倒达不到目的；只图小利，就办不成大事。"

【心得】俗话说："磨刀不误砍柴工。"不管是老师或家长，总希望孩子的学习能很快进步，成绩能迅速提高，然而这是不现实的。尤其是当孩子到高年级发现学习成绩不理想的时候，一定要有耐心，循序渐进，才可能真正提高成绩，正所谓"欲速则不达，见小利则大事不成"。

孔子告诉子夏，急于求成很难达到目标，贪图小利做不成大事。子夏接纳了老师的建议，最终在传播儒家学说上，独立形成一派，对传播孔子的思想做出了巨大贡献。尤其是在子夏晚年，到魏国西河一带教学，培养出大批经国治世的良才。

我们常说"百年大计"，百年大计指的就是教育，还有比教育对一个国家的未来更重大的事情吗？所以说，欲成大事必定从教育抓起。

13.18 叶公语孔子曰："吾党①有直躬者②，其父攘③羊，而子证④之。"孔子曰："吾党之直者异于是：父为子隐，子为父隐，直在其中矣。"

【注释】①〔党〕乡党，古代五百户为党。②〔直躬者〕正直的人。③〔攘〕偷窃。④〔证〕告发。

【大意】叶公告诉孔子说:"我们乡党有一个正直的人,他父亲偷了羊,他告发了父亲。"孔子说:"我们乡党的真正正直的人不是这样。父亲为儿子隐瞒,儿子为父亲隐瞒,正直就在这中间了。"

【心得】《论语》教给我们很多处事的方法、做人的规矩,这些道理看起来很朴素,有时候在原则中也透着一些变通。孔子特别强调做事情的分寸,"过"和"不及"都是要尽力避免的。

我国古时重视伦理,孔子主张先礼而后法。儿子告发父亲盗窃,是违背了天伦,事虽直而理至屈,所以孔子不取。历代的儒家学者如朱熹、康有为等,极力维护孔子这种伦理高于法治的观点;而在《吕氏春秋》和《韩非子》中,都有对这种观点的批判。

法与情、礼与义,把握国家大义为先的大原则而又不失亲情之温暖。我们不能只讲法不讲情,割裂人与人、人与万物的关系。亲亲相隐,如果不涉及国家利益,目的是让对方感受到亲情,最终被家人的行为感化而改正缺点,这是智慧的相隐。如果频频去揭发家人的小错误,目的大都是为了体现自己的"清"而非孔子所提倡的仁。凡事看一颗心,心底无私是关键。

13.19 樊迟问仁。子曰:"居处恭①,执事敬②,与人忠。虽之③夷狄,不可弃也。"

【注释】①②〔恭、敬〕严肃、谨慎而有礼貌,表现在外叫恭,含于内心叫敬。③〔之〕动词,到。

【大意】樊迟问怎样做才是仁。孔子说:"平常在家要恭敬有礼,办事要严肃谨慎,待人要忠心诚意。即使到了夷狄地区,也是不可废弃的。"

【心得】"仁"是孔子学说的核心思想,既是孔学的世界观,又是孔学的方法论。纵观《论语》,"仁"无处不在,孔子有六位弟子前后向其问过"仁"。首先是颜渊问仁,其次就是仲弓问仁,接下来是司马牛问仁,樊迟先后两次问仁,还有子贡和子张问仁于孔子。这里孔子以"恭""敬""忠"作为个人修养的基本要求,这三者是仁者为人之道,无论何时何地都不可舍弃。

孔子之所以对不同的人做出不同的回答，和他主张的"有教无类""因材施教"有关。孔子的弟子众多，依据《论语》中孔子自己的总结，弟子们的性情、学识有所不同。不同的弟子，孔子告知他道理的策略不同，指点他做事的方法也不同，只有这样做，才能使他学有所成。

作为一名教师，要做到"居处恭，执事敬，与人忠"，只要能够坚持这些优良品质，仁也就离我们不远了。

13.20 子贡问曰："何如斯可谓之士矣？"子曰："行己有耻，使于四方，不辱君命，可谓士矣。"

曰："敢问其次。"曰："宗族称孝焉，乡党称弟焉。"

曰："敢问其次。"曰："言必信，行必果①，硁硁②然小人哉！抑亦可以为次矣。"

曰："今之从政者何如？"子曰："噫！斗筲之人③，何足算也？"

【注释】①〔果〕果断，坚决。②〔硁（kēng）硁〕硁，敲击石头的声音，引申为像小石块那样坚硬，这里有固执的意思。③〔斗筲（shāo）之人〕比喻器量狭小之人。一斗十升。筲，竹器，容一斗二升（一说容五升）。

【大意】子贡问道："怎样才可以叫作士？"孔子说："对自己的行为有羞耻之心，出使外国能完成君主交代的使命，可以叫作士了。"子贡说："请问次一等的呢？"孔子说："宗族中人称赞他孝，乡党之人称赞他悌。"子贡又说："请问再次一等的呢？"孔子说："说到一定做到，干事一定干到底，不问是非地固执己见，那是小人啊。但也可以说是再次一等的士了。"子贡说："现在执政的那些人怎么样呢？"孔子说："唉！这些器量狭小的人，怎么能算得上士呢！"

【心得】"士"是周代最底层的贵族，后来才演变成知识分子的统称。子贡问"士"，其实是想问孔子对当时的执政者的看法，所以一再追问。而孔子认为执政者器量狭小，根本算不上是"士"。

孔子在这里提出的"士"的三个标准，是对一个能够在社会职业岗位上有所担当的人的描述。在教师层面可以理解为：教师要善于发现自己在教学中的不足，要能够胜任教师这一神圣职责。

教师要胜任教育工作，首先自身应具备良好的职业道德，要有个人的职业操守，其中包括"爱岗、敬业、严谨、奉献"。教书育人首先要"育己"，要成为一个道德高尚、有着美好情操、真正关心学生的老师，才能赢得学生的尊重，才能胜任教书育人的工作。

其次，教师要有精深的专业知识和较强的教育教学能力。徐特立先生说过："教师是有两种人格的人：一种是经师，一种是人师。"这就对现代教师的素质提出了更高的要求。

最后，教师要具备"先正己，后教人"的思想意识。"正己"是责任感的前提。学生具有很强的向师性，只有"亲其师"，才能"信其道"。教师只有率先垂范，才能赢得学生的信任。

总之，学生在校时间比较长，教师要勇敢地承担起教育学生的责任。责任心是教师最起码的职业良知和取得工作成效的基点，更是一名优秀教师所必备的基本素质。

13.21 子曰："不得中行①而与之，必也狂狷②乎！狂者进取，狷者有所不为也。"

【注释】①〔中行〕指行为合乎中庸之道的人。②〔狂狷（juàn）〕狂，志大激进而不能完全做到的人。狷，拘谨，有所不为，不与不良现象同流合污。《孟子·尽心下》解释"狂狷"说："狂者其志嘐嘐然，曰：'古之人！古之人！'夷考其行而不掩焉者也。狂者又不可得，欲得不屑不洁之士而与之，是狷也。"

【大意】孔子说:"找不到行为合乎中庸之道的人相交往,也一定要找狂或狷的人相交往。因为狂者勇于进取,狷者不与不良现象同流合污。"

【心得】孔子在这里讲"中行",是讲中庸之道。"中"就是中庸,"行"就是依照中庸之道而行,简单来讲叫"无过无不及"。无论是在生活还是工作中,"中庸"都是我们追求的一个完美平衡。

这让人联想到"最近发展区"理论。心理学家维果茨基认为,儿童有两种发展水平:一是儿童的现有水平,即由一定的已经完成的发展系统所形成的儿童心理机能的发展水平;二是即将达到的发展水平。这两种水平之间的差距,就是"最近发展区"。儿童在成人有目的指导下,能达到即将到达的发展水平。

在教学中为了提高学生的学习积极性,教师在制订学习任务时就要了解每一位学生的"最近发展区",为每一位学生量体裁衣,适当偏高于学生的实际能力一点,让他们"跳一跳,够得着"。定得太低,学生不需要很努力就能完成;定得太高,学生非常努力却无法达到,导致挫败感。这也许就是中庸之道在教学实践中的运用吧。

13.22 子曰:"南人有言曰:'人而无恒,不可以作巫医①。'善夫!""不恒其德,或承之羞②。"子曰:"不占而已矣。"

【注释】①〔巫医〕用巫术给人治病的人。②〔不恒其德,或承之羞〕《周易·恒卦》的爻辞。

【大意】孔子说:"南方人有句话说:'人如果不能始终如一,不可以当巫医。'这话说得好啊!"《周易》说:"不能始终如一地保持自己的道德操守,随之而来的常常是羞辱。"孔子说:"这样的人不要去占卦就罢了。"

【心得】这篇旨在说明人应该坚持不懈地修养自身。儒家有积极入世的情怀,只有不断地修养自己,才能做到推己及人,达到齐家、治国、平天下的目的。

一个人生活在世上，做任何事都要有恒心；倘若一个人没有恒心，一曝十寒，必然半途而废，最终与成功失之交臂。人贵在持之以恒，没有恒心的人很难成就一番事业。

反观我们的教学也是如此。众人皆言"教书育人是个良心活"，而秉承良心就在于恒。教育生涯平凡且漫长，唯有一颗恒心方能几十年如一日。作为教师，对待自己的学生要一如既往，平等相待，循循善诱，以身作则；对待自己的教学工作要始终躬行，恪尽职守，与时俱进。

13.23_ 子曰："君子和而不同①，小人同而不和。"

【注释】①〔和、同〕不同的东西有条理地配合叫作和。比如做汤，要使水、火、酱、醋、盐与鱼、肉等调配得当，才能做出好的滋味；比如奏乐，要有清浊、大小、短长、快慢、哀乐、刚柔、高低等互相补充，完美配合才能奏出悦耳的声音，这就叫和。同样的东西简单相加叫作同。比如把水加到水里面，奏乐只有一种乐器、一个声调，这就叫同。用在人事上，晏婴说："君所谓可，而有否焉，臣献其否，以成其可；君所谓否，而有可焉，臣献其可，以去其否"，这是和。"君所谓可，臣亦曰可；君所谓否，臣亦曰否"，这就是同。

【大意】孔子说："君子能取长补短，协调各种不同的意见，但不盲从附和；小人只求完全一致（或盲从附和），不讲不同意见的协调。"

【心得】人和人相处，求同存异。虽然秉性不同，脾气各异，但均能相互容让，和谐共事，正可谓"君子之交淡如水"。在日常工作中，教师对某一问题持有不同看法，这是极为正常的。比如对课文主旨的解读，对重点字词的理解等难免存在分歧，没有必要非得分出个高下输赢，大家应通过交换意见、沟通思想而求得共识。所谓求同存异，教师不应寻求时时处处保持一致；相反，容忍对方有其独立的见解，同时不隐瞒自己的不同观点，做到赤诚相见。

在新课程改革方面，合作学习是一个重点，需要教师秉承教育智慧，启发学生思考，在思维的碰撞中，达到"和而不同"的境界。

13.24 子贡问曰:"乡人皆好之,何如?"子曰:"未可也。"

"乡人皆恶之,何如?"子曰:"未可也。不如乡人之善者好之,其不善者恶之。"

【大意】子贡问道:"一乡的人都喜欢他,这个人怎样?"孔子说:"还不能肯定!"子贡又问:"一乡的人都厌恶他,这个人怎样?"孔子说:"还不能肯定。不如乡里的善人都喜欢他,乡里的坏人都厌恶他。"

【心得】孔子判断一个人的德行是"不以众人的好恶为依据,应以善恶为标准",在善与恶的大是大非原则问题上是不可妥协的。好恶不等于是非,群众意见也不是绝对正确。因此,孔子说:"众恶之,必察焉;众好之,必察焉。"

在日常工作中,有的人八面玲珑,业务不精但擅长处理人际关系,是大家眼中的"老好人",这样的人实在难以让人信服。如果教师处事只会和稀泥,为人戴着虚伪的面具,说话假大虚空,那么如何给学生做出表率?我们应树正扶直,弘扬正气,让这个社会充满正能量。

师德师风建设是教师队伍建设的关键和首要问题。党的十八大以来,习近平总书记高度重视师德师风建设,对广大教师提出了殷切期望。2018年5月2日在北京大学师生座谈会上,习近平总书记明确指出"评价教师队伍素质的第一标准应该是师德师风",为加强新时代教师队伍建设、全面提升教师队伍素质指明了方向。

13.25 子曰:"君子易事①而难说②也。说之不以道,不说也;及其使人也,器之③。小人难事而易说也。说之虽不以道,说也;及其使人也,求备焉。"

【注释】①〔易事〕容易与他共事,或说易于服侍。②〔说〕同"悦"。③〔器之〕按其器材来用他,即量才使用。

【大意】孔子说:"在君子手下工作容易,讨他喜欢却难。不按着正道去讨他喜欢,他是不会喜欢的;但他用人的时候,却能量才使用。在小人手下工作难,讨他喜欢却容易。你只要讨好他,尽管是搞歪门邪道,他也喜欢;但他用人时,却是求全责备。"

【心得】在孔子看来,君子很容易相处。他平易近人,但是你很难取悦于他。假如你想以不正当的手段取悦他,反而会惹得他不高兴。君子在用人的时候会量才受职,而不是任人唯亲;小人则不同,其人品上不免有缺陷,喜怒无常,见利忘义,所以难以共事却容易取悦。

现实生活中,我们最怕碰到这样的领导:动不动就发脾气;有了工作失误就把责任全部推给别人;经常在同事和下属面前耍威风;一旦需要用人,首先想到的就是自己身边的人,谁按自己的意愿去办事就用谁;对下属求全责备、百般挑剔。而一个德行高尚的领导就明显不同:日常工作中他平易近人、和蔼可亲,对待下属从不苛刻,并能对下属的工作给予精心的指导和帮助;对于下属违背原则地讨好,他会义正词严地拒绝;当组织需要用人时,他们则能任人唯贤,力求人尽其才。

两种领导,两类人,孰优孰劣,一目了然。

13.26 子曰:"君子泰而不骄,小人骄而不泰。"

【大意】孔子说:"君子安详舒泰而不骄横,小人骄横而不安详舒泰。"

【心得】外表的平和是内心安详的流露,而外表很骄傲的人,往往内心很不安。小人往往骄横跋扈、趾高气扬,可是内心经常是恐惧、紧张的,一点儿不安详、不自在;君子则是坦荡荡的,内心安详,外表平和。

爱迪生说:"谦虚不仅是一种装饰品,也是美德的护卫。"山不解释自己的高度,并不影响它耸立云端;海不解释自己的深度,并不影响它容纳百川;地不解释自己的厚度,但没有谁能取代它承载万物的地位。人生在世,人在做,天在看,坦坦荡荡,不需要过多的解释,你内心的状态决定了你能成为什么样的人。

欲成事者必须要宽容于人,进而为人们所悦纳、赞赏、钦佩,这正是人能立世的根基。作为教师，对学生如亲子，才能建立民主平等的师生关系；待家长如亲朋，才能营造亲密和谐的家校联系。在这样的氛围中，才能真正创办让人民群众满意的教育。

13.27 子曰："刚、毅、木、讷，近仁。"

【大意】孔子说："刚强、果敢、质朴、言语谨慎，这四种品德近于仁。"

【心得】孔子认为"仁"是人格的极高境界，不易达到，但可以从基本的刚、毅、木、讷四种美好的品质做起。刚强就不会为欲望所动摇，坚毅就不会为困难和威势所屈服，质朴就会保持敦厚严谨的作风，言语谨慎就能避免不必要的祸害。

教师如果能做到"刚、毅、木、讷"尤为可贵。面对不公敢于说不，为人处世诚信果敢而不失质朴善良，这样的教师对学生的影响和塑造力量是很大的。教师要保持清醒，保持个人美好品质，塑造优秀人格，让自己成为最好的教育资源，引领孩子们建设美好的精神家园，才能在近于"仁"的康庄大道上愈走愈宽。

"刚、毅、木、讷"在大树上体现得最为充分。枝干坚硬，宁折不曲，是刚；经寒历暑，栉风沐雨，是毅；扎根大地，心志不移，是木；开花结果，叶落归根，是讷。愿我们的人民教师都能成为学生成长过程中所能倚靠的大树，并且让孩子们都能成长为国家的栋梁之材。

13.28 子路问曰："何如斯可谓之士矣？"子曰："切切偲偲①，怡怡②如也，可谓士矣。朋友切切偲偲，兄弟怡怡。"

【注释】①〔切切偲（sī）偲〕互相恳切批评、勉励的样子。②〔怡怡〕和顺貌，和气顺从的样子。

【大意】子路问道："怎样才可叫作士呢？"孔子说："互相切磋勉励，又能和顺相处，可算是士了。朋友之间相互切磋勉励，兄弟之间和睦相处。"

【心得】谚语曰："朋友有责善之道。"诤友益友，相互批评，导之向善，是朋友的核心价值。朋友之间能够劝谏，做一个谏诤之友，是为了共同学习进步，也正是君子和而不同的处世之道。

兄弟之间要"怡怡"，因为从小到大在一起生活，难免会产生摩擦而起矛盾，让父母伤心。所以孔子特别提出兄弟要和顺，和睦相处，凡事以情为重。看似简单的词语，蕴含了古人的处世智慧。祈盼天下所有的朋友切切偲偲，兄弟怡怡。

13.29 子曰："善人教民七年，亦可以即戎①矣。"

【注释】①〔即戎〕参军作战。即，就，开始从事。戎，兵戎。

【大意】孔子说："善人教导、训练百姓七年时间，就可以让他们去作战了。"

【心得】孔子曾经告诉子贡，足兵是为政需要考虑的三件大事之一。作为执政者，要考虑到足兵是保家卫国的需要。孔子所说的足兵是为正义而备战。他希望在军队建立之前，民先经教化而后成为兵，在发生战争时，一旦动武，也是仁义之师战胜不义残暴之师，名正言顺，必然无往而不利。

孔子在这里讲"七年"，实际上他曾说："苟有用我者，期月而已可也，三年有成。"如果有一个国家用我主持国家政事，一年就能够有成效，三年就能够成效显著。这个成效是使人向善、使民具有素养的成效，可见道德教育、礼乐教化，力量之大。最重要的是孔子教别人道德仁义之时，他自己首先做好了表率，"其身正，不令而行；其身不正，虽令不从"。领导者做好榜样，下属都会跟着做，"子帅以正，孰敢不正？"同理，教师带好头，学生会跟着学，教师要以身作则。

13.30 子曰："以不教民战，是谓弃之。"

【大意】孔子说："让没有经过教导训练的老百姓去打仗，这就叫抛弃了他们。"

【心得】孔子说如果用没有接受过训练的人民去作战,就等于抛弃人民。这里的"教"绝不只是军事训练,更重要的是平时的道德教育。这个"教民"跟前面讲的"善人教民"是一个意思,主要还是讲道德教育。用道德做基础,人民作战才有精神意志支撑,才有对国家人民的忠诚,才有舍己为人的品格,这样的作战才能百战不殆。否则,没有意志坚强的军队,只有贪生怕死的士兵,那肯定打败仗。

如果国家不修德教,不讲求伦理道德教育,那何以保国?换言之,重视道德教化,大力提倡传统文化教育,是社会和谐、国家富强的基础和前提。要实现中华民族伟大复兴,离不开对全体公民的道德教育。提升国民的道德素养,是我国公民政治生活中的一项基础工程。从继承优良道德传统、推进道德发展的过程看,加强公民道德建设是实现以德治国方略的基本保证。少年儿童思想品德教育是公民道德教育中最重要、最根本的基石,应常抓不懈,正所谓"少年强则国家强"。

宪问篇第十四

《宪问篇》共45章。本篇主要讲孔子与弟子交流时对一些事、一些人的评价。通过阅读这些评价和章节,引导我们思考底线思维和孔子的价值判断、思想高度。本篇以"宪问耻"开篇,何谓"耻"?即是有所不行,守住底线。孟子曰:"羞恶之心,义之端也。"可见,"耻感"是儒家修身进德之始基,养成君子人格之第一步。

本篇名句有"见利思义""修己以安百姓""仁者不忧,知者不惑,勇者不惧"等。孔子以其特有的思想高度,启迪人的智慧,启发人们思考。

14.1　宪①问耻。子曰:"邦②有道,谷③;邦无道,谷,耻也。"

【注释】①〔宪〕原宪,孔子弟子。②〔邦〕国家。③〔谷〕做官领薪俸。

【大意】原宪问什么是可耻的。孔子答:"国家有道,做官领薪俸;国家无道,做官领薪俸,是可耻的。"

【心得】《泰伯》篇载孔子语"邦有道,贫且贱焉,耻也;邦无道,富且贵焉,耻也"可相参看。国家有道,却贫贱,不以为耻吗?应该是懒惰等导致的,要从自身找原因。国家无道,居然还能富贵清享,不以为耻吗?那是不顾国家命运自私到只顾自己的利益的行为,当然令人唾弃。

两处提出了正确的价值观,这是文化传承中很重要的信息,能让人懂得什么是可取的，什么是不可取的。国家有道，领取薪俸，应该的；国家无道，不合于义，不法乎道，不符合礼，用于维护秩序的系统毁坏了还去维系它，居然还领其俸禄，还不觉得可耻吗？

作为教师，应当忠于祖国的教育事业，做无愧于人民的教师，如果拿着俸禄，做着违背职业道德或违反国家道义之事，就是无耻。

14.2 "克①、伐②、怨、欲不行焉，可以为仁矣？"子曰："可以为难矣，仁则吾不知也。"

【注释】①〔克〕好胜。②〔伐〕矜夸。

【大意】"好胜、自夸、怨尤、贪婪都没有，能算是仁吗？"孔子答："可以说是比较难做到的了，是否属于'仁'那我还不知道。"

【心得】孔子认为"仁"既是向内的，又是向外的。没有好胜、自夸、怨尤、贪婪等缺点是比较难做到的，但这都是自己本身的。"仁"关键还是向外，施"爱"于他人，让别人身心感受到温暖、触动。所以，孔子委婉地说自己"不知"，可能是否定，认为那些并非"仁"。所以，"仁"是更高的品质标杆。"为人谋而不忠乎"这类的自省即属于"仁"。

做新时代的好教师要有一颗仁爱之心。

14.3 子曰："士而怀居①，不足以为士矣。"

【注释】①〔怀居〕留恋安逸，怀念故居。

【大意】孔子说："士若留恋安逸，那就不配做士了。"

【心得】人若安逸了，就忘了当下要做的事，致使自己失去了进取心。孔子劝诫他人不可沉迷于怀念、留恋，而应有积极向上的姿态。《季氏篇》载："齐景公有马千驷，死之日，民无德而称焉。伯夷、叔齐饿死于首阳之下，民到于今称之。"齐景公安于享乐，最后百姓居然找不到可称说的"德"。孔子看重人去世后留下的名声，对于齐景公这种败名的"怀与安"的行为，持否定态度。

本章鼓励人们要勇于进取、不断探索，反对安于现状、止步不前。

14.4 子曰："邦①有道，危言②危行；邦无道，危行言孙③。"

【注释】①〔邦〕国家。②〔危言〕言语正直。③〔孙〕同"逊"。
【大意】孔子说："国家有道，要正言正行；国家无道，还要正行，但说话要谦逊。"
【心得】时代动荡，统治黑暗，孔子游走列国。他始终坚定地倡导自己的价值观，并身体力行。孔子认为，无论国家政治如何，行为始终要保持正直，但表达方式可以有变化。孔子也曾说："志士仁人，无求生以害仁，有杀身以成人。"可以看出孔子对理想坚持的笃定，坚持正直行为就是其中一个重要方面，这与本章体现的精神是一致的。

14.5 子曰："有德者必①有言②，有言者不必有德。仁者必有勇，勇者不必有仁。"

【注释】①〔必〕一定。②〔言〕言论。
【大意】孔子说："有道德的人一定有名言，有名言的人不一定有道德。有仁心的人一定勇敢，勇敢的人不一定怀有仁心。"
【心得】"三不朽"包括立德、立功、立言。但就重要性而言，立德最为人看重。德已立，会影响同时代乃至后世的人。"有言"的人未必真有好的品德。文中"有德"与"有言"形成了一对具有辩证关系的概念。接下来的两句讲仁和勇的关系。因为怀有仁心，就无畏付出，就会勇往直前；而勇敢者不一定出于仁心。

做有道德的教师，做有爱心的教师，是新时代教师的责任。

14.6 南宫适①问于孔子曰："羿②善射，奡③荡舟④，俱不得其死然。禹⑤、稷⑥躬稼，而有天下。"夫子不答。

南宫适出。子曰："君子哉若人⑦！尚德哉若人！"

【注释】①〔南宫适〕"适"字亦作"括"。人名，即南容。②〔羿〕后羿，传说中善射的人。③〔奡〕传说中寒浞的儿子，后来为夏少康所杀。④〔荡舟〕用舟师冲锋陷阵。⑤〔禹〕夏朝开国之君，善于治水。⑥〔稷〕传说中周朝的祖先，又为谷神。⑦〔若人〕这个人。

【大意】南宫适向孔子请教仁，说："后羿善射，奡用舟师冲锋陷阵，都没能有个好死的结果。禹和稷亲自耕作而得到了天下。"

南宫适出去了。孔子说："这个人是君子啊，是个爱好美德的人。"

【心得】孔子反对武力，崇尚德治。在孔子的话语体系里，"仁"的观念具有重要的地位。本章列举后羿与奡、禹与稷的例子是从反和正两个方面，衬托出孔子对"仁"的看重。

14.7 子曰："君子①而不仁者有矣夫，未有小人而仁者也。"

【注释】①〔君子〕在位者。

【大意】孔子说："君子里也有不仁的人，小人里没有讲仁德的人。"

【心得】"君子"和"小人"是《论语》里常常提到的一对概念，还有个概念，就是"圣人"。"君子"能不忘初心，虽然有时候一时糊涂，可能有不合仁的标准的事，但心是向仁的。尽管"君子"和"圣人"是有差距的，但已经做得不错了，故归于仁。"小人"唯利是图、不择手段，一切都以私利为目标，其根本目的完全不是归于仁。

14.8 子曰："爱之，能勿劳①乎？忠焉，能勿诲②乎？"

【注释】①〔劳〕劳苦。②〔诲〕教导，训诲。

【大意】孔子说："爱他，能不让他劳苦吗？忠于他，能不教导他吗？"

【心得】爱与忠，都应该是出自内心的。如果爱，就不该是溺爱、温室待之，而应该让其知道人世间有苦，尝到苦头，才可更好地品味甜头。

"父母之爱子，则为之计深远"出自《触龙说赵太后》一文。触龙见赵太后，游说她派长安君当人质以求得齐国帮助赵国解围，正是从"计久远"来引导赵太后认识到该让孩子先吃苦，如无今日之苦，何享来日之福？同样，触龙忠于赵国，于是想方设法，采用话语引导术，从谈身体状况到谈政治，谆谆教导之情，为国家之心，天地可鉴。

逆境与苦难，如果必须要经历，那就好好抓住磨砺的机会，让自己在逆境之中逐渐强大。只有通过努力克服重重困难，才能够感受到柳暗花明的深意。教师对学生的教导一定是出于真心，如果教导效果不理想，就应注意调整方式方法。

14.9 子曰："为命①，裨谌②草创之，世叔③讨论之，行人④子羽⑤修饰之，东里⑥子产⑦润色之。"

【注释】①〔命〕外交辞令。②〔裨谌（bì chén）〕郑国大夫。③〔世叔〕郑国大夫，名游吉。④〔行人〕古代的外交官。⑤〔子羽〕郑国人，公孙挥的字。⑥〔东里〕地名。⑦〔子产〕郑国人。

【大意】孔子说："制定外交辞令，裨谌来草拟，世叔提意见，外交官子羽修改，东里的子产进行润色。"

【心得】国家的外交事务非常重要，一字一词，都可能关乎国家疆域的范围、安全。从郑国制定程序的严格，可见一斑。这种审慎、严密的风格及团队协作的精神，是目标实现的有力保障，对教师从事具体业务而言，很有启发。

14.10 或①问子产②，子曰："惠人也。"问子西③，曰："彼哉！彼哉④！"问管仲，曰："人也。夺伯氏⑤骈邑⑥三百，饭疏食⑦，没齿⑧无怨言。"

【注释】①〔或〕有的人。②〔子产〕郑国人。③〔子西〕春秋时有三个人的名字叫子西。有人认为这里是郑国子西，今从之。④〔彼哉！彼哉！〕当时表示轻视的惯用语。⑤〔伯氏〕齐国大夫。⑥〔骈邑〕地名。

⑦〔疏食〕糙米饭。⑧〔没齿〕终身。

【大意】有人问子产。孔子说："善于施惠他人的人。"又问子西。孔子说："那个人啊，那个人啊！"又问管仲。孔子说："是个人才啊。虽然夺去了伯氏三百户的采邑，使他们只能吃粗粮，但他们终身也没有怨言。"

【心得】本章是有人问孔子对子产、子西、管仲该如何评价，孔子针对不同的人给出了不同的回复。

我们这里主要分析孔子对管仲的评价。《论语》里有几处都是孔子对管仲的评价，这几处综合起来，大致可以看到孔子对一个人比较立体的、全方位的判断。比如对管仲，有的地方提到管仲器量小、生活奢侈，还不知礼节，但孔子对其治国理政的才能则大加赞赏。本章就用一个事例说明，管仲确实有治国之才。

作为教师，应注意客观而全面地、用发展的眼光来评价学生。

14.11 子曰："贫①而无怨难，富②而无骄易。"

【注释】①〔贫〕缺少财物，贫困。②〔富〕财物多，跟"贫"相对。

【大意】孔子说："没钱且能做到没有怨言，难；有钱且能做到不骄傲，容易。"

【心得】本章表明了孔子对不同的物质条件情况下，个人修为、操守的不同看法。通常情况如此，当然，孔子更希望看到贫而乐道的，因为稀有，所以珍贵，颜回就是那样的人。物质条件好，做到不骄傲，相对容易，如果好礼乐，那就更好了。子贡说："贫而无谄，富而无骄，何如？"孔子答复："可也。未若贫而乐，富而好礼者也。"

如果物质条件不好，教师应以积极的心态去面对，努力克服不利条件或努力改变现实而实现教育价值。如果物质条件很好，教师应珍惜岗位，努力做出更多成绩。

14.12 子曰："孟公绰①为赵、魏②老③则优，不可以为滕、薛④大夫。"

【注释】①〔孟公绰〕鲁国大夫。②〔赵魏〕赵氏和魏氏，在晋国非常有权势。③〔老〕古代指家臣。④〔滕薛〕滕、薛是鲁国附近的两个小国。

【大意】孔子说："孟公绰当赵氏和魏氏的家臣绰绰有余，但不适合当滕、薛这样的小国的大夫。"

【心得】本章用两句话来阐释用官、为政，很有见地。从政者要有慧眼，像伯乐一样发现千里马，适合千里马做的就让他去做，如果不适合千里马做的而让其做，是真正的浪费。

选人有道，用人有法，知人善任，才是对人才的尊重。

14.13 子路问成人①。子曰："若臧武仲②之知，公绰③之不欲，卞庄子④之勇，冉求⑤之艺，文之以礼乐，亦可以为成人矣。"曰："今之成人者何必然？见利思义，见危授命，久要⑥不忘平生⑦之言，亦可以为成人矣。

【注释】①〔成人〕德才兼备的人，完人。②〔臧武仲〕鲁国大夫。③〔公绰〕即孟公绰，见上一章。④〔卞庄子〕鲁国勇士。⑤〔冉求〕冉有，孔子弟子。⑥〔久要〕长久处于穷困之中。一说指过去的诺言。⑦〔平生〕平日。

【大意】子路问怎么才算是德才兼备的人。孔子说："像臧武仲那样有智慧，像孟公绰那样清廉，像卞庄子那样勇毅，像冉有那样有才艺，再加上礼乐熏陶，就可以算是德才兼备的人了。"又说："现在的完人也一定如此才行吗？看见利益就思考宜不宜得，看到危险便敢于奉献生命，经过长久的贫困也不忘初衷，能如此，也可以算是德才兼备的人了。"

【心得】本章是关于什么样的人才是"成人"的论述。孔子将"成人"分为两个类型：第一类标准较高，需要达到"智、廉、勇、艺"，外加"礼乐"；第二类标准较低，不违背"义、忠、信"的底线。

以上做人的标准，于当下也有现实意义。立德树人，是教育应有的内涵；培养人才，首先滋养其修为品性。

14.14　子问公叔文子^①于公明贾^②曰:"信乎,夫子不言,不笑,不取乎?"公明贾对曰:"以^③告者过也。夫子时然后言,人不厌其言;乐然后笑,人不厌其笑;义然后取,人不厌其取。"子曰:"其然?岂其然乎?"

【注释】①〔公叔文子〕卫国大夫。②〔公明贾〕卫人。公明是姓。③〔以〕代词,此。

【大意】孔子向公明贾问及公叔文子:"他不说话、不笑、不取,这是真的吗?"公明贾答道:"这是跟你说的人有点言过其实了。先生到该说的时候才说,别人听了不厌恶他的话;开心了才会笑,别人不厌恶他的笑;适合获得的然后才去取,人们不厌恶他的获取。"孔子说:"是这样吗?真的这样吗?"

【心得】通过这则对话可以看出,公叔文子在生活中注重度的把握,比较在意行为处世时恰到好处的方式。他并不是不说话,是需要说的时候才说;他并不是不笑,是开心的时候才会笑;他并不是不想获取,只是认为合适的时候才会获取。可见他有自己的准备,从而形成了自己的处世方式。正符合夫子说的"君子时中"。所以,在最后一句孔子的语气中,我们也能感受到其对公明贾的赞美之情。

凡事要注重度的把握。无论在学习、生活还是工作中,当面临选择时,我们要注意权衡利弊、把握分寸。平时在教育中教师也应该强化学生对度的把握的概念,避免学生因不加思考而做出不妥的选择,造成各种被动。

14.15　子曰:"臧武仲^①以防^②求为后于鲁,虽^③曰不要^④君,吾不信也。"

【注释】①〔臧武仲〕鲁国大夫。②〔防〕臧武仲的封邑。③〔虽〕即使。④〔要〕要挟。

【大意】孔子说:"臧武仲凭借防邑请求立他的后代为鲁国的卿大夫。即使别人说他不是要挟国君,那我也是不信的。"

【心得】臧武仲有智慧，有治国之才。这段话的背景是他因得罪鲁国贵族孟孙氏而逃离鲁国，后回到防邑。他向鲁君请求，以立臧氏之后为卿大夫作为条件，自己才肯离开防邑。孔子认为他这是想要挟君主，属于犯上。所以孔子说了上面这段话。

透过现象看本质。教师可以通过这段话，欣赏孔子洞察之精微，判断之审慎，能于细微中看到事情的本质。臧作为臣子，不应该以离开封邑逼迫君主承诺什么，但他这样做了，所以孔子认为其犯上了。我们看事情的时候，也要练就火眼金睛，看到表面掩盖的真相。

14.16 子曰："晋文公谲①而不正②，齐桓公正而不谲。"

【注释】①〔谲〕欺诈、诡计。②〔正〕守规矩，符合礼乐制度。

【大意】孔子说："晋文公善使欺诈之术，而不守规矩；齐桓公常行正道，而不用欺诈之术。"

【心得】朱熹《论语集注》："二公皆诸侯盟主，攘夷狄以尊周室者也。虽其以力假仁，心皆不正，然桓公伐楚，仗义执言，不由诡道，犹为彼善于此。文公则伐卫以致楚，而阴谋以取胜，其谲甚矣。二君他事亦多类此，故夫子言此以发其隐。"朱熹比较清晰地点明，作为霸主，齐桓公和晋文公对周王室而言都有贡献，至少在"尊王攘夷"上，他们做得很好了。但是，具体行事风格上，孔子更欣赏齐桓公。

在为人处世方面，要光明正大，不欺诈，因为如果行诈，会令人不齿。正如这两位赫赫有名的霸主，地位不可谓不高，但我们若了解到细节，其高下立判。

14.17 子路曰："桓公杀公子纠①，召忽②死之，管仲不死。"曰："未仁乎？"子曰："桓公九合③诸侯，不以兵车，管仲之力也。如其仁，如其仁。"

【注释】①〔公子纠〕与公子小白（即齐桓公）同为齐襄公弟弟。②〔召忽〕公子纠在其和管仲辅佐下逃往鲁国。③〔九合〕多次会盟。

【大意】子路说:"齐桓公杀公子纠,召忽自杀殉亡,管仲没有死。"又说:"管仲算不上'仁'吧?"孔子道:"齐桓公多次召集诸侯会盟,没有用武力,这都是管仲的功劳啊。这就是仁啊,这就是仁啊。"

【心得】在历史上那次争夺权力的斗争中,齐桓公取得了最终胜利。管仲射到小白腰带钩,但未伤及身体,于是小白装死躲过一劫。这一举动麻痹了公子纠,小白得以提前赶回齐国,登上君位,是为齐桓公。

子路认为,管仲应忠君赴死,可是管仲并没有殉亡,其行为算不得"仁"。孔子则认为,"仁"与否,要看其他方面,不能局限于以往对"仁"的认知。在那个时期,齐桓公第一个称霸,离不开管仲对他的辅佐。从这可以看出齐桓公用人的标准和他不计前嫌的人格魅力。孔子对"仁"的标准不局限于愚忠类行为,能用长远的、发展的眼光看问题,这是值得我们学习的。

教师要善于发现学生的优点,看贡献、看进步、看人格养成中正能量的方面,这样会潜移默化地影响学生的一生。当关注学生优点的时候,学生会受到鼓励、激励,会向着更好的方向迈进。孔子对管仲的评价,正是基于其在历史发展长河中的贡献。

14.18 子贡曰:"管仲非仁者与?桓公杀公子纠,不能死,又相之。"子曰:"管仲相①桓公,霸诸侯,一匡②天下,民到于今受其赐。微③管仲,吾其④被发左衽⑤矣。岂若匹夫匹妇⑥之为谅⑦也,自经⑧于沟渎⑨而莫⑩之知也。"

【注释】①〔相〕辅佐。②〔匡〕拯救,匡正。③〔微〕无,没有。表示假设。④〔其〕大概,表示推测。⑤〔被发左衽〕指古代中原地区以外少数民族的装束。也指沦为夷狄。⑥〔匹夫匹妇〕指一般的平民百姓,平庸的人。⑦〔谅〕守信用。这里指拘泥于小的信义。⑧〔自经〕上吊自杀。⑨〔沟渎〕田间水道称沟,邑间水道称渎。这里指小山沟。⑩〔莫〕没有人。

【大意】子贡说:"管仲算不上仁者吧?齐桓公杀公子纠,管仲不能以死相殉,反而还辅佐齐桓公。"孔子说:"管仲辅佐齐桓公,称霸诸侯,匡正天下,老百姓到现在还受到他的恩泽。如果没有管仲,我们大概都已经沦为披头散发、开着左边衣襟的落后民族了。怎么能像普通百姓一样拘泥于小节,却在山沟里自杀,而不被他人所知道。"

【心得】学习这一章可以结合上一章来展开。子贡也认为,管仲算不上有仁德。其理由仍然是管仲不合以往关于"仁"的定义。因为按照传统,管仲应该是"死之"的,虽舍身,却成仁。孔子则对"仁"进行了重新定义,理由是管仲做了更大更丰富更有内涵的贡献,正是有他的辅佐,齐桓公称霸诸侯,才让百姓幸免于水火,还免去了披发左衽的窘境,让文明继续前行;杀身成仁,已经是一种落后的理念,应该予以摒弃。孔子用更高的站位、更有全局的观念,俯瞰管仲的功业,从而定义了其符合仁的完美人格魅力。

作为教师,也应该有更长远的理念、更广阔的视角来看待教书育人。教师的职业是用心灵影响心灵,除此之外,还要让学生有家国天下的视野。在传承文化的过程中,有薪火相传的意识和担当,才能让教育走得更远,才能更接近我们探索的方向和目标。

14.19 公叔文子①之臣大夫僎②与文子同升诸公③。子闻之,曰:"可以为'文'矣。"

【注释】①〔公叔文子〕谥号为"文"。②〔僎〕人名。文子的家臣。③〔公〕公朝。

【大意】公叔文子推荐的家臣僎得到任用,与文子一起成了国家的大臣。孔子听到此事,说:"可以用'文'的谥号了。"

【心得】在古代,根据《谥法》,赐给老百姓以爵位,则可称"文"。公叔文子作为卫国大臣,不以私情挖掘举荐人才,用大度的风格力举有才能的家臣僎,因此,孔子认为他配享有"文"的谥号。无妒忌贤能之心,知人忘己,举荐事君,没有慧眼识人的本领和忘我的高尚情操,是做不到这一点的。孔子故此给予了非常高的评价。要更深入了解本段的内容，需要结合时代背景来参悟。公叔文子所处的时代，等级森严，实现跨越等级何其难，公叔文子却以伯乐的眼光发现了良马，即使后来变成同事，也没有觉得什么尴尬或不妥，这需要多么无私才能做到。

教师在学习、工作、生活中要注意对学生德育的培养，用经典的案例启发、引导学生，除去自私的、妒忌的心理，多发现他人的闪光点。

14.20 子言卫灵公之无道也，康子曰："夫如是，奚①而不丧？"孔子曰："仲叔圉②治宾客，祝鮀治宗庙，王孙贾治军旅，夫如是，奚其丧？"

【注释】①〔奚〕怎么，为什么。②〔仲叔圉〕即孔文子，他敏而好学，不耻下问。仲叔圉与祝鮀、王孙贾都是卫国的大夫。

【大意】孔子认为卫灵公无道，康子就问："既然他无道，那为什么没有丧掉国家呢？"孔子答："仲叔圉接待宾客，祝鮀管理宗庙活动，王孙贾治理军队，这样了，国家怎么还会丧失呢？"

【心得】人才关乎国运。正是有了仲叔圉、祝鮀、王孙贾等社稷重臣，才在一定程度上保卫了卫灵公的江山。孔子在这里突出了人才对国家存亡的意义。

从"为政"的角度而言，重视人才，举贤任能是儒家治理国家很重要的方面。如孔子提出："为政以德，譬如北辰，居其所而众星拱之。"臣子尽心尽力，君王却无道，何能"众星拱之"？

在教学中，教师要让学生成为德才兼备的人，这才是时代真正需要的。

14.21 子曰："其言之不怍①，则为②之也难。"

【注释】①〔怍（zuò）〕惭愧。②〔为〕做，实践。

【大意】孔子说："一个人说话不知惭愧，那么做事的说话就困难了。"

【心得】对自己的能力、水平要有准确的认知，不可浮夸。如果在外面夸大自己的能力、水平，而实践中常常又做不到，所说和所做的不对等，容易招来不好的评价。教师要教育学生学好本事，牢牢掌握知识技能，做到言行一致、敢于承担。

14.22 陈成子①弑②简公。孔子沐浴③而朝，告于哀公曰："陈恒弑其君，请讨之。"公曰："告夫三子④。"孔子曰："以吾从大夫之后，不敢不告也，君曰'告夫三子'者！"之三子告，不可。孔子曰："以吾从大夫之后，不敢不告也。"

【注释】①〔陈成子〕陈恒。②〔弑〕臣杀死君主或子女杀死父母。③〔沐浴〕洗头、洗澡以洁身。在古代，如遇重大事件或节日，人们要"沐浴更衣"，以示尊敬。④〔三子〕孟孙、季孙、叔孙三家大夫。他们势力强大，主宰着鲁国的政治。

【大意】陈成子杀了齐简公。孔子在家斋戒沐浴后上朝，告诉哀公说："陈恒杀了他的君主齐简公，恳请讨伐陈恒。"鲁哀公说："向孟孙、季孙、叔孙三人报告吧！"孔子退朝后说："因为我做过大夫，不敢不来报告啊，可君主却对我说'向那三人报告'。"孔子到孟孙、季孙、叔孙三人那里去报告，他们不同意讨伐。孔子说："因为我做过大夫，不敢不来报告啊。"

【心得】孔子说过："不在其位，不谋其政。"从名分着眼，他认为不在那个职位上，就不要考虑那个职位上的事。本段语录则从在其位的角度，反向说明在其位要谋其政的意义。

孔子作为大夫，认为看到有失纲常、违背伦理的事就应该提醒，甚至讨伐。陈恒以下犯上，有弑君之罪，故而斋戒沐浴后上朝，请鲁哀公征伐陈恒。奈何鲁哀公此时没有实权，说话算数的是"三子"，所以孔子不得不转身再向"三子"报告。

教师要培养学生的职业素养，让他们知道忠于职位的重要性。在不同的岗位上，就要做与之匹配的事，真正对得起那份职业。要让学生养成职业荣誉感，这样就能在遇到不合理的事情时，做出精准的判断，并提供专业的解决问题的思路。要让学生养成职业荣誉感，这样他们才有可能在平凡的岗位上做出不平凡的业绩。

14.23 子路问事①君，子曰："勿欺也，而犯②之。"

【注释】①〔事〕侍奉；供奉。②〔犯〕犯颜，敢于冒犯君王或尊长的威严。

【大意】子路问侍奉君王的事。孔子说："不能欺骗君王，但要敢于犯颜直谏。"

【心得】不要欺骗对方，不要怕冒犯对方，要敢于直言劝谏。孔子肯定了出于好意的行为，有时候这种行为可能在方式上有所不妥，甚至冒险，但就做事本身而言，即使方式过激，也算是一种选择。

教师要教导学生，做成一件事可以有多种方式，在众多方式中选择一种或几种去尝试，如果可行，则值得。但无论如何，都不可欺骗他人。

14.24 子曰："君子上达①，小人下达②。"

【注释】①〔上达〕通晓德义。②〔下达〕追求财利。

【大意】孔子说："君子追慕德义，小人贪图财利。"

【心得】人在一生中必然有信念，有追求。孔子认为君子和小人是有分别的，所以我们在《论语》中看到了种种对比。本段向世人展示了孔子的价值观，即应该追求"上达"，这一点和《论语》其他章的有关内容是一致的。孔子曾经说"不义而富且贵，于我如浮云"，形象地阐明了自己的义利观。

在教学中，教师引导学生养成正确的义利观、价值观非常重要。平时这种观念可能看不到或者不显现，一旦遇到重大事情的时候，深藏在心底的义利观就会显现其影响。就如我们看到的那些英雄，在灾难面前选择了更高尚的行为，舍己救人，舍己为公，舍身为国。德义应该作为高标，成为学子的情操之底色。在人生旅途中，这种底色自带光芒，能照亮其前程。

14.25 子曰："古之学者为己①，今之学者为人②。"

【注释】①〔为己〕为了自己修身，提高自己。②〔为人〕为了让他人看到，目的是邀取功名利禄。

【大意】孔子说："古代的人学习是为了提高自己，现在的学习是为了邀功名利禄。"

【心得】从这句话可以看出，孔子更欣赏古代的人，他们学习目的单纯、高尚，为了提高自己学识和素养；现在的人，更功利化了，更关注仕进。实际上，通过《论语》全篇可以看出，在仕进道路上，孔子历尽坎坷，自己饱学有能，可无法施展。"四子侍坐"章就有其关于从政的提问，"居则曰：'不吾知也。'如或知尔，则何以哉？"本篇"今之学者为人"，"为"的就是"知尔"的那类"人"。所学没有用武之地，所以也很纠结，问得意弟子的想法，也是在验证自己的想法。学习为了什么？如果仅仅从修身养性来说，他们所学足够多了，而从治国安邦来说，还需多加学习。

培养人才，"文明其精神"是重要的方面。在教学中，教师要鼓励学生好学上进，除了为将来事业发展需要而学习外，还要养成良好的自我修养，踏实地提高自己的修养，特别是境界方面。

14.26 蘧伯玉①使人于孔子，孔子与之②坐而问焉，曰："夫子何为？"对曰："夫子欲寡其过而未能也。"使者出，子曰："使乎！使乎！"

【注释】①〔蘧伯玉〕卫国大夫。孔子在卫国时，在他家住过。②〔之〕他。这里指代使者。

【大意】蘧伯玉派人拜访孔子。孔子与使者坐谈的时候问他："先生近来做什么呢？"使者答道："先生想减少自己的过失但没有能做到啊。"使者走出去后，孔子赞叹道："这使者啊！这使者啊！"

【心得】本节有两个人物形象让人眼前一亮，他们各自闪烁着夺目的光辉。首先看蘧伯玉，他虽然已经退官赋闲，但在家里也没有忘记提升自己的精神境界，力争改正过失，可惜未能如愿。仅从其努力去做这点上，就能看到他是一个积极向上、对自己有更高要求的人。其次看使者，孔子在结尾用了简短的感叹句，并以重复的修辞手法，欣赏之情已经跃然纸上了。这个使者简练的回答，道出了蘧伯玉不懈怠的精神追求，显示了使者自身良好的素养和交流能力。

孔子曾经用"不迁怒，不贰过"高度评价颜回，可见孔子很重视"改过"。这一节同样可以看出孔子对"改过"行为的高度认可，蘧伯玉就是典型的例子。学生在成长道路上也会犯错误，重要的是要改过自新，可以将其作为良好的品质来终身养成。

14.27 子曰："不在其位，不谋①其政②。"曾子曰："君子思不出其位。"

【注释】①〔谋〕图谋，谋求。②〔政〕政事。

【大意】孔子说："不担任这个职务，就不去过问这个职务范围内的事情。"曾子说："君子考虑好不要做超乎自己本职工作的事。"

【心得】注重程序性，无论在过去还是现在，这一点都受到人们的重视。做事不越位，就会减少很多尴尬。我们拒绝做尸位素餐的人，在做事的时候要选择合适的方法。

教育是人的教育，为人处世的方式方法是其中的重要方面，对个人发展有长远的影响。讲究程序是值得参考的，但遇到突发事件或其他情况要有所变通，灵活处理，否则会贻误时机。因此，在方式方法上，懂得思考，学会平衡，最终确定认为适合的方式，这样效果可能会更好。

14.28 子曰："君子耻其言①而过其行②。"

【注释】①〔言〕说，讲。②〔行〕做，实践。

【大意】孔子说:"君子以言过其行为耻。"

【心得】说得好不如做得好。有的人说的时候言之凿凿、信誓旦旦,但是做的时候不是所说的那样。孔子所言,要看重实践技能,那些说得天花乱坠却做得一塌糊涂的行为,应该引以为耻。

教育学生做诚实守信的人,让他们懂得重视实践甚于口头承诺的道理是培根铸魂应该有的内容。

14.29 子曰:"君子道①者三,我无能焉:仁者不忧,知者②不惑,勇者不惧。"子贡曰:"夫子自道也。"

【注释】①〔道〕动词,遵循。②〔知者〕智者。

【大意】孔子说:"君子遵循以下三方面,我没有能做到:仁德之人没有忧虑,智慧之人没有疑惑,勇毅之人没有畏惧。"子贡说:"先生自己做到了啊。"

【心得】孔子认为,同时符合仁者、智者、勇者三个标准的人,才是君子,自谦自己没有做到。子贡却说,那三个标准,夫子自己做到了。事实如何呢?孔子心忧天下社稷苍生,指出"仁"的内涵,自然符合"仁者"的要求;孔子不耻下问,"入太庙,每事问"等等,足以表明其是"智者";在外的时候,遇到险情,能淡定从容地说"天生德于予,桓魋其如予何",不正是"勇者"的表现吗?所以,孔子确实自己做到了。

个人素养的培养是多方面的,教师要善于引导学生在关爱他人、增长智慧、养成勇敢品格诸方面全面发展,成为对社会有用的人。

14.30 子贡方①人,子曰:"赐②也贤乎哉?夫我则不暇③。"

【注释】①〔方〕讥讽。②〔赐〕端木赐,字子贡。③〔暇〕闲暇。

【大意】子贡讽刺他人,孔子说:"端木赐你是贤人吗?我是没有那闲工夫去议论他人的。"

【心得】子贡也是比较优秀的人,孔子这样说,想必也是督促子贡警醒自己，把更多的时间用于更有益的事情上。

"吾生也有涯，而知也无涯。"教师应该教育学生把更多的时间用在学习上，掌握知识，获取技能和本领，而不要把时间浪费在品评他人身上。别人有优点就学习，别人如有缺点，自己对照一下，如果也有类似的缺点，则及时予以改正，而不应在暗地里讥讽挖苦他人，那样只会把宝贵的时间都浪费掉。

14.31 子曰："不患①人之不己知②，患其不能③也。"

【注释】①〔患〕担忧，忧虑。②〔不己知〕不了解自己。③〔不能〕无能。

【大意】孔子说："不必担忧别人不了解自己，要担忧自己无能。"

【心得】"如或知尔，则何以哉？"孔子在"四子侍坐"章谈到"知"的问题，几位优秀的弟子都说出了自己的心声。孔子在此又丰富了"知"的内容。不必担忧别人不了解自己，而应好好充实、提高自己。因此，应该问自己"我准备好了吗？"如果没有准备好，那就踏踏实实勤奋向上，不要再担忧别人不懂自己。

14.32 子曰："不逆①诈，不亿②不信，抑亦先觉者，是贤乎！"

【注释】①〔逆〕预先。②〔亿〕通"臆"。臆测，预料。

【大意】孔子说："不预判别人有欺诈，不臆测别人不守信，也算是先觉的人了，这也是属于贤才了。"

【心得】"毋意、毋必、毋固、毋我"这是孔子认为不应该的四种情形，而这一则里包含了同样的内容。不去臆测，对现代人来说，也是有指导意义的。以事实为依据，是我们做事的准则。

教师要正向引导学生，怀疑是可以的，但不能臆测，要以事实为依据。如果仅仅凭借自己的猜测去评论他人、评判事件，很容易走向偏颇甚至错误。

14.33 微生亩①谓孔子曰："丘,何为是栖栖②者与?无乃为佞③乎?"孔子曰:"非敢为佞也,疾④固⑤也。"

【注释】①〔微生亩〕春秋时期鲁国的隐士。②〔栖栖〕内心不安的样子。③〔佞〕巧言善辩。④〔疾〕憎恨。⑤〔固〕鄙陋,固陋。

【大意】微生亩对孔子说:"您那么内心不安的原因是什么?是为了展示自己的善辩之才吗?"孔子说:"不是为了展现才能啊,是为了改变世俗的鄙陋啊!"

【心得】微生亩是当时的贤者,但看到世界那个样子,选择了隐藏起来。他觉得孔子是个贤人,但是总是四处奔波没有必要,于是问孔子。孔子有济世之志,不忍看百姓生活在水火之中,所以重视道德教化。

在清享和治世之间,人各有志,所以看上去是在问,实际上是奉劝。孔子则坚持自己的理想,虽屡遭碰壁,但奋勇向前,把责任放在心中,因此成就了伟大的品格。

教师宜引导学生积极向上,为社会进步做贡献,直面存在的问题,而不是通过躲避来麻醉自己。找准了光,向着这个方向迈进,一定也会照耀周边的人。

14.34 子曰:"骥①不称②其力,称其德也。"

【注释】①〔骥〕千里马。②〔称〕称赞。

【大意】孔子说:"千里马值得称赞的不是其力气,而是其品德。"

【心得】在力和德之间,孔子选择德。他看重的是品德素养,相比之下,能力不是最重要的评判标准。这也提示人们,选人用人应该优先考虑其品德,即使再有才,但品德缺失或多有瑕疵,就要深思了。

教育工作是塑造人的活动,要从全方位培养人才。既要培养其知识能力,也要注重培养学生的品德素养。有担当、勇于奉献、积极进取等种种美德,都应该被铺设到教育工作中去,而且要设定系列品德培养目标,以造就社会需要的德才兼备的人。

14.35 或^①曰："以德报怨，何如？"子曰："何以报德？以直^②报怨，以德报德。"

【注释】①〔或〕有的人。②〔直〕正直。

【大意】有人说："用恩德来报答怨恨，可以吗？"孔子说："那用什么来报答恩德呢？应该是以正直公平来报答怨恨，以恩德来回馈恩德。"

【心得】实际上孔子在这里阐述了两个问题：一个是用什么报德，一个是用什么报怨。在生活中，我们必然会遇到类似的问题：别人对我们不好，我们怎么对他们呢？别人对我们施以恩德，我们如何反馈他们呢？在漫长的历史长河中，我们可以看到事物发展的多种可能性。很多实例或神话传说寓言等都显示，会发生或真实发生过恩将仇报的事，有过滴水之恩涌泉相报的事，也有过一笑泯恩仇的事。

这里的问答很有借鉴作用。教师要从中挖掘合理的、可借鉴的内容，形成常识，让学生参考。比如以恩德回报恩德，以正直公平来应对怨恨，都是很有价值的。当我们得到他人援助的时候，不要忘记这份恩情，尽可能去报答施恩的人，或者以别的形式，如帮助同样陷入困境的人，这样的人生更有意义。但是也要记住在大是大非的问题上，坚持原则是"以直报怨"的准则，"朋友来了有好酒，若是那豺狼来了，迎接它的有猎枪"。

14.36 子曰："莫^①我知也夫！"子贡曰："何为其莫知子也？"子曰："不怨天，不尤^②人，下学而上达，知我者其^③天乎！"

【注释】①〔莫〕没有人。②〔尤〕责备。③〔其〕表示推测，大概。

【大意】孔子说："没有人懂我啊！"子贡说："为什么说没人懂您呢？"孔子说："不怪怨天，不责备他人，下学人事上达天命，懂我的大概只有天了吧！"

【心得】这一则与上面几则一样，也是关于自己的才识是否被人所了解的问题。不过，这次是孔子自己关于不被懂的困惑。孔子认为自己在很多方面已经做得到位了，但是实际上没有人了解自己啊，怀才不遇，屡屡碰壁，难怪发出这样的问话。但是，孔子始终坚信，自己来到人世间是有任务的，而"天"是懂自己的。在《论语》中几次都提到"天"懂他，显示了孔子的使命感，以及自信的品格。

圣人尚有此困惑，我们自然也会遇到类似的困惑。虽说成事在天，但是我们还是需要努力，只有做好准备，才能够在机会来临的时候施展自己的才能。

14.37 公伯寮①愬②子路于季孙。子服景伯③以告，曰："夫子④固有惑志于公伯寮，吾力犹能肆⑤诸市朝。"子曰："道之将行也与，命也；道之将废也与，命也。公伯寮其如命何？"

【注释】①〔公伯寮（liáo）〕孔子弟子，鲁国人。②〔愬（sù）〕告发。③〔子服景伯〕鲁国大夫。④〔夫子〕指季孙。⑤〔肆〕陈列。

【大意】公伯寮在季孙那里告发子路。子服景伯把这消息转告孔子，说："季孙本来就被公伯寮迷惑导致不清楚事实，我凭一己之力仍能让他的尸首在街上示众。"孔子说："大道将要施行，是天意；大道若废弃，也是天意。公伯寮能奈何天意？"

【心得】子路是孔子的弟子，公伯寮不顾这层关系，直接前往季孙那告发子路。孔子得知后，谈到了核心要素"大道"。孔子坚信，"大道"客观存在，像公伯寮这样的人是无可奈何的，即使用小伎俩，背后使坏，也不会影响"大道"的传布。

从本章中，我们看到了孔子光辉自信的形象，他坚信自己的主张，坚信"大道"能行，关键在天命。

教师要引导学生培养自信心，认真学习知识，勤奋向上，总有一天所学的技能会派上用场。

14.38 子曰："贤者辟①世，其次辟地，其次辟色，其次辟言。"子曰："作者七人②矣。"

【注释】①〔辟〕逃避。②〔七人〕指伯夷、叔齐、虞仲、夷逸、朱张、柳下惠、鲁少连这七个人。

【大意】孔子说："有才能的人避世隐遁，其次远离故地去往他乡，其次远离不好的脸色，其次远离恶语。"孔子说："能做到这样的人，有七位。"

【心得】孔子认为，能成为像伯夷、叔齐等那样的贤者，实在是少数。但称赞归称赞，孔子自己并不避世，而是积极出世。政治上碰壁，教育上开花，孔子正是在摸索中走出了一条大道。

人固然会遇到险恶，也可能遇到恶语相向，还会遇到种种不尽如人意的事情，但始终要做到"以梦为马，不负韶华"，诗和远方同样可以抵达。教师要善于引导学生向着光明、积极、乐观的方向前进，克服懈怠、沮丧、颓败等不良行为，让他们相信奋斗的人生才是有价值的。

14.39 子路宿于石门①，晨门②曰："奚自？"子路曰："自孔氏。"曰："是知其不可而为之者与？"

【注释】①〔石门〕地名。②〔晨门〕早上守城门的人。

【大意】子路在石门过夜，早上守城人问："从哪里来的？"子路说："从孔子那来的。"问："这不是那个知道行不通却偏偏要去走那条道的人吗？"

【心得】子路和守城人的对话，巧妙地展现了那个时代世人对孔子的看法。孔子坚持理想的精神值得敬佩，明知行不通还力争，本身就是一种境界。后世发展证明了孔子思想的伟大，其对中国社会的发展起到了重要作用。

在我们的一生中，并不是事事都能如愿，有时会碰壁、会遇到揶揄讽刺；但是，如果认准了方向，且所为是正确的，则值得去坚持。坚持不是顽固，如果方向正确，就不要管别人的评价。教师要教育学生拥有广博的胸怀和宽阔的视野，相信坚持终有所获。同时，要客观地分析别人的建议是否准确，合理则用之，不合理则去之。

14.40 子击磬于卫，有荷蒉①而过孔氏之门者，曰："有心哉，击磬②乎！"既而曰："鄙哉，硁硁③乎！莫己知也，斯己则已矣。深则厉，浅则揭④。"子曰："果⑤哉！末之难矣。"

【注释】①〔蒉〕筐。②〔磬〕古代打击乐器，形状像曲尺，用玉、石制成，可悬挂。③〔硁硁〕形容石头互相撞击的声音。④〔深则厉，浅则揭〕比喻处世要审时度势，知道深浅。涉水的时候，深水穿衣过去就是厉，浅水把衣服撩起来过去就是揭。⑤〔果〕果断，干脆。

【大意】孔子在卫国，有一次在击磬时，一个挑筐的人经过孔子门前，说："这个磬击打得，有深意啊！"一会儿又说："真可鄙呀，磬声硁硁的，没有懂得自己，停下来就好了。水深就穿着衣服直接蹚水过去，水浅就撩起衣服走过去。"孔子说："说得真干脆啊！没有什么可责问他的了。"

【心得】这里也出现了隐者形象，委婉劝谏孔子，如果无人懂自己，政治才华无法施展，不如退一步。而孔子展现了一贯的坚持精神，不为所动。

权衡得失，取舍利弊。教师要引导学生以正确的方式处理手中的事情。大的方面如此，小的方面同样如此。

14.41 子张曰："《书》①云，'高宗②谅阴③，三年不言。'何谓也？"子曰："何必高宗，古之人皆然。君薨④，百官总己以听于冢宰⑤三年。"

【注释】①〔《书》〕指《尚书》。②〔高宗〕殷高宗。③〔谅阴〕称天子守丧。④〔薨〕诸侯或大官死叫薨。⑤〔冢宰〕周官名。为六卿之首，也称太宰。

【大意】子张说："《尚书》记载，殷高宗守丧，三年没有理政事。怎么看待这事？"孔子说："何止殷高宗，古代的人都是这样的啊。君主死去，三年内百官都要听命于冢宰。"

【心得】孔子认为，守丧三年是孝道，是礼制规定，没有什么特别的。

学习这一则，了解古代有关礼制即可。随着社会发展，许多不适宜的风俗都已去掉。教师可以通过古今不同的礼制来引导学生认知和体察不同时代社会的发展。

14.42 子曰："上①好②礼，则民易使③也。"

【注释】①〔上〕居于上位者。②〔好〕喜欢。③〔使〕役使。

【大意】孔子说："居上位者善于依礼行事，那么民众就容易役使了。"

【心得】表率的作用是潜移默化的。孔子讲了为政中很重要的内容，即居上位者的引领作用。"其身正，不令而行；其身不正，虽令不从。"身正者自然也会遵守规则，依礼行事，自己做到了，其他人自然会遵照执行；身不正者自己就不守规则，以自己为中心，总想着不受束缚的自由，如此素养，其他人自然也不会听从其指挥了。

我们也注意到，居上位者的行为、喜好，会直接影响社会的行为、喜好。《聊斋志异》的《促织》篇，非常形象且淋漓尽致地显示了这种影响。"宫中尚促织之戏"，结果社会上也出现了争相斗蟋蟀的景象。该篇最后有一段评论，异史氏曰："天子偶用一物，未必不过此已忘；而奉行者即为定例。加以官贪吏虐，民日贴妇卖儿，更无休止。故天子一跬步，皆关民命，不可忽也。"对居上位者的影响之深远，分析论证，入木三分。

榜样的力量是无穷的。教师育人的过程中，要以身作则，以自己的正直人品影响学生。同样，也要鼓励更多的人成为优秀之人，成为别人的榜样。

14.43 子路问君子，子曰："修己以敬①。"曰："如斯而已乎？"曰："修己以安②人。"曰："如斯而已乎？"曰："修己以安百姓。修己以安百姓，尧、舜其③犹病④诸！"

【注释】①〔敬〕慎重，恭敬。②〔安〕使安乐。③〔其〕表示推测，大概的意思。④〔病〕担心，忧虑。

【大意】子路问什么是君子，孔子说："用恭敬的心修养自己。"子路接着问："这样就可以了吗？"孔子答："修养自己且能让他人安乐。"子路再问："这样就可以了吗？"孔子答："修养自己且能使百姓安乐。修养自己且能使百姓安乐，大概尧、舜这样的人也担心做不到吧！"

【心得】这一则重点讲修身的重要性。子路问时步步推进，孔子答时层层深入。无论哪一层，孔子都强调修身对个人的意义。

修身是成就理想人格的重要方面，需要终身建设。然而人是社会的成员，仅仅修己还不够。孔子提出使他人安乐、使社会安乐，凸显了个人对社会的贡献。

教育的内容是多方面的，德、智、体、美、劳都对个人成长有用。教师培养学生的过程中，不可偏废任何一个方面。个人修养在居处、执事的时候能表现出来，因此，要注意待人接物的分寸，要做到时刻为人着想、不逾越规矩。

14.44 原壤①夷俟②，子曰："幼而不孙弟③，长而无述焉，老而不死，是为贼④！"以杖叩其胫⑤。

【注释】①〔原壤〕鲁国人，孔子的朋友。②〔夷俟〕伸两足箕踞而坐。古人视作傲慢无礼之态。③〔孙弟〕孝悌。④〔贼〕害人的人。⑤〔胫〕小腿。

【大意】原壤傲慢地伸腿踞而坐，孔子说："年少时不懂得孝悌之道，长一点又没有什么可称说的，老了却不死去，这真是害人的人。"于是用手杖敲击他的小腿。

【心得】孔子很熟悉他的朋友原壤。原壤是一个不思进取的人，在不同时间段都没有让孔子满意的行为。在孔子看来，他身上散发着不符合礼制的气息。教师在培养学生时应明确，不同的年龄段有相对应的任务，不能虚度年华，应该把时间规划好，在对的时间做对的事，珍惜寸金光阴。

14.45 阙党①童子将命，或②问之曰："益③者与？"子曰："吾见其居于位也，见其与先生并行也。非求益者也，欲速成者也。"

【注释】①〔阙党〕即阙里，在鲁国时孔子所居住的地方。②〔或〕有的人。③〔益〕增进。

【大意】阙党有个童子来传递信息，有人就问孔子："那个童子算得上追求进益的人吗？"孔子说："我见他坐在成人的座位上，还看到他与先生并列行走。他并不是一个求上进的人，而是一个急于求成的人。"

【心得】言谈举止可以看出一个人的品性。孔子正是通过观察细节，发现了童子显示出来的特点，他认为童子并不是真正求上进，而只是急于成功罢了。

踏踏实实、遵纪守法、稳扎稳打、一步一个脚印，不能急于求成，也不能忽略细节。教师要指导学生学习知识，还要强调细节的把控。符合规范，遵守规矩，才能实现真正的自由。

卫灵公篇第十五

《卫灵公篇》共42章。本篇重点探讨的是治国、做人、修身和为学的问题，治国以礼，做人以仁，修身以道，为学以教。

本篇有很多大家耳熟能详的名句，诸如"无为而治""志士仁人，无求生以害仁，有杀身以成仁""人无远虑，必有近忧""躬自厚而薄责于人""君子求诸己，小人求诸人""己所不欲，勿施于人""小不忍则乱大谋""人能弘道，非道弘人""当仁不让于师""有教无类""道不同，不相为谋"。这些经典名言涉及儒家的"君子小人"观以及孔子的政治思想、教育思想等内容，其中蕴含的思想对我们的社会生活、教育理念等都产生了深远影响，至今仍具有强大的生命力和积极的传承价值。

15.1 卫灵公问陈①于孔子。孔子对曰："俎豆②之事，则尝闻之矣；军旅之事，未之学也。"明日遂行。

【注释】①〔陈〕同"阵"，军队作战时，布列的阵势。②〔俎（zǔ）豆〕古代盛食物的器皿，被用作祭祀时的礼器。

【大意】卫灵公向孔子请教军队列阵之法。孔子回答说："祭祀礼仪方面的事情，我还听说过；用兵打仗的事，从来没有学过。"第二天，孔子便离开了卫国。

【心得】卫灵公问军队作战排兵布阵的事情，孔子不感兴趣。孔子实话实说，自己擅长祭祀礼仪方面的事情，不会带兵打仗。这个事的背后反映了孔子的一贯主张，即为政以德，反对以武治国，反对强权政治，不主张用战争的方式解决国与国之间的争端。

需要注意的是，孔子对卫灵公的态度。在《孔子家语》里有记载，鲁哀公曾问孔子："现在的国君谁最贤？"孔子回答说："最贤的我还没见过，似乎只有卫灵公能勉强算上。"哀公又问："听说灵公闺门之内无别（指南子参政），你怎么说他是贤君？"孔子答道："我说的是他在朝廷的行事，不是指家里的事情。"哀公再问："他在朝廷上行事如何？"孔子讲了卫灵公选贤任能的几件事。由此可见，孔子对卫灵公的评价还是比较客观公正的。孔子在鲁国不得志，周游列国首选卫国，也在卫国停留的时间最长。

实际上，历史上的卫灵公并非碌碌无为的无道昏君。卫灵公曾给孔子每年六万斛粟米的俸禄，应该说总体上没有亏待过孔子。但是，卫灵公终究没有认可孔子的思想主张，未能让孔子在卫国真正有所作为。这是孔子的遗憾，也是当时礼坏乐崩、社会失序的必然。

15.2 在陈绝粮，从者病，莫能兴。子路愠①见曰："君子亦有穷乎？"子曰："君子固②穷，小人穷斯滥矣。"

【注释】①〔愠（yùn）〕怒，怨恨。②〔固〕固守，安守。

【大意】孔子一行在陈国断了粮食，随从的人都饿病了。子路很不高兴地来见孔子，说道："君子也有穷得毫无办法的时候吗？"孔子说："君子虽然穷困，但还是坚持着；小人一遇穷困就无所不为了。"

【心得】困厄于陈蔡之间的时期，是孔子列国奔波期间最艰难的时刻。但是孔子的伟大之处就在于他并没有被困难打倒，其意志极其坚强，品德极其高尚。所以当学生质问老师，让大家做君子儒，不做小人儒就会挨饿吗？贫穷困顿就是君子所应该承受的吗？孔子的回答掷地有声，君子人穷志不短，君子与小人是不同的，特别是在面对穷困潦倒的局面之时，君子与小人就更有显而易见的不同。

每一个人都难免处于困境和逆境，这是对人的严峻考验。君子与小人的根本区别在于君子无论贫穷与否，都会保持道德操守，坚守信仰，矢志不渝。而小人是没有道德底线的，小人会在处于穷困窘境之时胡作非为。这对教师的启示是：无论顺境、逆境都应坚守职业道德，不忘初心，牢记使命。

15.3 子曰："赐也！女以予为多学而识之者与？"对曰："然，非与？"曰："非也。予一以贯之①。"

【注释】①〔一以贯之〕做人做事，按照一个道理，从一而终不会改变。贯，贯穿，贯通。如以绳穿物。也有一直、习惯的意思。

【大意】孔子说："赐啊！你以为我是多多地学习才——记住的人吗？"子贡答道："是啊，难道不是这样吗？"孔子说："不是的。我是用一个根本的东西贯彻始终的。"

【心得】《论语》里孔子第二次讲到"一以贯之"，在《里仁》篇孔子说"吾道一以贯之"，曾参说"夫子的学说是忠和恕"，这两处的"一以贯之"并不矛盾，孔子为人处世和做学问，都是坚守"忠恕之道"。孔子告诉学生，学习犹如以绳穿钱，博学多识，就像钱多而散，需要有贯钱之绳，钱多无绳很容易散乱丢失。贯钱之绳其实就是孔子所言的"一"，我理解这个"一"就是孔子所言"志于道"的"道"。我们学习的目的不是为了多学，也不是为了——记住，博闻强记和学富五车都要"志于道"。学习很重要，但是做任何学问都要在学习的基础上，认真思考，都不能背离根本的、内在的"道"。

孔子向道之心始终不渝，学、思、行紧密结合，尽心尽力，同时能够保有仁爱之心，由己及人，推而广之。作为教师，我们走得再远都不能忘了来时的路，我们学习的知识再多都不能忘了我们的根本，那就是一以贯之的"道"。教书育人是我们的信仰，是我们终身为之奋斗的追求和理想。

15.4 子曰："由！知德者鲜矣。"

【大意】孔子说："由啊！懂得德的人太少了。"

【心得】孔子慨叹：知德的人太少了。知德的知，不是指阅读一些经典，了解一些皮毛，而是指潜心修为，落实到行动方面。"德"字的左边是双立人，代表行为。知德一定要落实到实践层面，贯彻到人的所作所为，外化在人的言行方面，做不到就是不知。德是天道在人的身上的体现，是指人之德行。知德，是把古圣先贤的教诲付诸我们的劳动生产和工作之中，反应在我们的待人接物的日常生活里。"德"字的右上边是"十"加"目"，意思是放眼未来，走正途，走正道，右下边是"一"加"心"，是说做人做事要走心入脑，用真心去付诸行动，一心一意、心口一致，言行合一。

知德者少矣。此德行是知行合一，是人主动地修为，是人与人之间的相通相助的力量，是不断追求信仰和理想的奋斗精神和身体力行的统一。"德"在孔子看来应是"仁德"，在孟子看来应是"善德"，在王阳明看来应是"良知"，在医生看来应是"医德"，在教师看来应是"师德"。

15.5 子曰："无为而治①者，其舜也与？夫②何为哉？恭己正南面而已矣。"

【注释】①〔无为而治〕国家的统治者不必有所作为便可以治理国家了。②〔夫〕代词，他。

【大意】孔子说："能够无所作为而治理天下的人，大概只有舜吧？他做了些什么呢？只是庄严端正地坐在朝廷的王位上罢了。"

【心得】孔子赞赏舜的"无为而治"，与他倡导的"为政以德"一以贯之。"恭己正南面"是说在上位者应修己正德，做出表率，以身作则，自然能起到以上率下的作用，让大家各司其职。孔子这里的"无为而治"，显而易见与道家有着本质的区别。道家的"无为而治"是不干预，道法自然，让社会事务的发展遵循自然的法则，是一种理想状态下的自然主义思想。而孔子倡导的"无为而治"则更多强调的是管理者、领导者的"以身作则""自律自检""无我利他"。

作为教师要做到"恭己修德"，给予学生更多的言传身教，而不是更多的批评指责、命令干涉和指手画脚。

15.6 子张问行①。子曰"言忠信，行笃敬，虽蛮貊②之邦，行矣。言不忠信，行不笃敬，虽州里③，行乎哉？立则见其参④于前也，在舆则见其倚于衡⑤也，夫然后行。"子张书诸绅⑥。

【注释】①〔行〕通达的意思。②〔蛮貊（mò）〕古人对少数民族的贬称，蛮在南，貊在北方。③〔州里〕五家为邻，五邻为里。五党为州，二千五百家。州里指近处。④〔参〕列，显现。⑤〔衡〕车辕前面的横木。⑥〔绅〕贵族系在腰间的大带。

【大意】子张问如何才能使自己到处都能行得通。孔子说："说话要忠信，行事要笃敬，即使到了蛮貊地区，也可以行得通。说话不忠信，行事不笃敬，就是在本乡本土，能行得通吗？站着，就仿佛看到忠信笃敬这几个字显现在面前，坐车，就好像看到这几个字刻在车辕前的横木上，这样才能使自己到处行得通。"子张把这些话写在腰间的大带上。

【心得】孔子主张施行天下言行要靠"忠信笃敬"四字真谛。子张认同孔子的观点，并将这四个字写在腰间的带子上提醒自己时时刻刻要铭记。忠，是"心"上一个"中"。儒家主张做事要尽心尽力，凡事尽力而为也是中庸之道；我们倡导对祖国、对社会、对家庭忠诚有为。信，是"人"加"言"。人要说到做到，君子一言，驷马难追；人与人交往要坚守诚信，所谓轻诺寡信，一诺千金，我们在日常工作和生活中要言行合一。笃，是竹下一匹马，意指脚踏实地、为人厚道、踏实肯干、做事专注、一心一意，绝不心猿意马。敬，指恭敬、诚敬。凡事之成必在敬之，其败必在慢之。

作为教师，我们的一言一行对于职业发展和事业成败都是至关重要的，无论身在何处，都要以"忠信笃敬"为行为准则。如果想通行天下，经得起历史考验和实践检验，就要将"忠信笃敬"落实到自己的言行之中。

15.7 子曰："直哉史鱼①！邦有道，如矢②；邦无道，如矢。君子哉蘧伯玉！邦有道，则仕；邦无道，则可卷③而怀之。"

【注释】①〔史鱼〕卫国大夫，名鳅，字子鱼，他多次向卫灵公推荐蘧伯玉。②〔如矢〕矢，箭，形容其直。③〔卷〕同"捲"。

【大意】孔子说："史鱼真是正直啊！国家有道，他的言行像箭一样直；国家无道，他的言行也像箭一样直。蘧伯玉真是一位君子啊！国家有道就出来做官，国家无道就（辞退官职）把自己的主张藏在心里。"

【心得】孔子对史鱼与蘧伯玉都是赞赏的，尽管二人的处世态度和做法不同。史鱼是一个直臣，国家有道或无道，都遵从正直的内心，只做正确的事情，绝不同流合污，也不随波逐流。蘧伯玉是一个君子，只在国家有道时出来做官，与时俱进，顺势而为。两相比较而言，史鱼是一如既往，勇往直前，宁"直"不弯；而蘧伯玉则是大丈夫能伸能屈，善于调整自我，邦有道则施展抱负、人尽其才，邦无道则独善其身，是人不知而不愠的"君子"。

史鱼与蘧伯玉都是处于乱世之时坚守善道之人，令人钦佩。结合前面第一章，孔子离开卫国的所作所为来看，他是更加欣赏蘧伯玉的。作为教师，我们能够从这两位先贤身上学习到坚持真理道义和与时俱进的精神。

15.8 子曰："可与言而不与之言，失人；不可与言而与之言，失言。知者不失人，亦不失言。"

【大意】孔子说："可以同他谈的话，却不同他谈，这就是失掉了朋友；不可以同他谈的话，却同他谈，这就是说错了话。有智慧的人既不失去朋友，又不说错话。"

【心得】孔子这里讲了失言与失人、语言与诚信的关系。对朋友应该说的话不说，就不是失言的小事，而是失人的大事；对朋友不应该说的话却说了，就不仅仅是说错话的事情，而是会失去朋友。说什么不说什么，看起来是小事，在关键时刻，却往往不是语言的问题，而是诚信问题。《子路》篇有"一言兴邦、一言丧邦"之说。确实，有时候一句话能够影响事情的成败，关键人物的一句话会直接影响整个大局。所谓"话不投机半句多"，道不同不相与谋，说话也有言之道。

在与学生的交往和互动中，教师要注意语言的表达和正向引导，切记不要因失言而失人。语言是具有力量的，同时也能够反映出一个人的基本素养。与人善言，暖于布帛；伤人以言，深于矛戟。

15.9 子曰："志士仁人，无求生以害仁，有杀身以成仁。"

【大意】孔子说："志士仁人，没有贪生怕死而损害仁的，只有牺牲自己的性命来成全仁的。"

【心得】孔子所言"志士仁人"是指胸怀大志、意志坚强、品德高尚的人，也是能够正确处理生死问题、仁爱而有节操、为了正义的事业可以牺牲生命的人。这样的人不会贪生怕死，也不会苟且偷生。

传统儒学所表达的生死观以"仁"为最高原则。生命诚可贵，但当生命与仁德忠义发生冲突时，真正的志士仁人会为了成全仁德而视死如归。自古以来，杀身成仁与舍生取义精神代代相传，成为中华民族精神的重要组成部分，激励了无数仁人志士为国家和民族的利益而赴汤蹈火、鞠躬尽瘁、死而后已。"人生自古谁无死，留取丹心照汗青。"志士仁人敢于为追求正义事业而献出生命，勇于为追求高于物质生命的精神理想而无惧生死。

作为肩负教书育人重任的教师，应学习志士追求高尚和清廉的品格，不懈努力，立志成为为人师表的典范；应学习仁人常怀仁爱之心并保持操守，光明磊落，矢志不渝。

15.10 子贡问为仁。子曰："工欲善其事，必先利其器。居是邦也，事其大夫之贤者，友其士之仁者。"

【大意】子贡问怎样实行仁德。孔子说:"做工的人想把活儿做好,首先必须使他的工具锋利。住在这个国家,就要事奉大夫中的那些贤者,与士人中的仁者交朋友。"

【心得】学生问怎么培养仁德、修炼德行。孔子以工匠做好工作必先准备好精良的工具为例,告诉他培养仁德必须进入社会进行磨砺,以谦恭的态度尊敬贤德之人,以真诚的方式结交仁德之士。成就事业和修养仁德,必须有贵人扶持,跟贤者切磋,与仁者互助。

教师的成才之路,需要做好充足的知识储备和不断的实践磨砺,同时需要学习过程中导师的指导,工作中领导的支持、同事的帮助,以及同学的互动和教学相长。教师讲课也要有匠心精神,精益求精。要想成就善事,必先拥有利器;要想完善人格,除了自我磨砺修行,还需以友辅仁,以贤养德。

15.11 颜渊问为邦。子曰:"行夏之时①,乘殷之辂②,服周之冕③,乐则《韶》舞④。放⑤郑声⑥,远⑦佞人。郑声淫,佞人殆⑧。"

【注释】①〔夏之时〕夏代的历法,便于农业生产。②〔殷之辂(lù)〕辂,天子所乘的车。殷代的车是木制成,比较朴实。③〔周之冕〕周代的帽子。④〔《韶》舞〕是舜时的舞乐,孔子认为是尽善尽美的。⑤〔放〕禁绝、排斥、抛弃的意思。⑥〔郑声〕郑国的乐曲,孔子认为是淫声。⑦〔远〕远离。⑧〔殆〕危险。

【大意】颜渊问怎样治理国家。孔子说:"用夏代的历法,乘殷代的车子,戴周代的礼帽,奏《韶》乐,禁绝郑国的乐曲,疏远能言善辩的人,郑国的乐曲浮靡不正派,佞人太危险。"

【心得】此章是讲治国之要,也是讲为人处世之道。孔子认为治理国家有三要:顺应自然,倡导礼乐,任用贤能。治理国家首先要尊重和顺应自然规律,参照夏代历法不违农时,让老百姓丰衣足食、安居乐业。其次是以礼乐教化,遵守文明秩序,乘车应用殷的车子,朴素坚固;穿衣戴帽应学周代，华而不靡，俭而不奢；音乐教化应选择具有引人向善的激励人心之歌，仁善之心，融于歌声，也是化道于平常，与《述而》篇所言"与人歌而善"精神一致。

治理国家，选用人才，应任用贤才，特别要注意避免贪图享乐，杜绝奢靡之风，远离巧言令色的奸佞之人。此章在为人处世方面给予我们的启示：应远离小人，亲近君子，居安思危，戒奢以俭。教师在传承礼乐文化方面，应采用因时损益原则。

15.12 子曰："人无远虑，必有近忧。"

【大意】孔子说："人没有长远的考虑，一定会有眼前的忧患。"

【心得】首先，此章是告诫我们看待事物发展一定要站得高一些、看得远一些。站得高才能看得远，站位不高视野也无法开阔。优秀的教师应胸怀远大的志向，才不会沉溺于日常琐事，不会纠结于鸡毛蒜皮。其次，我们要善于用中庸的思想来分析问题。凡事都有两面，有远就有近，有好就有坏，有利就有弊。教师应善于把长远的目标和近期的目标结合起来，人才培养不是一蹴而就的，要有长远规划，也要有行动落实。所谓居于近则思远，居于安则思危，居于常则思变。

15.13 子曰："已矣乎！吾未见好德如好色者也。"

【大意】孔子说："完了！我从来没有见像好色那样好德的人。"

【心得】孔子常常言"好"，比如好学、好德、好仁、好礼、好义、好古，这些都是儒家所倡导的。论语中"好色"出现过两次，共有十一处出现"色"字。色，可以指人的外表，外在表现，事物的表象等。显而易见，好色者多，好德者少，能够像好色者一样好德者更少。人们容易只注意外在表现，往往被表面文章所糊弄，被事物表象所迷惑，而忽略内在精神的涵养，关注不到内涵建设。

教师要以此为警醒，做好德者，时刻注意关注和辨识自己内心真正的喜好，不断体察自我，自我反思；要学会透过事物表象看到本质，要重本轻末，重德轻色。

15.14 子曰："臧文仲其窃位①者与！知柳下惠②之贤而不与立也。"

【注释】①〔窃位〕身居官位而不称职。②〔柳下惠〕春秋中期鲁国大夫，姓展名获，又名禽，他受封的地名是柳下，惠是他的私谥，所以，人称其为柳下惠。

【大意】孔子说："臧文仲是一个窃居官位的人吧！他明知道柳下惠是个贤人，却不举荐他一起做官。"

【心得】此章是说为政之要在于举任贤才。柳下惠是鲁国的贤明大夫，臧文仲作为鲁国总理大事的权臣却嫉贤妒能，不任用柳下惠。知贤而不举是德不配位，才不堪任，窃取名位。能够知贤举贤、重视团队合作的领导才是顾全大局、德才配位的英明领导。同理，能够培养出优秀学生的教师才是立德树人、为人师表的优秀教师。教师之优秀除了自身学识渊博和综合素养良好，更重要的是看他教书育人的成果。

15.15 子曰："躬自厚而薄责于人，则远怨矣。"

【大意】孔子说："多责备自己而少责备别人，就可以避免别人的怨恨。"

【心得】此章是儒家一贯强调的忠恕思想。为人处事要严于律己、宽以待人。要想做到忠恕，应该多换位思考问题，多从对方的角度看待问题。人与人之间远怨的方法在于重责自己、轻责他人，多自我批评，不要一味指责别人，这是儒家忠恕所倡导的道德规范，也是维系和谐的人际关系应遵循的基本准则。

教师对工作应尽心尽力，对学生应以德服人。孔子说"求仁得仁，又何怨"，意在用"仁"教育人。教师在教学中应多从学生的角度思考问题，以身作则，言传身教。

15.16 子曰:"不曰'如之何①,如之何'者,吾末②如之何也已矣。"

【注释】①〔如之何〕怎么办的意思。②〔末〕这里指没有办法。

【大意】孔子说:"从来遇事不说'怎么办,怎么办'的人,我对他也不知怎么办才好。"

【心得】在生活和工作中遇到问题并不可怕,可怕的是不去思考问题、不去解决问题。在教学教研活动中,教师应多动脑筋,多思考,遇到问题多问几个"怎么办",把问题看得复杂一些,有利于更好地解决问题。

15.17 子曰:"群居终日,言不及义,好行小慧,难矣哉!"

【大意】孔子说:"整天聚在一块,说的都达不到义的标准,专好卖弄小聪明,这种人真难教导。"

【心得】本章在告诫人们在生活和工作中要有精神追求,不要夸夸其谈混日子。此句与"饱食终日,无所用心,难矣哉"意思接近。"群居终日"是无所事事之人,是没有理想、精神缺钙和漫无目的的聚集。"言不及义"是指说话空洞无物,没有正确的世界观、人生观和价值观的庸碌之辈;甚至是指没有是非观、不讲道理、满嘴无聊话语、不务正业的小人本性。"好行小慧"是指喜欢使用小聪明,巧言令色。没有真知灼见,难成大事之流。

教育事业任重道远,教师应胸怀鸿鹄之志,以时不我待的精神,旰食宵衣,以真才实学建功新时代。

15.18 子曰:"君子义以为质,礼以行之,孙以出之,信以成之。君子哉!"

【大意】孔子说:"君子以义作为根本,用礼加以推行,用谦逊的语言来表达,用忠诚的态度来完成,这就是君子了。"

【心得】此章说明成为君子的四种品德:义是最重要的品质,是树之根,是统领其他的灵魂;礼是践行义的言行,是树之干,以干传导根的营养，即通过礼制推行道义；逊是谦虚的态度，是树之叶，是树叶繁茂的样貌，是一个人外在的言谈举止，更是一个人内涵的外化表现；信是成就义的关键，是树之果，是君子行达天下的基本准则。

为人师表的教师应以义、礼、谦、信的四德合一的君子品德为言行标准和行为楷模，真正做到"文质彬彬，然后君子"。

15.19 子曰："君子病无能焉，不病人之不己知也。"

【大意】孔子说："君子只怕自己没有才能，不怕别人不知道自己。"

【心得】此章与"人不知而不愠，不亦君子乎""不患人之不己知，患其不能也""求诸己"等句精神相通。

教师应自强不息，多着力于内涵修养，多关注是否具有真才实学、是否具有教书育人的才能，不必关注自己在别人心目中的位置，也不必在意别人是否知道自己，我们只做正确的事情，做最好的自己。

15.20 子曰："君子疾没世①而名不称焉。"

【注释】①〔没世〕死亡之后。

【大意】孔子说："君子担心死亡以后他的名字不为人们所称颂。"

【心得】孔子关注人的崇高精神生命，现实中物质生命的逝去不代表精神生命的结束。有的人已死，却活在人们心中，其精神永存不朽。君子的高尚在于他在世之时不追求功名，只在乎自己是否有所作为，是否为社会为人类做出贡献。

如果一名教师爱护自己身前和身后的名誉，就会在重视物质生命、做事无愧于心、努力做出成绩的同时，以一种"人生自古谁无死，留取丹心照汗青"的态度，不懈追求崇高的精神生命，无愧于后人，真正经受住历史的检验。

15.21 子曰："君子求诸己，小人求诸人。"

【大意】孔子说:"君子求之于自己,小人求之于别人。"

【心得】孔子坚持求诸己、不求诸人的求学为学和为人处事准则,倡导做君子儒,不做小人儒;主张凡事在己不在人,我命由我不由天。

教师在遇到问题和矛盾时,首先要自我反省,多从主观找原因,从调整和改变自我入手,不要像小人那样一味甩锅,把所有责任全部推给别人。做事找各种客观理由,只强调外部因素于事无补。

15.22 子曰:"君子矜①而不争,群而不党。"

【注释】①〔矜(jīn)〕庄重。

【大意】孔子说:"君子庄重而不与别人争执,合群而不结党营私。"

【心得】君子文质彬彬,为人处世庄重不失礼节。君子不争,是因为君子之志在天下为公,不在个人私利;君子之志在为社会为人民谋福利,不局限于派系利益;君子之志在于道,不在于功名利禄,道之于人核心是仁,仁者倡导谦逊礼让,而不是争夺强抢和无序乱为。君子具有胸怀世界、明德亲民、公而忘私的品德。

教师在工作中应坚持职业守操,淡泊名利,与同事团结协作,自觉维护国家和集体利益,不拉帮结派,不做蝇营狗苟之事。

15.23 子曰:"君子不以言举人,不以人废言。"

【大意】孔子说:"君子不凭一个人说的话来举荐他,也不因为一个人不好而不采纳他的好话。"

【心得】此章是讲君子不仅看人说什么,更看人做什么,做到比说到更重要。不能只凭借一个人的言论而重用他,更应该根据其能力作为和工作成绩来举贤用人;同时也不因一个人的身份卑微而不采纳其具有建设意义的谏言,不因一个人的地位不高而废除其合理化建议。所谓有言未必有德有才,所以不以言举人。而才德不佳之人未必没有良言,凡是有价值的言论也是可以拿来借鉴使用的。总之,君子是任人唯贤,兼听而明。

本篇从十八至二十三章,多角度、多侧面阐述了君子与小人所作所为的本质区别。作为教师，我们可以结合自己的实践，从为学为人等多方面学习践行君子，不做小人。

15.24 子贡问曰："有一言而可以终身行之者乎？"子曰："其'恕'乎！己所不欲，勿施于人。"

【大意】子贡问道："有没有一个字可以终身奉行的呢？"孔子回答说："那就是'恕'吧！自己不愿意的，不要强加给别人。"

【心得】"忠恕"是儒家倡导的伦理道德，也是处理人与人之间关系的基本原则。"忠"是尽心尽力而为，是"己欲立而立人，己欲达而达人"，在自己通达的同时，也使别人通达；"恕"是你心如我心，将心比心，是"己所不欲，勿施于人"，你要他人怎样对待你，你也要怎样对待他人。

教师应具有忠恕之心，对于教育事业应全心全意，恪尽职守，对于家人、邻里、同事和学生要有宽容之心，这也是实现人与人和谐相处的基本方法。

15.25 子曰："吾之于人也，谁毁谁誉？如有所誉者，其有所试矣。斯民也，三代之所以直道而行也。"

【大意】孔子说："我对于别人，诋毁过谁？赞美过谁？如有所赞美的，必须是曾经考验过他的。夏商周三代的人都是这样做的，所以三代能直道而行。"

【心得】孔子"直道而行"的思想源自《周易》："乾者，直也。君子直道而行，不为物动，不以情拘，但行其当行，事其当事。是以天行健，君子以自强不息。"

"直道而行"就是走正途，行大道。做人坦坦荡荡，真诚正直；做事光明磊落，公正无私。所谓"直"，是指"不为物动，不以情拘，行其当行，事其当事"；"直心"就是真诚心、赤诚心；"直道"是合乎道义之道，也是符合民意之路。

孔子一直坚持"直道",虽屡受打击但坚定"直道而行"。他带着弟子周游列国,宁直不弯,最终修炼成"至圣"之人。孔子盛赞夏、商、周三代君子"直道而行",表明历史功过自有后人评说,所有毁誉都要经过历史检验,孔子相信后学们会悟到他"直道而行"的精神。

作为教师要直道待人,不要因一己之好而评价人与事,也不要因一己之恶而抨击人与事;在治学为人过程中,赞誉某人要经过调查考证,批评某人同样也应有事实依据。

15.26 子曰:"吾犹及史之阙文①也,有马者借人乘之②,今亡矣夫。"

【注释】①〔阙文〕史官记史,遇到有疑问的地方便缺而不记,这叫作阙文。②〔有马者借人乘之〕有马的人自己不会调教,而靠别人训练。

【大意】孔子说:"我还能够看到史书存疑的地方,有马的人(自己不会调教)先给别人使用,这种精神,今天没有了。"

【心得】此章可以看出,孔子主张严谨治学和实事求是的精神,可与25章结合理解,也是从另一个角度告诫后学要保持直心,直道而行,遇到疑难处应该谨慎。一方面要多方求教,去伪存真,弄清真相;另一方面,如果实在因为缺乏史料,或者缺少条件支撑,也要务求实事求是。"知之为知之,不知为不知",留待后人评说。

15.27 子曰:"巧言乱德。小不忍则乱大谋。"

【大意】孔子说:"花言巧语足以败坏人的德行,小事情不忍耐,就会败坏大事情。"

【心得】此章仍是在说"直道"的重要。花言巧语违背直心会败坏道德,背离"直道"。"直道而行"需要直而节制;若直而无礼,必会贻误大事。

"小不忍则乱大谋",这句话早已成为用以告诫人们谨言慎行,不要因小失大的座右铭。对于有志向、有理想的教师,此言至关重要。教师首先需要约束自己，懂得言行节制适度，知道忍耐的功用，不任意率性而为，对于个人利益不斤斤计较，不把精力和时间浪费在无意义的烦琐小事；相反，要拥有远大的抱负，低调做事，务实求真，直道而行，锲而不舍。

15.28 子曰："众恶之，必察焉；众好之，必察焉。"

【大意】孔子说："大家都厌恶他，我必须考察一下；大家都喜欢他，我也一定要考察一下。"

【心得】我们做人做事要保持直心，不要人云亦云、随波逐流，也不要把众人的是非标准作为自己的判断依据，而是要遵循直道而行的原则，独立思考，经过考证，作出合理的判断和正确的评价。

15.29 子曰："人能弘道，非道弘人。"

【大意】孔子说："人能把道弘扬光大，不是道使人弘大。"

【心得】此章说明人与道的关系。道是客观存在的，人要遵循道，弘扬大道，推广宣传道和践行道。道是德的根本，弘道是文明社会健康发展的基石，有利于人类精神文明建设。君子需要不断学习，向道而行，让道之思想光耀天下，而不是以道义之名义哗众取宠。天不渡人，人需自渡。

15.30 子曰："过而不改，是谓过矣。"

【大意】孔子说："人有了过错而不改正，这才是真的过错了。"

【心得】我们对待错误的基本的态度是："人非圣贤，孰能无过？"关键在于知错就改，及时改正，今后不再犯同样的错误。

15.31 子曰："吾尝终日不食，终夜不寝，以思，无益，不如学也。"

【大意】孔子说:"我曾经整天不吃饭,彻夜不睡觉去思考,结果没有什么益处,不如踏踏实实去学习。"

【心得】此章是讲学与思的关系,进一步说明"学而不思则罔,思而不学则殆"。思与学都不能盲从,不能违背道德标准;思与学相结合才能使自己真正成为有德行之人。

15.32 子曰:"君子谋道不谋食。耕也,馁①在其中矣;学也,禄②在其中矣。君子忧道不忧贫。"

【注释】①〔馁(něi)〕饥饿。②〔禄〕做官的俸禄。

【大意】孔子说:"君子只谋求道行道,不谋求衣食。耕田,也常要饿肚子;学习,可以得到俸禄。君子只担心道不能行,不担心贫穷。"

【心得】君子坚持追求道,是不能动摇的。在坚持道的前提下谋食,不能为谋食而谋食,更不能为谋食而害道。教师要有"安贫乐道"的思想觉悟,为了追求"道"和真理,即使身处贫困也应自得其乐。

15.33 子曰:"知及之,仁不能守之;虽得之,必失之;知及之,仁能守之,不庄以涖之,则民不敬。知及之,仁能守之,庄以涖之,动之不以礼,未善也。"

【大意】孔子说:"凭借自身的本事才智能够达到的,但仁德不够,即使得到,也一定会失去的。凭借聪明才智足以得到它,有足够的仁德守住它,但是缺乏严肃庄重的态度,那么老百姓就会不敬、甚至怠慢;聪明才智足以得到它,仁德可以维持它,能用严肃态度来处理事务,但所作所为不合乎于礼的要求,那也是不好的治理、不完善的行为。"

【心得】为政者做管理工作,要具备基本的能力和素质,但是光有能力是远远不够的。德才兼备,直道而行,才能更好地为人民服务。

本章所言仁、智、庄、礼,也是教师的做人做事准则。守仁是教书育人的根本,否则有能力也不能做好本职工作。智与仁都具备了,但是如果不能以诚敬庄重的态度对待工作和学生,也容易导致工作涣散。德才兼具,也有庄重恭敬的敬业之心,但是言行没有礼的节制,或者缺乏礼乐的文采,也是不够完美的。

15.34 子曰:"君子不可小知①而可大受②也,小人不可大受而可小知也。"

【注释】①〔小知〕知,作为的意思,做小事情。②〔大受〕受,责任,使命的意思,承担大任。

【大意】孔子说:"君子不能仅仅让他们做些小事,应该让他们承担重大的使命。小人不能让他们承担重大的使命,但可以让他们做些小事。"

【心得】君子有大才,可堪重用;小人有小才,虽然不可有重任,但也可以在适合的岗位上发挥才干。人人都有长处,都有闪光点。作为管理者,要知人善用、人尽其才。

2020年全球疫情暴发,经济陷入困局,此时各国应相互援助,大国有大国的担当,小国有小国的付出,这才是我们所期望的。人类命运共同体需要各尽其责。

15.35 子曰:"民之于仁也,甚于水火。水火,吾见蹈而死者矣,未见蹈仁而死者也。"

【大意】孔子说:"民众对于仁(的需要),超过对于水火(的需要)。我见过人跳到水火中而死的,却没有见过实行仁而死的。"

【心得】此章孔子强调了"仁"是社会得以健康发展的根本,"仁"是有益于人类社会发展的,但是一般人往往只看到水火等物质的重要性,而忽视了仁德的重要性。

"没有爱就没有教育。"就像水火是百姓日常生活中的必需品一样,"仁爱"也是教师的必需品,是教师的价值所在。

15.36_ 子曰:"当仁,不让于师。"

【大意】孔子说:"遇到实行仁德的事,就是对老师也不谦让。"

【心得】谦让一直是儒家倡导的美德,但是此章孔子掷地有声地说:"不让于师。"这种情况在什么时候会出现呢?在"当仁"之时。可见,孔子在这里再次强调儒家君子"以仁为己任",对追求真理道义的果敢坚决,如同古希腊哲学家亚里士多德所言"说吾爱吾师,吾更爱真理"。

15.37_ 子曰:"君子贞①而不谅②。"

【注释】①〔贞〕忠于信仰和原则,坚定不变。②〔谅〕信,守信用。
【大意】孔子说:君子忠于信仰、正直坚定而不盲目取信。
【心得】朱熹《论语集注》说:"贞,正而固也;谅,不择是非而必于信。"孔子注重"信"的道德准则,但必须以"道"为前提,服从于仁、义、礼的道德规范。教师工作应求大义而信,不求不义而信,离开了仁、义、礼的基本原则,盲目取信不可取。

15.38_ 子曰:"事君,敬其事而后其食①。"

【注释】①〔食〕食禄,俸禄。
【大意】孔子说:"侍奉国君,报效国家,先将敬守职责的事情做好,才能安心领取俸禄。"
【心得】此章是说做事情、做工作,先要认真办事,尽心尽力,而后再说领取酬劳。

春种秋收,春华秋实。先付出,后得到;先奉献,再收获。做任何工作,首先要诚敬地付出,然后才谈得上报酬,这就是"礼"。食君之禄,担君之忧,要诚敬地对待自己的岗位职责,在自己有所贡献之前不提回报之事。作为教师,对国家、对教育事业都应如此,恪尽职守,但问耕耘,不图回报。

15.39_ 子曰："有教无类。"

【大意】孔子说："人人都可以接受教育，不分三六九等。"

【心得】此章是说不管是什么人都可以享受到优质的教育，不论贫富、贵贱、智愚、高矮胖瘦都享有教育的权利。

孔子是中国历史上第一个提出"有教无类"办学理念的教育家，从此之后教育不再是贵族的专利。孔子广开讲学之风，是普及大众教育的鼻祖。

孔子开私学先河，大兴教育之道，反映了当时文化能够面向普通人的现实，学在官府的局面得到改变，除了出身贵族的子弟可以受教育外，其他阶级、阶层都有了受教育的机会。孔子是中国古代最伟大的教育家，"有教无类""因材施教"等思想奠定了中国传统教育的基石。

北京开放大学1960年成立，2020年进入甲子之年。六十年来学校一直坚守的办学理念就是"有教无类"。今后学校仍将继续传承和推广教育平等，通过教育使人向善，为建设人人皆学、处处能学、时时可学的学习型社会贡献力量。

15.40_ 子曰："道不同，不相为谋。"

【大意】孔子说："如果坚持的道不同，就不能互相携手谋事。"

【心得】道不同，很难一起谋事。"君子以义为质，小人以利为本。"君子和小人，一个是公而无私，为天下人服务，一个是携私结党，为某些人服务，两者是完全不同的人，肯定无法在一起谋划未来。人与人相处亦如此，志向不同，无法共事。

15.41_ 子曰："辞，达而已矣。"

【大意】孔子说："言辞，只要能明白表达意思就可以了。"

【心得】孔子曾说："巧言令色，鲜矣仁。""辞达而已矣"进一步强调说话交流要明确表达自己的真情实感、真实意图，不要过分雕琢，甚至堆砌辞藻。教师在教学中，应坚持用正确的价值观引导学生，使用言辞应表达完整清楚的意思，不可含糊其词，不必刻意雕饰，更不要言过其实、花言巧语或夸夸其谈。

15.42 师冕①见，及阶，子曰："阶也。"及席，子曰："席也。"皆坐，子告之曰："某在斯，某在斯。"师冕出，子张问曰："与师言之道与？"子曰："然，固相②师之道也。"

【注释】①〔师冕〕乐师，这位乐师的名字是冕。②〔相〕帮助。

【大意】乐师冕来见孔子，走到台阶处，孔子说："这儿是台阶。"走到坐席旁，孔子说："这是坐席。"大家都坐下来，孔子告诉他："某某在这里，某某在这里。"师冕走了以后，子张就问孔子："这就是与乐师谈话的道吗？"孔子说："是这样的，这就是帮助乐师的道。"

【心得】古代的乐师一般由盲人担任，包括两类人：一类是天生的盲人，因为看不见就专心音乐，音乐方面很有造诣；另一类是为了心净，专注于提升音乐造诣主动让自己成为盲人。所谓眼不见为净，眼不见心不烦，不见可欲，其心不乱。

在此章，孔子接待师冕，一下子变得烦琐和啰嗦，可以说一步一提醒，所见皆介绍。为什么？孔子说："固相师之道也。"孔子一生追求仁义、大道，大道也体现在日常的待人接物处事上。"与师言之道""固相师之道也"是充当他的眼睛，体谅他的心情，让他因为你的帮助，而能够自然、自由地融入情境，得到足够的信息。这就是孔子倡导的"仁者爱人"，要设身处地为他人着想。

季氏篇第十六

《季氏篇》共14章。本篇开篇讲鲁国大臣季氏要攻打附属国之事,旨在说明天下有道,政不在大夫。本篇除谈论政治活动外,主要讨论交友之道和君子修为之道。君子的三戒、三畏、九思等,旨在以"君子"为表率,阐释人间正道,使人明损益得失,知戒畏学思。

"君子"是做人的表率,老师的为人是学生做人的表率。作为教师在为人方面势必要努力做君子,而力避成为小人。要成为君子,我们就需要把握君子的一些特质。君子是什么样的呢?本篇从多个方面为我们刻画了君子形象,值得我们深入揣摩借鉴。

本篇名句有"益者三友,损者三友"等。孔子儒家讲求以友辅仁,所以特别注重交友。教师应引导、帮助学生选择益友、拒绝损友。

16.1 季氏将伐颛臾①。冉有、季路见于孔子曰:"季氏将有事于颛臾。"

孔子曰:"求!无乃尔是过与②?夫颛臾,昔者先王以为东蒙③主,且在邦域之中矣,是社稷④之臣也。何以伐为?"

冉有曰:"夫子欲之,吾二臣者皆不欲也。"

孔子曰:"求!周任⑤有言曰:'陈力就列,不能者止⑥。'危而不持，颠而不扶，则将焉用彼相矣？且尔言过矣。虎兕出于柙，龟玉毁于椟中，是谁之过与？"

冉有曰："今夫颛臾，固而近于费。今不取，后世必为子孙忧。"

孔子曰："求！君子疾夫舍曰欲之，而必为之辞⑦。丘也闻有国有家者，不患寡而患不均，不患贫而患不安⑧。盖均无贫，和无寡，安无倾。夫如是，故远人不服，则修文德以来之。既来之，则安之。今由与求也，相夫子，远人不服而不能来也；邦分崩离析而不能守也。而谋动干戈于邦内。吾恐季孙之忧，不在颛臾，而在萧墙之内也。"

【注释】①〔颛臾（zhuān yú）〕古代国家名，远古时代就已经建国，西周时其国君被封颛臾王，春秋时期成为鲁国的附庸国，后被楚国所灭。②〔无乃尔是过与〕恐怕该责备你们吧？"无乃……与"相当于现代汉语的"恐怕……吧"。尔是过，责备你，这里的意思是批评对方没尽到责任。③〔东蒙〕即蒙山，在今山东蒙阴县南，与费县接界。④〔社稷〕祭祀谷神和土神的祭坛。这里是鲁国的代称。社，土神。稷，谷神。⑤〔周任〕上古时期的一位史官或政治家，具体事迹并无确切可靠的记载。⑥〔陈力就列，不能者止〕你如果有能力，就去承担这份工作；否则，就不要去干。⑦〔君子疾夫舍曰欲之，而必为之辞〕君子就是讨厌那种不讲真话的人。对于这句话，也有不同的理解和标点，如南怀瑾在《论语别裁》中将它标点为："君子疾夫，舍曰欲之，而必为之辞。"释意为君子所讨厌的，就是一个人本来心里想这样做，但又强词夺理地进行另外的解释。也可作参考。⑧〔不患寡而患不均，不患贫而患不安〕一般译为：不担心数量少而怕不均衡，不担心贫穷而怕不安定。杨伯峻《论语译注》认为本句应该是："不患贫而患不均，不患寡而患不安。"这样可以与"均无贫""和无寡""安无倾"统一起来,"贫"和"均"是从财富着眼,"寡"和"安"是从人民着眼的,也可作参考。

【大意】季孙氏准备对颛臾进行讨伐。冉有和季路去拜见孔子,告知孔子季氏将对颛臾进行军事讨伐。

孔子对冉求说:"冉求!你对这件事不做干预,我恐怕该责备你了!颛臾是鲁国的先王所奉为主祭东蒙山的主持者,地属鲁国,是鲁国的社稷之臣,为什么要对它进行讨伐呢?"

冉求便对孔子说:"这是季氏要干的事,我们两个作为臣属的也都不愿意。"

孔子又严肃地说:"冉求!周任曾经讲过这样的话:'你如果有能力做某项工作就去做,否则你就别去干了。'你对遇到危险的人不去帮扶,对快到跌倒的人不去扶持,要你去做官干什么呢?而且你的话错了,把老虎、野牛从栅栏里放出来,龟、玉在匣子里被毁坏,这是谁的过失呢?"

冉有又说:"夫子您不了解,颛臾这样的附属之邦,城墙坚固靠近费城,如今不把它除掉,将来必为后世留下隐患。"

孔子接着有些动气地说:"冉求!君子讨厌那种明明是自己想要去干,但又非要编造出一些借口来巧辩的人。我听一些治理国家的贤人讲:所怕的不是数量少而是分配不均衡,不是贫穷而是不安定。因为财富均衡了就不会贫穷,大家和睦了就不怕人少,安定了就不会有倾覆的危险。如果能做到这些,原来不肯归服的远方人民,也会因为你进行道德教化而来归服;他们来了,就使他们安心居住下去。现在仲由和冉求你们两个人辅助季氏,远方的人不归服,你们不能招来。邦国分崩离析,民心涣散,你们不能保全,却在那里策划在国内用兵。我恐怕季孙氏的忧患不是在颛臾,而是在宫廷之内啊!"

【心得】本章围绕"季氏将伐颛臾",记述了孔子与学生冉有、季路之间的对话,进一步体现了孔子的为政思想。孔子劝诫弟子,不能轻易发动战争、动用武力,这体现了儒家的反战思想。同时强调,在其位,谋其政,"陈力就列,不能者止",批评冉有作为季氏家臣,不能尽责引导,止祸于萧墙,是不负责任的表现。

本章孔子言辞激烈，体现出在大是大非之际孔子的立场和观点。教育工作者承担着培育学生社会主义核心价值观的使命和责任，在日常的教育教学当中，要春风化雨，润物无声，尽可能包容、理解学生，给学生宽松的环境和氛围，让他们自由地成长。但是在大是大非问题面前，教师必须立场坚定，不能含糊其辞或者模棱两可，否则会造成学生价值观混乱，在关键时刻无法做出正确的选择。

16.2_ 孔子曰："天下有道，则礼乐征伐自天子出；天下无道，则礼乐征伐自诸侯出。自诸侯出，盖十世①希不失矣；自大夫出，五世希不失矣；陪臣执国命②，三世希不失矣。天下有道，则政不在大夫。天下有道，则庶人不议。"

【注释】①〔十世〕指十代人的时间。或说每三十年为一世，十世即三百年的时间。②〔陪臣执国命〕指比大夫更低一级的官吏来把持国家政权。陪臣指大夫的家臣。

【大意】孔子说："天下太平有道的时候，礼乐征伐的政令和措施，都由天子来颁布下达。天下政治昏暗，礼乐征伐的政令和措施由诸侯来下达。如果由诸侯来执国施令，大约传到十代很少有不失掉君位的。如果由大夫来执国施令，大约传到五代很少有不失掉的。如果由大夫的家臣来管理国家，大约传到三代很少有不失掉的。天下如果有道，国家政权不会落到大夫的手里。天下如果有道，老百姓就不会有什么非议。"

【心得】让老百姓没有非议的办法，不是封住他们的口，而是"天下有道，政不在大夫"，即统治者施政得当，社会上下有序，政令畅通。

作为教育管理者，让学生没有非议，敬重和认同学校管理各项工作，也需要在提高管理水平和管理质量上下功夫，而非硬性地禁止和制约。

16.3_ 孔子曰："禄之去公室，五世矣①；政逮于大夫，四世②矣；故夫三桓③之子孙，微矣。"

【注释】①〔禄之去公室，五世矣〕鲁国国君自宣公、成公、襄公、昭公、定公五代以来，国君丧权，大夫执政。公室，指鲁国诸侯。②〔四世〕指季孙氏文子、武子、平子、桓子四世。③〔三桓〕指鲁国的三卿——孟孙、叔孙、季孙。

【大意】孔子说："鲁国的国君失权已有五世之久，季氏掌大权的也已经四代了，因而三桓的子孙也走向衰微了。"

【心得】本章承上章，再论"政不在大夫"之义。"三桓"作为鲁国卿大夫，却把持了整个国家政权，这是春秋末期的一种政治乱象。礼乐征伐自诸侯出、自大夫出，皆会造成国将不国、大厦将倾之困。后来鲁国的历史演变，证明了孔子的远见卓识。

怎样使"天下无道"变为"天下有道"，一直是孔子的理想与追求。其中，建立良好的社会秩序，使君君、臣臣，各安其位，各尽其责，各行其道，则是儒家维系各种社会关系、定国安邦的根本。

在教育教学实践中，教师应该主动与国家、民族和时代的需要同频共振，自觉践行党的教育方针政策，遵纪守法，以立德树人为根本任务，让学生从青少年时代就确立规矩意识、底线意识，成长为可堪大用的时代新人。

16.4 孔子曰："益者三友，损者三友。友直，友谅①，友多闻，益矣。友便辟，友善柔②，友便佞③，损矣。"

【注释】①〔谅〕《说文》："谅，信也。"在这里"友谅"是指"与朋友交，言而有信"，表现在朋友一方。但如《宪问篇》第14章所说的"岂若匹夫匹妇之为谅也"，盖指小信，贬意词。②〔善柔〕当面逢迎于人，背后诋毁人。③〔便（pián）佞〕巧言令色，夸夸其谈。

【大意】孔子说："益友有三种，损友也有三种。正直的人，诚信的人，见闻广博的人，这是益友。谄媚的人，当面逢迎而背后诋毁人的人，夸夸其谈的人，这是损友。"

【心得】"取友"是古代学生的必修课。《礼记·学记》："七年视论学取友。"取友于修身立业而言非常重要。虽然"益友""损友"都是"友"，但是可以"辅仁"的只有益友，而损友只会戕害仁。我们必须明白什么人是我们的益友，我们应该远离怎样的人。"益友"与"损友"的区分标准是什么呢？孔子从三个方面为我们树立了择友标准。

第一，益友"直"，损友"便辟"。好的朋友是正直、恪守正道的；坏的朋友喜欢谄媚，甚至帮着你文过饰非。正直的朋友坚守道义，遵守人之为人的准则，当我们行为不当的时候会指出不足，这才是应该亲近的益友。第二，益友"谅"，损友"善柔"。好的朋友能够对人以诚相待，坏的朋友则擅长曲意逢迎。以诚相待的人，表里如一，是值得信赖的。曲意逢迎的人往往言不由衷，表里不一，是需要谨慎防备的。第三，益友"多闻"，损友"便佞"。好的朋友博学多才，是有真学问的；坏的朋友喜欢夸夸其谈，虚有其表。

面对益友损友，如何选择？应该是一目了然的。

16.5 孔子曰："益者三乐[1]，损者三乐。乐节礼乐[2]，乐道人之善，乐多贤友，益矣。乐骄[3]乐，乐佚游，乐宴乐，损矣。"

【注释】①〔乐（lè）〕快乐，欢乐。②〔节礼乐（yuè）〕即用礼乐调节。节，此处有节制之意。③〔骄乐〕极端放纵取乐，重则骄奢淫逸。骄，在这里是放纵。

【大意】孔子说："有益的快乐有三种，有损的快乐也有三种：用礼乐节制，自我为乐，以称道别人的善行为乐，以结交了许多贤能的朋友为乐，便有益。以放纵奢侈为乐，以游荡无度为乐，以酒肉饮食为乐，便有害。"

【心得】人人追求快乐，令人快乐的事有的对人有益，有的却对人有害。所以求乐本是人之常情，但求乐一定要有原则和底线。遵守礼乐、以行事得当为乐是有益的，以称颂他人美德为乐是有益的，以结交贤人良友为乐是有益的，可见，快乐应与进德修业相统一。否则，放纵奢侈，游宴无度，这样的快乐不仅有损于身体，而且有失于道德。

教师应指导学生理解，人生只追求快乐是不够的，重要的是追求什么样的快乐，怎样去追求快乐；同时还要引领学生在德智体美劳全面发展中追求有益的快乐，摒弃有害的快乐。

16.6 孔子曰："侍①于君子有三愆②：言未及之而言谓之躁，言及之而不言谓之隐，未见颜色而言谓之瞽③。"

【注释】①〔侍〕侍奉、陪伴之意。②〔愆（qiān）〕过失，错误。③〔瞽（gǔ）〕本意是眼瞎，这里是指没有眼力见儿。

【大意】孔子说："在奉陪君子的时候常常犯三种错误：不该说话却抢先说了，就是犯了急躁的错误；该说的时候却不说，就是犯了隐瞒的错误；不看君子的神色而放肆大言，那就是犯了盲目的错误。"

【心得】"三愆"都是由于说话不当而容易出现的三种过失。说话是一门艺术，更何况在上级领导面前说话，更要注意掌握"时"与"礼"。教师的教学工作基本上都是通过讲课、说话完成的。在教育教学过程中，老师要注意研究自己的教学语言，也要教会学生说话，不断提高学生的语言表达能力，以及讲话过程中必要的礼节和时机的把握。

16.7 孔子曰："君子有三戒：少之时，血气未定，戒之在色；及其壮也，血气方刚，戒之在斗；及其老也，血气既衰，戒之在得①。"

【注释】①〔得〕贪得，包括名誉、地位、财货等。

【大意】孔子说："君子有三件事要戒除：年少的时候，因为血气尚未稳定，要戒除沉迷女色；到了壮年之后，血气旺盛之时，要防止争强争斗；到了老年，血气已经衰弱了，要防止对名利贪得无厌。"

【心得】君子与常人有共性的方面，即在人生的少、壮、老三个阶段，由于血气和精力的原因都会体现出相应的不良倾向，这是我们必须诚恳面对的。常人会随性所致、随波逐流，被不同阶段血气情欲控制而难以自拔；君子异于常人之处正在于"发乎情而止乎礼义"的志气坚守，"从心所欲，不逾矩"的从容淡定。教师也有人之常情的一面，但是，为人师者要勇于坚守"学高为师，身正为范"的初心和志气，避免被血气之欲左右而失去节操；另一方面，教师对学生也应注意因时利导、顺"时"而为，根据他们年龄和生理特点施教。

16.8 孔子曰："君子有三畏①：畏天命，畏大人②，畏圣人之言。小人不知天命而不畏也，狎③大人，侮圣人之言。"

【注释】①〔畏〕敬畏，心服。②〔大人〕指居于高位的人。③〔狎〕不尊重。

【大意】孔子说："君子敬畏三件事：敬畏天命，敬畏地位高贵的人，敬畏圣人的话。小人不知天命，因而也不敬畏，而且小人不尊重地位高贵的人，轻侮圣人的话。"

【心得】本章孔子提出君子有"敬畏之心"。明太祖朱元璋曾经说过，"人有所畏，则不敢妄为"；西方有一句谚语，提出"敬畏是智慧的开端"。敬畏什么？孔子提出君子三畏：天命、大人、圣人之言。第一，天命不可违。无论是大自然还是社会运转，都有很多现象无法预知、不可控制，唯有存一颗敬畏之心，做好自己。君子的一举一动都能够遵从内心良知的声音，戒慎恐惧，举头三尺有神明，"莫见乎隐，莫显乎微"，不敢稍有懈怠放肆。第二，位高厚德之人，承担的社会责任重大，示范作用显著，君子既尊其位，又敬其德，应持敬畏之心，不敢轻慢无礼。第三，圣人之言是人生规律的总结，也多是自我生命的体证，是指导我们修身齐家治国平天下的金玉良言。默而诵之，心向往之，身体力行，不断精进，充满敬畏，不敢放松。

老师应该以君子人格自励，也应该时刻怀敬畏之心。老师不仅应该像君子那样，敬畏天命、敬畏大人，敬畏圣人之言，还要敬畏生命、敬畏教育规律、敬畏三尺讲台。只有心怀敬畏之心，才可能行稳致远，引导学生守底线，知敬畏，健康成长。否则，妄自尊大而目空一切，轻侮权威而肆意妄为，则危矣。

16.9 孔子曰："生而知之者，上也；学而知之者，次也；困而学之，又其次也；困而不学，民斯为下矣。"

【大意】孔子说："生来就领悟人的天命的人是上等的人；经过学习后才知道的是次一等的人；再次一等的，是遇到困难时才去学习的人；那些遇到困难还是不学的人，是最下等的小民。"

【心得】此章孔子劝勉学习之意溢于言表。根据对待学习的态度不同，他将人分为四个等级，"生而知之者"是上智，"困而不学"是下愚，"唯上智与下愚不移"，难以动摇；中间的"学而知之"和"困而学之"两个等级通过大力提倡和鼓励可以发生积极改变，实际上大多数人应该属于中间等级。夫子自认为："我非生而知之者，好古，敏以求之者也。"《中庸》有言："人一能之己百之，人十能之己千之。果能此道矣，虽愚必明，虽柔必强。"据此，教师必须坚信"唯力学可致真知"，要坚定地鼓励学生，起点低、功底差没关系，只要困而知学，奋发精进，必能天天向上，下学上达。

16.10 孔子曰："君子有九思：视思明，听思聪，色思温，貌思恭，言思忠，事思敬，疑思问，忿思难①，见得思义。"

【注释】①〔忿思难〕忿是指发怒，闹脾气。难是指后患，后果。

【大意】孔子说："君子有九种要考虑的事：看的时候，要考虑是不是看明白了；听的时候，要考虑是不是听清楚了；自己的脸色，要考虑是不是温和；容貌态度，要考虑是不是谦恭；说话，要考虑是不是忠诚；办事，要考虑是不是谨慎严肃；遇到疑问，要考虑向人家请教；将要发怒时，要考虑是不是会有后患；看见可以有所得，要考虑是否合于义的要求。"

【心得】《孟子·告子上》曰："心之官则思，思则得之，不思则不得也。"《中庸》有言："博学之，审问之，慎思之，明辨之，笃行之。""思"是发挥人的理性精神，"慎思"的目的在于自省，反求诸己，以使自己的立身处事能够时时处处、方方面面合于理性、纯正无私、合乎礼义。孔子在本章提出"九思"，实际上在强调慎思，最终可达"思无邪"的内圣境界。

西方也有类似的谚语："注意你的思想，因为它将变成言辞；注意你的言辞，因为它将变成行动；注意你的行动，因为它将变成习惯；注意你的习惯，因为它将变成性格；注意你的性格，因为它将决定你的命运"。作为人类灵魂的工程师，教师更要时时刻刻发挥"思"的作用，倡导理性精神，同时也要时刻"慎思"，坚持正心正行，正己正人。

16.11 孔子曰："见善如不及，见不善如探汤①。吾见其人矣，吾闻其语矣。隐居以求其志，行义以达其道。吾闻其语矣，未见其人也。"

【注释】①〔探汤〕将手放入沸水中。

【大意】孔子说："看到良善的行为，就好像赶不上似的，努力追求；遇到不善的行为，就像将手伸进沸水中一样，痛得迅速抽离。我见到过这样的人，也听到过这样的话。避世隐居以成全自己的志向，依义而行，以追求道义。我听说过这样的话，但我没有见过这样的人。"

【心得】好善恶恶，如《大学》言"如好好色，如恶恶臭"，见贤思齐，见不善而内自省，难能可贵，有其语，亦有其人。古往今来，有很多贤人可作榜样和示范。但更加可贵的是，"隐居以求其志，行义以达其道"，居仁由义，矢志不渝。在没有机会施展抱负时，能够"舍之则藏"，卷而怀志，隐居起来，不为五斗米折腰；在机会到来时，"用之则行"，踔厉奋发，行仁达义，不为权位而苟且行事。这样的仁人志士，在夫子之前恐怕只有伊尹和姜太公了。

人生成功在立志，教师不仅自己要有更高的追求，更要鼓励学生做仁人志士，"穷且益坚，不坠青云之志"；达则行义，兼济天下百姓。

16.12 齐景公有马千驷①，死之日，民无德而称焉。伯夷、叔齐饿于首阳②之下，民到于今称之。其斯之谓与？

【注释】①〔千驷〕古代一般用四匹马拉一辆车称为一驷。千驷显然就是要有四千匹马拉一千辆战车，这在当时是相当强大的武装力量。②〔首阳〕山名，现在何地，其说不一。

【大意】齐景公有多达千驷的战车战马部队，但到死的时候，人民对他没有什么道德上的称颂。伯夷、叔齐，饿死在了首阳山下，人民到现在还称颂他们。这是一个很好的说明！

【心得】齐景公是当时非常富有的国君，"有马千驷，死之日，民无德而称焉"。而伯夷叔齐，相传是商末孤竹君的两个儿子。伯夷为长子，叔齐是三子。按照传统礼，制孤竹君应该传位给伯夷，但是他想让三子叔齐继承王位，因此很为难。伯夷知道后，选择了离开故国。这样，父亲孤竹君死后就可以将王位传给叔齐，实现自己的心意。孤竹君死后，叔齐觉得王位应该传给伯夷，因此，叔齐不肯就任国君之位，也离开了故国。希望自己的哥哥伯夷回国继位。兄弟二人在路上巧遇，他们都听说西伯侯道德高尚，治国有道，所以二人决定一起前去考察学习。快到西岐边境时，二人听说西伯侯已经逝去，武王正兴兵伐商，二人决定阻止武王，但是未能如愿。武王克商以后，天下归宗周室。伯夷、叔齐耻食周粟，所以隐居在首阳山，采集野菜野果为食，但是食不果腹，最终饿死。就是这样两个人，人们一直在传颂着他们的品质和道德境界。

可见，百姓对一个人的评价标准，不是财富，而是道德境界。齐景公虽然富有，但却缺乏德业。伯夷、叔齐虽然饿死，孟子称道他们是"圣之清者也"，其品格足以德润天下，令万民尊崇。

百姓心中有一杆秤，每一个历史人物的一生都会在这杆秤上称出价值。学生心中也有一杆秤，教师的所言所行在学生心中会留下或深或浅的烙印，而好老师一定会在学生中留下好口碑。

16.13 陈亢问于伯鱼①曰："子亦有异闻②乎？"

对曰："未也。尝独立③，鲤趋④而过庭。曰：'学《诗》乎？'对曰：'未也。''不学《诗》，无以言。'鲤退而学《诗》。他日，又独立，鲤趋而过庭。曰：'学礼乎？'对曰：'未也。''不学礼，无以立。'鲤退而学礼。闻斯二者。"

陈亢退而喜曰："问一得三，闻《诗》，闻礼，又闻君子之远其子也。"

【注释】①〔伯鱼〕孔子的儿子，名鲤，字伯鱼。据说他出生之时，鲁国国君送给孔子一条大鲤鱼以示祝贺。孔子便以此来给儿子命名为鲤，取字伯鱼。②〔异闻〕指听到一些别人没有听到过的教导。意指孔子是否对孔鲤讲了一些对弟子们没有讲过的内容。③〔尝独立〕曾经一个人站在那里。④〔趋〕小步快走。这里用"趋"字，是表示年幼的人对长者尊者的恭敬态度，即不是大摇大摆走过。

【大意】（孔子的弟子）陈亢问（孔子的儿子）孔鲤说："您在您父亲那里听到过特别的教导吗？"

孔鲤对陈亢说："没有。有一次我父亲一个人在庭院中站着。我趋步从庭院中走过。他问我说：'你学过《诗》没有？'我对他说：'还没有学过。'他就对我讲：'不学《诗》，你就不会很好地说话。'我由此而努力地学《诗》。有一天，他又一个人在庭院中站着，我趋步从庭院中走过。他问我：'学过礼没有？'我对他说：'没有学过。'他向我说：'不学礼，就不懂怎样立身。'我由此而努力地去学礼。我在家里就听到过这两次。"

陈亢退出后高兴地说："我问了一件事，结果得到了三点收获：听到了为何学《诗》，为何学礼，又知道了君子不偏爱自己的儿子。"

【心得】学《诗》可以言，学礼可以立，这是孔子庭训孔鲤的内容，也是孔子给予学生的教诲。以孔子为代表的中国教师，要以学生为自己精神生命的传承者与发展者，毫无保留地教授学生。孔子对儿子的庭训没有偏私，这种无私无隐、倾囊相授的教育方式也为后世树立了为人师表的典范，为我国后世的大师辈出起到了示范作用。

16.14 邦君之妻，君称之曰夫人，夫人自称曰小童；邦人称之曰君夫人，称诸异邦曰寡小君；异邦人称之亦曰君夫人。

【大意】国君的妻子，国君称他为"夫人"，她自称是"小童"；国内的人称她叫"君夫人"；对外国人就称她是"寡小君"；外国人称呼她也叫"君夫人"。

【心得】对于同一个人，不同的人对其称谓不同。称谓需与身份相匹配，这是礼制的要求；称谓须与心境相合，这是礼的精神要求。《论语》在这一章中举例来正称谓，实际上是正礼制。礼制被破坏，礼的精神自然就无法实现。比如在现代社会，我们可以称呼另一位男士的妻子为"夫人"，"夫人"是尊称，表达我们对这位男士及其妻子的尊重。这位男士可以谦虚地称呼自己的妻子为"拙荆"，也可以亲昵地称呼自己的妻子为"爱人"，这些称谓都是合乎礼的，因为他是合乎正常情感表达需要的。

礼是人情感的恰当表达，是交往的基本规范。所以孔子反复强调"不学礼，无以立"，多次阐释何为正确的礼仪规范。

阳货篇第十七

《阳货篇》共26章。本篇主要阐释了阳货作为鲁国大夫季孙氏的家臣，曾经一度把持鲁国的朝政，"陪臣执国命"，造成上下颠倒、礼坏乐崩的混乱局面。本篇以阳货与孔子的一段情境对话开始，以孔子的感叹"年四十而见恶焉，其终也已"为结尾，展示了孔子在乱世之中的困境、冲突、抉择以及突围。本篇中，我们可以看到孔子平凡的一面，他面对强权的隐忍，面对未来的焦虑，面对乡愿、小人、浑浑噩噩之徒、饱食终日之辈的无奈，一下子拉近了孔子与我们平凡大众的距离；同时，我们又可以清晰地看到孔子由凡入圣的路径，那就是"性相近也，习相远也"。孔子和我们多数人一样，之所以能成为"至圣先师"，是因为"习"。在本篇，孔子专门把子路叫到面前，向他系统阐述了"学"的重要性，即"六言六蔽"。

学习本篇，我们可以深入思考：到底是什么让人与人有了不同的人生与境界？在新时代，我们如何更好地继承孔子的教育思想，让学习成为每个人内心的渴望，成为支撑人一生不断奋斗的动力之源？

17.1 阳货①欲见孔子，孔子不见，归②孔子豚③。孔子时其亡④也，而往拜之，遇诸涂⑤。谓孔子曰⑥："来，予与尔言。"曰："怀其宝而迷其邦，可谓仁乎？"曰："不可。""好从事而亟⑦失时，可谓知乎？"曰："不可。""日月逝矣，岁不我与。"孔子曰："诺，吾将仕矣。"

【注释】①〔阳货〕季氏的家臣，又名阳虎。②〔归（kuì）〕同"馈"，馈赠，赠送。③〔豚（tún）〕小猪。当时的礼节，大夫赠送礼物给士，如果受赠者不是当面接受，就应回拜。阳货送蒸熟的小猪给孔子，是想要孔子去见他。④〔时其亡〕等他外出的时候。时，同"伺"，窥伺。亡，同"无"，外出，不在。⑤〔涂〕同"途"，道路。⑥〔谓孔子曰〕从此以下至"孔子曰"之前的语言，都是阳货的话。⑦〔亟〕屡次。

【大意】阳货想见孔子，孔子不见他。阳货便送了一只蒸熟的小猪给孔子。孔子等阳货不在家的时候，去阳货家拜谢，却在路上遇见了。阳货对孔子说："来，我同你讲。"阳货说："把自己的本领藏起来而听任国家迷乱，这样可以说是仁吗？"孔子说："不可以。""喜欢参与政事而屡次错过机会，这可以说是智吗？"孔子说："不可以。""时间一天天过去了，年岁是不等人的。"孔子说："好吧，我准备去做官了。"

【心得】孔子年轻时，就与阳货发生过冲突。本章所记事，正值孔子四十九岁，见鲁国君臣无道，便不做官，转而去编修《诗》《书》《礼》《乐》。当时阳货把持国政，有意借助孔子的威望削弱三桓势力。但阳货知道孔子不愿见他，便想出一个主意，他趁孔子不在家时送去一只蒸熟的小猪。古礼有规定，当别人来送礼后，收礼人要去回拜。孔子对阳货这样的人比较厌恶，但出于礼节，又不能不回拜，便挑选阳货不在家的时候前往，不料两人却在路上相遇。阳货与孔子的这番对答，既有"仁"，也有"智"和"时"，涉及乱世之中，孔子在出世选择上的诸多现实困境和道义抉择。从孔子与阳货的周旋可以看出，孔子虽有用世之心，但前提是"行义以达其道"。不义悖礼、同流合污之事，孔子必然不做。

本章似乎向读者展示了一个鲜活的生活场景，详细描述了孔子和阳货两人的内心戏份，刻画十分生动。在日常生活中，我们有时不免会与他人产生冲突，在处理这些人际关系时，我们要向孔子学习，既要坚持处事原则，还要兼具灵活。如果不坚持原则，就会变成无原则的墙头草；而灵活应变则可以帮助我们避免正面冲突。我们要时刻清楚，处理事情的目的是解决问题，而不是继续或加剧冲突。

17.2　子曰："性相近也，习相远也。"

【大意】孔子说："人的本性是相近的，因为习染不同才有了很大差距。"

【心得】人和人在出生之时，天性是相近的，之所以在后来成长的岁月里会产生巨大的差异，是因为后天的"习"。在这里，孔子强调的是主动地学习，积极地实践和行动。如果人能够坚持学习，始终向上，人的一生就会光明坦荡；如果一个人懈怠懒惰、好逸恶劳、钻营取巧、自甘堕落，那他这一生就如同坠入深渊，见不到光明。这一观点的提出强调了学习对人一生的重要影响，以及教育在人类社会发展中的重要作用。

纵观孔子一生，"十有五而志于学，三十而立，四十而不惑，五十而知天命，六十而耳顺，七十而从心所欲不逾矩"，孔子用他一生的实践向我们树立了终生为学的榜样。这种学而不厌、诲人不倦的精神也鼓舞着一代又一代学人在道德上日益向善，在能力上日益增强。

17.3　子曰："唯上知与下愚不移。"

【大意】孔子说："只有上等的智者与下等的愚者是改变不了的。"

【心得】此章承上一章，继续谈论"性"和"习"的关系。前一章说人的天性在出生之时相差不多，而后天受到环境、教育的影响，学善则善，学恶则恶，是可以改变的，并不是"不可移"的。那么，"不移"的是谁呢？是"上知"与"下愚"，是由"习"产生的两种情况：习于善、勤于学则上达为"上知"，习于不善、困而不学则下达为"下愚"。颜回箪食瓢饮、久居陋巷而不改其乐，孟子"贫贱不能移"，都是"上知不移"；阳货犯上作乱，一意孤行，伸是"下愚不移"。

而除了"上知"和"下愚"这两类人，便是处在"中人"境界的芸芸众生。"上知下愚"难以改变，却为绝大多数的"中人"留下了极大的可能和空间。所谓"移"，就是迁，是变得和以前不一样。不管持"性善"的观点，还是持"性恶"的观点，都可以将"移"的结果分成两种：一种是变好，一种是变坏，没有例外。从道德层面看，我们追求的是向好的方面转变，即改过迁善。

教育的基本功能之一就是让受教育者获得进步，在道德上改过向善，在能力上日益提高。简言之，是让人的各个方面都朝着向上、向善的方向发展。而"变得更好"是一件没有尽头的事，所以便有了"学无止境"一词。我们每个人都必须认识到：人是可以改变的，没有改变就无法实现自我完善。认识到这点之后，就要主动自觉地通过学习来提高德才，完善自我，超越自我。

17.4 子之武城①，闻弦歌②之声。夫子莞尔③而笑曰："割鸡焉用牛刀？"子游对曰："昔者偃④也闻诸夫子曰：'君子学道则爱人，小人学道则易使也。'"子曰："二三子，偃之言是也。前言戏之耳。"

【注释】①〔武城〕地名，当时子游是武城宰。②〔弦歌〕以琴瑟伴奏歌唱。这里是说子游用礼乐来教化百姓。弦，指琴瑟。③〔莞（wǎn）尔〕微笑的样子。④〔偃〕指子游，子游本名言偃。

【大意】孔子到武城，听到有弹琴唱歌的声音。孔子微笑说："杀鸡哪里用得着宰牛刀呀？"子游回答说："以前我听先生说过，君子学了道就能爱人，小人学了道就容易指挥。"孔子说："学生们，言偃（子游）的话是对的。我刚才讲的话不过是和他开个玩笑罢了。"

【心得】此段对话的背景是，子游当时在鲁国任武城宰，遵照孔子的教诲，用礼乐教化民众，做出了一定的成绩。

从这段生动的对话不难看出，言偃接受并深刻理解了老师的教育思想，更重要的是做到了身体力行。我们常说，知难行易，可是在现实生活中出现的状况，往往是知难，行更难。当老师面对一项新的科研任务，学生面对一项新的学业挑战，片面理解、不敢挑战、缺乏实践，往往成为不少人迈向成功道路的拦路虎。面对一项新的任务或规定，或许只有一条规则，那就是：全面深刻理解，勇于接受挑战，乐于付诸实践。所谓理可顿悟，事须渐修，正是此意。

细读此章，还有一个有趣的发现，那就是圣人也承认"犯错"，也会和学生开玩笑。我们从这段对话看到了夫子诙谐幽默的一面，这不禁让我们思考事情的阐述方式：无论什么事，如果都一本正经地阐述，或许不容易收到好的效果；反之，如果遇到合适的事情，在恰当的场合里，偶尔开个玩笑，以轻松的方式加以阐述，可能会起到事半功倍的效果。特别是在教学过程中，偶尔的轻松表达，不仅可以拉近老师和学生的距离，而且能使学生产生如沐春风之感，在轻松的氛围中更容易理解和接受所学的内容。

17.5 公山弗扰[1]以费畔，召，子欲往。子路不说，曰："末之也已[2]，何必公山氏之之也[3]？"子曰："夫召我者，而岂徒[4]哉？如有用我者，吾其为东周乎[5]！"

【注释】[1]〔公山弗扰〕季氏的家臣，又名公山不狃。[2]〔末之也已〕末，无，没有。之，去，往。末之，无处去，没有去处。已，有两种解释：一是语气词，无实义；二是止，算了。[3]〔何必公山氏之之也〕为什么非到公山氏那里去呢？前一个"之"字是助词；后一个"之"字是动词，去、到的意思。[4]〔徒〕徒然，空无所据。[5]〔吾其为东周乎〕有两种解释：一、在东方复兴周代礼乐；二、我不至于像东周一样无所作为。

【大意】公山弗扰以费邑为根据地反叛，来召孔子共谋大计，孔子准备去。子路不高兴地说："没有地方去就算了，为什么一定要到公山氏那里去呢？"孔子说："他来召我，难道只是一句空话吗？如果有人用我，我或许能在东方复兴周道。"

【心得】本章说的是公山弗扰召请孔子时的情景，与本篇第一章相似，也是记录孔子出仕之前关于出处的选择。公山弗扰是季氏的家臣，当时以费宰的身份盘踞费邑，想把孔子拉到自己的阵营中，便派人请孔子前往辅助。孔子一直在寻找复兴周代文化、从政为民的机会，有点动心，但是孔子最终坚定了立场。

在这章，我们看到孔子凡人的一面，如同我们每一个人。当我们拥有一身本领想报效社会的时候，机会却迟迟不肯到来。此时此刻，任何人都会有一种焦虑，而在焦虑之下，一旦有人抛过来"橄榄枝"，就很容易走偏，最终与自己的理想和初衷渐行渐远。但是孔子毕竟不是一般人，他当然了解公山弗扰，也洞悉当时社会的大环境。他清楚，想在这样的社会环境下推行仁政礼教是何其艰难。他最终做出了不出仕的选择。

17.6 子张问仁于孔子。孔子曰："能行五者于天下，为仁矣。"请问之。曰："恭、宽、信、敏、惠。恭则不侮，宽则得众，信则人任焉，敏则有功，惠则足以使人。"

【大意】子张问孔子怎样才是仁。孔子说："能处处实行五种品德，就是仁了。"子张请问是哪五种。孔子说："恭敬、宽厚、诚信、勤敏、慈惠。恭敬就不会招致侮辱，宽厚就能得到众人的拥护，诚信就能得到别人的任用，勤敏就能取得成功，慈惠就可以使唤人。"

【心得】"仁"是孔子思想中一个重要概念，孔子要求其弟子一生都要知仁、行仁，但是在《论语》中找不到关于"仁"确切的定义。每有弟子问及，孔子就会依人依事给出一个关于"仁"的答案，所以每次都是不同的回答。孔子重视求仁。针对子张问仁，孔子的回答是，必须要做到恭、宽、信、敏、惠这五点，才能算作"仁者"。恭、宽、信、敏、惠，用现在的理解就是恭敬、宽容、诚信、勤敏、慈惠。

"恭"所表现的是对待别人的态度。具体来讲，对待他人要做到基本的尊重。不管对方地位高低、能力强弱、富裕贫穷，都要平等对待。不能因为别人在某方面不如自己就轻视别人，或者出言贬低别人。在交往中对他人的尊重，往往会换来别人对自己的尊重。"宽"是说做人要心胸宽广。处事的时候，能够容得下与自己不同的观点和看法，就是宽。在面对别人的缺点和错误时，同样也要有一颗宽容之心，不能揪着别人的缺点和错误不放。如果能做到这一点，大家就会愿意与我们相处，这就是"宽则得众"。"信"就是诚信。只有诚实守信，别人才能任用我们。"敏"是反应快的意思。孔子说"敏则有功"，意思是反应快就容易立功。其中，反应快和聪敏是相通的，善于找到正确的方法并加以利用，就可以提高效率，使事情在更短的时间内完成，这在某种程度上就是反应快。"惠"就是施人以恩惠，善待别人，尽己所能帮助那些需要帮助的人。只有善待别人，才能赢得别人的好感，别人才愿意和你合作，才愿意被你领导，才愿意为你做事，这就是孔子所说的"惠则足以使人"。只有做到了孔子所说的"行仁五要"，才能称得上真正的"仁者"。

17.7 佛肸①召，子欲往。子路曰："昔者由也闻诸夫子曰：'亲于其身为不善者，君子不入也。'佛肸以中牟②畔，子之往也，如之何？"子曰："然，有是言也。不曰坚乎，磨而不磷③；不曰白乎，涅而不缁④。吾岂匏瓜⑤也哉？焉能系而不食？"

【注释】①〔佛肸（bì xī）〕人名，晋国大夫赵简子的家臣，中牟邑宰。②〔中牟〕地名。③〔磷〕薄，损伤。④〔涅（niè）而不缁（zī）〕涅，黑色染料。这里作动词，用黑色颜料染物。缁，黑色。⑤〔匏（páo）瓜〕葫芦中的一种，味苦不能吃，但可系在腰间作泅渡用。

【大意】佛肸来召孔子，孔子准备去。子路说："以前我听先生说过：'亲自做坏事的人那里，君子是不去的。'现在佛肸据中牟反叛，你要去他那里，怎么解释呢？"孔子说："是的，我说过那样的话，不是说坚硬的东西磨也磨不坏吗，不是说洁白的东西染也染不黑吗？我难道是个不能吃的葫芦吗？怎么能只是挂在那里不给人吃呢？"

【心得】这一章与本篇第一章、第五章相互呼应，也是表明孔子的用世之心。孔子说"坚乎，磨而不磷""白乎，涅而不缁"，言下之意是，人若品行高洁，自可出淤泥而不染。当权者虽然无道，但是如果可以重用像孔子这样的人，也可以有助于天下苍生。"吾岂匏瓜也哉？焉能系而不食？"面对当时的社会环境，孔子济世的迫切心情显露无疑，也在一个侧面反映了孔子宁可冒着名声被玷污的危险，也不愿弃绝天下，独善其身。此种气节，给人诸多感动。

17.8 子曰："由也，女闻六言六蔽矣乎？"对曰："未也。""居①，吾语女。好仁不好学，其蔽也愚②；好知不好学，其蔽也荡③；好信不好学，其蔽也贼④；好直不好学，其蔽也绞；好勇不好学，其蔽也乱；好刚不好学，其蔽也狂。"

【注释】①〔居〕坐。古人回答长者的问题时要站起来，所以孔子叫子路坐下。②〔愚〕受人愚弄。③〔荡〕好高骛远而没基础。④〔贼〕害，伤害。

【大意】孔子说："由呀，你听说六种品德、六种弊病了吗？"子路回答说："没有。"孔子说："坐下，我告诉你。爱好仁而不爱好学习，其弊病是容易受人愚弄；爱好智而不爱好学习，其弊病是好高骛远而没有基础；重视诚信而不爱学习，其弊病是会被伤害；重视直率而不爱好学习，其弊病是急切而尖刻刺人；爱好勇猛而不爱好学习，其弊病是办事莽撞易添乱；爱好刚强而不爱好学习，其弊病是狂妄自大。"

【心得】本章是孔子跟子路分析"六言六弊"，向子路阐明"好学"的重要性。孔子教学的方式多采用问答式，大部分时候是学生在问，老师在答，这里是孔子主动发问。子路作为孔子的弟子，位列孔门十哲，生性率直勇猛，但刚猛好勇，往往过犹不及，因此孔子向子路发问，向他重申

"好学"之义。俗话说，人无生而知之者，若想有所成就，重点在不间断地学习，但是学什么，如何学，学到什么程度，也有大学问。如果一味苦学、死学，不讲究方法、方向，"仁、智、信、直、勇、刚"六种美德可能还会沦为"愚、荡、贼、绞、乱、狂"六种弊病。

17.9 子曰："小子何莫学夫《诗》？《诗》可以兴①，可以观②，可以群③，可以怨④。迩⑤之事父，远之事君；多识于鸟兽草木之名。"

【注释】①〔兴〕有两种解释：一、《诗经》中即景生情的表现手法叫兴，因此这里的兴是引譬连类，联想的意思；二、兴起、激发感动。②〔观〕观察了解天地万物及各国盛衰得失。③〔群〕合群。④〔怨〕有两种解释：一、讽谏上级；二、怨而不怒。⑤〔迩〕近。

【大意】孔子说："学生们为什么不学习《诗》呢？学《诗》可以激发志气，可以观察天地万物及各国的盛衰得失，可以懂得与人共处合群，可以抒发愤懑的情绪使心态平和。近一点，可以用来孝敬父母；远一点，可以用来侍奉君王。还可以多认识一些鸟兽草木的名称。"

【心得】《诗经》是我国历史上最早的诗歌总集，在我国文学史上占据着重要的学术地位。孔子重视《诗经》的教化作用。在《论语》中，孔子不仅多次引用《诗》来说明自己的观点，还数次强调《诗》在为人处世上的重要作用，教诲弟子要学《诗》。此处，孔子再次向弟子提出《诗》的重要功能和意义。

孔子在此将学《诗》的多种好处一一罗列，他对自己的儿子孔鲤也做了类似的强调，说："不学《诗》，无以言。"夫子为什么如此重视对《诗》的学习呢？如本章所述："《诗》可以兴，可以观，可以群，可以怨。""兴"是激发人的情感与想象，朱熹在《论语集注》中解释为"感发至意"，即让人成为有情怀、有性情的人，遇到事物，触类而旁通，感发而兴起；"观"是指突破自身的有限性去体察社会的无限性；"群"是指融入社会，主要是发挥《诗》的社交功能；"怨"是指带着批判的眼光讽谏社会问题。《诗经》作为一本百科全书，其内容包罗万象，更可以增加人的认知，丰富知识储备。

17.10 子谓伯鱼曰："女为《周南》《召南》①矣乎？人而不为《周南》《召南》，其犹正墙面而立②也与？"

【注释】①〔《周南》《召南》〕《诗经》"国风"部分前两篇的篇名。马融说："《周南》《召南》……三纲之首，王教之端。"朱熹说："所言皆修身齐家之事。"（《论语集注》）②〔正墙面而立〕面向墙壁站立，比喻什么也看不见。

【大意】孔子对伯鱼说："你学习《周南》《召南》了吗？一个人如果不学习《周南》《召南》，那就像面对着墙壁站着吧。"

【心得】这一节承上，与第九章"子曰：'小子何莫学夫《诗》？'"都是劝说学《诗》的篇章。《周南》和《召南》是《诗》中的两篇讲夫妇之道的诗篇，我们耳熟能详的"关关雎鸠，在河之洲。窈窕淑女，君子好逑"及"桃之夭夭，灼灼其华，之子于归，宜其室家"等名句就出自《诗经·国风·周南》。孔子曾言："《诗》三百，一言以蔽之，曰'思无邪'。"孔子让儿子认真学习《诗》，就是在着力培养孔鲤修身齐家、为人处世之道。

17.11 子曰："礼云礼云，玉帛云乎哉？乐云乐云，钟鼓云乎哉？"

【大意】孔子说："礼呀礼呀，只是说的玉帛之类的礼器吗？乐呀乐呀，只是说的钟鼓之类的乐器吗？"

【心得】春秋时期权贵奢侈成风，礼乐流于玉帛钟鼓等形式而失去了原有的实质，孔子见到这种情形，发出了上述慨叹。《八佾篇》记孔子说"人而不仁，如礼何？人而不仁，如乐何？"由此可知，礼乐的根本在于"仁"，在于人内心的真实情感，而不在于形式，不在于器物。实施礼乐教化，不能舍本逐末，没有"仁"，就没有真正的礼乐。

17.12 子曰："色厉①而内荏②，譬诸小人，其犹穿窬③之盗也与？"

【注释】①〔厉〕威严。②〔荏（rěn）〕软弱，怯懦。③〔窬（yú）〕墙洞。

【大意】孔子说："外表严厉而内心软弱，拿小人来比喻，就像是钻墙洞的小偷吧？"

【心得】色厉内荏，常常用来形容那些外表严厉而内心怯懦，外强中干的人。这种人外表虽然强悍，但内心通常非常怯懦无能。"穿窬之盗"是指穿墙打洞的小偷。孔子用这个比喻，生动地描述了色厉内荏之人表里不一、虚伪不直的形象。

17.13 子曰："乡原，德之贼也。"

【大意】孔子说："那种谁也不得罪的好好先生是败坏道德的人。"

【心得】汉代徐干在《中论·伪考》中言道："乡原亦无杀人之罪也，而仲尼恶之，何也？以其乱德也。""乡原"是指貌似敦厚，实则奸猾、流俗合污的伪善者，是孔子所痛斥的一种人格。孔子将这种人称为"德之贼"。所谓"德之贼"，就是败坏道德的人，孔子谴责这种人不是因其与小人一样无德，而是因其败坏道德。

"乡原"，也可以理解为"好好先生"，遇事时含含糊糊、左右逢源，实际却是表里不一、言行不一的伪君子。杨伯峻先生《论语译注》中说："没有真是非的好好先生是足以败坏道德的小人。"孔子反对"乡原"，其实质是主张以仁、礼为原则，只有仁、礼可以使人成为真正的君子。

17.14 子曰："道听而途说，德之弃也。"

【大意】孔子说:"在路上听到传言就到处传播,是对道德的背弃。"

【心得】本章承上章"德之贼",讲述"德之弃"。道听途说是一种背离道德准则的行为。在现实生活中,有些人不仅道听途说,逞口舌之快,更四处打探别人的隐私,再到处传播,以此作为生活的乐趣,实非君子所为。

"道听途说"中的"道"和"途",都是非官方、非正式渠道,其中的"听"和"说"是对信息或者知识的接受和散播。俗话说,谣言止于智者。实际上,要止息谣言,不仅要有"智",还要有"德"。要做有道德的人,我们要从"能听"和"会说"做起。关于听,每天许多信息朝着我们扑面而来,我们应该做的就是明辨是非,有选择地接收信息,而对于非正常渠道的信息要避而远之。关于"说",说话是一件人人都会的事情,但如何好好说话,把话说好,却是一门学问和艺术。

17.15 子曰:"鄙夫可与事君也与哉?其未得之也,患得之①。既得之,患失之。苟患失之,无所不至矣。"

【注释】①〔患得之〕即患不得之。

【大意】孔子说:"可以和一个鄙夫一起侍奉君主吗?他在没有得到官位时,总担心得不到;已经得到之后,又担心失掉。如果他担心失掉官位,那就什么都干得出来了。"

【心得】本章谈及事君之道。孔子批评了当时一些在朝为官的人,他们一心只想贪禄保官,因此不择手段,以求取功名。得到之后,又怕失去,千方百计来保住官职。这种人常常因功名利禄而患得患失,为求功名富贵,甚至不惜贪赃枉法,徇私舞弊,无所不用其极,因此不"可与事君也"。

17.16 子曰:"古者民有三疾,今也或是之亡也。古之狂①也肆②,今之狂也荡③;古之矜也廉④,今之矜也忿戾⑤;古之愚也直,今之愚也诈而已矣。"

【注释】①〔狂〕志愿太高。②〔肆〕任意直言，不拘小节。③〔荡〕放荡不羁。④〔廉〕"廉隅"的廉，本意是器物的棱角。这里指为人有棱角，严厉。⑤〔忿戾（fèn lì）〕火气大，蛮横不讲理。

【大意】孔子说："古人有三种毛病，今人或许连这些毛病都比不了。古代的狂者任意直言，现在的狂者放荡不羁；古代矜持的人为人严厉难以接近，现在矜持的人自傲自负、蛮不讲理；古代愚笨的人常直来直去、自作主张，现在愚笨的人却只是欺诈耍手段而已。"

【心得】"狂""矜""愚"是本章的三个关键词。朱熹在《四书章句集注》中作注："狂者，志愿太高。肆，谓不拘小节。荡则逾大闲矣。矜者，持守太严。廉，谓棱角峭厉。忿戾则于争矣。愚者，暗昧不明。直，谓径行自遂。诈则挟私妄作矣。"南怀瑾先生在《论语别裁》中对此句的讲评同样简单明了，即："愚、老实没有关系，可不要故作玩老实，伪装老实，所谓'貌似忠厚，心存奸诈'那就大成问题了。"杨伯峻先生在《论语译注》中的注解亦与前者相差不大："古代的愚人还直率，现在的愚人却只是欺诈耍手段罢了。"熟悉孔子的读者都知道，他对尧、舜、禹、汤、文、武、周公等诸位往圣先贤生活的时代及当时清明的政治较为推崇。在本章中，透过孔子的看法，可以体会到孔子对构建健康社会和加强道德修养的呼吁和深切期望。作为当代教师，我们应以史为鉴，力戒"狂""矜""愚"。

17.17 子曰："巧言令色，鲜矣仁。"

【大意】孔子说："花言巧语，伪装出一副和善的面孔，这种人很少是仁德的。"

【心得】本章内容在《论语》中共出现两次，第一次见于《学而篇》第三章。某些读者或许对"巧言令色，鲜矣仁"的理解难以深入：雄辩或者悦耳的语言，美好或者谦卑的脸色，不是我们一直在努力提高的技能和修养吗？为什么不被赞许？且认为是与"仁"相去甚远呢？

带着这点疑问，不敢妄自评述，随着阅读的深入，对原文的熟悉，才慢慢地有所体悟。言由心生，心慈面善，而不是相反。圣贤教人，正是在根本上下功夫，此所谓"君子务本"。不是美好的语言不好，也不是美好的脸色不好，只是如果这些不是从内心深处自然而然地发出，即是伪。王阳明先生曾经用"真诚恻怛"解读"仁"，伪即为仁的反面，因此"鲜矣仁"！

17.18 子曰："恶紫之夺朱①也，恶郑声之乱雅乐②也，恶利口之覆邦家者。"

【注释】①〔紫之夺朱〕朱是正色，紫是杂色。当时紫色代替朱色成为诸侯衣服的颜色。②〔雅乐〕正统音乐。

【大意】孔子说："我厌恶用紫色取代了红色，厌恶用郑国的曲调扰乱了雅乐的正统音调，厌恶用巧口利辩倾覆国家的人。"

【心得】孔子在这段话里，自述厌恶的三件事情：抢夺成果、扰乱礼乐、颠覆国家。孔子托物言志，紫色本无褒贬，紫色是红色和蓝色混合而成的颜色，孔子所厌恶的是某些人的抢夺行径；郑声热情奔放、新鲜活泼，孔子厌恶的是礼乐的扰乱者；伶牙俐齿、聪明机灵本无过错，但是如果巧舌如簧、妖言惑众、祸国殃民，必是令人深恶痛绝。

对于倡导"中庸之道"的孔子来说，使用这种表述是不多见的。可见，他在这里所表达的内心厌恶，是一种势不两立和不可调和，且必须与之划清界限的是非、爱憎抉择，是他内心对种种恶行极端排斥情绪的一种激烈反应。

17.19 子曰："予欲无言。"子贡曰："子如不言，则小子何述焉？"子曰："天何言哉？四时行焉，百物生焉，天何言哉？"

【大意】孔子说："我想不说话了。"子贡说："你如果不说话，那我们这些学生传述什么呢？"孔子说："天说了什么呢？四季照样运行，百物照样生长，天说了些什么呢？"

【心得】千百年来，中国人一直在寻求一种与外界和自然之间合理、和谐的相处之道。儒家学派的核心思想是"仁"，他们不仅在人际交往中以此为原则，对于自然环境和外部世界也充满了热爱、友好和善待。孔子作为儒家的"至圣先师"，对于大自然的客观规律有着深刻洞察，且具有效法天地而感化万物的情怀和品质。从孔子开始，儒家就非常重视天人之间的密切关系。

本章内容正是孔子晚年下学上达，参透天道之后的一种心境。孔子说"不怨天，不尤人，下学而上达，知我者其天乎！"即是孟子所说"尽心知性，尽性知天"的境界。"四时行焉，百物生焉"，正是《周易》所谓"天行健，君子以自强不息；地势坤，君子以厚德载物"，也是《中庸》所言"致中和，天地位焉，万物育焉！"孔子开创了儒家"内圣"的功夫，不仅强调见贤思齐，事贤友人，爱众亲仁，完成世俗世界的人格提升，更教人摆脱人类社会的局限，在信仰世界向上攀登跃进，达至以人合天，天人合一的终极化境。

17.20 孺悲①欲见孔子，孔子辞以疾。将命者出户，取瑟而歌，使之闻之。

【注释】①〔孺悲〕鲁国人。鲁哀公曾派他向孔子学习丧礼。

【大意】孺悲要见孔子，孔子以生病为理由推辞不见。传话的人刚出门，孔子就拿过瑟来边弹边唱，让孺悲听到。

【心得】这是一则有趣的故事。孺悲来见孔子，孔子以生病为由拒绝接见。而后孔子取瑟而歌，故意让孺悲知道自己并没有生病，只是不愿意接见他。孺悲不知哪里得罪了孔子，孔子竟将他拒之门外，很多人读到此处疑惑不解。孔子使用的究竟是一种什么教育方法呢？原来孔子在这里对孺悲采取了"不屑之教"的特殊教育方法。

孟子说："教亦多术矣。予不屑之教诲也者，是亦教诲之而已矣。"原来不屑教之，也是教育方法之一，而且是一种独特的教育方法。孔子不愿见孺悲，正是希望孺悲能够深刻反思自己的过错。"不屑之教"的奥妙在于，老师之所以"不屑于"教诲他，是想激起学生的羞愧之心而奋发向上。因此，这种方法不是从正面讲道理，而是从反面激发学生的反省心、自尊心。这背后其实是老师无限宽阔、无限温暖的一颗仁爱之心。但是，在现实中，这种教育方法在使用时要掌握好分寸，要使学生在严厉中感受到爱意，不可让学生心冷。尤其是对那些自尊心极强的学生，使用不好则会适得其反，不但不会起到激励的作用，而且会使他的自尊心更加受挫，不利于学生成长。

17.21 宰我问："三年之丧，期已久矣。君子三年不为礼，礼必坏；三年不为乐，乐必崩。旧谷既没，新谷既升，钻燧改火①，期②可已矣。"子曰："食夫稻③，衣夫锦，于女安乎？"曰："安。""女安则为之。夫君子之居丧，食旨④不甘，闻乐不乐，居处不安，故不为也。今女安，则为之！"宰我出，子曰："予之不仁也！子生三年，然后免于父母之怀，夫三年之丧，天下之通丧也。予也有三年之爱于其父母乎？"

【注释】①〔钻燧改火〕古代钻木取火，所用木头四季不同。春用榆柳，夏用枣杏和桑柘，秋用柞楢，冬用槐檀，一年轮一遍，叫改火。②〔期（jī）〕一年。③〔食夫稻〕古代北方稻米是珍贵的食品，居丧时不能吃。④〔旨〕美味。

【大意】宰我问："服丧三年时间太长了。君子三年不习礼仪，礼仪一定会败坏；三年不奏音乐，音乐一定会失传。旧谷吃完，新谷登场，钻燧取火的木头轮过一遍，有一年的时间就可以了。"孔子说："才一年时间就吃大米饭，穿锦缎衣，你心安吗？"宰我说："心安。"孔子说："你心安，你就那样去做吧！君子服丧，吃美味不觉得香甜，听音乐不觉得快乐，住在家里不觉得舒服，所以才不这样做。现在你既觉得心安，那就那样去做吧！"宰我出去后，孔子说："宰予真是不仁啊！孩子生下来，三年以后才能脱离父母的怀抱。服丧三年，是天下通行的丧礼呀。宰予对他的父母是不是也有三年的爱呢？"

【心得】在本章中，孔子谈论三年之丧，这个话题是由孔子的学生宰我（又名宰予）引起的。宰予是孔子的弟子，性格鲜明，为人直爽，思维独特，在《论语》中共出现五次，每次都是以被孔子教训的"反面形象"出现。如被大家熟知的名言"朽木不可雕也，粪土之墙不可圬也"（《公冶长篇》），便是孔子发现宰予白天睡觉，被气出的"狠话"。就是这样"不走寻常路"的宰予，却是《先进篇》提到的"四科十哲"中"言语"科之首，"孔门十哲"之一，孔子对这个弟子倾尽心力，耳提面命，不遗余力。

本章讲述宰予来向老师请教父母去世后，子女要为父母守孝的问题。宰予认为当时丧礼规定的三年丧期太长，并且以"礼坏乐崩"为理由，认为丧期可以改为一年。宰予以"礼"为说，未尝没有道理，但孔子以"情"为说，"予之不仁也！""予也有三年之爱与其父母乎？"则揭示出礼本乎情、"人而不仁如礼何"的深刻内涵。进一步来讲，孔子之所以批评宰予，并非全是因为丧期长短，而是按照士君子的标准要求宰予。孔子发现，这个擅长言语应对的学生，显然并未"达标"。

孝敬父母，是中华民族的传统美德。当代社会上存在一些青少年孝道意识逐渐淡化的现象，取而代之的是以自我为中心的价值观和对父母恩情的漠视，这一现象经由网络媒体呈现在大家面前，值得教育工作者重视和反思。

17.22 子曰："饱食终日，无所用心，难矣哉！不有博弈①者乎？为之，犹贤乎已②。"

【注释】①〔博弈〕博，六博，一种游戏，先掷采（骰子），后行棋。具体方法已不清楚。弈，围棋。②〔已〕止。

【大意】孔子说："整天吃饱了饭，什么心思也不用，这就真难了啊！不是有玩六博和下围棋的吗？干这个也比什么都不干好一些。"

【心得】本章讲孔子劝诫大家要戒掉懒惰，不要虚度光阴，哪怕是自己的闲暇时间，也不要浑浑噩噩，不学无术。孔子认为，人们不应当浪费时间，哪怕是花些心思研究诸如博弈之类的游戏，也好过整日无所事事。

历史上关于劝人勤学的名言警句众多，如韩愈《进学解》"业精于勤，荒于嬉"，陶渊明《杂诗十二首（之一）》"盛年不重来，一日难再晨。及时宜自勉，岁月不待人。"人的一生，时间总是有限的，当人勤勉于学习，时间就会源源不断地回馈给我们智慧与力量；相反，如果任由时间流逝，终日懒散，碌碌无为，最终必将"万事成蹉跎"。

17.23 子路曰："君子尚勇乎？"子曰："君子义以为上。君子有勇而无义为乱，小人有勇而无义为盗。"

【大意】子路说："君子崇尚勇敢吗？"孔子说："君子以义为最高。君子有勇无义就将作乱，小人有勇无义就会偷盗。"

【心得】本章讲述"义"和"勇"的辩证关系。子路好勇，所以发出"君子尚勇"的问题。孔子回答，在义和勇之间，只有合乎义的勇才是值得提倡的；那些不合乎义的勇，非乱即盗。所以孔子说"好勇疾贫，乱也""勇而无礼则乱""君子有勇而无义为乱，小人有勇而无义为盗"。在现实生活中，"勇"需要约束和节制，如果把"勇"比作"发动机"，那"义"则是控制机车的"方向盘"。

17.24 子贡曰："君子亦有恶乎？"子曰："有恶。恶称人之恶者，恶居下流①而讪上者，恶勇而无礼者，恶果敢而窒②者。"曰："赐也亦有恶乎？""恶徼③以为知者，恶不孙以为勇者，恶讦④以为直者。"

【注释】①〔下流〕晚唐以前的版本没有"流"字。②〔窒〕阻塞、不通事理的意思。③〔徼（jiǎo）〕有两种解释：一、抄袭；二、即"绞"，绞急，临事急迫，自炫其能。④〔讦（jié）〕揭发、攻击别人的阴私。

【大意】子贡说:"君子也有厌恶的事吗?"孔子说:"有厌恶的事。厌恶宣扬别人坏处的人,厌恶身居下位而诽谤在上者的人,厌恶勇敢而无礼的人,厌恶果敢而不通事理的人。"孔子又说:"赐,你也有厌恶的事吗?"子贡说:"厌恶抄袭别人而自以为智慧的人,厌恶把不知谦逊当作勇敢的人,厌恶把揭发攻击别人的短处当作直率的人。"

【心得】本章讲"君子之恶"。子贡和孔子采取问答的形式,一问一答,互问互答,这种对答形式在《论语》中并不多见。那些说别人坏话的人、对别人不满意又加以讪谤的人、好勇斗狠无礼的人、听不进别人意见的人、自以为是的人、处处揭露别人短处的人在当今社会,似乎也屡见不鲜。孔子和子贡师徒的对话,值得我们反思。

17.25 子曰:"唯女子与小人为难养也,近之则不孙,远之则怨。"

【大意】孔子说:"只有女子和小人是难养的。亲近了,他们就不知逊让;疏远了,他们就会怨恨你。"

【心得】本章是《论语》中饱受争议的一句话,主要涉及对女性的评价,历代对此持批评态度的学者都认为这是孔子对女性的歧视。也有很多学者通过重新解读"女子""小人"等方式,维护孔子完美圣人、绝对正确的形象。其实,结合当时的社会环境,女子大多不具有独立的人格和社会地位。刘强教授在《论语新识》中做了疏解,分析本节中的"女子"究竟所指是谁。有观点认为"女子"即"臣妾"或"仆妾",有观点认为"女子"是特指卫灵公夫人南子,还有观点认为"女子"是泛指一般女性。刘强教授认为,"唯女子与小人为难养"只是一种事实判断,并非价值判断,就其本质来看,孔子并非贬低女性,抬高男性,而只是对女性中的一部分人,或女性共存的某一部分性格特征,据实予以描述。南怀瑾先生曾在《论语别裁》中解释说:"孔子说女子与小人最难办了。对她太爱护了、太好了,她就恃宠而骄,搞得你啼笑皆非,动辄得咎。对她不好,她又恨死你,至死方休,这的确是事实,是无可否认的天下难事。但问题是,世界上的男人，够得上资格免于'小人'罪名的，实在少之又少。孔子这一句话，虽然表面上骂尽了天下的女人，但是又有几个男人不在被骂之列呢？我们男士，在得意之余，不妨扪心自问一番。"

但是，我们也要清楚地认识到，孔子说这句话是有时代局限性的。随着社会的发展，文中的"小人"与"女子"也都发生了变化，他们不仅实现了经济上的独立，还实现了人格上的独立。新时代的女性，她们自强、独立，她们深知，自尊感并不源于他人，而是来自内心深处的自我肯定。

17.26 子曰："年四十而见恶焉，其终也已。"

【大意】孔子说："到了四十岁还被人厌恶，他这一生也就完了。"

【心得】这句话是在勉励人们及时修身养德、改过迁善，以反求诸己的态度和精神自爱、自强；否则，如果到了人生不惑之年时，还不能做好穷理尽性，为人所厌恶，就为时已晚了。

作为师者，更是要坚持终身学习，不断修身养性，积善成德。

微子篇第十八

《微子篇》共11章。本篇主要涉及一些前贤往圣出处进退之道，也间接或者直接反映出孔子出世入世，穷达之间，以及见用、不见用之间的选择与坚守。

人生处处充满了选择，特别是在艰难困苦的时候，在危急紧要的时刻，在人生的十字路口，该何去何从？最终的选择，归根到底来自于每个人内在的价值观。作为新时代的教师，通过阅读本篇，可以进一步思考自己内心深处的价值与选择，更应该思考，在日常的教育教学过程中，应该向学生传递怎样的价值选择和人生态度。

18.1

微子①去②之，箕子③为之奴，比干④谏而死。孔子曰："殷有三仁焉。"

【注释】①〔微子〕殷纣王的庶兄，封于微。因为看到殷纣王淫乱，国将亡，数次进谏，纣王不听，于是出走。②〔去〕离开。③〔箕子〕殷纣王的叔父。向纣王进谏，不听，于是披发假装疯了。被降为奴隶。④〔比干〕殷纣王的叔父。向纣王进谏，后被剖心而死。

【大意】微子离开了纣王，箕子成了他的奴隶，比干进谏而被害死。孔子说："殷朝有三位仁人。"

【心得】纣王无道，生灵涂炭。微子、箕子、比干看到百姓遭受苦难，于是冒险进谏，这种大爱，就是仁。仁者，爱人。孔子说三人是仁者，是对他们精神品质的高度评价。

这三位仁人知道纣王是什么样的人，也知道自己进谏的结果，但他们勇于迈出这一步，成了有担当的逆行者，这种勇气、毅力，令人佩服。鲁迅先生说："我们自古以来就有埋头苦干的人，有拼命硬干的人，有为民请命的人，有舍身求法的人……"微子等人，也正是其中的典型，他们是民族的脊梁。

无论离去、为奴、被害，对有抱负的人来说，都是一样的，这些都代表着远离自己的理想，即不能为百姓做事，而这是仁者不堪承受之痛。

18.2 柳下惠①为士师②，三黜③。人曰："子未可以去④乎？"曰："直道而事人，焉往而不三黜？枉道而事人，何必去父母之邦⑤？"

【注释】①〔柳下惠〕春秋时鲁国大夫，食邑柳下，谥号"惠"。②〔士师〕典狱官。③〔黜〕免职。④〔去〕离开。⑤〔邦〕国。

【大意】柳下惠当典狱官的时候，三次被免职。有人说："您不可以离开鲁国吗？"柳下惠答："按正道侍奉君主，到哪里能不被免职呢？如果按邪道侍奉君主，何必非要离开祖国呢？"

【心得】正直的精神品质难能可贵。如果想在职位上坚守自己的信念，秉承公平正义，那是最理想的，但不容易做到。有不少人因为自己的坚守而丢掉岗位，甚至把性命搭了进去。也许变通一下，事情可能就不会那么糟糕，但柳下惠不愿违背自己的道义做出改变。

作为师者，坚守和变通，是做事的两种方法。面对选择和考验，一定要综合考量，在不背离正道的前提下决定变通与否。

18.3 齐景公待孔子曰："若①季氏，则吾不能，以季、孟之间待之。"曰："吾老矣，不能用也。"孔子行。

【注释】①〔若〕像。

【大意】齐景公谈到对待孔子的时候说："像鲁国国君对待季氏那样，那我做不到；以低于季氏但又高于孟氏的礼节来对待。"后来又说："我老了啊，不能用他了。"孔子就离开了齐国。

【心得】季氏实力强大，鲁国公室大权受限，孔子和鲁定公商量削弱三桓势力，但讨伐以失败告终，孔子被三桓驱逐出境。自此，孔子开始周游列国。后鲁国公室进一步衰微，季康子把持朝政，是真正的一把手。

通过本章，我们大致可以看出当时鲁国公室的权力状况。"吾老矣"可能是齐景公的托词，孔子只能离开，从中也可以看到孔子经历的坎坷。

18.4 齐人归①女乐，季桓子②受之，三日不朝。孔子行。

【注释】①〔归〕馈赠。②〔季桓子〕鲁国定公至哀公初年时的执政上卿，哀公三年去世。

【大意】齐国送歌姬舞女给鲁国，季桓子接受了，三天不理政事。孔子于是离职而去。

【心得】"齐人归女乐"事情发生在鲁定公十四年（公元前496年），当时孔子任鲁司寇。孔子对于求学，有段论述："君子食无求饱，居无求安，敏于事而慎于言，就有道而正焉，可谓好学也已。"为学如此，为政亦如此。内心渴望接近"有道"之人，既然不得，则选择离开。内心纯净，渴求成就一番事业而不得，孔子一定是郁闷的。这也迫使孔子思考重新选择自己的职业生涯。

勇于离开无道，孔子迈出了坚定的步伐，而不是沉迷于现有的显赫官职。这种离开是一种选择，选择信念，选择使命。

18.5 楚狂接舆①歌而过孔子曰："凤兮凤兮！何德之衰？往者不可谏，来者犹②可追。已而，已而，今之从政者殆而！"

孔子下，欲与之言。趋而避之，不得③与之言。

【注释】①〔接舆〕楚国隐士。②〔犹〕仍然。③〔不得〕与"不能"

有别。"不得"是强调客观上不行，而"不能"是主观上不行。

【大意】楚狂人接舆唱着歌经过孔子的车，道："凤凰啊，凤凰啊！你的德行怎么会如此衰微？过去的已然过去，无可挽回，未来还是可期的。算了吧，算了吧！如今的从政者危险啊！"

孔子下车，想对接舆说几句。接舆却跑着避开了孔子，孔子没机会和接舆说话。

【心得】本章展示的是孔子入世前行道路上遇到坎坷后的阶段性回顾。另一个声音来自出世者，意思是道已不在，离开危险之地，鼓励其实现身心的自由。在那个时代，孔子可以算是一位伟大的孤独者，始终没有抛弃理想而让自己平静度过余生，尽管屡屡受挫，他也只是改换入世的模式，不忘苍生疾苦，不忘来此人间的职责。

本章似乎是个隐喻，"不得与之言"，字数虽少，意义深奥。"不得"是自己虽想去和对方说话，但是客观上不具备条件，接舆跑开了，主动避开了。"言"和"语"是有区别的："语"有交互性，即互相交流；这里用的是"言"，只是孔子一方发表看法。看来孔子是真的需要倾诉，然而却"不得"。寥寥数字将孔子的孤独之情力透纸背地显现了出来。

18.6 长沮、桀溺①耦②而耕。孔子过之，使子路问津③焉。长沮曰："夫执舆④者为谁？"子路曰："为孔丘。"曰："是鲁孔丘与？"曰："是也。"曰："是知津矣。"问于桀溺。桀溺曰："子为谁？"曰："为仲由。"曰："是鲁孔丘之徒与？"对曰："然。"曰："滔滔者天下皆是也，而谁以易之？且而⑤与其从辟人之士也，岂若从辟⑥世之士哉？"耰⑦而不辍⑧。子路行以告。夫子怃然⑨曰："鸟兽不可与同群，吾非斯人之徒与而谁与？天下有道，丘不与易⑩也。"

【注释】①〔长沮、桀溺〕两位隐者的名字。②〔耦〕两人一起耕地。③〔津〕渡口。④〔执舆〕执辔驾车。⑤〔而〕你。⑥〔辟〕躲避。⑦〔耰（yōu）〕用土覆盖种子，还可防止鸟食。⑧〔辍〕停止。⑨〔怃然〕失意的样子。⑩〔易〕交换。

【大意】长沮、桀溺在一起耕种，孔子路过，让弟子子路去问渡口在哪里。长沮说："那个赶马车的人是谁？"子路答："是孔丘啊。"长沮问："是鲁国的那个孔丘吗？"子路答："是啊。"长沮说："这人知道渡口在哪里呀。"改问桀溺。桀溺问："您是哪位？"子路答："我是仲由啊。"桀溺问："是鲁国孔丘的弟子吗？"子路答："对呀。"桀溺说："天下坏东西如江水那样多，你们改革它又如何？而且你与其跟随孔子这样躲避坏人的人，还不如跟随我们这样躲避乱世的人呢？"说完，继续平地而不停歇。子路回复了孔子。孔子怅然若失地叹道："我们不能和鸟兽同群，我不同人打交道又和谁打交道呢？天下太平的话，我孔丘也不会同他们一道去从事改革了。"

【心得】本章同样是隐者和孔子隔空对话。孔子和弟子从事改革，挽救时弊，与坏人打交道而不得志，只能逃离，隐者认为，与其躲避坏人还不如躲避乱世，像他们一样悠哉游哉躬耕畎亩，享受自然的喜悦。孔子则认为，既然生活在这人世间，就要有所作为，天下乱因无道，则需要改革时弊，躲避不能从根本上解决问题，这是人的社会属性决定的。

我们通过本章可以看出孔子虽艰辛复艰辛，但积极的斗志不曾减少，这是对理想的乐观探索。人生定位，决定了其思想的深度与高度，这种积极作为的心态和毅力，是每一位师者所应坚守和努力的方向。

18.7 子路从而后，遇丈人以杖荷蓧①。子路问曰："子见夫子乎？"丈人曰："四体不勤，五谷不分，孰为夫子？"植其杖而芸②。子路拱而立。止③子路宿，杀鸡为黍而食④之，见其二子焉。明日⑤，子路行以告。子曰："隐者也。"使子路反⑥见之。至，则行矣。子路曰：

"不仕无义。长幼之节，不可废也，君臣之义，如之何其废之？欲洁其身，而乱大伦。君子之仕也，行其义也。道之不行，已知之矣。"

【注释】 ①〔莜（diào）〕古代耘田的器具。②〔芸〕耘。③〔止〕留。④〔食〕拿东西给人吃。⑤〔明日〕第二天。⑥〔反〕返回。

【大意】 子路跟随孔子出行落在了后面，遇到了一位老人，他正在用拐杖挑着除草的用具。子路向老人打听："您见到我老师了吗？"老人说："你这人，四肢不劳动，五谷分不清，谁知道你的老师是谁？"说完，拄着拐杖去锄草。子路拱手在一旁站立。老人让子路留宿，还杀鸡、做小米饭给子路吃，还让其见了两个儿子。第二天，子路赶上孔子后把这事说了。孔子说："那是位隐者。"让子路回去见他。等子路返回的时候，老者已经走了。子路说："不做官是不对的。长幼的秩序，不可废弃；君臣的关系，怎么能废弃呢？想要使自身清白，但却扰乱了伦理。君子做官，是做该做的事，尽该尽的职责。至于道的行不通，这是已经知道的了。"

【心得】 本章也是涉及隐者的一个片段。道不能施行，孔子仍然坚持。我们从中可看出当时隐者对孔子的批评，也看到孔子不为人所理解的处境，而正是这种声音，反衬出孔子推行仁道、坚持不懈的执着精神。

作为教师，面对严厉的批评，应像孔子那样并不恼怒气愤，而是可以深入探讨问题，既有宽广的胸怀，也有对自己理想的坚守。

18.8 逸①民：伯夷、叔齐、虞仲、夷逸、朱张、柳下惠、少连。子曰："不降其志，不辱其身，伯夷、叔齐与！"谓柳下惠、少连，"降志辱身矣，言中②伦，行中虑，其斯而已矣"。谓虞仲、夷逸，"隐居放言，身中清，废中权"。"我则异于是，无可无不可。"

【注释】 ①〔逸〕同"佚"。②〔中（zhòng）〕符合。

【大意】被遗落的人才有：伯夷、叔齐、虞仲、夷逸、朱张、柳下惠、少连。孔子说："不降低自己的志向标准，不辱没自己的身份，大概说的就是伯夷、叔齐这样的人吧！"评价柳下惠、少连，"改变志向、辱没自身，说话还是符合伦理的，做事也是经过思考，合乎人心的，不过如此而已"。评价虞仲、夷逸，"逃避世事、放肆直言，他们的遁世合乎洁身的要求，废言合乎权变的考量"。孔子又说："我呢，和他们都不一样，这也可以，那也可以。"

【心得】隐士有不同的类型，对自身的言语、行为的要求也可能有不同。本章突出了孔子中庸的处世观念，即"无可无不可"。

作为师者，能够形成自己的理论，且能行之，这应该也是一种自由。所以，孔子并不是历史上真正的孤独者，他有很多传承者和精神上的知音。

我们应像孔子那样重视个人的独立人格，既坚持善道的原则，也能够采取不同的灵活做法，与时俱进。

18.9 大师挚①适齐，亚饭②干适楚，三饭③缭适蔡，四饭④缺适秦，鼓方叔入于河，播鼗武入于汉，少师⑤阳、击磬襄入于海。

【注释】①〔大师挚〕大师，鲁国乐官之长。挚是人名。②〔亚饭〕乐官名。③〔三饭〕官名。④〔四饭〕官名。⑤〔少师〕乐官名。

【大意】大师挚到齐国去了，亚饭干到楚国去了，三饭缭到蔡国去了，四饭缺到秦国去了，打鼓的方叔去了黄河那边，摇小鼓的武到了汉水那边，少师阳、击磬的襄去了海边。

【心得】本章所说的这些人都是有才能的乐师，但这段话提到他们的离去，也许与鲁国当政者无道有关。因为若是有道，东师等各种人才会聚集过来，而非分散开去。

18.10 周公谓鲁公①曰："君子不施②其亲，不使大臣怨乎不以③。故旧无大故，则不弃也。无求备于一人！"

【注释】①〔鲁公〕指周伯禽，周公的儿子。②〔施〕遗弃。③〔以〕用。

【大意】周公对儿子伯禽说："君子不遗弃他的亲人，不让大臣抱怨自己不被任用。旧友与老臣如无大过失，就不要遗弃。不必对一个人求全责备。"

【心得】本章讲执政之法，指出一个人不一定十全十美。使用人才的时候不能总想着对方的缺点，应该多关注他的优点，发挥其所长。

教师对待学生也应如此，不必求全责备，应多关注学生的优点，鼓励和指导发挥其所长。

18.11 周有八士：伯达、伯适、仲突、仲忽、叔夜、叔夏、季随、季骗①。

【注释】①〔伯达、伯适、仲突、仲忽、叔夜、叔夏、季随、季骗（guā）〕这八人无可考。也有人依据八人的名字，推测是四对双胞胎。

【大意】周王朝有八名士：伯达、伯适、仲突、仲忽、叔夜、叔夏、季随、季骗。

【心得】人才难得，有周一代，所举也就八人。也许这里是对周代人才的缅怀，也有对人才惺惺相惜的情怀抒发。

得有才之人而用之，或许是本章的用意。作为师者，应多关注学生，要善于发现人才、培养人才。

子张篇第十九

《子张篇》共25章。本篇主要记述了孔门弟子子张、子夏、子贡等人的言论。全篇以"士之四端",即"见危致命,见得思义,祭思敬,丧思哀"为纲展开,以盛赞孔子作结。字字句句,皆承载着弟子对孔子思想的传承、弘扬和发展,对老师形象的维护、敬畏和尊崇,以及对为学、为仁的实践、坚守和精进。

篇中名句有"君子尊贤而容众,嘉善而矜不能""日知其所亡,月无忘其所能""博学而笃志,切问而近思"等。

善歌者,使人继其声;善教者,使人继其志。学生是照见师者的镜子。"士"与"君子",作为儒家的理想人格与精神形象,既是人的本色,亦是教育的志向追求,更是托起社会和谐美好的脊梁。怎样才能成为"君子"?师者该做什么?如何做?下面我们一起走进原典,扎根学习,潜心熏修,以期领悟圣贤思想的真谛,相伴成长,遇见更美好的自己。

19.1 子张曰:"士①见危致②命,见得思义,祭思敬,丧思哀,其可已矣。"

【注释】①〔士〕指有较高素养与抱负的读书人。②〔致〕给予,献出。

【大意】子张说:"一个士,遇到国难民危时,能不惜献出生命,看见有所得，能考虑是否合乎道义，祭祀时严肃恭敬，居丧时真诚哀戚，那也就可以了。"

【心得】首章子张论"士"，点明士人的基本操守，揭示儒学的育人本真。

子张对"士"的品质，作了四点概述。即一是舍身取义。在国难民危时，能恪尽职守，不吝其身，彰显忠信仁爱之心。二是见得思义。在名利得失中，能思及义，不敢妄取，秉持是非廉耻之心。三是临祭思敬。在日用常行中，当面对真、善、美时，能见贤思齐、真诚恭敬。四是居丧思哀。当面对伤痛与不幸时，能慎终追远、悲痛哀戚，践行返本追孝、仁慈良善之德。

"士"作为社会发展的中坚力量，当能明晰君臣之义、义利之辨、祭礼之要和丧礼之旨，自觉尽其社会责任，依道行事，自可实至名归，日益为"士"趋于"君子"，乃至成"贤"成"圣"。作为教育工作者，应激励、引导、唤醒学生，志在让其成为有理想、有担当的人，这是学生成长及教师教育的第一要务。人生有了清晰的目标与坚定的信仰，定会扎实生命之根，让心灵之光更加纯净、充实、澄明与温润。

孔子逝世后，子张于陈国广收弟子，宣扬儒学，开创的"子张之儒"，位列"儒家八派"之首。

19.2 子张曰："执①德不弘②，信③道不笃④，焉能为有？焉能为亡⑤？"

【注释】①〔执〕守。②〔弘〕大。③〔信〕信奉，信仰。④〔笃〕坚定、笃实。⑤〔亡〕无。

【大意】子张说："固守德而不弘大，信仰道而不坚定，这样的人，怎能说他有道德？又怎能说他没有呢？"

【心得】本章承接前章，阐述对"士人道德"的要求，如何才能有效落实？

德性要成为德行。如不能在实践中修为身心、拓其广度、养其深度、抑恶扬善、推己及人，不能让世界看见自己的爱与美，怎能说这种人有德呢？

儒家的道，常指为人处世的原则，也就是"见利思义"中的"义"。义者，宜也，即事物原本应有的样子。人们要想做到这点，就必须把"道"作为一种信仰，奉为灯塔，用它来指导一切活动，且恒久地坚守、实践，在专注、深度上下功夫，这样"笃信好学、守死善道"的追求，才会成为现实。

教师耕耘于人的心灵之间，以德育人，以德施教，才会拥有影响生命的力量，以自己的温情、温度、温暖，唤醒他人，而不是让人们发出无足轻重的感叹——"焉能为有？焉能为亡？"为师是一场没有止境的修行，唯有拥有独立自主的人格与思想、持之以恒的信念与行动，教师才可在现实与梦想之间，自由徜徉。如朱熹《论语集注》所云："有所得而守之太狭，则德孤；有所闻而信之不笃，则道废。"那些意志薄弱、背叛信仰和道义的人，终将被人们唾弃、被历史淘汰。

19.3 子夏之门人问交于子张。子张曰："子夏云何？"对曰："子夏曰：'可者与①之，其不可者拒之。'"子张曰："异乎吾所闻：君子尊贤而容众，嘉②善而矜③不能。我之大贤与，于人何所不容？我之不贤与，人将拒我，如之何其拒人也？"

【注释】①〔与〕相与，交往的意思。下文两个"与"是语气词。②〔嘉〕赞美，夸奖。③〔矜〕怜惜，同情。

【大意】子夏的学生向子张请教怎样交友。子张说："子夏如何说的？"那个学生回答："子夏说：'可以相交的就和他相交，不可以相交的就拒绝他。'"子张说："我所听到的和这不同：君子尊敬贤人，也容纳众人；赞美善人，又同情能力不够的人。如果我是大贤人，那对人有什么不能包容的呢？如果我不贤，那人家就会拒绝我，我还怎么能去拒绝别人呢？"

【心得】本章谈"交友之道"。子夏和子张同门为学，为何观点有别？

东汉蔡邕《正交论》中说："商也宽，故告之以拒人；师也褊，故告之以容众。"子夏为人太宽厚，易被人利用，因此孔子劝导他要会拒绝，择友要"慎"，选友要"严"。而子张为人太苛刻，因而孔子劝导他为人要兼爱，择友要"宽"，选友应"容"。

两种观点，都有合理性与适切性。子夏所秉持的慎重交友，有所甄别与取舍，有积极的一面。子张的交友之道，继承了孔子"泛爱众，而亲人""躬自厚而薄责于人"的思想，强调"反求诸己"。当一个君子，志在以贤聚贤，以责人之心责己，以恕己之心恕人，那么，自会具足光芒，吸引到更多的人。

由此启发师者，对大贤者，应敬重赏识，见贤思齐；对普通者，应接纳包容，择善而从；对不贤者，应换位思考，同情怜悯，多给予尊重引导，促其日渐完善。人都是在不断发展变化的，在教育中，我们不可一眼将学生"看扁"，以避免过早而武断地为学生定性、贴标签。教师爱学生，既要有有教无类的心，又要有因材施教的智。

19.4 子夏曰："虽小道①，必有可观者焉，致远②恐泥③，是以君子不为也。"

【注释】①〔小道〕小技能，小学问。如农圃医卜之类的技艺。②〔致远〕达致长远的目标。③〔泥〕阻滞，不通。

【大意】子夏说："虽然是小的技艺，也一定有可取的地方，但用它来达到远大的目标，恐怕就行不通了，所以君子不干这些。"

【心得】此章子夏自省自警，谈术道兼修，令人感佩。

道，有大有小，有宽有窄，小道当行，但"致远恐泥"；事，有大有小，有近有远，大事当勤，但"小事不弃"。小道，意指专项技艺；大道，常指德行原则。两者相对而论，各适其所，各弘其旨。尤其是当今时代，科技信息多元，专业技能、工匠精神不可或缺，但万物一体、天下一家的价值取向，更是强国济世之本。

儒家一向以培养入世的政治家、士、君子为目的，所以倡导的教育观非常清晰：道器相权，重在求道；器为道基，道为器本。致大而不拒小，执着而不拘泥，好高而不骛远，才是儒家行道致远的真谛。

正如决定教师人生事业高度的主要因素，是人的世界观、人生观、价值观，而绝不仅仅是一些所谓的知识技巧与方法。知识技能，可提升人的能力才干，而道德信仰，会提升人的精神能量。修习传统文化，可以使学生回归心灵的家园，增加生命的能量与解决问题的智慧。立德树人，以文化人，从"教学"走向"教育"，亦是师生享受教育幸福的必由之路。

孔子去世后，子夏于魏国创办学堂，担任魏文侯的"师"。其开创的"西河学派"，培育出李悝（kuī）、吴起、商鞅等经国治世良材，并成为前期法家思想成长的摇篮。

19.5 子夏曰："日知其所亡①，月无忘其所能，可谓好学也已矣。"

【注释】①〔亡〕通"无"，是指还没学到的学问。

【大意】子夏说："每天能知道一些原来不知道的，每月都能不忘掉已经学会的东西，可以说是好学的了。"

【心得】每天学习自己不知道的知识，每天追求自己尚未达到的道德境界；每月不忘记已经学到的知识，每月增进自己的德行。将学习提升自我与利益成就他人有机融合，在探究求新、巩固积累、实践体证中，厚植日日精进的上进心，养育持之以恒的意志力，从而产生日新其德、心开意解的喜悦，渐达好学之境。倡导"温故知新"，这是儒家学习理论的核心。

此章需与《学而》篇相济兼修，方可清明自得。子夏"好学"有两个要点值得践行：一是儒家一贯倡导的终身学习的人生态度；二是"学而时习""日积月累""知行合一"的方法路径。

学校，作为服务型学习组织，其建设的最高层次是使之成为人们和美共生、幸福同构、滋养生命的生活家园，成为孕育智慧、凝聚精神、升华人格的精神乐园。向善、向学，"苟日新，日日新，又日新"，应是展示师生风貌最美、最亮丽的风景。"温故——不忘所能""知新——知其所无""学而不厌，诲人不倦"，这应是教师为学、为教必备的基本素养。

19.6 子夏曰："博学而笃志①，切问②而近思③，仁在其中矣。"

【注释】①〔志〕有两种解释：一、同"识"，记忆在心；二、志向。此处取第二种解释，将"笃志"理解为"坚守志向"。②〔切问〕抓住问题的关键，也指切身有关的事。切，指恳切、切近。③〔近思〕近身之思，思考身边的问题。即联系自身，结合现实思考。

【大意】子夏说："广泛地学习而又坚守其志向，就与切身有关的问题发问，而又从近处去思考，仁就在这中间了。"

【心得】崇尚仁德，是儒家的追求。但怎样落实？那就是"博学、笃志、切问、近思"。其中，"学、志、问、思"是基本方法，"博、笃、切、近"是关键标准。现实中，知晓践行此道的较多，而能恪守且致道的甚少。

宽厚的学识仁德，来自于博学躬行；坚定的志向毅力，来自于格局境界。"博学"与"笃志"相得益彰。"笃志"，贵在对内心执着追求的坚守。人能活出自己的关键，是"知止"与"大志"。"知止"，即知道自己应做什么，怎么去做，有方向感，又有边界感，充满敬意地做好每一件事，不为周遭外物所影响。"大志"，即理想愿景。一个人有了清晰、高远的价值追求，何时何地都不会迷茫和失去动力。"志于道"，既是初心，亦是使命，更是担当。

学贵于疑，而疑之要，重在切己反躬；学思结合，而思之要，重在近思力行。为何有人尽管学了许多，却业不就，德不成？很重要的原因就是忽视了"切问、近思"的张力与能量。脚踏实地，而不好高骛远；身体力行，而不坐而论道；持之以恒，而不浅尝辄止。这应是实践中师生共同成长的正向抉择。而"切己修己"，应是教师必备之功，它决定着教育者的素质与能力，决定着教育的温度、厚度与高度。如此，方可"求仁"而"得仁"，渐成人师。

19.7 子夏曰："百工居肆①以成其事，君子学以致②其道。"

【注释】①〔肆〕古代制作物品的场所。②〔致〕实现，获得。

【大意】子夏说："各种工匠在作坊中完成自己的工作，君子通过学习来获得道，实现道。"

【心得】"百工成事"与"君子致道"，一般需具备两个基本条件：一是自身的努力。不管是谁，不管他做什么，要想有所成就，就必须一门心思地深入，勤劳不辍，只有这样才能有所收获，才能"成其事"。二是外部环境对君子进德修业的影响。正如朱熹在《论语集注》中说："工不居肆，则迁于异物，而业不精。君子不学，则夺于外诱，而志不笃。"工匠不在作坊里，就容易见异思迁，而使自己的技艺不精；君子不学习，就会受到外面的诱惑，而志向不坚定。

作为教师，立身应以立学为先，立学应以致道为本，致道应以身教、境教、心教为重。"学以致道"的"学"，不仅是师者"授之以渔"的"渔"，更是"授之渔场"的"场"。教师要注重创建自由、开放、民主、和谐的育人环境，激励学生自动、自发、自觉地实践探索，这是为教的关键。而心无旁骛地建设、提升自己和他人的心灵品质，则是教师"学以致道"的"道"的原点与旨归。

19.8 子夏曰："小人之过也必文①。"

【注释】①〔文〕掩饰。

【大意】子夏说："小人犯了过错，一定要掩饰。"

【心得】对待过错的态度如何，是区分君子与小人的标准之一。小人有了过错，一定会拼命巧以掩饰。君子则是闻过则喜，有过即改。修身立德，关键在于心。假如一个人有不肯改过的心，会比所犯的过失更加严重。朱熹在《论语集注》中说："小人惮于改过，而不惮于自欺，故必文以重其过。"小人害怕自己改过，而不害怕自欺欺人，所以一定加以掩饰，而加重自己的过错。《弟子规》亦云："无心非，名为错。有心非，名为恶。"

孔子说："过而不改，是谓过矣！"师者要注重引导学生，从自我纠错开始，往起心动念处用力，时时观照、深刻反省、积极引导，以形成正知正见，这是锤炼学生品格的关键。而率先垂范、光明磊落、良知清澈、知错即改，则是我们师者点亮学生心灯的动力源泉。

19.9 子夏曰："君子有三变：望之俨然①，即②之也温，听其言也厉③。"

【注释】①〔俨然〕庄重、严肃的样子。②〔即〕接近。③〔厉〕严厉，严谨不苟。

【大意】子夏说："君子有三变：远望他，庄严可畏；接近他，温和可亲；听他讲话，严厉不苟。"

【心得】教师在学生心中应是什么样子？子夏所描绘的"君子三变"，似乎就是我们所向往的极具魅力的师者形象。相貌举止，严肃庄重而不轻浮，既是对别人的一种尊重，也是为自己赢得尊重的良好品质。与人为善，成人之美，是教师的基本素质。"温而厉、威而不猛、恭而安"，应是教师内在修养的高雅体现。待人要温和，但是温和是态度，不是内容。老师不能一味迎和学生，说话做事要坚守原则，言之有理，却不苛求。时时处处以礼节之，应是教师学识和修养的有力支撑。

"君子三变"的实质，是人格魅力的呈现，即人的"精神长相"。它是人内心秩序、内在素养的外在表现；是人持之以恒、心无旁骛的道德坚守；是人主动选择、安于当下的心灵之光。对于教育者来说，由内而外地养护自己的"精神气质"与"生命磁场"，充分珍视对学生及他人生命质量的影响、感召与感化，定会使教育更有温度，更有灵性，更有魅力。

19.10 子夏曰："君子信①而后劳②其民，未信，则以为厉③己也；信而后谏，未信，则以为谤己也。"

【注释】①〔信〕信任。②〔劳〕役使。③〔厉〕虐害。

【大意】子夏说:"君子必须取得民众的信赖,才可以役使他们,否则民众就会以为你是在虐害他们;要取得上位者信任,然后才进谏,否则君主就会以为你是在诽谤他。"

【心得】民无信不立。本章子夏谈信任在上下级关系中的作用,进一步强调诚信乃安身立命之本、社会和谐清明之源。

君子使民事君,对上对下,应以足够的信用,建起足够的信任,才可相互成就,同心致远!居上,只有礼敬百姓,做出表率,切实有利于民众,方可赢得民心。居下,也只有"忠"君之事,取得上位者的信任,建议才能被君主认同与采纳,自己的理想抱负,才可在上位者的护佑与支持下得以实现。正如孔子所言,"君使臣以礼,臣事君以忠"。

同理,"亲其师,信其道"。和谐的师生关系,定是以教师的人格魅力、学识魅力、职业魅力所形成的令人信服的领导力和信任感为基础的。只有学生信任老师,老师的身份才会受到尊敬;老师传授的道才会被学生接受;老师的教化,才能真正起到作用。在优化师生关系的天平上,老师要努力赢得学生的尊重与信任,使自己处于感情之基、合作之始、共育之源的核心位置。赢得信任的结果,是彼此相融,无为而致。

19.11 子夏曰:"大德①不逾②闲③,小德④出入可也。"

【注释】①〔大德〕指大节。②〔逾〕越过、超过。③〔闲〕栅栏,这里指界限。④〔小德〕指小节。

【大意】子夏说:"大节上不能超越界限,小节上有些出入是可以的。"

【心得】儒家向来崇尚仁义,以天下为己任。因此,子夏认为,有君子人格的人,应当思虑根本,顾全大局大德,而不在细枝小节上拘泥计较。

所谓"大德",常指那些涉及整个社会、国家、人类的根本问题,如核心价值、社会公德、政治主权等。"小德"则指涉及个人的生活小节等细微的、无关紧要的问题,如起居方式、兴趣爱好等。对此,孰轻孰重,相信智者自明。

若观人,则主要应观其大节,不在小节上苛求;若自省,则大德不可逾闲，小德亦不可出入。一旦细行不慎，便会溃于蚁穴，终累大德。然而，有人依"小德出入可也"，为自己修身不实、不细、不严开脱辩解，终酿大过，痛失前程。

儒学一贯恪守中正，不走极端。若一个人长期过于追求完美，求全责备，则会消磨激情，迷失信心。因此坚守原则，灵活权变，严于律己，宽以待人，也是本章给我们的重要启示。真正的教育者，不是没有失误，而是他总会让"痛"的地方长出智慧，从失误中汲取新的向善向美的力量。

19.12 子游曰："子夏之门人小子，当洒扫应对进退，则可矣。抑①末也，本之则无，如之何？"子夏闻之，曰："噫，言游过矣！君子之道，孰先传焉？孰后倦②焉？譬诸草木，区以别矣。君子之道，焉可诬③也？有始有卒者，其惟圣人乎！"

【注释】①〔抑〕连词，表示转折。这里是可是的意思。②〔倦〕这里与"诲人不倦"相通，有教诲、倦教义。③〔诬〕欺骗。

【大意】子游说："子夏的学生，做些打扫和接待客人的工作，是可以的。可这些只是末节小事，根本的东西却没有学到，这怎么行呢？"

子夏听了，说："唉，言游说错了。君子之道，哪些先传授，哪些后教诲，就和草木一样，是要分类区别的。君子的道，怎么可以不按照先后秩序和学生资质，而妄以施教呢？能对道按本末顺序，有始有终贯通施教的，恐怕只有圣人吧！"

【心得】子游、子夏同列孔门十哲，均以文学见长。

此章二人探讨的是关于教育的"本末之争""先后之论"，较好地诠释了孔门"因材施教"的观念。以学者之质论教，珍视秉性，尊重差异，有的放矢，是因材施教的"主体之本"；以生活课程为主，学生活常识，习生活技能，悟生命意义，是因材施教的"内容之本"；学以润身，切己体察，有始有卒，循循善诱，是为教的"精神之本"。盖如《大学》之说："物有本末，事有终始。知所先后，则近道矣。""自天子以至于庶人，壹是皆以修身为本。"

生活即教育，社会即学校。只有贴近生活、服务生活、源于生活的教育，才是真教育。生活中，培植学生热爱、体验、创造美好生活的担当与情怀，永远是素质教育的核心。

19.13_ 子夏曰："仕①而优②则学，学而优则仕。"

【注释】①〔仕〕入官从职。②〔优〕有余力。

【大意】子夏说："仕者有余力宜从学，学者有余力宜从仕。"

【心得】本章子夏谈"仕"与"学"的关系。孔子曾说："不患无位，患所以立。"入仕为官，要想佐君利民，建功立业，就应不断学习、实践、明理，用圣人之道去为政以德，经世济民，利益天下。因此，"学"应为"仕"的先导、基础和保障。学习达到了一定程度，具备了一定素养，也就是人格渐趋完善的时候，可以出仕为官，以更好地为学弘道，达至理想。

"学"与"仕"的关系，也好比学习与实践的关系，相辅相成。作为教师，恒久地学习与实践，应是我们享受教育、享受人生最美的姿态。同时，要唤醒、点燃学生"学优而仕"的激情，让他们更好地磨砺自己，提升品格，报效祖国。这亦是当下"为党育人、为国育才"应秉持的基本准则。

19.14_ 子游曰："丧致①乎哀而止。"

【注释】①〔致〕极，尽。

【大意】子游说："丧葬之礼，做到充分表达哀伤之情就可以了。"

【心得】孔子说："乐而不淫，哀而不伤。"快乐不过分，悲哀不悲伤。乐有度，哀亦有度。然而在现实生活中，文胜质衰，尚形轻义，是为仁、为政、为学、为师，需着力克服的陋习。儒家倡导"中庸之和"，避免"过犹不及"。临丧，在至诚至敬、悲恸哀伤之时，应注意"致哀""节哀"。一方面要尽显哀戚至诚、慎终追远之情，毋奢，宁俭；一方面不要因过于悲痛而失性伤身，需理智地遏制自己情绪的发泄，极尽哀情，适可而止。否则，形式太过、悲情太重，皆属不义不孝。

类比"丧"与"哀"的关系，"形式"与"内容"，"外显"与"内生"，是我们教育过程中常常遇到且需要平衡的问题。但只要我们遵循"志于道，据于德，依于仁，游于艺"的路径，恪守"立德树人"的初心，那么，本末即可自得，内外皆可兼修。教育应归于秉性，归于自然，归于常态，归于本真，归于常识。

作为孔门文学科的代表人物，子游贤达聪慧，文道兼修，亦称吴地"旷世贤才"。其思想遗训，值得师者深思探究。

19.15_ 子游曰："吾友张也，为难能也，然而未仁。"

【大意】子游说："我的朋友子张是难得的了，然而还没有达到仁的境界。"

【心得】本章是子游对子张的评价。子游和子张同师于孔门，子游认为，子张才高意广，人所不能为者，他却为之，实属难能可贵，但是，似乎还没有达到仁的境界。

子张在孔门弟子中，算是睿智聪慧、才华出众的好学之辈，且对孔子的思想有较深的领悟。尽管子张相当优秀，但是，子游并没有因此而随声附和，而是以充满着期冀的激励，鞭策子张需内修道本、诚实恻怛。另外，"仁"是一种理想、一种愿景，其可求、可近，而不可达。因此"未仁"，并不会影响子张在后世人们心中的贤者形象。责善，乃朋友之道。子游换位思考，忠告善道，智慧施爱，也给老师们为人处世、教书育人树立了一个"群友共学共进"的榜样。人当有诤友，友应学子游。

朋友之间不能只唱赞歌，而没有"建议"与"批评"，有风有雨，有褒有贬，真诚砥砺，才是真实的人生和友谊。

至此数章，群贤毕至，相与论学，其礼之诚，其情之真，其意之切，令后世之儒可感、可鉴。

19.16 曾子曰："堂堂①乎张也，难与并为仁矣。"

【注释】①〔堂堂〕高大显赫，形容容貌威严，不易接近。

【大意】曾子说："子张仪表堂堂，很难与他一起做到仁。"

【心得】本章是曾子对子张的评价。对此章的理解，常有两种观点：一种是赞美褒扬，认为子张气度宏达、德行高远，这种高度很少有人能够企及；另一种是激励鞭策，说子张外表堂堂，似乎修养浅薄，很难与他合作以达到仁的境界。

《论语》中，孔子曾评价"师也过"，可见子张做事有时把握不住分寸，容易过火，这无疑是一种缺憾。上一章子游评价子张"然而未仁"，再结合此处曾子的话，我们可以看出，鞭策警示的观点更接近曾子的本意。

一个人固然要重视外在表现，但与之相比，内在修养更重要。"表里如一"的根，在于"里"；"身之主宰"的本，在于"心"。曾子性格内向敦实，讲究内敛自省之功；子张性格外向张扬，注重仪容仪表之姿。其间存在差异，均属常态。珍视合作，互相砥砺，彼此融合，亦显君子之风。

应该说，学生喜欢老师，往往始于颜值，敬于才华，合于性格，久于善良，终于人品。简言之，表里一致，内外兼修，合作共赢，应是我们为师一生的修为与追求。

19.17 曾子曰："吾闻诸夫子，人未有自致①者也，必也亲丧乎。"

【注释】①〔致〕尽其极。

【大意】曾子说："我听老师说过，人没有能自己竭尽其感情的，如果有，那一定在父母去世的时候吧。"

【心得】儒家一向强调真诚，反对虚伪。就像孝悌由近及远，有亲有疏，实属人之本性一样。生身父母一旦离世，儿女居丧行事，定会内尽其心，无一丝之勉强；外尽其礼，无一毫之欠缺。人们柔弱的内心情感，一旦被激起、唤醒，其触动是深刻的，影响是深远的，力量是无穷的。

作为教育者，如何走进学生的心灵世界，从"唤醒"到"自省"，从"点燃"到"自燃"，从"他律"到"自律"，从"他育"到"自育"，应是本章给我们的重要启示。一切改变，应从孝做起，以伦常大道为根本遵循。"情境教育""心灵教育""生本教育"，都是实现从激励到自励，开掘内生动力的有效课题。只有着力帮助学生提升建设心灵的品质，在心灵深处从小播下"孝、悌、忠、信、礼、义、廉、耻"的种子，才可在爱亲人、爱祖国、爱人民、爱共产党、爱社会主义的实践中，培育出有大爱、大德、大情怀的栋梁之才。

19.18 曾子曰："吾闻诸夫子，孟庄子①之孝也，其他可能也，其不改父之臣与父之政，是②难能也。"

【注释】①〔孟庄子〕鲁国大夫，名仲孙速，孟献子的儿子。②〔是〕这。

【大意】曾子说："我听老师说过，孟庄子的孝，其他人也可以做到，而他不改父亲的旧臣和父亲的政治措施，这是难以做到的。"

【心得】作为新政之君，孟庄子不改父之臣与父之政，有别于新官上任"三把火"，有异于"一朝天子一朝臣"。

去其臣，改其政，无可厚非。只是，孟庄子更智慧，更包容，更孝慈。这也体现了孟庄子"以国事为重"的"大孝"之德行。

作为老师、班主任、校长，如何在传承与创新之间，找到契合发展的支点，应是在接受新课、新班、新校时要着力做实的第一步。它既展示我们的德行修养、处事方法，也关系到个体与群体的志、情、心的凝聚与统一。而这个支点，应该就是利于事业发展、益于人们成长的教育初心。只要起心动念，放在"利国利民"上，那么不论如何做，均可谓"至诚至孝"之举。

19.19 孟氏使阳肤①为士师②，问于曾子，曾子曰："上失其道，民散久矣。如得其情，则哀矜③而勿喜。"

【注释】①〔阳肤〕曾子的弟子。②〔士师〕典狱官。③〔矜〕怜悯。

【大意】孟氏任命阳肤做典狱官，阳肤向曾子请教。曾子说："在上位的人离开了正道，百姓早就离心离德了。你如果能审出犯罪的真情，应该怜悯同情他们，而不要沾沾自喜。"

【心得】本章曾子告诫弟子"士师之道"。民之为非，非本性使然，而是为某种境遇所迫，无奈而为，其根源并不全在他们个人身上，而是上位的"肉食者"们，夺、激、辱，使之为恶也。儒家这种换位思考、包容理解，似乎更具力量，更易引导误入歧途者改过自新。

真正令法官欣慰的是使天下无讼。因此，怜悯、关爱、劝导、唤醒，应是每一个执法者必备的情怀。让社会永无罪案，那既是我们的理想，也是我们的责任。明白因果，反求诸己，既是人生的智慧，也是"士师之道"的关键。

作为教师，如何面对犯错的学生？一、不要抱怨指责和妄加惩罚，而要接纳和理解，给予呵护与关爱，以促其改变。二、工作前置，多思考如何让学生不犯错的问题，溯本求源，防患于未然。

以上四章，曾子通过论"仁"与"孝"、"情"与"法"，充分显现了儒家修齐治平、注重内修、秉持孝道的思想，以及身心一体、情理相融、知行合一的育人原则。

19.20 子贡曰："纣①之不善，不如是之甚也。是以君子恶居下流②，天下之恶皆归焉。"

【注释】①〔纣〕商代最后一位君主，名辛，纣是谥号。②〔下流〕地形低洼，各方水流汇集的地方，引申为不利的地方。

【大意】子贡说："纣的不善，不像传说中的那样过分。所以君子厌恶处在不利的地方，使天下一切坏名声都归到他身上。"

【心得】纵观古今历史，舆论对一个人的评价，往往带有一种从众的"惯性"，墙倒众人推。因此，子贡劝诫君子，要注重修身，既要有出淤泥而不染的功夫，谨慎行事，还要有更高的境界格局，多行善，少作恶，否则恶名一旦形成，众恶归之。

于言这种尊重事实、不人云亦云的思维方式，定会对我们客观地认识世界和公正地评价每一个学生和每一件事情，提供有益的借鉴。

19.21 子贡曰："君子之过也，如日月之食①焉。过也，人皆见之；更②也，人皆仰之。"

【注释】①〔日月之食〕指日食和月食。②〔更〕改。

【大意】子贡说："君子的过错，就好比日食、月食。他犯了错，人们都看得见；他改正过错，人们都仰望他。"

【心得】此章以日食、月食为喻，赞颂君子，既要有悔过自新的态度，也要有真诚地纠错改错的言语行动。

人非圣贤，孰能无过？人们出现差错，就像天上的日食月食一样，实属自然现象。重要的是，我们如何对待？若闻过即改，则人们依然会仰视敬佩；若有过惮改，甚至有意遮掩，则错上加错，终铸大过。

"德备言自立，业精教乃成。"教师之爱的本质，不仅仅是付出和教育，真正的爱，必须能使对方和自己趋向完善。只有秉持光明磊落的处世态度，恪守实事求是的敬业精神，具有接纳和解决问题的底气与勇气，闻过则喜，过而能改，教师的教育才会真正成为学生和自身快速成长的"助推器"与"净化器"。

19.22 卫公孙朝①问于子贡曰："仲尼焉②学？"子贡曰："文武之道，未坠于地，在人。贤者识其大者，不贤者识其小者，莫不有文武之道焉。夫子焉不学？而亦何常师之有？"

【注释】①〔公孙朝〕卫国大夫。当时鲁、郑、楚三国也都有公孙朝。所以指明卫公孙朝。②〔焉〕何处，哪里。

【大意】卫国公孙朝问子贡说："仲尼的学问，是从哪里学的？"子贡说：

"文王武王的道，没有失传，还留在人们中间。贤能的人认识了其大处，不贤的人只认识了其小处，在他们身上无不都有文王武王之道。我们老师哪里不在学，而又哪里有固定的老师呢？"

【心得】此章子贡言夫子学无常师。人人事事，都可以学；时时处处，都可以习。夫子曾问礼于老聃，访乐于苌弘，问官于郯子，学琴于师襄，其见贤思齐，谦卑自牧。夫子好学、乐学、博学、笃学、善学的崇高品格，一直激励着后世之儒学而不厌，诲人不倦。

教育，不应仅仅理解为"教师所从事的工作"，而应是"一切让人的思想、行为获得改善或提高的活动"。人人都是教育者和被教育者。教育时时处处都在发生，生命互化每时每刻都在进行。明白此道理，教师定会更加珍视自己的一言一行。因为，这浸润承载着教师对一颗颗美好心灵和生命的敬畏与滋养！

在孔子的故乡曲阜，那里的人们称呼陌生人为"老师"，他们确信"三人行必有我师"。当社会的每个公民都具有教育意识时，就更具备了责任与担当，社会也就会呈现更多谦逊和谐的声音。人的一生，是一个不断学习成长、自我完善的历程；而相伴一生的学习成长，是一个人生命精彩与幸福的内涵所在。

19.23 叔孙武叔①语大夫于朝，曰："子贡贤于仲尼。"子服景伯②以告子贡。子贡曰："譬之宫墙③，赐之墙也及肩，窥见室家之好。夫子④之墙数仞，不得其门而入，不见宗庙之美、百官⑤之富。得其门者或寡矣。夫子之云，不亦宜乎！"

【注释】①〔叔孙武叔〕鲁国大夫，名州仇，"武"是他的谥号。②〔子服景伯〕名何，鲁国大夫。③〔宫墙〕围墙。④〔夫子〕此处是子贡尊称老师孔子；下文的"夫子"，是子贡对叔孙武叔的敬称。⑤〔官〕通"馆"，这里指房舍。

【大意】叔孙武叔在朝廷上对大夫们说:"子贡比仲尼更贤。"子服景伯把这话告诉了子贡。子贡说:"拿围墙来作比喻吧,我家的围墙只有齐肩高,人们在墙外可以看得到房屋的好;老师的围墙却有数仞高,如果找不到门进去,就看不见里边宗庙的富丽堂皇和房舍的多种多样。能够找到门的人或许不多吧。叔孙武叔那样讲,不也很自然吗?"

【心得】叔孙武叔作为"三桓"之一,势力很大,却与大夫们在朝堂贬低孔子,盛赞子贡,这给子贡出了一道难题。然而,子贡没有直言批评,而是婉转设喻,以警醒劝告:自己的德行、学识,就像齐肩的宫墙,一眼就被人看透,非常浅薄;老师的学问、修养,却似宗庙宫殿一样高大、富有,想了解,一般人找到门都不易,更何谈登堂入室。这既展示了夫子德行学识的高度、深度,维护了孔门圣师的形象,也委婉地点出叔孙武叔浅陋和无知的症因。

此章一喻三层,意旨分明。第一层是叔孙武叔、子服景伯之类的朝廷大夫,他们属于有位而修德不够的君子;第二层是子贡,属于已得其门、渐臻圣境的贤人"寡者";第三层是学识德行令人仰之弥高、钻之弥坚的"大成至圣"孔子。为学、做人处于哪个段位,便会有相应的言行。所以子贡说"夫子之云,不亦宜乎!"

学以致道,见人见己。人唯有立足于学,知言知人,切己体悟,方可真正步入孔子博大精深的精神世界,与之心心相通,获得照见与温暖。

19.24 叔孙武叔毁仲尼。子贡曰:"无以为也[1]!仲尼不可毁也。他人之贤者,丘陵也,犹可逾也;仲尼,日月也,无得而逾焉。人虽欲自绝,其何伤于日月乎?多[2]见其不知量也!"

【注释】[1]〔无以为也〕即"无用为此",这样做是没有用的。以,此。[2]〔多〕只、恰好。

【大意】叔孙武叔诽谤仲尼。子贡说:"这样做是没有用的!仲尼是毁谤不了的。别人的贤德,好比丘陵,还可以超越过去;仲尼的贤德,好比日月，是无法超越的。虽然有人要自绝于日月，对日月又有什么损害呢？恰恰是表明他的不自量而已。"

【心得】此章是子贡对毁谤夫子者的驳斥。与前章相比，前者婉转，注意语境，顾及情面；后者直接，抛开顾虑，直面训斥。

孔子建立了以"仁爱"为核心的儒学理论体系，开创了平民教育、民办教育的先河，倡导并建构了有教无类、因材施教、终身学习的教育思想。当叔孙武叔再次诋毁孔子时，子贡挺身而出，引喻辩驳，其言之凿凿，有理有据，令人钦佩。

其言语中，子贡对夫子浓浓的笃信、尊崇、敬畏之情，溢于言表。

19.25 陈子禽谓子贡曰："子为恭①也，仲尼岂贤于子乎？"子贡曰："君子一言以为知②，一言以为不知，言不可不慎也。夫子之不可及也，犹天之不可阶而升也。夫子之得邦家者③，所谓立之斯立，道④之斯行，绥⑤之斯来，动之斯和。其生也荣，其死也哀，如之何其可及也！"

【注释】①〔为恭〕故作谦恭。②〔知〕通"智"。③〔得邦家者〕指做了诸侯或卿大夫。④〔道〕通"导"，引导，教化。⑤〔绥〕安抚。

【大意】陈子禽对子贡说："你是谦恭吧，仲尼难道比你还贤德吗？"子贡说："君子一句话就表现出他有智慧，一句话也可以表现出他无智慧，所以说话不可以不慎重啊。老师的高不可攀，正像天是不能靠梯子登上去一样。老师如果能够得到诸侯或卿大夫之位，那就会像人们所说的那样：想要百姓立于礼，百姓就会立于礼；想要引导百姓以德行事，百姓就会以德行事；想要用仁政安抚百姓，百姓就会远来归附；想要以乐教感动百姓，百姓就能和睦安乐。夫子健在，大家都尊敬挚爱他，以之为荣；夫子去世，大家都为之悲伤哀痛。这样伟大的圣人，我们怎么可以赶得上呢？"

【心得】此章通过记述子贡反驳同门弟子质疑夫子的对话，赞颂了孔子大成至圣、无可比及的光辉形象。

在孔门弟子中，子贡对孔子德行学问的传承和维护堪称首屈一指。子贡是商界奇才，不仅富可敌国，而且做过鲁、卫两国之相，外交执事，纵横捭阖，屡立奇功。因此，有人认为他贤于夫子，但子贡大斥其非，并将夫子比作天，世人不可企及。

本篇后三章，子贡结合"立言""立德""立功"，巧为譬喻，盛赞孔子，字字珠玑。首赞学问高深宏大，语言迂曲婉转；再赞德行明如日月，言辞刚健直截；三赞济世安民，功高如天，辞令直接犀利。至此，孔子"高山仰止，景行行止"的圣人气象便厚植于世人的心中。

"爱出者爱返，福往者福来。"亲近学生，走进心灵，以爱博爱，诲人不倦，努力做一名有理想信念、有道德情操、有扎实学识、有仁爱之心的好老师。或许，这就是夫子赢得学生拥戴的最佳诠释。

尧曰篇第二十

《尧曰篇》共3章。邢昺《论语注疏》云："此篇即二帝三王，及孔子之语，明天命政化之美，皆是圣人之道，可以垂训将来，故殿诸篇。"

三章分别勾勒出孔子以及弟子在整部《论语》中不断强调的治国理想、为政基础以及为人根基。微言大义，旨在道统传承，源远流长，生生不息。中华优秀传统文化五千年的根脉，由此绵延不断，更需要我们为师者勇担重任，传承弘扬。

孔子曰："不知命，无以为君子也。"师者的使命是"传道、授业、解惑也"，以传道为第一要务。

20.1 尧曰①："咨②！尔舜③！天之历数④在尔躬，允⑤执其中⑥。四海困穷，天禄永终。"舜亦以命禹。曰⑦："予小子履⑧，敢用玄牡⑨，敢昭告于皇皇后帝：有罪不敢赦。帝臣⑩不蔽，简⑪在帝心。朕⑫躬有罪，无以万方⑬；万方有罪，罪在朕躬。"周有大赉⑭，善人是富。"虽有周亲⑮，不如仁人。百姓有过，在予一人。"谨权量⑯，审法度⑰，修⑱废官，四方之政行⑲焉。兴灭国，继绝世，举逸民⑳，天下之民归心焉。所重：民、食、丧、祭。宽则得众，信则民任焉。敏则有功，公㉑则说㉒。

【注释】①〔尧曰〕即尧说。引号内的内容为尧禅让帝位给舜时所说的话。②〔咨〕感叹词。③〔尔舜〕你这位舜。④〔历数〕古时指帝王代天理民的顺序。古时帝王常假托天命，称帝位是由天命决定的。⑤〔允〕诚信。⑥〔中〕即中道，不偏不倚之道。⑦〔曰〕引号内为商汤向天祈雨所说的话。⑧〔予小子履〕商汤名履，予小子是自称。⑨〔玄牡〕黑色的公牛。⑩〔帝臣〕商汤指称自己。⑪〔简〕选择。⑫〔朕〕我。秦以前，不论尊卑，都可自称朕。⑬〔万方〕四方。⑭〔赉（lài）〕赏赐。⑮〔虽有周亲〕引号内是周武王所说的话。虽，即使。周亲，至亲。⑯〔权量〕权与量。测定物体轻重、长短的器具。⑰〔法度〕泛指所有的礼乐制度。⑱〔修〕整治，恢复完善。⑲〔行〕流通。⑳〔逸民〕节行超俗、遁世隐居的人。㉑〔公〕正直无私。㉒〔说〕通"悦"。

【大意】尧说："咨，你这位舜啊！天命已经降落在你身上了，要真诚地按中道行事。百姓处于困境，天赐的禄位也就永不再续了。"舜对禹也说了同样一番话。商汤说："小子履我谨慎地用纯黑色公牛来祭献，明明白白地向伟大的天帝敬告：有罪者，我不敢赦免。您的臣仆的善恶我也不敢有所隐瞒，您心里自有选择定论。我自身有罪，不必牵涉四方；四方有罪，罪在我一人。"周获得上天的恩赐，天下善人越来越多。武王说："虽然有至亲，也不如有仁爱之人。百姓若有过错，过错在我一身。"（孔子说：）谨慎整顿权量等器具，审慎地制定法度，重新修立已经废弃的官职，天下四方的政令就通行了。复兴已经灭亡的国家，接续已经断绝的家族，举用被遗落的人才，天下的老百姓就会真心归服了。应该重视的有四件事：老百姓，食物，丧事，祭祀。宽厚就能得到百姓拥护，诚信就能得到别人的任用，勤敏就能取得成功，正直无私、秉公办事就会让人心情愉悦。

【心得】这一章集中展示了孔子的治国理想，强调治理国家的重点，虽是轮廓描述，但要义尽显，极具参考价值。通过古帝王的言行，强调民本的至关重要性；通过所重四个方面的序列呈现，强调以民为首。当民陷于困境时，生产难以为继，国家太平从何谈起？民有才而不用，隐逸遁去，怎么可能是国家富强该有的迹象？民若有罪，罪在帝王，这从另一方面表明帝王为民谋福祉的根本判断与气度，真正体现了对统治者走到群众中去，从百姓角度考虑问题，为群众服务的理想模式的呼唤。

民无罪，罪在我，是第一个层面；民要生活在法令通畅、度量衡童叟无欺的氛围内，是第二个层面；民有才能用在恰当的地方，能看到朝政展现的光明，使民信服归顺，是第三个层面；上施纲有方，下各得其所，是第四个层面。这一章对儒家民本思想、仁爱思想的阐发具体且深刻，对后世无论在理论上还是实践上都产生了巨大的影响。

对教育而言，有两方面的突出启发：一是生本思想。我们要以学生为本，站在以学生为本的立场，传其道、授其业、答其疑、解其惑。二是善于自我批评的态度。学生学习能不能进步，思想能不能提高，教师也要时时反思，在培根铸魂、启智增慧方面是否有做得不到位的地方，进而寻找方法，采用切实有力的措施提高教育效果。

20.2 子张问于孔子曰："何如斯可以从政矣？"子曰："尊五美，屏①四恶，斯可以从政矣。"子张曰："何谓五美？"子曰："君子惠而不费②，劳而不怨，欲而不贪，泰③而不骄，威而不猛。"子张曰："何谓惠而不费？"子曰："因民之所利而利之，斯不亦惠而不费乎？择可劳而劳之，又谁怨？欲仁而得仁，又焉贪？君子无众寡，无小大，无敢慢，斯不亦泰而不骄乎？君子正其衣冠，尊其瞻视，俨然人望而畏之，斯不亦威而不猛乎？"子张曰："何谓四恶？"子曰："不教而杀谓之虐；不戒视成谓之暴；慢令致期谓之贼；犹之④与人也，出纳之吝，谓之有司⑤。"

【注释】①〔屏〕除去。②〔费〕破费。③〔泰〕舒泰。④〔犹之〕犹如。⑤〔有司〕官员。古代设官分职，各有专司，因此称"有司"。

【大意】子张向孔子请教："怎样才可从政呢？"孔子答："推崇五美，

除去四恶，才可以从政。"子张问："五美指的是什么？"孔子答："君子要施人以恩惠，又能不让自己破费，百姓劳苦却不生怨恨；有欲望但不贪婪无厌，舒适还不骄傲，威严而不凶猛。"子张问："施人恩惠却不用自己破费怎么解读？"孔子答："顺着百姓的利益去引导他们获利，这不就是惠及他人但自己又不必破费什么吗？选择适合劳作的时间或事情让百姓去劳作，又有谁会怨恨呢？希望得到仁就能得到仁，还有什么更多的贪求呢？对君子而言，无论多还是少，无论大还是小，都不敢怠慢，这难道不就是舒适却不骄傲吗？作为君子来说，端正自己的衣冠，严肃自己的目光，一副庄严的样子，人们见了就心生敬畏，这不就是威严而不凶猛吗？"子张问："四恶又是指什么呢？"孔子答："没有教化却施以杀戮，就是'虐'；不予告诫而要求成功，就是'暴'；不及时催促而导致到期完不成，就是'贼'；犹如给人财物却出手小气、吝啬，就是'有司'。"

【心得】本章是子张和孔子关于从政的对话，一问一答，呈现了孔子的为政主张。孔子提出了"尊五美，屏四恶"的从政原则，到现在也有借鉴意义。"尊五美"所列各条，本来各项目之间都是矛盾的，给予别人自己通常要有所破费，让人劳累常常遭到抱怨，欲易贪得无厌，泰易骄傲跋扈，威必勇猛有加。在矛盾体中求得平衡，这是中庸之道的重要体现，也是对从政者的考验和要求。"屏四恶"也一样，是矛盾平衡术，是中庸的一种境界。

以"劳而不怨"为例，孔子和孟子所处时代劳动力非常重要，守护国家安全、满足物质需要、从事农业生产、营造楼宇殿堂等都需要人手，要"使民"而民无怨言，很难。该种庄稼的时候却派出去打仗，该收获的时候却让抓紧建殿宇，这不仅让人生怨，更能埋藏祸根。对百姓而言，这在情感上是大摧残。孔子说"道千乘之国，敬事而信，节用而爱人，使民以时"，孟子说"斧斤以时入山林"，与此一脉相承。先贤在矛盾中探索，孜孜以求，求得一种平衡。

就教育而言，换位思考，以学生为本，兼顾学情来制定教学目标，展开教学计划，找到教与学之间的平衡，非常必要。从某种意义上讲，教学是一种艺术，要看到和谐的一面，也要看到矛盾的所在，积极寻找解决矛盾的支点，只有这样，才能使矛盾得到有效化解。

20.3 孔子曰："不知命，无以为君子也；不知礼，无以立也；不知言①，无以知人也。"

【注释】①〔知言〕从言谈中了解他人的真意。

【大意】孔子说："不知命，不能成为君子；不懂礼，没法立身于世；不辨言语，难以了解他人。"

【心得】"命""礼"是孔子思想里极其重要的概念。孔子五十而知天命，转而一心从事教育，在这一领域大获成功，开启教育新篇章；一心克己复礼，因处战乱时代，无法实现心中信念。在全书最后一章，谈命、讲礼、析言，包含有人生理想信念、处世为人的信条。人生在世，必然要处理人际关系，如何立地为人，为世所用，孔子在本章寄寓了太多。

孔子不能为世所用，与他不为人所知紧密相关。虽四处碰壁，但他仍然孜孜以求。儒家求的是入世，积极参与社会生活，一展才华，在天地间有一番作为，孔子对做准备非常重视。在"四子侍坐"一章，孔子问弟子："居则曰：'不吾知也。'如或知尔，则何以哉？"正是强调了机会一旦到了，自己能不能行这一命题。这一章情节精彩、问答从容、意境丰富，我们从中看到了孔子的理想和抱负，也看到了他对弟子的期望。

因此，最后的"知言"，可以换个角度思考。如果我们明白如何表达，让他人知晓我们能从事哪方面的工作，那就好办了。

教育过程中，听其言、观其行，了解学生所需，是我们的日常。老师在备课的时候要多注重备课的对象，考虑他们的接收能力、知识背景，倾听他们的兴趣爱好、学科规划，明白他们的话语所指、疑惑所在，就能有的放矢，在教育领域谱写出新的篇章。

附录一

孔门弟子小传

有子 姓有,名若,字子有,春秋鲁国人。《论语》中提及四次。他是孔子晚年得意弟子之一,少孔子四十三岁。有子博闻强识,其提出的"君子务本""孝悌也者,其为仁之本""礼之用,和为贵"等若干观点,丰富了儒家学说。他的相貌极像孔子,孔子去世后,弟子想念老师,曾公推有子为师,后又作罢。

曾子 姓曾,名参,字子舆,春秋鲁国人。《论语》中提及十四次。孔子晚年得意弟子之一,少孔子四十六岁。他最注重修身,倡导"吾日三省吾身",以孝道著称,相传著有《孝经》和《大学》。从儒家的道统来说,曾子传子思(孔子之孙),子思传孟子,可见曾子是孔门主要的传道者之一。明代被封为"宗圣",与复圣颜子、述圣子思子、亚圣孟子一起享有孔庙配祀的荣耀。

子夏 姓卜,名商,字子夏,也称卜子夏,春秋卫国人。《论语》中提及十九次。孔子晚年弟子,孔门十哲之一,精通诗义,擅长文献。曾任鲁国莒父(今山东莒县)宰。孔子去世后,他继承了老师的教育事业,到魏国收徒讲学,曾一度担任魏文侯的老师。

子夏传世名言颇多,"博学而笃志,切问而近思"成为复旦大学校训;"四海之内皆兄弟"挂在联合国大厅;"仕而优则学,学而优则仕"思想对后世产生了很大的影响。

子贡 姓端木,名赐,字子贡,春秋卫国人。孔门十哲之一,子贡能言善辩,以口才著称,能力出众,在《论语》孔子与弟子的问答中,以他为最多，达三十八次。

子贡是孔门中培养出来的外交家，办事通达，成功斡旋于各诸侯国之间，曾经在孔子晚年时代表鲁国承担一次重要出使任务，取得重大成功，对当时格局产生了重要影响，被司马迁评价为"子贡一出，存鲁、乱齐、破吴、强晋而霸越。子贡一使，使势相破，十年之中，五国各有变"。子贡还是司马迁《史记·货殖列传》中一名成功的商人，在孔子弟子之中，最为富有。孔子与子贡之间有深厚的师生情谊。子贡非常尊重老师，积极宣传老师的思想，维护老师的声誉。孔子去世后，其他弟子均为老师守孝三年，而子贡为师守墓六年，被传为佳话。

在今天曲阜孔庙有"子贡手植楷""子贡庐墓处"等遗迹。

子路 姓仲，名由，字子路，又称季路，春秋鲁国卞人。《论语》中提及三十八次。孔子早期弟子，少孔子九岁，孔门十哲之一，以政事著名。子路出身寒微，为人耿直忠勇，信诺笃行，很有才能，孔子赞扬他"千乘之国可使治其赋"，曾为季氏宰、卫国蒲邑的大夫、卫国大夫、孔悝的邑宰，六十三岁时因重情守义不避卫国宫廷政变而死。他是与孔子最亲近、师生情谊最深厚的弟子之一，多次诤言孔子，孔子也经常批评他，又很了解他的为人，曾高兴地说"自吾得由，恶言不闻于耳"。他的至孝故事"为亲负米"被载录在《二十四孝》里。

宰我 姓姬，宰氏，名予，字子我，春秋鲁国人。《论语》中提及五次。孔门十哲之一，以言语著称，少孔子二十九岁。宰我思想活跃，好学深思，颇有独立思考的精神和独到的见解，是少有的正面对孔子思想提出异议的弟子，但他昼寝以及对"三年之丧"的言论，受到了孔子的严厉责备。后来，他到齐国任临淄大夫，因参与田常杀君事件而被灭族。

宓不齐 姓宓，名不齐，字子贱，春秋鲁国人。《论语》中提及一次，孔子很器重的弟子之一。据史书记载，他为单父（今山东单县）宰时，善于用人，能举能、招贤、退不肖；关心民生，不仅赋役较轻，而且在灾年能发仓粟、赈困穷、补不足；重视教化，以实际行动提倡孝敬父母、尊敬师长，以礼乐治世民，做到了"身不下堂而单父治"。

巫马期 姓巫马，名施，字子期或子旗，亦称巫马期、巫马旗，春秋末年陈国（或说鲁国）人。《论语》中提及二次。孔门七十二贤之一，少孔子三十岁，以勤奋著称。他早年必不齐为单父宰，任职期间，早出晚归，披星戴月，日夜不息，亲自处置各种政务，而使单父大治。

闵子骞 姓闵，名损，字子骞，春秋末期鲁国人。《论语》中提及五次。孔子早期弟子，少孔子十五岁，孔门十哲之一，以德行之纯孝著称，其"单衣顺母"的故事被载录在《二十四孝》里。他为人清高，甘辞费宰，是孔门弟子中为数不多主张不做官的人。唐朝时封为"费侯"，北宋时封为"琅琊公"。

今天，济南市内有一条"闵子骞路"，另有以其墓地扩建而成的"济南孝文化博物馆"。

高柴 姓高，名柴，字子羔，又称子皋、子高、季高，春秋齐国人。《论语》中提及两次。孔子中期弟子，以尊孔孝亲著称，比孔子小三十岁，身高不满六尺。自入孔门以后，他依礼而行，出入未曾违背礼节，为双亲守孝"泣血三年，未尝见齿"；在鲁卫等国为官时，按法规办事，执法公平，有仁恕之心，受到孔子的称赞、民众的赞扬；遇事能随机应变，卫国内乱时，他逃离并劝子路不要回宫里去，遭子路拒绝，结果回宫遇害。据明代《高氏族谱》介绍，他后来避乱弃官，设塾传播儒学，弟子遍布陈、郑、宋、卫、蔡、楚、鲁、晋等国，享年百岁。

澹台灭明 复姓澹台，名灭明，字子羽，春秋时鲁国武城人。《论语》中提及一次。孔子晚期的弟子，七十二贤之一，比孔子小三十九岁，曾为鲁国大夫。他为人公正无私，诚信守诺，行不由径，有君子之风。他志而修行，成为儒学的传道者之一，惠及江淮一带的弟子三百多人，是一位教育家。

曾点 姓曾，字皙、子皙，即曾参的父亲，春秋时鲁国人。《论语》中提及一次。他是孔子早期的弟子，少孔子六岁。其先祖原是贵族，后来家境没落。他的思想比较超脱，在《论语·先进》中表达志向是观礼、弹琴、唱歌，孔子认为他是有进取心的狂放之士。他痛恨当世礼教不行，立志改变现状，遂把理想寄托在曾参身上，教育十分严格。后来曾参学有所成，成为儒学大师，十分孝顺父母。与其子曾参均师从孔子，曾氏仁孝家风自此始，传承至今。

樊迟 姓樊，名须，字子迟，通称樊迟，春秋鲁国人。《论语》中提及五次。孔子晚期的弟子，少孔子三十六岁。他好学，上进心强，兴趣广泛，既学习道德文章又学习劳动生产，曾因向孔子请教种庄稼和种菜的事，受到孔子的批评。他勇武有谋略，曾协助冉求打败齐军，立有大功。唐朝被封为"樊伯"，宋朝加封"益都侯"。

漆雕开 复姓漆雕，名开，字子开、子若，春秋鲁国（或蔡国）人。《论语》中提及一次。孔子早期弟子，少孔子十一岁。他专心跟随孔子研习《尚书》，不愿做官，遂开坛讲学，发展了"性相近，习相远"的学说，提出并形成了"天理"和"人欲"的人性论，著有《漆雕子》十三篇。唐朝追封"漆伯"，宋朝加封"平舆侯"。

冉耕 姓姬，冉氏，名耕，字伯牛，春秋鲁国人。《论语》中提及两次。孔子早期弟子，孔门以德行著称的十哲之一，少孔子七岁。他担任中都宰时，以德惠民，以仁施政，治理有方，政绩显著。追随孔子周游列国，后来身患恶疾，孔子特去探望，师生情谊深厚。

言偃 姓言，名偃，字子游，亦称言游，春秋末吴国人。《论语》中提及八次。孔子晚期弟子，孔门以文学著称的十哲之一，少孔子四十五岁。他才华出众，擅长文献典籍，又有为政的才能与智慧，担任鲁国的武城宰期间以礼乐治政，全城弦歌不绝，一片祥和。

颜回 姓曹，颜氏，名回，字子渊，春秋鲁国人。《论语》中提及二十一次。孔子最赏识的弟子，品格高尚，以德行列孔门十哲之首，"卓冠贤科，优入圣域"，少孔子三十岁。他家境贫寒，自十三岁拜孔子为师，亲若父子，对孔子学说体悟精深，好学深思，学问渊博。他一生未仕，陪同孔子仕鲁，周游列国，整理"六经"古籍，讲学授徒。孔颜的安贫乐道，千古传诵。可惜早逝，孔子为此悲恸不已。明朝尊为"复圣"，与宗圣曾子、述圣子思子、亚圣孟子一起享有孔庙配祀的荣耀。

现今曲阜有颜庙、陋巷坊、陋巷井等遗迹。

颜路 颜氏，名无繇，字路，亦称颜由，春秋鲁国人。《论语》中提及一次。孔子早期的弟子，少孔子六岁。他尊崇儒学，孔子在阙里讲学时拜师，又在儿子颜回十三岁时送到孔门学习，这对颜回的成长影响是巨大的。他为鲁卿士，后被奉祀于颜庙杞国公殿。父子同师，逐步孕育发展了重仁好礼、尊师好学的颜氏家风。北齐颜之推《颜氏家训》长盛不衰，名扬古今中外。

孟懿子 姓仲孙，名何忌，谥号懿，春秋鲁国人。《论语》中提及一次。孔子中期的弟子，少孔子二十岁。他是鲁国大夫仲孙貜（jué，即孟僖子）的长子，鲁国三桓之一孟孙一脉，孟子的六世祖。孟懿子与南宫遵父嘱，师事孔子。

冉有 姓冉，名求，字子有，亦称冉求，春秋末鲁国人。《论语》中提及十六次。孔子中期弟子，以政事著称的孔门十哲之一，少孔子二十九岁。他很有才干，长于政事，为鲁国的执政季氏宰臣，因带兵打败齐国立功，而迎回流亡的孔子。但也因帮季氏聚敛民财，受到孔子的严厉批评。

南宫 姓仲孙，名适（kuò），字子容，后因居于南宫，便以此为氏，通称南容、南宫，春秋末鲁国人。《论语》中提及三次。南宫与兄孟懿子遵父嘱，师事孔子。南宫既仁又礼，为人敬慎，崇尚德性，孔子嘉其"邦有道，不废；邦无道，免于刑戮"，后将侄女嫁给他为妻。

冉雍 姓冉，名雍，字仲弓，春秋末年鲁国人。《论语》中提及七次。孔子中期弟子，以德行著称的孔门十哲之一，少孔子二十九岁。他出身贫寒，仁笃敦厚，曾为季氏私邑的长官，为政居敬行简，主张以德化民，赦小过，举贤才，孔子因此高度赞誉"雍也可使南面"。后来，荀子把他列为大儒。

原宪 姓原，名宪，字子思，也称原思、仲宪，春秋鲁国人。《论语》中提及两次。孔子晚期的弟子，少孔子三十六岁。他遵守节操，素性狷介，饱读诗书而独行君子之德义。内心清净，安贫乐道，在担任孔子管家时，曾经婉拒孔子给他的俸禄；孔子去世后，他退隐卫国，不附合世俗，过着"不厌糟糠，匿于穷巷"的日子，"衎然有自得之志"，让人肃然起敬。

公伯寮 姓公伯，名寮（一作"僚"），字子周，春秋末鲁国人。《论语》中提及一次。他曾与子路同为季孙氏家臣，诋毁子路，背弃了孔子的学说。

公西赤 姓公西，名赤，字子华，亦称公西华，春秋末鲁国人。《论语》中提及五次。孔子晚期的弟子，少孔子四十二岁。在孔子弟子中，他谦虚、好学，以擅长祭祀、宾客之礼著称。据《礼记·檀弓》记载，孔子去世后，他为之设计葬礼，汲取和融合了夏、商、周三代的丧礼元素，彰显了孔子的身份与地位，也体现出他对于礼仪文化的深湛修养。

公冶长 姓公冶，名长、苌，字子长、子芝，春秋齐国人。《论语》中提及一次。孔门七十二贤之一，自幼家贫，勤俭节约，聪颖好学，博通书礼，德才兼备，终生不仕，而是教学育人，成为著名文士，深受孔子赏识。相传通鸟语，并因此无辜获罪，却忍辱负重，泰然处之，无所怨恨。后来，孔子不计较公冶长的境遇、门第等，择他为女婿。

琴牢 姓琴，字子开，又字张，又称琴张，春秋卫国人。《论语》中提及一次。据《孟子·尽心下》记载，孔子认为他是狂士，能坚守道德底线，志向远大，有冲劲，锐意进取，但不一定能够成就事业。在唐时追封为"南陵伯"，宋时加封为"顿丘侯""平阳侯"。

司马耕 姓司马，名耕，字子牛，亦称司马牛，春秋宋国人，孔子晚期的弟子。《论语》中提及三次。司马耕善言谈，性躁急，整天忧心忡忡，而孔子因材施教，劝他"说话要慎重"，"自己问心无愧，就不要有忧愁和恐惧"；子夏则劝说："只要做事严肃认真，对人恭敬有礼，四海之内皆兄弟也。"

颛孙师 复姓颛孙，名师，字子张，春秋陈国人。《论语》中提及二十次。孔子晚期弟子，少孔子四十八岁，跟随孔子周游列国。他为人雍容大度，仪表极好，清流不媚俗，缺点是秉性邪僻，难于接近，孔子对他的评价是"辟，庄而不能同"。他终生未仕，好学深思，喜欢与孔子讨论问题，学业出众，造诣卓越，后人称其有"圣人之体"，是儒家八派之一。

陈亢 姓陈，名亢，字子禽，春秋陈国人。孔子晚期弟子，少孔子四十岁。《论语》中提及三次，即著名的"三问"：问闻政，问贤，问家教。随孔子到卫国，留下做了官。曾做过单父宰，施德政于民，颇受后人好评。其兄死，反对家人殉葬。明代学者顾龙裳写有《公堂清燕》诗："缅想鸣琴治邑时，雍容雅化坐无为"，以颂扬他专施德化不用刑罚、公堂抚琴、无为而治。据《河南郡志》记载，北宋宋真宗时被封为"南顿侯"。

附录二

孔颜之乐即师生幸福之道

从春侠　文东茅[①]

孔子出生在一个礼坏乐崩的动乱时代，生不逢时，出身低微，其自叙云："吾少也贱，故多能鄙事。"命运多舛，大起大落，怀才不遇，一生奔波，挫折不断，这是孔子真实的一生，似乎困顿悲惨，生无可恋。

然而，事实并非如此。孔子是我国伟大的思想家、教育家、哲学家，有着广泛而深远的世界影响。他创立了儒学，总结继承了古代文化成果，被孟子称为"集大成者"；他开创了私学，开启了有教无类的教育先河，把思想和文化传授给学生，形成了儒家道统，奠定了中华文化主干。"简单说，孔子总结继承了他之前两千五百年的文化成果，又影响了他以后两千五百年中国文化的发展"[1]。这是何等辉煌伟大的成就！孔子被后世尊崇为"大成至圣先师""万世师表"，古往今来，无出其右。他当得起如此尊荣！

由此，我们不禁好奇，孔子是如何炼成的？或者说，在各种客观条件看似都不具备的情况下，孔子从哪里获得磅礴的生命动力，能够始终"发愤忘食，乐以忘忧""学而不厌，诲人不倦"，一步一个脚印，走出他波澜壮阔的人生？实际上，这不是新问题，而是一个经典的老问题。据《宋史·道学传》记载[2]，北宋理学家程明道、程伊川兄弟曾从学于周濂溪，

[①] 文东茅系北京大学教育学院、教育经济研究所教授，初心幸福教育之家发起人。

濂溪先生便令二程寻思"孔颜乐处,所乐何事"。"二程"之学即由此发源,而"寻孔颜乐处"这个经典的话题也从此吸引着一代又一代知识分子"反身而诚",开启循"道"之旅,探寻生命的内在动力,人生的价值意义和真味至乐。

"孔颜之乐"出自《论语》中的两段话,一段在《述而篇》中,孔子自述其乐:"饭疏食饮水,曲肱而枕之,乐亦在其中矣。不义而富且贵,于我如浮云。"另外一段出自《雍也篇》,孔子赞颜回之乐:"贤哉,回也!一箪食,一瓢饮,在陋巷,人不堪其忧,回也不改其乐。贤哉,回也!"颜回是孔子最为欣赏的弟子,孔子"乐在其中"与"回也不改其乐",师生间一脉相承,达到了心灵的高度契合,此谓"孔颜之乐"。

我们常说,人生最大的追求就是追求快乐。而对何为真乐、乐从何来等问题,不同的人有着完全不同的答案,由此也形成了不同的人生和人格。孔子的人生轨迹正是出于他对人生真乐的思考、追寻与践行,达到了由凡入圣的人生境界。这样的人生如司马迁云"高山仰止,景行行止,虽不能至,然心向往之"。不仅司马迁向往,我们每一个人都怀揣着对美好生活的梦想,都心怀向往。那么,"孔颜之乐,所乐何事"?我们将以虔敬之心,回到《论语》等经典,正诸先觉、考诸古训,以期明觉精察、真知笃行。

一、孔颜之乐,乐在学中

《学而篇》开篇便是孔子的"三乐":"学而时习之,不亦说乎?有朋自远方来,不亦乐乎?人不知而不愠,不亦君子乎?"正是这"三乐",吸引着历代仁人志士,自强不息,积极有为,开启了儒家知识分子的入世情怀和现世幸福。

孔颜之乐,首先乐在学中。人生的幸福快乐,源自主动地学习、实践、探索、成长,与志同道合的朋友携手并进,建立起人生的坚定信念,矢志不渝,"人不知而不愠",达致君子境界。

一个人从降生之日起就开启了学习之旅。只不过有的人浅尝辄止,缺乏坚持和毅力;有的人面对困难则望而却步,甘愿随波逐流,以轻松舒适为享乐。而孔子持之以恒,"十有五而志于学",自此"发愤忘食,乐以忘忧"，为着心中的理想"造次必于是、颠沛必于是"，如奔流不息的泗水，"不舍昼夜"。

孔子认为，人和人出生之际差异甚微，只是后期的"学习"让人与人渐行渐远，此谓"性相近，习相远"。因此，孔子特别重视学习，这也是他在三十岁左右就开创私学、杏坛设教的基础。当时很多人称赞孔子聪明睿智、为"圣"为"仁"，孔子都不认可，他对自己的评价就是勤奋好学，他说："十室之邑，必有忠信如丘者焉，不如丘之好学也。"（《公冶长篇》）他对颜回的喜爱与赞赏，也并非颜回天资聪慧，而是因其笃信善学，所以在回答"弟子孰为好学"时，孔子对曰："有颜回者好学，不迁怒，不贰过。不幸短命死矣，今也则亡，未闻好学者也。"（《雍也篇》）孔子还针对子路鲁莽轻率、以勇自居的性格特点，专门强调了"学"的重要性。

子曰："由也，女闻六言六蔽矣乎？"对曰："未也。""居！吾语女：好仁不好学，其蔽也愚；好知不好学，其蔽也荡；好信不好学，其蔽也贼；好直不好学，其蔽也绞；好勇不好学，其蔽也乱；好刚不好学，其蔽也狂。"（《阳货篇》）

正如孔子在《雍也篇》强调的那样："知之者不如好知者，好之者不如乐之者。"人人都知道学习的重要性，但是能够在漫长而平凡的人生中坚守纯粹的理想，始终如一"学而时习之"，从而收获内心纯粹的喜悦与快乐，唯孔子能之。此为孔颜一乐也。

特别需要指出的是，在我国古代语境中，学即觉，有觉醒、觉悟之意。而这种觉醒、觉悟，重在强调人这一生命主体对人之为人的"本性"的觉醒、开悟，这种觉醒和开悟是一种大我的萌发，大境界之门的洞见，大格局的开发。孔颜好学，乐在时时有觉、时时有习、时时有乐，终身学习，人生境界与格局不断提升，由此可得一生快乐。王阳明在贵州龙场大悟："圣人之道，吾性自足"，为此中夜"不觉呼跃而起"[3]；程颐读《论语》，"读了后直有不知手之舞之，足之蹈之者"[4]，皆因深解此乐。

二、孔颜之乐，乐在"道"中

孔颜好学，所学何事？为何能因学而乐？其答案即是"道"，因学道、明道而得真乐之道。

　　《学而篇》中，子曰："君子食无求饱，居无求安。敏于事而慎于言，就有道而正焉，可谓好学也已。"可见，孔子认为真正的好学是"正道"。在《子张篇》中，孔子弟子子夏也明言为学是为"致道"："百工居肆以成其事，君子学以致其道。"

　　那么，何谓"道"？"道"是中国哲学的本土概念，老子用五千言的《道德经》集中阐述了"道"与"德"。老子之"道"既是宇宙的本源、本体、规律，也可演化为"依道而行"的"德"，"天之道，利而不害；圣人之道，为而不争"（《道德经》第81章），为人之道的最高境界即在"无我利他"。孔子同样是位杰出的信道、明道、循道、传道者，他曾有言，"笃信好学，守死善道"，"朝闻道，夕死可矣"。孔子之道，不着重于周流六虚之"天道"，而是立足于人世间，专注于"人道"。子"绝四"：毋意、毋必、毋固、毋我，其本质即为"无我"。孔子一生"志于道，据于德，依于仁，游于艺"，所行所言，皆为依道而行，利益天下，从中展现的就是圣人之道。孔子"人道"的核心理念是"仁"，即为人处世之道的总原则。孔子曾说，"吾道一以贯之"，套用老子的表述，"道生一"，孔子之"道"所生之"一"即为仁；"一生二"，如曾子的理解，仁即是"忠恕而已矣"，尽己之谓忠，推己及人之谓恕；"二生三，三生万物"，在各种社会关系交往过程中，产生了仁义礼智信、恭宽信敏惠、孝悌诚勤勇等一切美好的德行。美德是幸福之源，人类的幸福并非取决于物质的数量，而是源自利他而产生的意义、价值。"爱出者爱返，福往者福来"，仁爱者必然收获更多的仁爱和幸福。

　　由此，我们就能够豁然开朗，为什么孔子能够"饭疏食饮水，曲肱而枕之，乐亦在其中矣"，为什么颜回能够"一箪食，一瓢饮，在陋巷，人不堪其忧，回也不改其乐"。孔颜并不排斥富贵，于个人，他坦言"富而可求也，虽执鞭之士，吾亦为之"；于国家，他提出了"庶、富、教"的思想。只不过他们深信"货悖而入者，亦悖而出"，所以坚持"君子爱财，取之有道"，"不义而富且贵，于我如浮云"。

　　这种由"明道""循道"而生的快乐，既不离世俗之乐，又高于世俗之乐，乃人生大乐。在《学而篇》，有一段令人深思的对话：

子贡曰:"贫而无谄,富而无骄,如何?"子曰:"可也。未若贫而乐,富而好礼者也。"子贡曰:"《诗》云:如切如磋,如琢如磨,其斯之谓与?"子曰:"赐也,始可与言《诗》已矣,告诸往而知来者。"

这段话告诉我们,人生的修为与快乐不是外在的贫与富,而是深植在内心深处,没有止境。为何子贡会从贫富的讨论突然转而言《诗》并得到孔子高度赞许?"如切如磋者,道学也;如琢如磨者,自修也"(《大学》),君子不论处于贫贱还是富贵,不论独处还是群居,都在为道而切磋琢磨。

这也帮助我们进一步领悟了《论语》开篇"三乐"之二:"有朋自远方来,不亦乐乎?"与朋友谈天说地,是每一个人都乐于享有的快乐。孔子也是普通人,自然也享受过这种平凡而普通的快乐,但是,在两千五百多年前烽烟四起的年代,人们跋山涉水自"远方来",难道只为推杯换盏、叙旧闲聊?显然不是,孔子与君子之交想必是谈学论道、相互砥砺鞭策,由此而获得"朋友信之"、志同道合的大快乐。后儒王阳明在京师与朋友论学讲道,也深得此乐:"诚得良友相聚会,共进此道,人间更复有何乐?"[5]

孔颜之乐,乃明道、循道、弘道的君子之乐。"君子喻于义,小人喻于利","君子怀德,小人怀土","士志于道,而耻恶衣恶食者,未足与议也"(《里仁篇》)。君子与小人的区别就在于对"道"是否能够坚守。《卫灵公篇》就有以下记载——在陈绝粮,从者病,莫能兴。子路愠见曰:"君子亦有穷乎?"子曰:"君子固穷,小人穷斯滥矣。"

孔颜之乐,乐在"道"中,而道在"迩"不在远,不离日用,深植心中,人人可得。"我欲仁,斯仁至矣","为仁由己,而由人乎哉","人能弘道,非道弘人"(《卫灵公篇》)。因为乐"道",所以"安贫",做到超越物质匮乏局限,不至于被贫穷吓倒,自暴自弃;因为"志于道",所以孔颜能够"固穷守道",不至于"穷斯滥矣",失去底线;因为明道,才会依道而行、素位而行,"素富贵,行乎富贵;素贫贱,行乎贫贱;素夷狄,行乎夷狄;素患难,行乎患难。君子无入而不自得焉"(《中庸》)。由此,才会达到"从心所欲,不逾矩"的至高至乐境界。

三、孔颜之乐,乐在教中

寻孔颜之乐,必须予以关注的还有《先进篇》中篇幅最长一段记录——

"四子侍坐"。子路、曾皙、冉有、公西华侍坐,子曰:"以吾一日长乎尔,毋吾以也。居则曰:'不吾知也!'如或知尔,则何以哉?"孔子不以长者、知者自居以好为人师。他接下来让这几位弟子大胆地说说自己的抱负。于是子路说想治理一个小邦国,冉有说想从事管理工作,公西华说想从事外交事务,而曾皙(点)说"异乎三子者之撰",他的理想是"莫春者,春服既成,冠者五六人,童子六七人,浴乎沂,风于舞雩,咏而归"。而孔子喟然叹曰:"吾与点也。"

这就是一幅生动的孔子行教图,而孔子"吾与点也",不仅有融入自然春色之乐、冠者朋来之乐,更有与童子教学相长之乐。孔子之乐,在学中,也在教中,教学一体。孔子一生"学而不厌,诲人不倦",既是"学者",也是"师者"。孔颜之乐,就是师生之乐、教育之乐。

那么,孔子所教何事?显然并非百工之术。《子路篇》记载有如下故事:

> 樊迟请学稼,子曰:"吾不如老农。"请学为圃,曰:"吾不如老圃。"樊迟出,子曰:"小人哉,樊须也。上好礼,则民莫敢不敬;上好义,则民莫敢不服;上好信,则民莫敢不用情。夫如是,则四方之民,襁负其子而至矣。焉用稼?"

可见,孔子所重视的是礼、义、信,"子以四教,文、行、忠、信"。孔子所教的具体内容包括《诗》《书》《礼》《乐》《易》《春秋》,以及"六艺"等。但孔子也明确表示,他是"下学而上达",孔颜所学、所志,均为道。由此推知,孔子真正所教,同样是"道",是君子之道、为人处世之道。韩愈说:"师者,所以传道授业解惑也。"孔子之所以为"万世师表",就在于他的一生都在孜孜不倦地传道,是传道的师表。

被尊称为"亚圣"的孟子,一生以孔子为榜样,"乃所愿,则学孔子",他提出的"君子之乐",直言教育乃真乐之一:"君子有三乐,而王天下不与存焉。父母俱存,兄弟无故,一乐也;仰不愧于天,俯不怍于人,二乐也;得天下英才而教育之,三乐也。"

我们或可再问:为什么孔子会"诲人不倦"?为什么孔孟均以教育为至乐?孟子的观点可能是最好的解答,即独乐乐不如众乐乐、与民同乐。明明德者,必亲民;明道者自然深知循道之乐,进而会发自内心地希望亲朋好友乃至天下百姓皆能修道、明道、乐道。真正的有道者，必然是无我利他、善利万物者。若能传道、授业、解惑，给更多的人指明人生的大道和方向，带来光明和希望，远离迷茫和痛苦，自然是善莫大焉，也是乐莫大焉。孟子有言："人皆可以为尧舜。"是以每一位学生皆为英才，皆有望为尧舜，与这样一群志同道合者一起切磋砥砺、不断成长，人间更复有何乐？正是在一生传道授业、师生互动的教育生涯中，孔颜体悟着师生之乐，也推动着这种传道、明道之乐不断深化、升华，不断拓展、传播。

不妨想象一下，假设当年孔子没有杏坛设教，他的思想何以发展、成熟、完善？假设他当年不能善始善终，一生教书育人，又哪能有弟子三千和七十二贤人？正是有两千年师道的薪火相传，儒家文化在中华文化中的主干地位才得以逐渐确立。如今，不论是否承认，在一定意义上，我们都是孔子的传人。

孔子作为伟大的老师，被尊为"大成至圣先师"，古往今来，无出其右，是迄今为止最伟大的教育家，塑造了中华民族的灵魂与精神生命。同时，教育和学生也成就了他，教与学的快乐、不断地成长让他始终拥有生命的源头活水，生命不息，奋斗不止。孔子为"万世师表"，而作为后世学子，我们不仅要学其为师之道，也要不断体悟其传道授业解惑中收获的至高无上的为师之乐。

四、孔颜之乐，乐在心安

孔子深谙为师之乐，志于传道授业。孔子五十四岁时，已经位列大夫，"大司寇兼行相事"，但他志不在此，在"忍恶"与"弘道"之间毅然选择了离开鲁国，开启了十四年周游列国的奔波传道之旅。这是他人生最艰难的一段时光，经历千死百难，到处宣扬自己的治国安民的理念，却屡屡碰壁，累累如丧家之犬，诚如阳明先生概括的那样："昔者孔子之在当时，有议其为谄者，有讥其为佞者，有毁其未贤，诋其为不知礼，而侮之以为东家丘者，有嫉且沮之者，有恶而欲杀之者。"[6]

究其原因，乃因凡人皆有个大大的"我"在，都有一颗贪欲、利己之心，欲劝人"仁义""无我""利他"，岂不如与虎谋皮、要人性命，谈何容易？所以老子《道德经》第70章有言："吾言甚易知，甚易行，天下莫能知，莫能行。"《道德经》第41章有言："上士闻道，勤而行之；中士闻道，若存若望；下士闻道，大笑之。"世间上士何其少，中士、下士何其多？但孔子是"知其不可而为之"者。他描述自己"五十而知天命"，即以弘道为使命；而之所以"六十而耳顺"，显然是在周游列国过程中屡屡遭遇不同言论甚至恶语中伤，但他心平气和、内心笃定，因为他深知传道之艰难，唯有尽责心安，心安即乐。此乃"人不知而不愠"，即《论语》开篇第"三乐"。

在《论语》中，有多处论述"安"。孔子与颜渊、子路论志，子路曰："愿闻子之志。"子曰："老者安之，朋友信之，少者怀之。"老者安之，安居乐业，安享晚年；朋友信之，彼此信任，志同道合；少者怀之，心怀大志，志存高远。这是孔子的终极理想，也是他的终极快乐之源。

如何实现这一理想？孔子的答案是"修己安人"。在《宪问篇》中有以下问答：

> 子路问君子，子曰："修己以敬。"曰："如斯而已乎？"曰："修己以安人。"曰："如斯而已乎？"曰："修己以安百姓。修己以安百姓，尧、舜其犹病诸！"

孔子认为，君子的特质是修己，不断修正自己的言行，改正自己的过错，达到知敬知畏；不断修复自己纯粹的"明德"本性，修复自己与世界自然而和谐的关系，让周围亲友以至百姓感到温暖、心安，这就是君子、圣人境界。

"修己"的过程是君子炼成的过程，是超越普通平凡人苦恼与忧愁的过程，也是达至内心平和安定的过程。《颜渊篇》记载：

> 司马牛问君子。子曰："君子不忧不惧。"曰："不忧不惧，斯谓之君子已乎？"子曰："内省不疚，夫何忧何惧？"

内省不疚，无忧无惧，这是一种人生幸福的状态。而这种状态，孔子不仅希望他自己能够拥有，他的弟子能够拥有，还希望人人能够拥有，而且他坚信"我欲仁，斯仁至矣"，"为仁由己，而由人乎哉"。人生大幸福、大快乐掌握在自己手中，每个人都应该而且能够为自己谋幸福，寻找到人生至乐。

"安人"则是一种使命担当，修身、齐家、治国、平（安）天下。至此，孔颜之乐，显然早已经不是小我之乐，而是一种源自天地万物一体之仁、关乎每一个生命舒展的大快乐。

然而，不论是修己还是安人，都是无止境的。孔子曰："德之不修，学之不讲，闻义不能徙，不善不能改，是吾忧也。"（《述而篇》）世之无道缺德者何其多，如何能教化得尽？孟子在《孟子·离娄下》说："君子有终身之忧，无一朝之患也。乃若所忧则有之：舜人也，我亦人也。舜为法于天下，可传于后世，我由未免为乡人也，是则可忧也。忧之如何？如舜而已矣。"尧舜境界何其高？内圣外王何日可致？是以圣贤有终身之忧，进而有学而不厌、诲人不倦之行，因真忧而笃行，因笃行而尽责心安。"此心安处，即是乐也"[7]。

尽责心安，既是每个人可以达到的境界，也是成圣成贤的终极追求。尽管孔子思想在当世之时并没有被广泛采用，在其后世也多次被误读、被批判，但孔子在有限的一生中，最大程度地尽到了责任，可谓"无愧天地"。他艰辛苦难的十四年周游列国之旅，正是一次辉煌灿烂的中华文明播种的伟大征程，这些伟大的种子今天正绽出绚烂的花朵，明天定将结出丰硕的果实。他若泉下有知，该当何等的欣慰、心安！

综上所述，孔颜之乐，乐在学中，乐在"道"中，乐在教中，乐在心安。孔颜之乐，即师生真正的幸福之道。孔子为万世师表，孔颜之乐，亦可学而至之。关键在于信道，进而学道、明道、传道。不学道则不知"道"，不知"道"则迷茫痛苦；不传道则不尽责，不尽责则不心安。师生幸福，尽在"道"中。

【参考文献】

[1] 钱逊：《中华传统文化经典教师读本·论语（上册）》，济南出版社，2015，第7页。

[2] 彭先兵：《周敦颐的"孔颜乐处"思想》，《南通大学学报》（社会科学版），2007，第5期。

[3][5][6][7]（明）王阳明著，北京知行合一阳明教育研究院编注：《致良知是一种伟大的力量》，东方出版社，2017，第12、40、132、210页。

[4] 钱穆：《劝读论语和论语读法》，商务印书馆，2014，第18页。

附录三

与命与仁　天人合一

——从《论语》捧读谈起

从春侠

2018年4月2日至8月29日，我牵头组织三十多人在微信群"清源学院日新路"开展《论语》捧读学习活动，每周一章，持续了21周，共计150天。学习过程呈现以下几个特点：一是提出集体拜孔子为师，突出原典，以杨伯峻先生的《论语译注》为学习用书，不必过多参照其他解释；二是不立权威，强化《论语》精神与自我精神的契合度，以学习共同体方式进行，即每两人结对，负责一章的学习内容导读和每周一次的线上讨论，自助助人；三是心得分享，每周线上集中学习三天，每人每周都要围绕学习内容提交三篇心得体会，并每天承诺诚于己，不抱怨，尽己责；四是倡导学习重在心上用功、事上磨炼，反身而诚，知行合一。学习经典，捧读经典，目的不是学文字而是修身、修心、尽责，我们的目的是透过文字与经典中圣人之心达致心心相印，在心灵深处不断提升自己的心灵品质，最终落实在事上，在自己遇到、处理的每一件事情上都要以圣人心为心，做好每一件事，每时每刻修好自己的心。

学习的效果是非常显著的。整个学习过程中，我们学习团队不仅形成了十多万字的心得体会，更重要的是，每个人的生命都在不同程度上发生了美好的变化，"反身而诚，乐莫大焉"，人生的幸福指数和生活的定力和底气普遍得以提升。每一个投身其中的学习者都收获了很多，特别是在做人、处世方面都有普遍的顿悟与提升，涵养了正能量，激发了上进心。我作为其中的一员，收获也是巨大的。其中最大的一个收获是对"命"有了全新的感悟。我在8月27日提交的心得作业中写道：

> 《论语》最后一篇，以"不知命，无以为君子也；不知礼，无以立也；不知言，无以知人也"作为全篇结语。回顾150天的捧读过程，最大的感悟与心得，如果用一个字来概括，是命。这是以前没有想过的。《论语》中这个命，确实值得我们深入认识。知命，是一门大学问。知命，其知天乎？

围绕着"命"这一概念，很多问题引发了我的兴趣，如，《论语》中"命"的内涵是什么？孔子为什么说"不知命，无以为君子"？孔子"五十而知天命"，是一种什么样的人生境界？"子罕言利，与命与仁"，这里的"命"与"仁"又是什么关系？一系列问题让我欲罢不能。借此次会议机会，结合我们"清源学院日新路"学习体会和很多同学的启发砥砺，我做如下梳理，作为学习心得，请学者专家批评指正。

一、人之"命"

在《论语》中，"命"有时单独出现，有时以"天命"的概念出现，次数并不是很多，但是总体上，孔子谈"命"，谈"天命"，重点强调的是"人"之"命"，是人对命的态度、立场和观点，而非远离人独立存在的"命"或者"天"。正如孔子所说："吾十有五而志于学，三十而立，四十而不惑，五十而知天命，六十而耳顺，七十而从心所欲，不逾矩。"根据朱熹解释，天命，即天道之流行而赋于物者，乃事物所以当然之故也。而我更愿意直接理解为，所谓天命，是天道之流行而赋于人者，乃人所以当然之故也。因此，《论语》中的"命"围绕着人基本上有三种内涵：一种是人有死生寿夭，此乃性命之命，物理之命，如"死生有命，富贵在天"；一种是人有穷达福祸，命运之命，运势之命，是人的外在际遇，有很多不可控的因素，《雍也篇》中言："亡之，命矣夫！"还有一种是指人有使命之命，命数之命，命定之命。《宪问篇》中子曰："道之将行也与？命也。道之将废也与？命也。公伯寮其如命何！"这种内涵的"命"是孔子特别重视和强调的。他提出"不知命，无以为君子""五十而知天命"，以及"君子有三畏：畏天命，畏大人，畏圣人之言"，都是在强调"命"有本源，应然的意义，事物本来就有的样子，是秉承于"天"或者"道"而在人文社会和个人成长发展过程的规律、规则，或者是使命、责任。这种"命"不是纯客观外在于人，而是与人主观的选择、道德境界、心灵品质、思想认识、行为活动彼此融合，互相作用。《康诰》曰："惟命不于常。道善则得之，不善则失之矣。"就是强调人之"命"是人道德实践主动选择的结果，而非客观外在与人的定数。《论语》中孔子特别重视和强调的"命"，是人秉承的应然责任与使命，也是人的本性，"天命之谓性"，是人之所以为人的价值和意义所在。《中庸》曰："《诗》曰：'嘉乐君子，宪宪令德。宜民宜人，受禄于天。保佑命之，自天申之。'故大德者必受命。""故大德者必得其位，必得其禄，必得其名，必得其寿。"《尧曰篇》首章曰："咨！尔舜！天之历数在尔躬，允执其中。四海困穷，天禄永终。"可见，人的行为，人的"大德""道善"与"命"建立起了密切而直接的关系，人要掌握自己的命运，做自己命运的主人，"自天子以至于庶人，壹是皆以修身为本"。

二、君子知"命"

《论语》是为己之学，我把它看作是人生自我修炼的说明书，修炼的目标即成为君子。《学而篇》开篇就提出人生自我修炼的三个基本功夫。其一是"学而时习之"。孔子一生孜孜不倦，"发愤忘食，乐以忘忧，不知老之将至"，始终高度自觉、自愿修炼，并且乐在其中，获得无限喜悦。这是功夫之首，也可以称之为慎独、诚意的功夫。其二是"有朋自远方来"。是朋友、师生、同学之间砥砺加持的功夫，是"责善"之功，古语云"独行快，众行远"。修炼是人一辈子的功夫，如果没有志同道合的人互相砥砺加持，时相警发，彼此成就，恐怕没有几个人能够善始善终，跑完人生的"马拉松"。其三是"人不知而不愠"。儒家的君子修炼是入世修炼，是"事上磨炼"，不是隐居静修，要在事功上自强不息，积极有为，要在社会上安身立命。人在世俗中立身，难免遭遇各种困难险阻、尔虞我诈、误解、诬陷中伤、报复等等。这些皆为"进德之资",只有经历这些,超越这些,达到"变化气质",如王阳明在《与工纯甫书其一》所说,修炼之功,"居常无所见,惟当利害,遭屈辱,经变故,平时愤怒者到此能不愤怒,惊慌失措者到此能不惊慌失措,始是能有得力处,亦便是用力处",即"养得此心不动",不为外在毁誉得丧所动心,"不亦君子乎",是为君子。孔子一生坚持如此修炼,做到"不怨天,不尤人,下学而上达,知我者,其天乎"(《宪问篇》)。

坚持君子修炼三部曲,上达知天,是否标志着君子人格的形成?在《尧曰篇》最后一章,孔子给出了明确的答案。子曰:"不知命,无以为君子也;不知礼,无以立也;不知言,无以知人也。"终身修炼以成君子,君子人格形成的标志是知言、知礼,最根本的是知命。这里的"君子知命",至少包含着几方面的内涵:其一是长时间自觉修炼,达到君子境界,就应该能够做到对外洞彻事物的本质,把握事物发展的规律,看清事物发展的趋势,即在智慧层面获得非常高的成就,有大智慧,能够做到《王阳明寄杨邃庵阁老书其二》(1523年)所说的"古之君子,洞物情之向背而握其机,察阴阳之消长以乘其运,是以动必有成而吉无不利";其二是对内已然明了自己的使命和责任,或者说洞彻和把握自己生而为人的本性、本心,所以能够一往无前,知其不可为而为之,主动担当,以仁为己任,死而后已,正如曾子体悟到的那样:"士不可以不弘毅,任重而道远。仁以为己任,不亦重乎?死而后已,不亦远乎?"有多远,有多重?睿智勤奋笃行如孔子,从十五开始立志而学,发愤忘食,乐以忘忧,经历了三十五年,基本上是一辈子,才达到"五十而知天命"的境界。可见,知天命,意味着君子已修成正果。

知天命,必然会畏天命,在天地之间始终保有一颗敬畏之心,成为谦谦君子。"君子有三畏:畏天命,畏大人,畏圣人之言。小人不知天命而不畏也,狎大人,侮圣人之言。"(《季氏篇》)俗话说"无知者无畏",对天命的体会和感悟越深入,其为人越谦虚谨慎,对天命的敬畏之心越加醇厚笃定。天命是什么?《中庸》首句曰:"天命之谓性,率性之谓道,修道之谓教。"人的本性来自天命,故作为人,生于天地间,作为天地之心,承担着修道之责任，以履行天命、体现天命。知天命所在，知畏天命，自然畏大人，因为大人者，天命领承者。在其位，谋其政。我们敬畏上位者，敬畏的不是这个人，而是这个位置，实质上是这个位置所承载的天命。所以上位者，在位一天，也要如曾子言，"战战兢兢，如临深渊，如履薄冰"。这种谦恭与敬业态度，正是对天命的敬畏；畏圣人之言，同样是对天命的敬畏。因为圣人之言，言大道，言天命。特别是我国传统文化的经典著作，基本上都是圣人之言，体现的均是有史以来我们这个民族最有智慧和仁德之人对天命的感悟、体验和传授。因此，我个人体悟，畏天命，可以说是立人之基，是为学之基，是处世之基，更是人生幸福的基石。

知天命，还意味着行天命、立天命，"天行健，君子自强不息"，勇于进取，素位而行，主动担当，"见危致命""安身立命"。行天命，才是真知天命。儒家的精神实质是道德实践，而非坐而论道，是"先行其言而后从之"。子张曰："执德不弘，信道不笃，焉能为有？焉能为亡？"（《子张篇》）子张说过，坚守道德而不去推广，发扬光大，信仰道义却不能笃实，坚定去实践，这样的人真是有他不多，无他不少，说明他没有对社会做出实质性贡献。我们经常说，大道理谁都懂，却很少有人把人生过得通透明白，舒展简易，这是为什么？因为大道理的价值不能停留在"懂"的层面，更重要的是"行"，即"弘"与"笃"，知行合一，才是真懂，才能够让大道理指导我们的人生，我们的人生才有价值、有意义。否则，"焉能为有，焉能为亡"。

孟子曰："尽其心者，知其性也。知其性，则知天矣。存其心，养其性，所以事天也。夭寿不贰，修身以俟之，所以立命也。"又曰："莫非命也，顺受其正；是故知命者不立乎岩墙之下。尽其道而死者，正命也；桎梏死者，非正命也。"（《孟子·尽心上》）

孟子平生"乃所愿，则学孔子"，对孔子"天命"观有着本质的把握和深刻的理解。君子知命，就是要一生走在修行自我本心的道路上，不忘初心，砥砺前行，亲身实践，承担起生而为人的使命和责任，"穷则独善其身，达则兼济天下"，福祸夭寿，顺受其正，尽其道而死者，正命也，死得其所。修身以俟，安身立命，乃为君子。

在儒家看来，人的存在、成长、修炼、终身学而时习之，实际上就是知天命、畏天命、行大命、达大命的过程。儒者通过积极入世，尽人事，听天命，努力完善自我、完善社会，"克己复礼"，恢复社会原本应有的秩序，实现理想的社会，是谓"大同"！

三、与命与仁，天人合一

"子罕言利，与命与仁"，深刻把握整部《论语》要旨和孔子的"天命观"，这句话就不会再有歧义了。"不义而富且贵，于我如浮云"，"君子喻于义，小人喻于利"，可见，孔子"罕言利"，而是高度赞许"命"与"仁"。而"命"与"仁"是什么关系呢？是不相关的两件事，还是"吾道一以贯之"？我个人的体悟是，"仁"是人的"命"，"命"与"仁"是"吾道一以贯之"，在孔子的思想深处，与命与仁，一以贯之，由此而实现天人合一，而这是在孔子"七十而从心所欲，不逾矩"实现的。

我们知道，"仁"是孔子思想的核心概念，孔子之学又被称之为"仁学"。而何谓"仁"，孔子没有总的概括和表达，而只是依据不同的情境，给弟子做出了具体的"行仁"指导。根据孔子的指导，我们大体知道，行仁是人的正确行走姿势，而如何行仁，则包括：一是要自己主动选择。行仁主动权完全在我们自己手里，为仁由己，不由人，"我欲仁，斯仁至矣"，"君子求诸己，小人求诸人"。二是身处社会，要把别人放在心上。爱人，"己欲立而立人，己欲达而达人"，修己安人，克己复礼，天下归仁；严于律己，宽以待人，"己所不欲，勿施于人"，忠恕之道。三是能近取譬，可谓仁之方也。"孝悌也者，其为仁之本与"，心中有仁，从孝亲始，亲亲而仁民，仁民而爱物。"弟子入则孝，出则悌，谨而信，泛爱众，而亲仁"，行仁之方是从近处着手，当下尽责履职，素其位而行，知行合一，始终不渝，直至杀身成仁，舍生取义，也在所不辞，"义之与比"。子夏曰："博学而笃志，切问而近思，仁在其中矣。"（《子张篇》）子夏说过，一个人，拥有坚定的志向，并为此能够进行广泛、深入、持久地学习，围绕着自己所从事的工作、事业，在所处的时代积极有为，深入思考，尽己责，积极推动社会的进步、事业的发展，实现生活的和谐幸福，这样的人生就是有仁德的人生，这样的人就是在"行仁"。可见，仁就在我们身边，就在我们内心深处，生而为人，其使命就是"行仁"，把"仁"行出来，不是在某方面，不是在某一阶段，而是在为人处世各方面，在人生的全过程。孔子赞扬颜渊，能"三月不违仁"，可见，终身"行仁"难度之大，而可以践行的是活在当下，能做一点是一点，点点滴滴地积累，"博学而笃志，切问而近思"。

我个人体悟到，行仁是人的正命，是正道，是人对"天命"的觉醒和主动承担，也是人立于天地之间，厚德载物，民胞物与，乃至成就"天地万物一体为仁"大我的基础、前提和基本要求。"志于道，据于德，依于仁，游于艺"（《述而篇》），正是孔子一生行仁的写照，也是他对"天命"的自觉践履。

《子罕篇》中，孔子说："文王既没，文不在兹乎？天之将丧斯文也！后死者不得与于斯文也；天之未丧斯文也，匡人其如予何？"

阳明先生龙场悟道"圣人之道，吾性自足，向之求理于外物者，误也"，也正是对天命的体认、内化，从而实现了内外"一以贯之"之道。天地万物何以一体？何以归仁？天人如何合一？对于这些根本性问题，我们从《论语》捧读的过程中，似乎找到了答案。"与命与仁"，孔子树立了中国儒家文化"以人为本"的传统，人来自大自然，本身就是天命力量的一部分，但是人作为万物之灵长、天地之心、万物的尺度、大地的代治者，承载着神圣的使命和责任，即以仁为己任，弘毅大道天命，用上天赋予的纯粹的良知之心链接万事万物。"大学之道，在明明德，在亲民，在止于至善"，让人性的光辉普照大地，"人能弘道，非道弘人"，直至"从心所欲，不逾矩"，内外圆润，物我一体，此为天人合一。

附录四

参考文献

1. 钱逊：《中华传统文化经典教师读本·论语（上下册）》，济南出版社，2015年版。
2. 雷原：《论语精读（上下册）》，台海出版社，2019年版。
3. 匡亚明：《孔子评传》，南京大学出版社，1990年版。
4. （汉）司马迁：《史记·仲尼弟子列传》，天津古籍出版社，1995年版。
5. 周勇：《跟孔子学当老师》，华东师范大学出版社，2008年版。
6. 钱穆：《论语新解》，生活·读书·新知三联书店，2002年版。
7. 牟钟鉴：《君子人格六讲》，中华书局，2020年版。
8. 朱永新：《中国新教育》，中国人民大学出版社，2011年版。
9. 杨伯峻：《论语译注》，中华书局，2006年版。
10. （宋）朱熹：《四书章句集注》，中华书局，2011年版。
11. 刘强：《论语新识》，岳麓书社，2018年版。
12. 华杉：《华杉讲透论语》，江苏凤凰文艺出版社，2016年版。
13. 钱逊：《如沐春风〈论语〉读本》，中华书局，2019年版。
14. 柳恩铭：《论语心读》，中华书局，2015年版。
15. 钱逊：《中华传统文化百部经典·论语》，国家图书馆出版社，2017年版。

后 记

《师者论语》终于出版,心中一则以喜,一则以惧。

喜为心想事成。此书发端于2020年2月中旬,正是全国抗疫、新冠疫情开始在全球肆虐之时。我们先是在清源学院发起"《论语》每日陪伴"活动,每日带领大家捧读《论语》,祈愿用二十天,每日捧读一篇《论语》,迎来三月春暖花开。继而萌生为老师专门编辑一版《论语》的想法,求教于济南出版社·汉唐书局总经理冀瑞雪,自此一拍即合,开启编撰之旅。期间,团队的组建颇费周折,书稿的定位、体例以及风格等各方面均经过多次研讨,群策群力;而每一篇书稿的撰写,都是在一次又一次捧读原文的基础上,经过多次修改,几番打磨,一些心得更是凝聚了团队的集体心血。经过近两年的辛勤付出,书稿终于得以完整呈现,是为一喜。

然而,面对书稿即将付梓,心中不免有些惴惴。惴惴感首先来源于《论语》本身。面对这部经典,我们这一群初学者自知何其浅陋,充其量只是在"登堂"路上,遑论"入室"。其次,来源于《论语》研究之丰与版本之盛。已经有太多古今学者著书立说,成百上千的《论语》注释、《论语》解说煜煜生辉,《师者论语》以何安身?三是来源于本书"心得"部分。十六位老师分工,一边读《论语》,一边写心得,完成了《论语》二十篇心得写作。这些老师虽然都是教育工作者,但是来自各级各类教育,承担着各种各样的工作,虽然都是《论语》粉丝,但是对《论语》熟悉程度不一,生活阅历各异;面对经典,虽然大家都是真诚记录了自己的体会、感动与收获,但是《论语》每一章博大精深,任何"心得"都显得浅陋而片面。此为一惧。

好在，《师者论语》的初心，就是成为一座桥。"桥"或许粗陋，但是仍然希望更多的教育者，能够经由这座桥，走进《论语》的智慧殿堂，抒写每个人内心精彩无比、独一无二的心得体会。

根据《论语》篇章顺序，承担本书各篇撰写工作的老师分别为：

西藏民族大学教授许可峰承担《学而篇第一》《为政篇第二》《先进篇第十一》；

北京开放大学教授王宁宁承担《八佾篇第三》《卫灵公篇第十五》；

国家教育行政学院研究实习员刘禹希、青海海北州教育科技局副局长潘彩霞承担《里仁篇第四》；

广东东莞理工学院副教授郑陶凌承担《公冶长篇第五》《乡党篇第十》；

国家教育行政学院助理研究员王成龙承担《雍也篇第六》；

北京师范大学讲师于超承担《述而篇第七》；

北京教育科学研究院副研究员张婷婷承担《泰伯篇第八》；

人民教育出版社副编审赵志峰承担《子罕篇第九》《宪问篇第十四》《微子篇第十八》《尧曰篇第二十》；

陕西省西安市莲湖区郝家巷小学校长党红梅承担《颜渊篇第十二》；

山东省微山县第二实验小学教育集团特级教师孙秀侠承担《子路篇第十三》；

北京师范大学讲师于超、东莞理工学院讲师肖鹏承担《季氏篇第十六》；

国家教育行政学院讲师田岚洁承担《阳货篇第十七》；

安徽省灵璧县教育体育局督学刘培树承担《子张篇第十九》；

山东邹城市兖矿第二小学教育集团校长庄建华承担附录一《孔门弟子小传》；

国家教育行政学院学校管理教研部主任、研究员从春侠承担附录二、附录三。

全书由主编从春侠和王宁宁负责统稿，并审定。

本书从一个善念开始，最终能够成书、出版，是团队全体人的努力和付出，也得益于清源学院众多良友的支持，其中有一些心得，明显受到清源学院一些良友的启发和砥砺。可以说，在一定意义上，本书属于清源学院出品。在此，向清源学院所有良友致谢。本书还要特别感谢朱永新老师、我的恩师牟钟鉴老师倾情作序；感谢济南出版社·汉唐书局总经理冀瑞雪，没有她的支持、鼓励、鞭策以及资助，本书很难这么快与读者见面。

最后，致谢先师孔子以及他的弟子。感谢他们为我们这个民族留下了《论语》。我们愿意终生捧读《论语》，也希望《论语》早日成为每一位教育人的必读书。

《师者论语》编委会

2022年3月5日